D1620404

Bernd Jürgen Warneken
SCHUBART. DER UNBÜRGERLICHE BÜRGER

[handschriftliche Widmung] Ludwigsburg, 29. 09. 2010

[Unterschrift] J. Warneken

DIE ANDERE BIBLIOTHEK
im Eichborn Verlag

Begründet von Hans Magnus Enzensberger
Herausgegeben von
Klaus Harpprecht und Michael Naumann

Bernd Jürgen Warneken

SCHUBART.
DER UNBÜRGERLICHE BÜRGER

Eichborn Verlag
Frankfurt am Main 2009

Christian Friedrich Daniel Schubart.
Ölgemälde von August Friedrich Oelenhainz, 1789.

INHALTSVERZEICHNIS

Vorwort — 10 —

Das Hellauf — 17 —

DER LEHRER — 23 —
»Herr Wieland ist gestern bei mir gewesen« — 25 —
»Wie schwer ist's in der Welt,
sich Gönner zu erwecken!« — 30 —
Die besten Treffer mit links — 36 —
Die Vor-Geschichte von Schillers *Räubern* — 42 —
»Im Zorn herausgeschwätzt« — 50 —

DER MUSIKER — 57 —
Lernen in Lumpenburg — 59 —
Der Klaviervirtuose — 73 —
Der Deklamator — 80 —
Der Improvisator — 84 —
»Marsch naus zum Paradies!« — 90 —
In Adelsdiensten — 104 —

DER JOURNALIST — 111 —
»Stark und allgemein auf sein Volk wirken« — 113 —
Eine Bildungsoffensive — 113 —
Wirtshaus, nicht Kaffeehaus — 120 —
»Den Fürsten heiße Wahrheiten
ins Antlitz sprechen« — 135 —

Zwei Schritte vorwärts, ein Schritt zurück — 135 —
Fuchs und Löwe — 140 —
Die Freiheit, kein Märchen — 148 —
»Weisheit und guten Geschmack
für jedermanns Kauf« — 161 —
Der ästhetische Erzieher — 161 —
Der Patriot — 169 —
Der Patriarch — 182 —
Der Philanthrop — 188 —
Teufelsaustreibung — 207 —

DER GEFANGENE — 227 —
Die Falle — 229 —
Theorien über eine Verschwörung — 240 —
Mitleid, Häme – kein Protest — 249 —
Der scheintote Rebell — 258 —
Brechungsversuche — 258 —
Allversöhnung — 269 —
Sklavendienste — 277 —
Niedergezürnt — 295 —
Festungsfreiheiten — 307 —
Schimmerndes Elend:
Der Truppenunterhalter — 307 —
»Wenn ich nicht Schubart wäre«:
Eine Auferstehung — 318 —
Das preußische Bombardement — 324 —

DIE LETZTEN JAHRE — 329 —
Das Arrangement — 331 —
Willkommen und Abschied — 331 —
Mit Behaglichkeit: Der Stuttgarter Alltag — 336 —
Gehörige Moderation:
Die *Chronik* 1787 und 1788 — 345 —
Die Revolution — 351 —

»Mein Patriotismus hat
das Schwindfieber« — 351 —
»Er schreibt in Straßburg
und ich in Stuttgart« — 358 —
»Vive la liberté«:
Tumulte und Maskeraden — 362 —

Das Erbe und die Erben
Eine Skizze — 369 —
    Der Schauerroman — 370 —
    Politische Konjunkturen — 372 —
    Der unbürgerliche Bürger — 379 —

ANHANG — 383 —
Anmerkungen — 385 —
Literaturverzeichnis — 404 —
Bildnachweis — 415 —

VORWORT

In seiner ebenso liebevollen wie schonungslosen Charakteristik von Christian Friedrich Daniel Schubart schreibt sein Sohn Ludwig 1793:

»Verschiedene, die Schubart genau kannten, haben von ihm angemerkt: *daß er ganz der Mann für eine Revolution gewesen wäre.* – In der Tat schien ihn sein Äußeres, sein Rednertalent, seine Deklamation, sein schneller Überblick, seine Kunst im Extemporieren, vor allem seine Popularität, sehr dazu zu berufen, und ich bin überzeugt, daß er wie *Danton* (mit dem er eine sehr überraschende und in manchen Dingen an Identität grenzende Ähnlichkeit hatte) im Senate gedonnert haben würde. Um unter den ersten Bewegern zu stehen und das Ganze zu lenken, besaß er weder Tiefe noch Stetigkeit, weder Kälte noch Verschwiegenheit und Fleiß genug; dazu aber hatte ihn die Natur vor Tausenden organisiert, eine schwierige, hinter den Kulissen erwogene und besprochene Sache im Angesicht des Volkes zu verhandeln, in allen Farben des Witzes und der Imagination spielen zu lassen; alle Schatten und Wendungen davon zu entfernen, und sie mit siegendem Feuer durchzusetzen. Hiezu kam eine ihm eigene *Deutlichkeit* sowohl im Vortrag als in der Aussprache; ein sehr gesunder, durch all sein Wissen und seine Lektüre nie erstickter, durch all sein Reden und Schreiben stets wie ein frischer Quellbach rieselnder *Mutterwitz*; sein Enthusiasmus für Freiheit und Menschenheil, und seine herzliche Liebe für das *Volk*. – Mit diesen Eigenschaften, die in den Ausschüssen zum Teil unnütz sind, hätte er freilich eine glänzende Rolle in der *Versammlung* spielen können.«[1]

Schubart: ein verhinderter, mithin ein klassisch-deutscher Revolutionär? Mit dieser Vorstellung haben sich Leser und Autoren von den Jakobinern bis zu den 1968ern immer wieder hoffnungsvoll diesem wuchtigen Mann genähert, der als Journalist, als Musiker und als Liederdichter Furore machte und den späteren Generationen ob seiner zehnjährigen anklage- und begründungslosen Inhaftierung auf der württembergischen Bastille, dem Hohenasperg, als Beispiel für »Fürstenwillkür« im Gedächtnis blieb. Vielen ging es mit Schubart ähnlich wie Hermann Hesse, den »die rührende Geschichte von seiner schmählichen politischen Gefangenschaft […] zum ersten Male gegen Fürsten und Polizeigewalt für arme und leidende Menschen Partei ergreifen ließ.«[2] Doch nach genauerem Hinsehen stellte sich bei manchen Rebellen, die nach einheimischen Vorläufern und Vorbildern suchten, eine gewisse Ernüchterung ein. Der vielfach als Revolutionär betrachtete Schubart sah sich selbst nicht als solcher und war auch keiner, sondern schwankte zeitlebens zwischen Republik und Monarchie, zwischen Unabhängigkeitsstreben und Anpassungs-, ja Unterwerfungsbereitschaft hin und her. Nicht einmal die Haft machte ihn zum geschworenen Fürstenfeind: Anders als die Nachwelt, die den württembergischen Herzog Karl Eugen zwar als Bildungsreformer schätzt, aber zugleich als den verachtenswerten Zwingherrn Schubarts erinnert, verzieh der freigelassene Häftling alsbald seinem Peiniger und nahm dankbar die Direktorenstelle an dessen Hoftheater an.

Kein Revolutionär also, doch welch ein lauter Untertan! Seine *Deutsche Chronik* ist in den siebziger Jahren des achtzehnten Jahrhunderts eines der mutigsten deutschen Journale und von den mutigen wohl das am meisten gelesene und weitererzählte. Und sowenig die unrechtmäßige Haft ihn politisch radikalisiert, so wenig erstickt sie sein Temperament: Auch die *Vaterländische Chronik*, die er nach seiner Haftentlassung im Sommer 1787 bis zu seinem Tod im Herbst 1791 herausbringt, ist kein regierungsfrommes Blatt. Der Leser der späten *Chronik*-Jahrgänge findet bestätigt, was Ludwig Schubart

Georges Danton. Zeitgenössischer Stich.

über seinen Vater schreibt: »Er hatte das Vergnügen, noch die drei ersten Jahre der französischen Revolution zu erleben; und mit welchem Entzücken kündigte er sie an!«[3]

Mit ihrer Sympathie für die »neuen Franken« ist die *Chronik* freilich keineswegs allein. Die Revolution im Nachbarland wird von vielen deutschen Schriftstellern und Journalisten begrüßt (was nicht bedeutet, daß man sie nach Deutschland importiert sehen will). Hier wie in den meisten seiner Positionen ist Schubart kein Außenseiter und kein einsamer Pionier. Seien es Fragen der Schulbildung, der Moralerziehung, der religiösen Toleranz, sei es die Hochschätzung des Preußenkönigs Friedrich II. und die des Kaisers Joseph II.: Schubart geht hier Hand in Hand mit den Protagonisten der bürgerlichen Aufklärung. Was ihn unverwechselbar macht, ist

Christian Friedrich Daniel Schubart. Stich von Ernst Morace, nach einem Gemälde von August Friedrich Oelenhainz.

»Alle Porträts, die ich von Danton sah, sind kaum von denen meines Vaters zu unterscheiden. Reisende, die den Revolutionshelden kannten, erstaunten, den Namen Schubart unter Morace' Porträt zu finden, und riefen von ferne schon: Danton! Ebenso bezeugten mir mehrere Freunde, welche Danton im Konvent sahen und reden hörten, daß sich diese Ähnlichkeit auf den ganzen Körper, auf Stimme, Deklamation und den äußern Anstand bis zum Erstaunen erstreckt habe.«[4]

sein Ton. Der Schubartsche Ton – das ist zunächst seine von Zeitgenossen vielerwähnte Stimme: ein voller, zu eindrucksvollem Donnern fähiger Baß, den man gern als spontanen Ausdruck einer »Kraftnatur« deutete, den der Sohn jedoch auch als Kulturergebnis, nämlich als »starke, von der Jugend durch Gesang ausgebildete Stimme«[5] versteht. Hinzu kommt – und hier sind wir wieder bei Danton – die Ausdrucksstärke des

Rhetorikers Schubart. Die politische Nutzung dieses Talents, die Parlamentsrede, die Ansprache an eine Volksversammlung, ist ihm versagt – »Reden auf öffentlichen Märkten ans Volk«, so schreibt er einmal neidvoll, glänzten eher »in freien Staaten«[6]. Dafür brilliert er als Kanzelprediger, als Dozent für die schönen Künste und Wissenschaften, als Stegreifdichter bei Tisch – und als Sänger seiner Liedgedichte. Hohe Anerkennung zollt man ihm auch als Rezitator: Seine öffentlichen Lesungen von Klopstocks *Messias* bringen dessen verschlungene Versgebäude zum Klingen und tragen zur Ausbreitung der Klopstockverehrung und der Lesesucht auch in der literarischen Provinz bei.

David Friedrich Strauß, Schubarts erster Biograph, attestiert ihm eine »gewaltige und doch biegsame Stimme, lebhafte und ausdrucksvolle Gebärde«. Fast könnte er den heutigen Leser seiner Werke entmutigen, wenn er resümiert: »Freilich *hören* mußte man ihn, um die volle Gewalt seiner Rede nicht nur, sondern dieser ganzen vulkanischen Natur zu empfinden.«[7] Während man beim Notenbild seiner Kompositionen die inspirierten Improvisationen des Organisten und Klavierspielers Schubart oft schmerzlich vermißt, haben seine Texte eine große Sprechlebendigkeit. Das erklärt sich nicht zuletzt daraus, daß er sie oft diktiert und danach nur wenig überarbeitet hat. Sein literarisches Hauptwerk, seine Autobiographie, sprach er im Liegen durch eine Mauerspalte seines Gefängniszimmers, hinter der ein Mithäftling mitschrieb. »Mir scheint«, sagt Hesse, »niemand wird diese Bekenntnisse lesen können, ohne schon bei den ersten Seiten vom Klang dieser außerordentlichen Stimme, von der Wucht und Wärme dieses Menschen und Dichters ergriffen zu werden«.[8] Seine *Chronik* diktierte Schubart an einem Wirtshaustisch, was zu ihrem rhetorischen, oft dialogischen Duktus beiträgt. Und sicherlich auch zu eruptiven Formulierungen, die seine Zensoren und seine Gegner ihm immer wieder ankreiden. Vieles liest sich so, als werde ein Gespräch unter Freunden geradewegs in die öffentliche Debatte überführt. Nicht zuletzt dieser Freimut, das Reden mit offenem Kragen, imponierte den *Chronik-Lesern*. Eine »überstiegene und freie Schreibart« beschied ihm ein amtliches Gutachten von 1791: »Allein sein Ton gefiel dem Publico«.[9]

Die besonderen literarischen und journalistischen Fähigkeiten, über die Schubart verfügt, sind zugleich besondere soziale Qualitäten. Zeitgenossen bezeichnen Schubarts Ton als »Volkston«, und sein über die Bildungsschicht hinausreichendes Lese- und Hörpublikum verifiziert dieses Urteil. Sein Verbreitungserfolg wäre nicht denkbar, entspräche dieser Ton der – von Schiller geforderten und von Brecht gerügten – »Volkstümlichkeit von oben herab«. Schubart ist populär, weil er popular ist: »Das Körnichte und Kraftvolle seines Ausdrucks«[10], die Derbheit seiner Invektiven und seiner Vertraulichkeiten sind Konterbande aus der unterbürgerlichen Kultur; und wenn er in seinen Gedichten mit der Stimme von Soldaten, Bettlern, Handwerksburschen, Bauern redet, verbindet sich ein erlerntes Stilmittel mit erfahrener sozialer Nähe. Was Schiller dem »Volksdichter« Gottfried August Bürger vorwirft (»Herr B. *vermischt* sich nicht selten mit dem Volk, zu dem er sich nur herablassen sollte«[11]), praktiziert der Pfarrerssohn Schubart mit dem größten Vergnügen. Selbst seinem verständnisvollen Sohn Ludwig ist das nicht ganz geheuer: »Sonderbar war es, und beim ersten Blick unangenehm auffallend, daß er in allen Situationen seines Lebens eine sichtbare Tendenz beibehielt, sich mehr zu Niedrigern zu gesellen als zu *Gleichen* oder *Höhern*. Der Grund lag unstreitig darin: weil er sich hier oft Gewalt antun mußte, dort aber aller Zwang hinwegfiel. Er wollte reine, gesunde, und soviel möglich ungemischte Natur um sich haben, sie genießen und – mitteilen; und dies fand er unter den untern Ständen weit mehr als unter den höhern.«[12] Die Neigung zur Flucht aus der eigenen Kultur bindet Schubart in ein Projekt kultureller Vermittlung ein. Die Künstler und Intellektuellen macht er auf Potentiale der popularen Kultur aufmerksam: derbe, donnernde Deutlichkeit des Sprechens, die Melodiosität und Unterhaltsamkeit des Landlieds, die

»Weisheit auf der Gasse«; dem unstudierten Laien tritt er als Volkslehrer gegenüber und sucht ihm die anspruchsvollen Kompositionen eines Johann Sebastian oder Carl Philipp Emanuel Bach und literarische Neuerscheinungen wie Goethes *Götz* oder *Werther* näherzubringen. Schubarts Schreibgenres reichen vom kleinen Schneiderlied bis zur großen Ode, seine Stilpalette von umgangssprachlicher Schlichtheit bis zu »glühender selbstgeschaffener Phantasiesprache«[13]. In den Geburtsjahren des modernen deutschen Bildungsbürgertums versucht er, das flache Land und die bildungsärmeren Schichten an dem beginnenden künstlerischen, wissenschaftlichen und politischen Aufbruch teilhaben zu lassen. Seine Schriften sind damit Modelle des Versuchs, gegen soziale Spaltungen mit der Feder anzukämpfen – allerdings historische Modelle, die man nicht mit modischem Vokabular wie »Edutainment« oder »cross-over« entfremden sollte. Ihren Lehrwert, auch ihren Unterhaltungswert, entfalten sie erst mit Hilfe der Innervation der einmaligen Umstände, auf die sie reagierten. Aus dieser Überlegung heraus verbindet dieses Buch Anthologie und Biographie: Es integriert Originaltexte in eine nach Themen geordnete Darstellung, die zugleich dem Schubartschen Lebenslauf folgt.

DAS HELLAUF

Er war gleich geschickt für die Orgel, den Sang, den Schul-
katheder und die Kanzel. […] Er sang mit Empfindung und
Geschmack eine Baßstimme, dergleichen ich in meinem
Leben in dieser Tiefe, Höhe und mit dieser Anmut nie
gehört habe; spielte ein gutes Klavier, war zum Schulmann
geboren, enthusiastisch für die lateinische Sprache einge-
nommen und hatte die trefflichste Anlage zum Redner.
[…] Er blieb bis ans Ende seines Lebens Verehrer und
Förderer der Tonkunst, und sein Haus war – sonderlich
in seinen jüngern Jahren – ein beständiger Konzertsaal,
darin Choräle, Motetten, Klaviersonaten und Volkslieder
wiedertönten. Seine Physiognomie war edel, Seelenfeuer
verkündend, und seine ganze Person stellte den gesunden,
kühnen, deutschen Mann dar, der weder vom Siechtum
noch weicher Pflege was zu verraten schien. Dabei war
sein Geist frei, heiter und zu einer Jovialität gestimmt, die,
zumal in seinen jungen Jahren, seinen Umgang äußerst
angenehm machte.[14]

Diese Schilderung, mit der Schubarts Autobiographie beginnt, ist ein Porträt seines Vaters. Aber es könnte auch als
Selbstporträt durchgehen. Vergleicht man die Beschreibun-
gen, die Ludwig Schubart von seinem Vater und seinem Großvater gibt, so frappieren die Übereinstimmungen von Statur,
Stimme, Temperament, Begabungen und Vorlieben – inklu-
sive einer lebenslangen Neigung zum »schönen Geschlecht«,
eines »menschenfreundlichen Charakters« und »wütender
Ausbrüche zerstörender Leidenschaft«.[15] Es ist natürlich nicht
die bloße Wiedergabe, sondern die Betonung von Ähnlich-

keiten, mit der wir es hier zu tun haben. Schubart fühlt sich als Vatersohn, er spiegelt sich im Vater, orientiert sich an ihm – was sich in seiner Autobiographie darin ausdrückt, daß diesem 77 Zeilen des Elternporträts, der Mutter nur 14 Zeilen gewidmet sind; deren Charakterisierung beschränkt sich auf die Kennworte »Einfalt und Mütterlichkeit«.[16]

Dieser Vater, Johann Jacob Schubart, ist der unumschränkte Herr des Hauses im fränkischen Obersontheim, in dem Christian Friedrich Daniel am 24. März 1739 geboren wird. Er ist in diesem zur Grafschaft Limpurg gehörenden Ort Pfarrvikar, Kantor und Präzeptor, versieht also die Ämter des Dorfpfarrers, des Kirchenmusikers und des Lehrers. 1740 beruft man ihn als Präzeptor und Musikdirektor nach Aalen, eine damals etwa tausend Einwohner zählende Reichsstadt, wo er 1744 zum Stadtpfarrer avanciert. Schubart wird sich zeitlebens als Sohn seines Vaters und als Sohn Aalens verstehen, als geprägt vom Aalener Habitus: »Bürger von altdeutscher Sitte, bieder, geschäftig, wild und stark wie ihre Eichen, Verächter des Auslandes, trotzige Verteidiger ihres Kittels, ihrer Misthaufen und ihrer donnernden Mundart« – von hier, so sagt er, »schreibt sich mein derber deutscher Ton, aber auch mancher Unfall her, der mir hernach in meinem Leben aufstieß.«[17]

Schubarts Erinnerungen lassen seine Bildungsgeschichte damit beginnen, daß er seine Schulbücher in den Bach wirft. »Ich konnte im siebenten Jahr weder lesen noch schreiben.« Doch dann wird von einer erstaunlichen Wende berichtet:

> Im achten Jahre übertraf ich meinen Vater schon im Klavier, sang mit Gefühl, spielte die Violine, unterwies meine Brüder in der Musik und setzte im neunten und zehnten Jahre Galanterie- und Kirchenstücke auf, ohne in allen diesen Stücken mehr als eine flüchtige Anweisung genossen zu haben. Auch im Lateinischen, Griechischen und andern Elementarkenntnissen nahm ich […] so schnell und sichtlich zu, daß mein Vater den Entschluß faßte, mich den Studien zu widmen, unerachtet ihn meine

Blutsverwandten drangen, mich ganz der Tonkunst aufzuopfern und in dieser Absicht nach Stuttgart und Berlin
zu schicken.[18]

Als Vierzehnjähriger kommt er ans Lyzeum in Nördlingen.
Der dortige Rektor führt ihn in die antike wie in die neue
deutsche Literatur ein. Vor allem Klopstock imponiert dem
Schüler – schon vorher hat ihn ein preußischer Werbeoffizier
in Aalen mit den ersten fünf Gesängen von dessen *Messias* bekannt gemacht. Seine künstlerische Doppelbegabung erweist
sich als eigentliche Dreifachbegabung: Er komponiert Klaviersonaten und Choräle, schreibt eine klassizistische »Nänie«, ein
Trauergedicht, über das Erdbeben von Lissabon und zugleich
Lieder im Volkston: »Als einst ein Schneider wandern wollt«,
ein Spottlied, wird bald populär und in vielerlei Abwandlungen
gesungen; 1808 nehmen es Clemens Brentano und Achim von
Arnim als Volkslied in *Des Knaben Wunderhorn* auf.

»Im Jahre 1756«, berichtet die Lebensgeschichte, »gefiel es
meinem Vater, mich nach Nürnberg zu schicken, welcher Stadt
er mit ungestümer Liebe anhing als je ein Grieche, Römer
oder Schweizer seinem größern Vaterlande.«[19] Schubart, der
dort die Schule zum Heiligen Geist besucht, erlebt das einstige
Zentrum von Handel und Gewerbe, Kunst und Wissenschaft
als »tief herabgesunken«, aber als »sehr musikalische Stadt«:
»Unter der Stadtmusik traf ich *Beinahvirtuosen* an, und in
den Kirchen hört' ich Schüler von dem deutschen Arion, dem
unsterblichen *Sebastian Bach*, die mich's das erste Mal fühlen
machten, welch ein seltener Mann ein guter Orgelspieler
sei.«[20] Bald, so erzählt er, tritt er bei Frühmessen selbst als
Organist auf. Er nimmt und gibt Musikunterricht, ohne den
Schulunterricht zu vernachlässigen. Der Brief eines Lehrers
an Johann Jacob Schubart ist voll des Lobes über Christians
Leistungen »in litteris«.[21] Als Rezitator und Dichter kann er offenbar ebenfalls brillieren, erlebt aber auch die erste handfeste
Sanktion für politische Parteinahme: »Ich erklärte meinen
Brüdern den zweiten Teil des *Messias*, der gerade damals her-

auskam, und die Gefühlvollen wurden ebenso wonnetrunkne Anbeter dieses göttlichen Gedichts wie ich. […] Die Lieder, die ich damals machte, wurden allgemein bekannt und gesungen; ich selbst aber dafür von einem salzburgischen Soldaten, dessen Landsleute hier in Besatzung lagen, mit der Muskete niedergestoßen […].«[22] 1756 beginnt der Siebenjährige Krieg, zu dem Schubart preußenfreundliche Verse beisteuert – ganz im Sinne seines Vaters, der als glühender Verehrer von Friedrich II. geschildert wird.

Ebendieser Krieg kommt 1758 seinem Plan in die Quere, an die Universität Jena zu gehen. Er landet statt dessen im nahen Erlangen. »Ich war hier in meinem Elemente. Frei, ungebunden, durchstreift' ich tobender Wildfang Hörsäle, Wirtshäuser, Konzertsäle, Saufgelage – studierte, rumorte, ritt, tanzte, liebte und schlug mich herum.«[23] Aber er betätigt sich zugleich erfolgreich als Musiker und Schriftsteller. Seine Feststellung »Ich war damals der beste Flügelspieler und Dichter in Erlangen«[24] ist keineswegs unglaubwürdig. Und zumindest anfangs, so konzediert seine auf Selbstkritik gestimmte Lebenserzählung, ist er »ungemein fleißig«, lernt Hebräisch, hört Geschichte, Philosophie, Schöne Wissenschaften und bildet sich als Theologe aus. Dann jedoch, so erzählt er, gingen Wissenschaft und Tugend miteinander unter. Er überzieht das studentenübliche Schuldenmachen und kommt deshalb für nicht weniger als vier Wochen in den Universitätskarzer. Der erste von seinen drei Gefängnisaufenthalten ist ein Satyrspiel, das der Tragödie vorausgeht: Er verfügt im Karzer über ein »gutes Klavier« und erhält nicht nur Besuche seiner Kommilitonen, sondern auch »einer zärtlichen, mich mit Tränen beklagenden Freundin«.[25] Sie hieß angeblich Giovanetta.[26] Vielleicht ist die von ihm berichtete »tödliche Krankheit«, die er danach ausgestanden habe, eine Folge dieser Zärtlichkeiten. Die Todesnähe, so erzählt er, habe ihm freilich »nur flüchtige Entschlüsse zur Tugend entlocken können«.[27] Das wiederaufgenommene lustige Studentenleben muß dann freilich noch vor den Abschlußexamina beendet werden. Der Vater kann

DIE ANDERE BIBLIOTHEK
im Eichborn Verlag

Im Mai 2009

Liebe Leserinnen und Leser,
liebe Freunde der »Anderen Bibliothek«,

eine gewitzte Praktikantin im Verlag sagte nach der Lektüre
des Manuskriptes dieses Bandes: »Wenn es den Schubart nicht
gegeben hätte – man hätte ihn für die ANDERE BIBLIOTHEK
erfinden müssen.« So ist es. Ein Aufklärer, der die Botschaft der
Freiheit, der Vernunft und Toleranz unters Volk zu bringen
versuchte. Ein genialischer Musensohn, der ganz dem vor-
romantischen Geist des späten 18. Jahrhunderts entsprach,
Organist und Kapellmeister in der Residenzstadt Ludwigsburg,
wegen seines »liederlichen Lebenswandels« des Landes verwiesen, Gründer und feurigster Autor der *Teutschen Chronik*, vom
aufgeklärt-despotischen Herzog Karl Eugen von Württemberg
zehn Jahre auf der Feste Hohenasperg ohne Anklage und ohne
Prozeß eingekerkert, hernach Musik- und Theaterdirektor in
Stuttgart – und Inspirator seines jungen Landsmannes Friedrich Schiller.

Was für ein Leben. Bernd Jürgen Warneken, Professor
für Empirische Kulturwissenschaft in Tübingen, hat mit sorg-
fältiger Liebe und seiner intimen Kenntnis der Zeit Schubarts
Wesen, Werk und Erdenwandel in dessen eigenen Worten
rekonstruiert und kommentiert: er verfaßte gewissermaßen
die Autobiographie, die Schubart gern geschrieben oder doch
mit jenem vergnügten Interesse gelesen hätte, das Sie, liebe
Leserinnen und Leser, gewiß mit den Herausgebern teilen.

Ihr

die mit dem Studium und Gaudium des Sohnes verbundenen Kosten nicht mehr aufbringen und beordert Christian zurück nach Aalen. Der wird dort drei Jahre lang bleiben, man darf sagen: hängenbleiben.

Exzeß, Absturz, Zerknirschung: Diese Trias praktiziert Schubart in Erlangen nicht zum ersten Mal. Das erste schriftliche Zeugnis, das von ihm erhalten ist, ist ein lateinisch abgefaßter Neujahrsbrief des Vierzehnjährigen an seinen Vater, in dem er – freilich noch weitgehend formelhaft – versäumte Pflichten eingesteht und Besserung verspricht.[28] Das erste schriftliche Zeugnis über ihn, das wir kennen, ist ein im Oktober 1755 geschriebener Brief des Erlanger Rektors Thilo an Vater Schubart. Er lobt darin kurz Christians Fähigkeiten, seine Einbildungskraft und seinen »geschwinden Begriff«, erzählt dann aber lang und breit von dessen »Ausschweifungen« – das Wort, welches eine bürgerliche Todsünde indiziert, wird das Leben und Nachleben Schubarts auf Schritt und Tritt begleiten. In der Schule habe er vom Katheder aus »Personen nachgeahmt und komödiantisch vorgestellt, ja auch in der Kirche den kleinen Knaben solches Zeug vorgesagt«. Hernach habe er gar, verärgert über eine in Gegenwart des Bürgermeisters ausgesprochene Ermahnung, das anschließende gemeinsame Sonntagsmahl ausgeschlagen, obwohl man ihn gar nicht mit einem Tischverbot belegt habe. Thilo zufolge wäre es das beste, wenn man Christian »einem solchen Herrn untergäbe, wo er in der schärfsten Zucht gehalten würde«. Was im nachhinein fast wie ein Vorgriff auf Schubarts »Besserungshaft« auf dem Hohenasperg klingt, endet allerdings in dem versöhnlichen Satz: »Doch ich hoffe zu Gott, es werde noch besser gehen.«[29]

Es läßt sich immer wieder, auch bei späteren, gravierenderen Verfehlungen Schubarts beobachten: Man kann ihm nur schwer auf Dauer gram sein. Das gilt auch für den zweifellos autoritären Vater. Man hört kein Wort davon, daß er den ruhmlos Heimgekehrten wegen seiner Erlanger Havarie die Vaterliebe entzogen hätte. Selbst nach den späteren, beruflich und privat desaströs endenden Ludwigsburger Abenteuern seines

Sohnes ist das nicht anders. 1774, einige Monate vor seinem Tod, schreibt Johann Jacob Schubart seinem Schwiegersohn Böckh über Christian: »Ich will es Ihnen nicht bergen, daß er bei allen seinen Fehlern noch immer mein Liebling ist sowie der Liebling der alten Mutter; denn sein Herz ist *gut*, seine Gesinnungen sind überall auf das Gute und Edle gerichtet […]. Er kann stark fehlen, aber er kann auch gutmachen, wie keines meiner Kinder. Denn er hat Gaben für zehn.«[30]

Es sind nicht nur einzelne Fähigkeiten und Fertigkeiten, mit denen Schubart für sich einzunehmen weiß. Es ist ein von vielen Zeitgenossen bestätigter Zauber, der von seiner Person ausgeht. Er selbst hat für diese Ausstrahlung ein Wort: Hellauf. »Heiterkeit, Laune, freier Scherz und ein gewisses Hellauf«, so schreibt er einmal, »schien von Jugend an das Eigene meiner Muse wie meines Temperaments zu sein – und zu bleiben.«[31] »Hellauf« ist im Deutschen als Adverb und als Grußformel bekannt. Als Substantiv ist es eine Schubartsche Erfindung, ein individuelles Wort für eine unverwechselbare Individualität. Man kann sich wohl denken, was damit gemeint ist: Munterkeit, Frische, Strahlen; wohl auch Geradheit, Freimütigkeit, wie eine andere Schubartäußerung es nahelegt: »Da ich das *Hellauf* des Studenten im höchsten Grade besaß und jede Fessel des Zwangs wegzuschleudern gewohnt war; so haßte ich alle Amtsgravität, alle sinnige Bedächtlichkeit, alles Zurückhalten, jede kalte Miene, jeden Hochblick.«[32] Da die Bezeichnung von keinem anderen überliefert ist, läßt sich die Wortbedeutung nur einkreisen. Diese Unschärfe macht Schubarts »Hellauf« zu einem wunderbaren Symbol: dafür, daß eine Biographie keine vergangenen Wirklichkeiten abbilden, sondern sich ihnen bestenfalls über historische Distanzen hinweg und durch Quellen hindurch annähern kann.

DER LEHRER

»HERR WIELAND IST GESTERN
BEI MIR GEWESEN«

Nachricht

Welcher Magister hat Lust, Schulmann in … zu werden? –
Er muß gut Latein, Griechisch und Hebräisch verstehen;
auch etwas Französisch und Italienisch. Im Christentum,
Rechnen, Schreiben, Zeichnen, Historie, Geographie,
Feldmessen muß er Meister sein. Informieren darf er nicht
mehr als tags zwölf Stunden, daneben kann er sich noch
mit Privatstunden was verdienen. Da man den Organisten
mit ihm ersparen möchte, so wärs gut, wenn er die Orgel
spielen, gut geigen und den Zinken aufm Turm blasen
könnte. Den Geistlichen assistiert er zuweilen im Predigen
und Katechisieren. Weil er die Leichen hinaussingen muß,
so muß er eine sehr gute Stimm haben. Seine Besoldung
besteht aus 100 Gulden an Geld, etwas Naturalien, freie
Wohnung, sechs Ellen Krautland, freie Eichelnmast und
eine Miststätte vor seinem Haus. Den Rang hat er gleich
nach dem Burgerstädtmeister, der gegenwärtig ein Gerber
ist; außerdem solls den Buben nicht erlaubt sein, ihn mit
Erbsen zu schießen.
Es wäre dem Magistrat sehr lieb, wenn der Kandidat ledig
wäre. Der Vorfahr im Amt hat eine sehr häusliche und
gottesfürchtige Witwe hinterlassen. Sie ist zwar schon
eine Fünfzigerin, kann aber doch noch lang leben, weil
sie die körperlichen Unreinigkeiten durch Fontanelle[1]
ausführt.[2]

Geislingen um 1760/1770. Aquarell von Michael Knoll.

Schubarts Anzeige für eine Lehrerstelle in einer Kleinstadt ist so gut satirisch wie autobiographisch. Seine erste
Berufsstation war die kleine, der Reichsstadt Ulm unter-
stehende Gemeinde Geislingen auf der Schwäbischen Alb,
wo er zwischen 1763 und 1769 das Amt eines Knabenschul-
meisters, Musikdirektors und Organisten versah. Seine Briefe
aus dieser Zeit berichten von schlechter Bezahlung, einem
hohen Unterrichtsdeputat und anstrengenden Nebenauf-
gaben (darunter achttägiges Weihnachtssingen von Haus zu
Haus). Und überdies von verdreckten, frechen, lernunwilligen

Schülern – hundert bis hundertfünfzig von ihnen hat er täglich zu unterrichten. Seinem Schwager und Freund Christian Gottfried Böckh, Gymnasialrektor in Esslingen, schreibt er 1767: »Die Sklaverei, unter der ich hier seufze und alle meine Sünden büße, hat etwas Algerisches, etwas von dem Schicksal eines Galeerensklaven an sich. – Arbeite, lebe im Gestank von grindigen Köpfen und viehischen Exhalationen, wirf die Bücher hinweg und lehre buchstabieren; statt der Grazien im Apollo der Griechen schau die verwilderten Züge im Strobelkopfe eines Pavians oder den bloßen Hintern einer Meerkatze, schluck den Geifer hinunter, den dir die Wut unverständiger Eltern ins Angesicht speit.«[3]

Schubarts wiederkehrende Klage über sein Geislinger Sklavendasein sollte freilich nicht darüber hinwegtäuschen, daß der kleine, nur etwa 1500 Einwohner zählende Ort an der Fils für ihn weniger Verbanntensinsel als rettendes Ufer war. Die Pfarrstelle, auf die er als cand. theol., trotz unabgeschlossenem Examen, gehofft hatte, war ihm in den drei Aalener Jahren nicht angeboten worden. Zwar konnte er seine Fähigkeiten durchaus beweisen. Er durfte Predigten halten und gefiel dabei, er organisierte ein Laienorchester aus Handwerksleuten, dichtete und komponierte, wobei er seinen Vater besonders mit seinen Klaviersonaten beeindruckt haben soll.[4] Doch abgesehen von einer kurzen Anstellung als Hauslehrer im benachbarten Königsbronn war er eben doch ohne Amt und Würden und lag seinen Eltern auf der Tasche. Die Geislinger Stelle macht ihn nun erstmals unabhängig. Ende Oktober 1763 tritt er sein neues Amt an. Schon am Abend seiner Ankunft, so wird erzählt, bittet er den »Oberzoller« Bühler, den obersten örtlichen Finanzbeamten, um die Hand von dessen Tochter Helena.[5] Die Verlobung ist am 5. November, die Hochzeit am 10. Januar 1764.[6] Er wird Vater zweier Kinder, Ludwig und Julie, die er zeitlebens innig liebt. Wieder fallen seine lebendigen Predigten auf, sein Orgelspiel gilt als vorzüglich, und sein Schulunterricht zeitigt manches gute Ergebnis. Einigen seiner Latein- und Griechischschüler hilft er, aufs Gymnasium zu kommen. Einer von ihnen, der Schuhmachersohn Johann Wilhelm Stüber, bringt es bis zum Ulmer Münsterpfarrer, ein anderer, der Konditorssohn Johannes Kern, wird später in Ulm Gymnasialprofessor.[7]

Doch sicherlich machen ihn gerade auch seine Geislinger Erfolge unzufrieden mit dem, was dieser Wirkungskreis ihm zu bieten hat. Es gibt kaum eine Intelligenzschicht am Ort, keine Lesegesellschaft, keine Literaten- oder Künstlerzirkel; es bleibt außer der Kirche fast nur das Wirtshaus, wo Schubart diskutieren und brillieren kann. Der Pfarrer und der Vikar sind keine Gesprächspartner, sondern lediglich mißtrauische Vorgesetzte, die dem Ortsklatsch über Schubarts Meinungs-, Trink- und Liebesexzesse nachgehen. Seine Frau und sein Schwiegervater machen ihm Vorhaltungen, daß er sein Geld für Bücher verschwende; sie schicken sogar, wie er an Böckh schreibt, von ihm bestellte Bücher an die Buchhändler zurück und warnen diese vor weiteren Sendungen.[8] Einige Male, so berichtet die Autobiographie, sprengt Schubart diese Enge ebenso brachial wie hilflos, indem er einfach aus Haus und Stadt hinausrennt und tagelang in den Wäldern kampiert. Gewöhnlich bricht er nur auf dem virtuellen Fluchtweg aus, der damals vielen in der Provinz versprengten Bildungsbürgern das geistige Überleben sicherte: auf dem Briefweg, der sie in die Nähe von fernen Gleichgesinnten bringt. Außer Böckh sind es vor allem Balthasar Haug, erst Magstädter Pfarrer, dann Stuttgarter Gymnasialprofessor, und Christoph Martin Wieland in Biberach, mit denen Schubart Kontakt aufnimmt. »Man liest einen Klopstock, einen Cramer°, einen Gerstenberg°° – und – darf ich es sagen? – einen Haug«, schmeichelt er, »und bei mir ist der Wunsch, solche Männer näher zu kennen, allemal die natürliche Wirkung meiner Entzückungen.«[9]

Haug zeigt sich angetan; er wird später entscheidend dazu beitragen, daß Schubart von Geislingen wegkommt. Auch Wieland reagiert freundlich auf Schubarts ersten, ehrfürchtigen Brief und lobt später die Ode auf Kaiser Franz, die Schubart ihm geschickt hat, als eine Probe der »*Größe, Stärke und Schönheit* Ihres Genies«.[10] Stolz berichtet dieser wiederum Haug von seinem berühmten Gönner, und am 19. März 1769 meldet er ihm gar in gesperrten Buchstaben: »Herr Wieland ist gestern bei mir gewesen«.[11] Die Forschung ist sich einig, daß Wieland Geislingen nie besucht hat. Schubart hätte demnach gelogen; vielleicht aber hat er den Brieffreund einfach herbeiphantasiert, wie es auch andere Zeitgenossen

---

° Johann Andreas Cramer (1723–1788), Schriftsteller.
°° Heinrich Wilhelm von Gerstenberg (1737–1823), Schriftsteller.

der Empfindsamkeit taten, die sich einsam, aber nicht alleine fühlten. Wenn er abends auf einer Wiese stehe, schreibt der Philosoph Christian Garve im Juli 1767 an eine Freundin, dann versetze er dorthin alle seine Freunde: »Ich sammle in Gedanken diesen kleinen, aber ehrwürdigen Haufen von Leuten, die ich liebe und die mich wieder lieben, um mich herum […]. Dieses Spiel meiner Einbildungskraft treibe ich so lange fort, bis ich ganz von den Gegenständen, die um mich sind, entfernt in andern Welten und noch glücklichern Gegenden herumschwebe.«[12]

»WIE SCHWER IST'S IN DER WELT, SICH GÖNNER ZU ERWECKEN!«

Im Frühjahr 1767 schreibt Schubart an Böckh:

> Gegenwärtig sitze ich größtenteils, wann ich aus dem Schulkeficht [Schulkäfig] fliege, in einem Gartenhaus, ziehe recht geizig die Frühlingsdüfte in mich, lese mich fast blind, mache zuweilen Verse, schweife in meinen Gedanken in fremden Sphären herum, rauche meine Pfeife und trinke einen Krug Bier –
> denn Wein, der Dichtern wohlbehagt,
> hat Bacchus mir versagt –
> bin manchmal mürrisch und mißtrauisch gegen die ganze Welt, brumme in mich hinein, wie Pythia auf dem Dreifuß, schlag mit dem Klaviere die Sorgen in die Luft; lange oftmals in den Beutel, habe kein Geld und fluche; werde endlich von ungewissen Grundsätzen und von Neid und Verfolgung gleich einem Balle in der mittlern Luft umher-geschmissen und wünsche mir bald – noch in meinen Zwanzigen zu sterben, bald – lange, wie Methusaleh zu

leben. Ein närrischer Charakter, der den Umgang eines temperierten Böckhischen Temperaments bedürfte, um einmal *bestimmt* zu werden.[13]

Die »ungewissen Grundsätze« erscheinen in dieser Selbstkritik als eine Charakterfrage; die meist von schwäbischen Protestanten stammende Schubart-Literatur neigt ebenfalls zu dieser Ansicht. Man kann sie aber ebensogut oder besser aus seiner Situation heraus verstehen. Hier sitzt ein 28jähriger ohne Freundeskreis, ohne Mentor in einer dörflichen Kleinstadt und sucht sich autodidaktisch weiterzubilden. »Der Lesegeist«, schreibt Schubart in seinen Erinnerungen, »bemeisterte sich meiner Seele so, daß ich alles ohne Wahl und Ordnung verschlang, wie mir's unter die Hände fiel.«[14] Er liest antike und moderne Philosophie, orthodoxe und pietistische Theologie, dazu und dagegen naturwissenschaftliche Werke, informiert sich über die unterschiedlichen künstlerischen, literarischen und pädagogischen Schulen. Die Autoren, die er als seine Favoriten nennt, sind schwer in einem einzigen Götterhimmel zu vereinigen: »Klopstock, Bodmer, Ossian, Shakespeare, Geßner, Young°, Gerstenberg, Gleim als Grenadier°°, Uz und Karschin«; »Winckelmann, Mendelssohn, Lessing, Klotz°°°, Herder, Hume, Flögel⁺, Abbt«⁺⁺; »Homer, Virgil, Lukan⁺⁺⁺ und Horaz«, »Aristoteles, Cicero, Quintilian«.[15] Seinem Freund Böckh beschreibt er mit großer Klarheit das Durcheinander, das allein schon der zeitgenössische Meinungsstreit und Meinungswandel in ihm angerichtet habe:

° Edward Young (1681–1765), englischer Schriftsteller.
°° Johann Wilhelm Ludwig Gleim hatte seine *Preußischen Kriegslieder* von 1758 mit der Autorangabe »von einem Grenadier« versehen.
°°° Christian Adolph Klotz (1738–1771), Herausgeber der *Deutschen Bibliothek der schönen Wissenschaften.*
⁺ Karl Friedrich Flögel (1729–1788), Philosoph und Literaturhistoriker.
⁺⁺ Thomas Abbt (1738–1766), Philosoph.
⁺⁺⁺ Marcus Annaeus Lucanus (39–65), römischer Schriftsteller.

Die alten Wahrheiten, welche das Herz bessern, werden von *neuen* verdrängt, die zwar den Witz schärfen, aber das Herz verschlimmern. Mein Gott, was für Veränderungen hab' ich nicht in der kurzen Zeit meines Lebens mit ansehen müssen. Als ich 1750 anfing zu denken, da war *Gottsched* mein Original und lehrte mich Deutsch wie Wasser. Ich wurde ein *Apostat* und schlug mich zu den *Schweizern*; aber als der Buchladen des *Nikolai* in *Berlin* zu einem kolossischen Pferd wurde, aus dessen Bauch bewaffnete Kunstrichter hervorsprangen und alle Autoren zittern lehrten, da schlug ich mich zu *ihrer* Partei und glaubte, sie wären Götter. Und nun da *Klotz* wie Briareus mit hundert Händen um sich greift, mit 50 Geißelschläge und mit 50 Olivenkränze ausspendet; – so steh' ich da, wie wenn ein Wetter vor mir niederschlüge, und weiß nicht, ob ich bei meiner Partei bleiben, ob ich die neue ergreifen oder – ob ich ein Freigeist werden soll.[16]

Die Erosion von Glaubenssicherheiten, zunehmende Wahlmöglichkeiten, aber auch Wahlnotwendigkeiten, die befreien und quälen: Solcherart Spannungen teilt der junge Schubart mit anderen Pfarrerssöhnen der Aufklärungszeit, mit Bodmer, Bürger, Claudius, Gellert, Lessing, Lichtenberg, Wieland. Daß diese Entscheidungsfragen in den Schubartbriefen von 1767 und 1768 so nach vorn drängen, hat mit ihrem Doppelcharakter zu tun: Seine Suche nach einer befriedigenden geistigen Position ist mit der Suche nach einer komfortablen sozialen Position verquickt, wobei die vorhandene Bandbreite von Karrieremöglichkeiten die Denkfreiheit anstachelt, sie aber dann auch wieder opportunistisch begrenzt.

Der literarischen Öffentlichkeit präsentiert sich Schubart zunächst mit einem Versuch im klassischen Genre: der 1766 erscheinenden Gedichtsammlung *Zaubereien*.[17] Schubart zufolge war es Wieland, der ihn zu diesen Gedichten ermunterte, und dieser äußert sich dann auch freundlich über das Ergebnis. Die *Deutsche Bibliothek der schönen Wissenschaften* allerdings bringt einen Verriß;[18] Schubart selbst bezeichnet die *Zaubereien* später als »eine unglückliche Nachahmung Ovids«.[19] In eine Zukunft als Schriftsteller weist überdies das Angebot Wielands, mit Schubart eine Wochenschrift herauszugeben. Doch dieser zögert; er schreibt seinem Schwager:

> Was halten Sie wohl von dem Vorhaben des Herrn Wieland – eine Wochenschrift mit mir zu schreiben? Ich rechne es mir zwar zur Ehre, in Gesellschaft eines so berühmten Mannes zu schreiben (denn wann ich mich schäme, so verberge ich mich in den Falten seines Rocks), aber sollte nicht seine Irreligiosität, die aus allen seinen neueren Schriften hervorbricht, mir in Zukunft an meinem Glück hinderlich sein können? Man könnte just glauben, daß ich das gemacht hätte, was ich nicht gemacht habe. Was täten Sie in dieser Situation?[20]

Das Glück, das er durch eine Zusammenarbeit mit Wieland gefährdet sah, war eine Pfarrstelle. Mit dieser Option harmoniert eine zweite, umfangreiche Lyriksammlung, die er 1767 herausbringt: die *Todesgesänge*. Man hat diese Gedichte über Sterben, Todesangst, Sündenstrafe und Gnade mit einer heftigen Krankheit zusammengebracht, die Schubart im Winter 1766 zu überstehen hatte, und gewiß spiegelt sich in ihnen die eigene Todes- und Höllenangst, die den Sohn eines Strenggläubigen zeitlebens begleitete. Doch die *Todesgesänge* sind nicht nur Bekenntnis-, sondern ebenso Gebrauchslyrik. Viele von ihnen sind als Gebete oder Kirchenlieder gedacht und geeignet. Wie er an Böckh schreibt, erhofft er eine Aufnahme seiner Gedichte ins evangelische Gesangbuch – einige, wie »Kommt heut an eurem Stabe«,[21] schafften es wirklich dorthin –, wobei er sich selbst als posthumen Nutznießer vorstellt: »Der Gedanke: nach deinem Tode wird eine ganze Gemeinde mit andächtiger Feier ein Lied von dir zum Himmel hinaufsingen – ergreift mich oft so, daß ich den Horaz laufen lasse und auf die Harfe Davids horche.«[22]

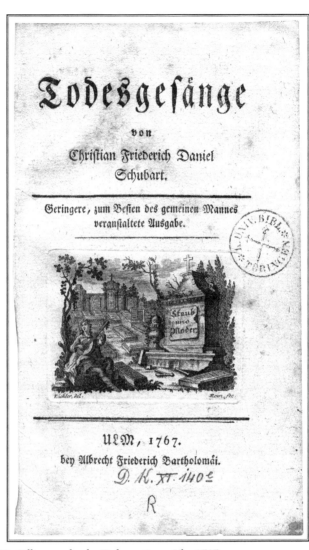

Die Billigausgabe der Todesgesänge, *Ulm 1767.*

»Die Matrone im Spital soll es mit ebender Rührung lesen und singen können, als es der Gelehrte liest und singt«, schreibt Schubart über sein Buch *Todesgesänge*[23]. Dieser Wirkabsicht entsprach eine »geringere, zum Besten des gemeinen Mannes veranstaltete Ausgabe«. Sie ist ungekürzt, aber enger gedruckt und einfacher ausgestattet. Die teurere Ausgabe kostete einen Gulden, die billige zwölf Groschen.[24]

Ein weiteres Gedichtgenre, das Schubart in Geislingen pflegt, ist die panegyrische Lyrik. Er verfaßt Oden zum Tod des Abtes von Bückeburg, zum Tod des Kaisers Franz I. und auf den Geburtstag des Kaisers Joseph II., er sendet Preisgedichte an den Grafen von Degenfeld und mehrmals an Antonius Ignatius, Fürstbischof zu Ellwangen. Dabei geht es nicht nur um die symbolische Erhöhung des Sängers durch einen hohen Gegenstand, sondern um Bewerbungen bei Hofe, um Hoffnungen auf ein gutes Honorar oder eine gut honorierte Stelle. Über einen seiner Vorstöße beim Ellwanger Fürstbischof, der neben katholischen auch evangelische Pfarrstellen besetzen durfte, schreibt Schubart in seinen Erinnerungen:

> Und nun war ich in allem Ernst auf meine Beförderung bedacht. Einige Versuche waren mir bereits fehlgeschlagen; ich griff also nach der Leier, um mir bei dem Fürsten von Ellwangen, der nicht nur die Pfarreien in Aalen, sondern noch verschiedene ungemein einträgliche lutherische Predigerdienste zu vergeben hatte, den Weg zu meiner Versorgung zu eröffnen. Ich machte ein Gedicht auf ihn, ließ es drucken und überreichte es ihm mit sehr schmeichelhaftem Erfolge. Ein deutsches Gedicht war damals, wie vielleicht noch jetzt, in Ellwangen eine große Seltenheit. Die Gelehrten verspritzten ihren Witz in schalen lateinischen Chronodistichen, und wenn zuweilen deutsch geschrieben wurde, so war es barbarisches Deutsch. Der damalige Fürst […] beschenkte mich nicht nur großmütig, sondern versprach mir auch Beförderung bei der nächsten Gelegenheit.[25]

Für seine Ode auf den toten Kaiser Franz verleiht ihm der Wiener Hof den Titel eines kaiserlich gekrönten Dichters.[26] Den erhofften »Weg zur Versorgung« eröffnen ihm die Ergebenheitsadressen der 1760er Jahre allerdings nicht – seine gereimte Frage und Klage in einem 1763 verfaßten Brief an Böckh gilt weiterhin:

Wie schwer ist's in der Welt, sich Gönner zu erwecken!
Zwingt mich ein trauriges Geschick,
Wie Satans Bild krummschleichend Staub zu lecken?
Grausamer Weg zu meinem Glück![27]

DIE BESTEN TREFFER MIT LINKS

Er habe zwei poetische Pferde im Stall stehen, soll Schubart einmal gesagt haben: einen Postgaul und ein Flügelroß.[28] Die Höhenflüge seiner Geislinger Zeit haben weder die Leserschaft noch die Literaturkritik nachhaltig beeindruckt, ja mitunter vernichtenden Spott hervorgerufen. Der Ode auf den Bückeburger Abt etwa attestiert Herder »eine rasende Sprache voll poetischen Unsinns«.[29] Weit größere und vor allem längere Wirkung taten die Proberitte auf dem »Postgaul«, die der junge Schubart absolvierte: Das schon erwähnte »Schneiderlied« und die Preußenlieder aus seiner Nürnberger Zeit wurden bald ohne Absenderangabe weitergereicht. Als Volksüberlieferung überlebten auch die heute wohl meistgeschätzten Schubarttexte der Geislinger Zeit, die zwischen 1766 und 1769 entstandenen Schuldiktate. Sie lagen jahrzehntelang nur als Mitschriften in Schülerheften vor. Um die hundert Diktate sind von der Hand eines Joseph Fischer überliefert (von dem auch ein liebevoller Brief an den »unvergeßlichen, teuren Lehrer« erhalten ist, den er Schubart 1787 nach dessen Freilassung schrieb,[30] und um die fünfzig, darunter auch bei Fischer nicht enthaltene, Diktate fand man im Schulheft eines Matthias Vetter. 1835 wurde erstmals eine Auswahl in einem Göppinger Verlag gedruckt; eine Gesamtausgabe gibt es bis heute nicht. Der Historiker Otto Borst nennt die Schuldiktate »Meisterleistungen an Gesellschaftskritik und Emanzipationsanweisung«,[31] der Kulturwissenschaftler Hermann

Bausinger »Muster einer lebendigen, bilderreichen Prosa«.[32] Auch Schubart selbst scheint in ihnen mehr als Grundschulübungen gesehen zu haben: In einem Brief an seinen Bruder bekundet er die Absicht, sie unter dem Titel *Briefe Hiobs des Zweiten* in den Druck zu geben.[33]

Charakteristisch für die »Schuldiktate« ist ihre Polyphonie, ihr Reichtum an Stimmen und an Stimmungen. Wie erwartbar, bildet die mahnende Stimme des Pädagogen in vielen Briefen den *basso ostinato*, dies aber eher werbend als mit scharfen Ordnungsrufen. Immer wieder wird erklärt und ausgemalt, wie nützlich doch ein regelmäßiger Schulunterricht auch und gerade für Handwerker- und Bauernkinder sei (»Gott bewahre euch vor Armut, aber noch weit mehr vor Dummheit«). Oft greift Schubart zudem zur Rollenprosa, spricht mit der Stimme von lernunwilligen Schülern oder bildungsfeindlichen Eltern. Was er ihnen in den Mund legt, sind nicht nur dumme Ausreden, sondern auch berechtigte Klagen sei's an Lernumständen (»unsere Schul ist ja so finster wie eine Wachtstub«), sei's am Lehrstoff (»Schicket mir meinen Jörgen. Er kann Grazfuß [Kratzfüße] gnug machen«)…

Auffällig und für die zeitgenössische Pädagogik ungewöhnlich ist das Lautwerden üblicherweise unterdrückter Schülerregungen. Schubart macht sich des öfteren mit der Gassensprache und der Ungebärdigkeit der Schüler gemein, er versetzt seine Diktate mit derben Sprüchen und lustvollen Schreien. Das alles sind keine Indikatoren für einen antiautoritären Erziehungsstil – Schubart hat seine Schüler mitunter heftig durchgeprügelt –, wohl aber spontane, vielleicht gar bewußte Durchbrechungen eines bürgerlichen Lehrprogramms, in dem Bildung als Propagierung des eigenen Klassenhabitus auftritt. Der »Mangel an feinerem Geschmack, an Sinn fürs Passende und Schickliche«,[34] der Schubart von den Gebildeten unter seinen Verehrern immer vorgeworfen wurde, zeigt sich schon in seinen Schuldiktaten als eine seiner Stärken.

30. Mai 1766 (?)

Mein lieber Schüler,

Du fragst mich, ob ein Schüler manchmahl mit gutem Gewissen eine Schule versäumen könne? wann ich hoffen darf, daß diese Frage aus einem guten Gewissen her-geflossen sey, so will ich dir mit Vergnügen darauf eine Antwort ertheilen. Man versäumt die Schule gemeiniglich aus fünferley Absichten. Erstlich aus Krankheit, zweitens aus Armuth, drittens wegen der Geschäffte, 4. aus Leicht-sinn und 5tens aus offenbahrer Boßheit. Die erste Ursache ist die sterkste, dann Krankheit entschuldiget allenthalben, wann es nur keine verstellte Krankheit ist oder eine solche, die sich der Schüler durch sein liederliches Leben selbsten zugezogen hat. Bey der andern Ursache muß man schon behutsamer verfahren. Freilich brauchen arme Eltern die keinen Gesellen und keine Dinstboten vermögen, ihre Kinder manchmahl zum Handwerk, zum Holztragen und zu andern, häußlichen Verrichtungen. Aber muß man deß-wegen die Kinder fast gar von allen Schulen abhalten? ie ärmer man ist, iemehr solte man eigentlich lernen. Der Reiche kommt durch sein Geld fort, aber durch was sollen dann die Armen fortkommen? Ist es nicht ein Jammer wann man einen armen Knaben sieht, der weder lesen noch schreiben und kaum das Vaterunser recht beten kann und dem der Hunger und die Dummheit zugleich aus denen Augen heraus sieht? Verachtet von iedermann, verschmät und verworfen muß er sein Brod vor der Thür suchen, und wann ihn Krankheit und Alter drükt noch froh seyn wan er als ein Scheusal mit Bettelfuhren° im Land herumgefahren wird und wie ein armer Sünder sein Leben auf einem Karren endigen kan. O meine liebe Kinder Gott bewahre euch vor Armuth, aber noch weit mehr vor Dummheit. Ein anderes mahl will ich dir auch auf die

---

° In den württembergischen Gemeinden durften nur Einheimische betteln, andere wurden unter Umständen mit »Bettelfuhren« weggebracht.

andern Stüke antworten, vor dißmahl Lebe wohl und sey versichert, daß ich allezeit seyn werde

Dein getreuer Lehrer

N. N.[35]

Januar 1767 (?)

Die vier Temperamente.

Schreiben eines sanguinischen Knaben.

Mein lieber, lustiger, runder Vetter!

Was machst du, mein Schatz? Springst du noch wie ein Hirsch und hüpfest wie ein junger Bock? Was macht dein Schlitten? Das ist doch heuer ein vortreffliches Schlittenwetter. Es geht einen Berg hinunter, daß kein Adler uns nachfliegen könnte. Nichts ist lustiger, als wenn unsere Schlitten zuweilen über einen Hügel hinunter haspeln. Ha ha, ha ha, ich muß noch lachen. Gestern ist der Peter Langbein über den Schlitten hinunter geflogen wie ein Luftspringer. – Es ist halt eine Freude, jung und froh zu sein. Juhe, Bruder, wenn nur unser alter Graubart nicht wäre, du kennst ihn schon, und unsern Präzeptor, den ewigen Zuchthausmeister, kann ich auch nicht leiden. Da soll man immer lernen, immer sein Köpfchen hängen, immer Brief schreiben, und die närrische Sportographie oder Dortographie treiben. Gehorsamer Diener, Herr Präzeptor! wollen Sie mich zu einer Nachteule machen? Ei mein schöner Herr, sind Sie doch so gut und gukken Sie zum Fenster hinaus, wie ich heute mit meinem Schlitten vor Ihrer Nase vorbeistechen werde. – Hopsa, liebes Brüderlein, lustig müssen Buben sein. Was lernen! unsere Schul ist ja so finster wie eine Wachtstub – wir werden dennoch was wir werden sollen –, man muß unserm Präzeptor etwas blasen. – – Aber jetzt fahre ich Schlitten. Komm her, du lieber Stachel! Holla, Bruder, Michel, Stoffel, Martin, Heinrich, Hans und wer ihr alle seid, fahrt mit! stecht zu! Juhe, Bruder Fritz, das Ding geht

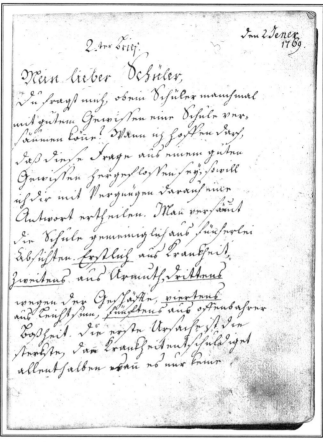

Ein Schubartsches Schuldiktat, 1769.

Im Schulheft eines Matthias Vetter, das 1769 angelegt wurde, sind fünfzig Schubartsche Diktate enthalten. Der hier gezeigte Übungsbrief ist
auch in einer Abschrift mit dem Datum »30. Mai« (1766?) überliefert.
Manche Texte wurden also mehrmals eingesetzt. Von dreiundfünfzig im
Jahre 1835 publizierten Diktaten tragen viele die Jahreszahlen 1782 und
1784: Offenbar hat ein Nachfolger Schubarts sie wiederverwendet.[36]

wie der Blitz! Gutenacht, kleines 6 Pfennig-Häfelein. Ich
bin voller Freuden.

Hanswurstburg, den 1. April.

Dein lustiger Freund Martin Hopsasa.[37]

Geißlingen, d. 22. Jenner 1768

Lieber Herr Schulmeister,

Ich glaub, ihr seid ein Narr. Ihr wollt gewiß meinen Buben
so lang in der Schul behalten, bis er einen Bart kriegt, wie
ein Kutscher? Was braucht mein Jörg so närrisch Zeug
da, solch Firlefanz zu lernen? Mein Bub soll einmahl ein
Weber werden und hiemit Gott befohlen. Ein Schuster,
ein Schneider, ein Drechßler, ein Kupfferschmied, ein Bek
oder ein Miller brauchen beim Element keinen Doktor
zu seyn. Der Schuster muß wipsen, der Schneider sein
Ellenmeß verstehen, der Drechßler eine Kutsche mit 6
Pferden in einen Kirschkern bringen können°, der Kupfferschmied macht braf Knöpfleshäfen, der Bek bakt seine
Nudeln frisch wek und der Miller thut etliche Creuzflüch,
daß seine Mühle zittert. Daß ihrs wißt Herr Schulmeister!
Keinen Häspel°°laß ich aus meinem Buben nicht ziehen,
ob er die Mortogravieh versteht oder nicht. Mein Gukäh-
le°°°hat Und mit einem Th geschrieben und ist eineweg
Schultes worden. Mein Jörg braucht kein Federfuchs
zu werden, wann er nur schreibt, daß mans lesen kan.
Die übergstudierte Leute, das sind mir grad die rechte!
Die fahren meiner Six! dem Teufel alle baadwarm in A…
Kurz Herr Schulmeister! Schiket mir meinen Jörgen. Er
kan Grazfuß gnug machen. Im Christenthum kan er mir
gnug, wann er weißt, daß Christus in Bethphage gebohren

° Geislingen war für seine Elfenbeindrechsler bekannt, die auch erstaunliche Minia-
turformate beherrschten.
°° Überspannter, zappeliger Mensch.
°°° Urgroßvater.

worden, daß der Apostel Judas einen rothen Bart gehabt hat und daß der hl. Apostel Baules seinen Sohn Abraham schier mit einem Messer die Gurgel abgeschnitten hat. – Leb der Herr wohl. Hier schike dem Herrn ein paar Ellen Stukpelz zum Oberhemdt für meines Buben Kindfür-mazzion. Mein Weib Lisel läßt euer Weib schön grüsen. Ich heise

Hans Fikker Webermeister[38]

DIE VOR-GESCHICHTE
VON SCHILLERS *RÄUBERN*

An den Schuldiktaten üben sich nicht nur die Schüler, son-dern auch der angehende Schriftsteller Schubart. Am 10. No-vember 1768 diktiert er seinen Schülern die Kurzfassung einer Erzählung, die ihn und die deutsche Literaturgeschichte noch länger beschäftigen wird:

Der Ansbachische Beamte, Herr von Buttwitz, Amtmann in der Nähe von Crailsheim, hatte zwei ganz verschieden geartete Söhne. Wilhelm war der Urtypus des Ordnungs-menschen, des Philisters, dabei aber, wie sich später heraus-stellte, des Muckers und Heuchlers. Louis dagegen ist das Genie mit all seinen Schatten- und Lichtseiten, dem doch der Lohn schließlich zuteil wird; er ist feurig, leichtsinnig, verschwenderisch, voll boshafter Streiche, dabei aber frei-gebig und von allen Menschen geliebt, weil er einen guten Kopf und ein zärtliches Herz hatte. Auf der Hochschule studierte er wenig, liebte starke Gesellschaften, legte sich aufs Reiten, Fechten und Tanzen, spielte, trank und hatte alle Tage Musik. Als er's endlich zu bunt trieb, enterbte ihn der Vater und Louis ward ein Preuße. Als er einmal gefährlich verwundet wurde, erinnerte er sich in der Krankheit reumütig an seinen Lebenswandel und beschloß, seine Eltern um Verzeihung zu bitten. Aber sein beweglicher Brief wurde auf Betreiben seines Bruders Wilhelm nicht einmal beantwortet. Da wurde er denn nach seiner Entlassung aus dem Heer Bauernknecht und zwar in nächster Nähe seiner Heimat. Hier hielt er sich vortrefflich, daß er überall als der klügste und fleißigste Arbeiter bekannt und von seinem eigenen Vater, der oft ins Dorf kam, belobt wurde. Einmal, als er Holz zu machen im Wald war, hörte er unfern auffallendes Geräusch. Er schleicht hinzu und kommt eben recht, seinen Vater aus der Hand von vier Mördern zu befreien. Ein Mörder gestand, von Wilhelm gedungen worden zu sein, dem der Vater zu lang lebte. Diese entsetzliche Entdeckung brachte den Vater fast zur Verzweiflung. Da ertrug es Louis nicht länger und enthüllte, wer er sei. Mit Wonne nahm ihn der Vater auf und Louis wußte auch die Strafe Wilhelms erträglich zu machen.

Daß Menschen schwer zu kennen sind,
ist ohne allen Zweifel;
ein nach dem Ansehn frommes Kind
ist oft der ärgste Teufel.

Wir sehen an dem Jüngling oft
nur Fehler und nur Mängel.
Auf einmal sehn wir unverhofft,
er sei ein wahrer Engel.[39]

1775 publiziert Schubart im *Schwäbischen Magazin für gelehrte Sachen* eine erweiterte Fassung, die er »Zur Geschichte des menschlichen Herzens« überschreibt. Louis heißt hier Karl, sein heuchlerischer Bruder noch immer Wilhelm. Höhepunkte der Handlung wie der Mordanschlag Wilhelms auf den Vater, Karls Rettungstat und die Versöhnung mit dem Vater sind nun szenisch ausgestaltet. In seiner Vorrede macht Schubart deutlich, daß er mit seiner Erzählung deutsche Gegenwartsromane nach dem Muster des Tom Jones von Henry Fielding, befördern will, von dem er sagt: »Nicht Ideal, sondern wirkliche Natur tritt bei ihm auf. Er kennt die Menschen von der Küche bis zum Audienzsaal.«[40] Schubarts eigene Darstellungsweise repräsentiert in nuce die Entwicklung, welche die deutsche Literaturszene in jenen Jahren nimmt: Sie steht zwischen Erbauungs- und Romanliteratur, sie hat noch manches von den didaktischen Modellfällen der Moralischen Wochenschriften und schon viel von der äußeren Spannung eines Abenteuerromans und der inneren Spannung eines psychologischen Romans.

Zur Geschichte des menschlichen Herzens

Wenn wir die Anekdoten lesen, womit wir von Zeit zu Zeit aus Engelland und Frankreich beschenkt werden, so sollte man glauben, daß es nur allein in diesen glücklichen Reichen Leute mit Leidenschaften gebe.

Von uns armen Teutschen liest man nie ein Anekdötchen, und aus dem Stillschweigen unserer Schriftsteller müssen die Ausländer schließen, daß wir uns nur maschinenmäßig bewegen, und daß essen, trinken, dummarbeiten und schlafen den ganzen Kreis eines Teutschen ausmache, in welchem er so lange unsinnig herumläuft, bis er schwindlig niederstürzt und stirbt. Allein, wenn man die Charaktere von seiner Nation abziehen will, so wird ein wenig mehr Freiheit erfordert, als wir arme Teutsche haben, wo jeder treffende Zug, der der Feder eines offenen Kopfes entwischt, uns den Weg unter die Gesellschaft der Züchtlinge eröffnen kann.

An Beispielen fehlt es uns gewiß nicht, und obgleich wegen der Regierungsform der Zustand eines Teutschen bloß passiv ist, so sind wir doch Menschen, die ihre Leidenschaften haben und handeln, so gut als ein Franzos oder ein Brite.

Wenn wir einmal teutsche Originalromane und eine Sammlung teutscher Anekdoten haben, dann wird es dem Philosophen leicht werden, den Nationalcharakter einer Nation bis in die feinsten Nuancen zu bestimmen. Hier ist ein Geschichtchen, das sich mitten unter uns zugetragen hat; und ich gebe sie einem Genie preis, eine Komödie oder einen Roman daraus zu machen, wenn er nur nicht aus Zaghaftigkeit die Szene in Spanien und Griechenland, sondern auf deutschem Grund und Boden eröffnet.

Ein B…… Edelmann, der die Ruhe des Landes dem Lärm des Hofes vorzog, hatte zwei Söhne von sehr ungleichem Charakter.

Wilhelm war fromm, wenigstens betete er, so oft man es haben wollte, war streng gegen sich selber und gegen andere, wenn sie nicht gut handelten; war der gehorsamste Sohn seines Vaters, der emsigste Schüler seines Hofmeisters, der ein Zelot war, und ein misanthropischer Verehrer der Ordnung und Ökonomie.

Carl hingegen war völlig das Gegenteil seines Bruders. Er war offen, ohne Verstellung, voll Feuer, luftig, zuweilen unfleißig, machte seinen Eltern und seinem Lehrer durch manchen jugendlichen Streich Verdruß und empfahl sich durch nichts als durch seinen Kopf und sein Herz. Dies machte ihn zwar zum Liebling des Hausgesindes und des ganzen Dorfes; seine Laster aber schwärzten ihn an in den Augen seines catonischen Bruders und seines zelotischen Lehrmeisters, der oft vor Unmut über Carls Mutwillen fast in der Galle erstickte.

Beide Brüder kamen auf das Gymnasium nach B… und ihr Charakter blieb sich gleich. Wilhelm erhielt das Lob eines strengen Verehrers des Fleißes und der Tugend, und Carl das Zeugnis eines leichtsinnigen hüpfenden Jünglings. Wilhelms strenge Sitten litten auch auf der Universität keine Abänderung; aber Carls heftiges Temperament ward vom Strom ergriffen und zu manchem Laster fortgerissen. Er ward ein Anbeter der Cithere° und ein Schüler des Anakreons. Wein und Liebe waren seine liebste Beschäftigung, und von den Wissenschaften nahm er nur so viel mit, als er flüchtig erhaschen konnte. Kurz, er war eine von den weichen Seelen, welche der Sinnlichkeit immer offen stehen und über jeden Anblick des Schönen in platonisches Entzücken geraten. Der strenge Wilhelm bestrafte ihn, schrieb seine Laster nach Hause und zog ihm Verweise und Drohungen zu. Aber Carl war noch zu flüchtig, wie eine Moral zu leben, und seine Verschwendung und übermäßige Gutheit gegen arme Studierende versenkte ihn in Schulden, die so hoch anschwollen, daß sie nicht mehr verborgen werden konnten. Dazu kam noch ein unglückliches Duell, das ihm die Gunst seines Vaters entzog und ihn in die Verlegenheit setzte, bei Nacht und Nebel die Akademie zu verlassen. Die ganze Welt lag nun offen für ihn und kam ihm wie eine Einöde vor, wo er weder Unterhalt noch Ruhe fand.

Der Lärm der Trommel schreckte ihn von seinen Betrachtungen auf, und er folgte der Fahne des Mars.

In einer Schlacht verwundet, schreibt Carl seinem Vater einen reuigen Brief, den sein Bruder Wilhelm jedoch unterschlägt. Längere Zeit arbeitet er unter dem Namen Hans unerkannt auf einem Bauernhof in der Nähe des väterlichen Schlosses. Eines Tages sieht er beim Holzhacken im Wald, wie sein Vater überfallen wird. Er tötet die Angreifer bis auf einen, der alsbald gesteht, daß Wilhelm den Mordversuch angestiftet hat, um an das Erbe zu kommen. Der Vater ist verzweifelt:

> Keinen Sohn mehr? Keinen Sohn mehr? – Ha, jene scheußliche Furie mit Schlangen umwunden, ist mein Sohn – die Hölle nenne seinen Namen! Und jener Jüngling

—————————————

° Liebesgöttin.

mit Rosenwangen und dem fühlenden Herzen ist mein Sohn Carl, ein Opfer seiner Leidenschaften; – dem Elende preisgegeben! Lebt vielleicht nicht mehr! – – Ja, er lebt noch, schrie Hans, dessen Empfindungen alle Dämme durchbrachen; er lebt noch, und krümmt sich hier vor den Füßen des besten Vaters. Ach kennen Sie mich nicht? Meine Laster haben mich der Ehre beraubt, Ihr Sohn zu sein! Aber, kann Reue, können Tränen – hier sprang der Vater aus dem Bette, hob seinen Sohn von der Erde auf, schloß ihn in seine zitternden Arme, und beide verstummten. – Dies ist die Pause der heftigsten Leidenschaft, die den Lippen das Schweigen gebietet, um die Redner des Herzens auftreten zu lassen. – Mein Sohn, mein Carl ist also mein Schutzengel, sagte der Vater, als er zu reden vermochte, und Tränen träufelten auf die braune Stirne des Sohnes herab. – Schlag deine Augen auf, Carl! Siehe deinen Vater Freudentränen weinen. – Aber Carl stammelte nichts als: Bester Vater! und blieb an seinem Busen liegen. Nachdem der Sturm der Leidenschaften vorüber war, so erzählte Carl dem Vater seine Geschichte, und beide überließen sich alsdann der Freude, einander wiedergefunden zu haben. Du bist mein Erbe, sagte der Vater, und Wilhelm, diese Brut der Hölle, will ich heute noch dem Arme der Justiz überliefern. Ach Vater, sagte hierauf Carl, indem er sich auf das neue zu den Füßen des Vaters warf, vergeben Sie Ihrem Sohne! Vergeben Sie meinem Bruder! O welche Güte des Herzens, rief der entzückte Vater aus, deinem Verleumder, der, wie ich erst kürzlich in seinem Schreibpulte fand, deine Briefe vor mir verbarg, diesem Ungeheuer, der gegen sein eigenes Blut wühlte, kannst du vergeben? Nein, das ist zuviel! Doch will ich den Bösewicht den Bissen seines Gewissens preisgeben. Er soll mir aus den Augen und seinen Unterhalt deiner Güte zu danken haben. Carl kündigte seinem Bruder dieses Urteil mit den sanftmütigsten Ausdrücken an und machte ihm zugleich einen hinlänglichen Unterhalt aus.

Wilhelm entfernte sich, ohne viel Reue zu äußern, und wohnt seit der Zeit in einer angesehenen Stadt, wo er und sein Hofmeister das Haupt einer Sekte sind, die man die Sekte der Zeloten heißt. Carl aber wohnt noch bei seinem Vater und ist die Freude seines Lebens und die Wollust seiner künftigen Untertanen. Diese Geschichte, die aus den glaubwürdigsten Zeugnissen zusammengeflossen ist, beweist, daß es auch teutsche Blifil und teutsche Jones° gebe. Nur schade, daß die Anzahl der erstern so groß unter uns ist, daß man die andern kaum bemerkt. Wann wird einmal der Philosoph auftreten, der sich in die Tiefen des menschlichen Herzens hinabläßt, jeder Handlung bis zur Empfängnis nachspürt, jeden Winkelzug bemerkt und alsdann eine Geschichte des menschlichen Herzens schreibt, worin er das trügerische Inkarnat vom Antlitze des Heuchlers hinwegwischt und gegen ihn die Rechte des offenen Herzens behauptet.[41]

Carl ist ein Nachfahre des verlorenen Sohnes aus Lukas 15, ein Zeitgenosse des jungen Werther, der den Kampf des Genies gegen die Philister kämpft, und ein direkter Vorfahre von Karl Moor. Schiller hat Schubarts Angebot, aus seinem Plot »eine Komödie oder einen Roman« zu machen, bekanntlich angenommen. Friedrich Wilhelm von Hoven berichtet in seinen Erinnerungen, er habe seinen Freund Schiller auf das »zu einem Drama trefflich geeignete Sujet« aufmerksam gemacht,[42] und die 1779/1780 verfaßten *Räuber* weisen denn ja auch etliche Motivähnlichkeiten mit der »Geschichte des menschlichen Herzens« auf. Schon der Eingangsvermerk des Dramas klingt nach einem Echo: Schubart hat seinen Stoff unter der Bedingung freigegeben, daß der Beschenkte den Mut habe, die mit Anspielungen auf die politische Unfreiheit

---

° Master Blifil ist der Gegenspieler von Tom Jones in Henry Fieldings *The History of Tom Jones* von 1749. Blifil scheint zunächst anständig, entlarvt sich dann aber als habgierig und intrigant.

der Deutschen versehene Handlung nicht, wie es damals beliebt war, in ferne Länder zu verlegen, sondern »auf deutschem Grund und Boden« spielen zu lassen. Der Vorspann der *Räuber* hält fest: »Der Ort der Geschichte ist Teutschland«.

Aufschlußreich sind angesichts der Verwandtschaft der beiden Werke auch deren gravierende Unterschiede. Zu ihnen gehört einmal, daß der stets versöhnliche Philanthrop Schubart den intriganten Wilhelm/Franz weiterleben läßt, während bei Schiller ein Tyrannenmord an ihm verübt wird. Vor allem aber radikalisiert Schiller die Frage von Tugend und Laster. Schubarts Psychologie beschränkt sich darauf, einem Heuchler die Maske vom Gesicht zu reißen und einem Leichtfuß die Fähigkeit zur Reue und Besserung zuzuerkennen. Schillers Carl jedoch wird aus edelsten Motiven heraus zum Verbrecher – hier wird umgesetzt, was August Gottlieb Meißner in seinen *Skizzen* von 1778 postuliert hatte: Für Meißner gehört es zur »geheimen Geschichte des menschlichen Herzens«, wie er in auffallender Parallelität zu Schubart formuliert, daß »die March° des Lasters und der Tugend dicht miteinander verfließen« können, daß mitunter »eben das, was uns oft glänzende Tugend zu sein scheint, der erste Schritt zum Laster wird«.[43] Eine Nachbarschaft von sittlicher Empörung und nackter Aggressivität wird in Schubarts Erzählung ebensowenig ins Auge gefaßt wie eine historische Situation, in der Tugend- und Schuldhaftigkeit zusammengehen müssen. Seine Brüder-Geschichte ist konventioneller als ihre Nachfahren.

° Marche: Gang, Fortgang.

»IM ZORN HERAUSGESCHWÄTZT«

»Die Geschichte des menschlichen Herzens« ist zweifellos auch in hohem Maße autobiographisch. Das Motiv vom verlorenen Sohn, das er in Gedichten und Erzählungen immer wieder aufgreifen wird, paßt genau auf sein Selbstbild und sein Selbstbewußtsein. Wie Carl ist er temperamentvoll, sinnlich, luftig, zuweilen unfleißig, lasterhaft, dem Wein und der Liebe ergeben, aber trotz und wegen seiner Leidenschaftlichkeit ein ganzer Mann, ein reuiger Sünder, zärtlicher Sohn, erfolgreicher Lehrer, der darauf baut, daß er am Ende die irdischen und himmlischen Väter, die noch heftig an ihm zweifeln, für sich gewinnen wird.

Als Schubart die erste Fassung der Brüdergeschichte schreibt, hat er gerade einen heftigen Streit mit seiner vorgesetzten Behörde hinter sich, in dem Heuchelei und Denunziation auf der einen, Mutwillen, Zerknirschung und Entschuldigungsbriefe auf der anderen Seite Hauptrollen spielen. 1767 bewirbt er sich um eine Gymnasiallehrerstelle in Ulm. Er kommt unter die letzten drei, aber nicht weiter und leistet sich darauf in einem Ulmer Wirtshaus einen Zornausbruch.

Brief an das Religions- und Pfarrkirchenbaupflegeamt in Ulm vom 22. März 1767:

Hochwohlgeborne, Hochedelgeborner,
Fürsichtige und Hochweise,
Gnädig Hochgebietende Herren,

Da durch den Tod des Herrn Bozenhard eine Stelle in dem Ulmischen Gymnasio erlediget worden; so nehme ich mir die submisseste Freiheit, Euer Hochwohlgeboren und Hochedelgeboren meine Dienste hiemit in aller Untertänigkeit anzubieten.

Ich bin zwar ein Ausländer und würde es nicht wagen, mich zum Nachteil irgendeines Landskindes vorzudrängen, wenn ich nicht glaubte, durch die mühsamen Dienste, die ich schon in das vierte Jahr in der Schule, in der Kirche, im Musikchore und auf der Kanzel, hier und auf dem Lande, dem Ulmischen Staate bei einem nicht einmal notdürftigen Auskommen geleistet habe, berechtigt zu sein, mich nach einer geraumern Sphäre umzusehen, wo ich noch überdas Gelegenheit hätte, meine geringen Talente besser auszubreiten und eben dadurch der Republik Ulm zu zeigen, wie bereit ich bin, mein ganzes Leben ihrem Dienste aufzuopfern.

Hochderoselben eigener gnädiger Ausschlag kann dieser Sache mehr Gewicht geben als alle zusammengehäuften Bewegungsgründe, die man in solchen Fällen vorzubringen pflegt.

Ich weiß nicht, ob ich es bei dieser Gelegenheit wagen darf, Euer Hochwohlgeboren und HochEdelgeboren um eine Gastpredigt in der heiligen Dreifaltigkeitskirche untertänigst anzuersuchen.

Die Bestimmung des Tages, des Textes und anderer zufälligen Umstände stelle ich gänzlich Hochderoselben gnädigsten Disposition anheim.

Meine gedoppelte demütigst gewagte Bitte macht mich so furchtsam, daß ich hier stille stehe und mich mit der tiefsten Ehrfurcht nenne

Euer Wohlgeboren und Hochedelgeboren,
Meiner Gnädig-Hochgebietenden
Herren
untertänig-gehorsamster
Christ. Friederich Daniel Schubart.
S. S. Theol. Cand. p. L. C. & p.t.
Praeceptor & Music-Direktor
in Geislingen.[44]

An Christian Gottfried Böckh vom 18. April 1767:

Nicht mehr als 13 Exarchen° der Republik Ulm waren es, denen ich meine Absicht devotest, demütigst und untertänigst entdecken mußte, Sie möchten doch die hohe Gnade haben und mir das huldreichste Privilegium erteilen, – mit ihnen Hungers sterben zu dürfen.

Ungeheuer in Wolkenperücken, lächelnde Menschengesichter als Herolde der Falschheit, steife Verheißungen ohne Erfüllung, riesenmäßige Pedanten mit klassischem Staub gepudert,

> Stolz und Heuchelei und Neid
> unter einem frommen Kleid,°° –

das waren meine Zentauren, mit denen ich kämpfen mußte, und da ich weder ein Roland noch ein Orlando bin – so floh ich, aber in mich selbst. *Et mea virtute me involvo.*°°° Unter 18 Kandidaten hatte ich, der Herr Diakonus Schultes und der Pfarrer Riedle das Glück, unter die besten gezählt zu werden. Riedle hat mich im Griechischen gestochen, und Schultes in der Historie. Ich aber hatte das Glück, nebst einem vortrefflichen Lobspruche mit der Entschuldigung abgefertigt zu werden – mit der Entschuldigung, womit meine liebe Mutter vor Zeiten die Bettler abwies – »Wir geben unser Sach wochenweis', der Bettler sind zu viele – es wäre zu wünschen, ein jedwedes Land ernährte seine Vagabunden selbsten.« –

Kurz – ich bin in Deutschland geboren, und bin doch in Deutschland ein Fremdling – ich bin in Schwaben erzogen, und bin doch in Schwaben ein Fremdling – ich bin ein Reichsstädtler und keine einzige Reichsstadt erkennt mich für seinen Bürger. Können Sie dies Rätsel erraten? – Tausendmal denk' ich nun, welch ein Glück es sei, ein

---

° Byzantinischer Titel (Statthalter; Gebietsvertreter eines Patriarchen).
°° So beginnt das Gedicht »Das Verderben der Welt« aus Schubarts *Todesgesängen.*
°°° »Und ich umhülle mich mit meiner Tugend.« (Horaz, Carmina)

Vaterland zu haben, wo man doch dem Vieh sein Futter gibt und dem Ochsen, der da drischt, nicht das Maul verbindet. – Meine Ulmische Reise habe ich mit einem gewissen dithyrambischen Auftritte beschlossen, der mich bis in das Mark meiner Beine hinein kränkt. Kurz, ich habe im Zorn hineingesoffen, herausgeschwätzt, was ein Narr im Rausch schwätzen kann, bin belauscht und gleich darauf allenthalben von Spionen verraten und als ein Karikaturstück eines weltlichen und räsonierenden Trotzkopfs öffentlich aufgestellt worden. – Niemand will mir verzeihen, und alles will mein Verschulden zu einem Berg aufhäufen, unter dem ich ersticken soll. Ich bekenne mein Verbrechen, ich bereue es, – aber beklage im Gegenteil mein Schicksal, das mich in ein Land hineingeworfen, wo Bestreben und Weisheit samt allen Verdiensten Nullen sind, und wo ein hypochondrischer Wind, *per posteriora*° fortgetrieben, ein Donnerwetter ist, das eine Hexe erregt hat, um das Land zu verwüsten. Gehen Sie mit meinem lieben Vater zu Rat und schreiben mir ein vernünftiges Verhalten in der gegenwärtigen Lage meiner Sachen vor – ich bin ja sonst von allen Freunden verwaist und Sie beide sollen Zeugen meines Herzens und meines Vertrauens, meiner Schwachheiten und meiner Reue sein.[45]

Die komplementären Briefe zeigen ein Leitmotiv der Schubartschen Biographie: das Neben- und Ineinander von Gesten der Demut und der Rebellion. Kratzfüßen, wie hier im Bewerbungsbrief, stehen deren Desavouierung in Privatbriefen und auch die gelegentliche öffentliche Rebellion gegenüber. Auf den zweiten Blick entdeckt man in den privaten Äußerungen, wie hier im Brief an Böckh, ebenfalls Bekundungen der Zerknirschung und des Besserungswillens, wodurch die Trennung in einen nach außen angepaßten, aber innerlich freien

---

° Durch das Hinterteil.

Das Ehepaar Schubart. Ölgemälde, um 1770

Schubart durchlöchert wird. Beim dritten Hinsehen zeigt sich
dann, daß Selbstvorwürfe und Fremdvorwürfe nicht kongru-
ent sind: Immer wieder wird Schubart als Staatsuntertan und,
noch mehr, als sündenbewußter Christ zwar ehrliche Reue
bekunden, aber die ihm zugedachten Strafen ablehnen – ganz
besonders, so werden wir sehen, auf dem Hohenasperg.

Der Ulmer Skandal geht noch ohne Bestrafung ab; er bedeutet nur, daß seine Geislinger ihn unter noch strengere Beobachtung stellen. Das zeitigt zu Beginn des Jahres 1769 fatale
Folgen. Der Geislinger Geistlichkeit fällt ein von Schüler-

Es ist nicht geklärt, ob dieses Doppelporträt aus der Geislinger oder der Ludwigsburger Zeit stammt. Schubarts schwarzer Rock, an dem keine Bestickung erkennbar ist, entspricht eher der Amtstracht eines Lehrers als einem höfischen Habit.

hand geschriebenes Neujahrsgedicht in die Hände, als dessen Autor Schubart bezeichnet wird. Dort heißt es unter anderem:

Drum wünsch ich, daß du Glücke
in diesem Jahr erlangst.
Daß du an keinem Stricke
Dies Jahr am Galgen prangst.
Friß nicht wie Schaf und Rinder
Gras, Stroh und dürres Heu,
es hau dir auch der Schinder

den Schädel nicht entzwei,
kein bloßer Hintern fahre,
dir in das Angesicht,
es hol in diesem Jahre,
dich auch der Teufel nicht.[46]

Einem Protokoll des Ulmer Religionsamts läßt sich entnehmen, daß solcherlei Neujahrswünsche als Sakrileg, als
Mißbrauch eines hohen Feiertags zu einem amoralischen
Exzeß betrachtet wurden. Bei einem Verhör wird Schubart als
einem Verderber der Jugend die Amtsenthebung angedroht,
falls sich Derartiges wiederhole. In den folgenden Monaten
schwebt ein Disziplinarverfahren mit ungewissem Ausgang
über ihm. Doch dann kommt die Rettung. Nicht vom Ellwanger Fürstprobst, den er im Januar 1769 zum dritten Mal
um Hilfe angeht (»O reiße mich vom Fels hinweg, Wohin
mein Schicksal mich verschlagen«[47]), sondern vom württembergischen Herzog Karl Eugen. Auf Vermittlung von Balthasar
Haug wird Schubart im September 1769 zum Organisten und
Musikdirektor in Ludwigsburg ernannt. Auch die Geislinger
Honoratioren dürften erleichtert gewesen sein. Am Ab-
schiedstag erfährt Schubart freilich eine Genugtuung: »Ich
ging herauf von Geislingen«, berichtet er seinem Schwager
Boeckh, »und die Tränen, welche die Jugend um mich vergoß,
welche scharenweis um den Postwagen stand, sind Zeugen für
mich, ob ich mein Amt gar so liederlich versehen habe, wie dir
mein Schwehr° weisgemacht hat.«[48]

° Schwiegervater.

DER MUSIKER

LERNEN IN LUMPENBURG

In seinen in den ersten Haftjahren entstandenen, von Selbstvorwürfen durchzogenen Lebenserinnerungen schreibt Schubart über seinen Wechsel von Geislingen nach Ludwigsburg:

> Zu meinem Unglück fiel ich, wie durch ein gerechtes Gericht, auf den Gedanken, Geislingen zu verlassen und einen Ort aufzusuchen, wo mehr Welt, mehr Freiheit, mehr Weite und Breite zum Austoben war. Ich besuchte nebst meiner Frau meinen Schwager in Esslingen und reiste in seiner Gesellschaft nach Ludwigsburg, um die neue Oper *Fetonte* am Geburtstage des Herzogs aufführen zu sehen. Man stelle sich einen so feuerfangenden Menschen vor, als ich war, dessen Haupthang die schönen Künste, sonderlich die Tonkunst, gewesen, und der noch nie ein treffliches Orchester gehört, noch nie eine Oper gesehen hatte, diesen Menschen stelle man sich vor – wie er schwimmt in tausendfachen Wonnen, indem er hier den Triumph der Dichtkunst, Malerei, Tonkunst und Mimik vor sich sah.
> Jomelli stand noch an der Spitze des gebildetsten Orchesters in der Welt, *Aprili* sang und *Bona[fi]ni* und *Cesari*. Der Geist der Musik war groß und himmelhebend und wurde so ausgedrückt, als wäre jeder Tonkünstler eine Nerve von *Jomelli*. Tanz, Dekoration, Flugwerk, alles war im kühnsten, neusten, besten Stile – und nun gute Nacht Geislingen mit deiner Einfalt, deinen Bergen, deiner Armut, deiner Geschmacklosigkeit, deinem Kirchhof und deinem Schulkerker!! – Mit diesem festen Entschlusse

reiste ich nach Geislingen zurück, das ich nun viel düstrer als jemals koloriert fand.[1]

Schubarts Schilderung des Ludwigsburger Musiklebens ist ebenso enthusiastisch wie realistisch. Auch weiter herumgekommene Zeitgenossen sind der Meinung, daß Ludwigsburg damals über eines der besten Opernensembles Europas verfügte. Oberkapellmeister und Musikdirektor Niccoló Jomelli, zuvor in Venedig, Rom und Wien tätig, war einer der erfolgreichsten Opernkomponisten, Guiseppe Aprili einer der größten Kastraten der Zeit. Internationale Berühmtheiten waren neben den von Schubart erwähnten Primadonnen Anna Cesari und Catarina Bonafini die Kastraten Andrea Crassi und Giovanni Maria Rubinello, der Tenor Cavalieri Ettori und die Violinvirtuosen Antonio Lolli und Luigi Baglioni, die zu den größten Geigern des achtzehnten Jahrhunderts zählten. 1764 verlegte Herzog Karl Eugen seine Residenz von Stuttgart nach Ludwigsburg und ließ dort ein Opernhaus bauen, das mit seinen 2000 Sitzplätzen zu den größten Theatern Deutschlands zählte. Dort findet am 11. Februar 1768, dem Geburtstag des Herzogs, die von Schubart besuchte Aufführung von Jomellis Oper *Fetonte* statt, bei der 436 Komparsen mitwirken, darunter 255 Fußsoldaten und 86 Reiter: Das Opernhaus ließ sich nach hinten öffnen, und so konnte die Spielfläche um eine Freilichtbühne vergrößert werden. Schubart lernt ein Ludwigsburg kennen, das auf dem Höhepunkt seiner Feudalgeschichte steht.

In Württemberg kursierte damals ein Schimpfname für die Residenzstadt: »Lumpenburg«. Höflinge, Militärs, Künstler, kleine und große Feste, seit 1768 auch noch eine Venezianische Messe – teurer als der Opernbetrieb –, bei der die einheimischen durch italienische Prostituierte ergänzt wurden. Für viele evangelische, zumal pietistische Untertanen des katholischen Landesvaters Karl Eugen ist diese Stadt, in der ein Großteil des Staatshaushalts für ein Dauerfestival verpulvert wird, ein Krebsgeschwür. Kein Wunder, daß Freunde und

Verwandte von Schubart seine Bewerbung nach Ludwigsburg mit großer Skepsis betrachten. Im Juni 1769 versucht Helena Schubart die Pläne ihres Mannes durch einen Brief an Balthasar Haug, der sich zu dieser Zeit um Schubarts Berufung bemüht, zu durchkreuzen: »Daß sich mein Mann täglich betrinke, ist der Wahrheit nicht gemäß, daß er aber in seinem Christentum nicht genugsam gegründet ist und noch immer Religionszweifel, auch ein flüchtig, leichtsinnig und zum Ausschweifen geneigtes Temperament hat und zu seinem Nachteil satirisiert, auch gar zu offenherzig ist und sich diese Fehler nicht abgewöhnen kann, muß ich Euer Wohlgeboren um so eher offerieren, weil ich besorge, er möchte sich durch ersagte Fehler in Ludwigsburg desto mehr unglücklich machen, weil er wegen der vielen Operisten und Musikanten gute Gelegenheit hat.«[2]

Es kommt dennoch zu Schubarts Berufung, aber die letzten Tage vor der Abreise aus Geislingen verlaufen dramatisch: Schwiegervater Bühler und Ehefrau Helena wollen sich mit der Entscheidung für das Residenzstadtleben nicht abfinden, der verärgerte Ehemann ohrfeigt sein ungehorsames Weib und setzt sich damit auch nach damaligen Maßstäben ins Unrecht: Der Schwiegervater eilt herbei, holt Helena und die Kinder zu sich, zeigt den Schwiegersohn an und spricht von Scheidung. Schubart gibt nicht nach und packt. In der Nacht vor seiner Abreise versöhnt sich seine Frau mit ihm. Er verläßt Geislingen am nächsten Tag zwar allein, aber bald darauf folgt Helena Schubart ihm mit den Kindern nach Ludwigsburg nach – wo es später genau so kommt, wie sie es befürchtet hat.

Schubart ist nun zwar in der Residenz, aber er gehört nicht zum Hofstaat. Er ist Stadtorganist und städtischer Musikdirektor, sein Vorgesetzter ist der evangelische Dekan Zilling, sein Arbeitsplatz die Stadtkirche, wo er sonntags die Orgel spielt und die Kirchenmusik leitet. Das Jahresgehalt beträgt an Bargeld 159 Gulden.[3] (Zum Vergleich: Musikdirektor Jomelli erhält 3000 Gulden, der Sänger Aprili 6000.[4]) Dazu kommen

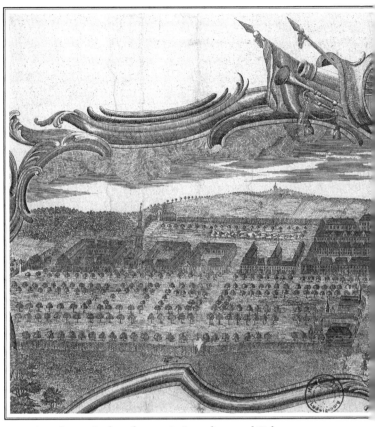

Ansicht von Ludwigsburg, mit Opernhaus und Hohenasperg.

Der Stich eines unbekannten Künstlers, der um 1770 Ludwigsburger
Meisterbriefe zierte, zeigt die geometrische Anlage von Stadt und
Schloß. Rechts vorne das Opernhaus (und rechts hinten der Hohen-
asperg). Die Oper, die zum Geburtstag des Herzogs am 11. Februar

freies Logis, Getreide, Holz und vier Eimer, sprich 1172 Liter
Wein.° In seinen Erinnerungen gibt er ein Einkommen von
etwa 700 Gulden an,[6] worin offensichtlich die Einnahmen
aus Klavierkonzerten und Klavierstunden eingeschlossen
sind. Und als Pianist frequentiert Schubart auch die höfischen
Kreise Ludwigsburgs: Er unterrichtet unter anderen den

° In Ludwigsburg galt das württembergische Hohlmaß: 1 Eimer = 2,939 Hektoliter =
293 Liter.

1765 fertig sein mußte, wurde in vier Monaten gebaut. Soldaten trieben die Handwerker an. »Im Schwarzwald dürfte zu dieser Zeit kaum ein Baum für etwas anderes als das ferne Opernhaus geschlagen worden sein.«[5]

Grafen von Putbus, Franziska von Leutrum – die Geliebte und spätere Ehefrau des Herzogs –, eine Gräfin von Wimpfen, eine Frau von Königseck, eine Frau von Türckheim und spielt öfters im Hoforchester mit. Überdies hält er Vorlesungen zur Geschichte, zur Musik und Literatur, wobei Adlige und Bürgerliche, darunter viele Offiziere der Garnison, zu seinen Zuhörern zählen.[7] Nach einiger Zeit wechselt er in eine bessere Wohnung und in bessere Kleider. Seine Lebenserinnerungen vermerken dazu bußfertig:

»Ich legte bald Kragen, schwarzen Rock und Mantel ab – meine Gattin weinte, als ich es tat – und zog mit dem bordierten Rocke, Tressenhut und Degen den Weltgeist auch äußerlich an, so wie er mich innerlich schon lange besaß.«[8] Seine brieflichen Äußerungen aus den dreieinhalb Ludwigsburger Jahren zeigen ihn unsicher in seiner kulturellen Identität. Seinem Mentor Haug versichert er, daß er ihm keine Unehre machen, den »Großen gefallen« und zugleich Gottesdiener bleiben wolle. Die Bekundung ist gut auf den ebenfalls zwischen »geistlichem« und »weltlichem« Stand belancierenden Haug abgestimmt, der Theologe und Gymnasiallehrer und zugleich für Herrscherlob zuständiger Ludwigsburger Hofdichter ist. In Briefen an seinen Freund Böckh paßt er sich der kritischen Haltung an, die der Esslinger Schulrektor zum Residenzleben einnimmt, und gibt sich als innerlich distanzierter Beobachter des Ludwigsburger Treibens. Wieder anders klingen die Briefe an seinen Vater und an die (zeitweise zu Besuch in Geislingen weilende) Ehefrau. In ihnen ist Feudalismuskritik kein Thema, vielmehr schreibt Schubart hier als gehorsamer und strebsamer Sohn von seinen Lernchancen und seinen Erfolgen bei Hofe. Schubart offeriert also den verschiedenen Briefpartnern recht genau angepaßte Varianten seiner Ludwigsburger Lage, wobei aber sicherlich keine unwahrer ist als die andere; sie lassen nur für jeden Adressaten eine andere innere Stimme zu Wort kommen.

An Balthasar Haug, 12. September 1769:

Meines Weibes Kleidertracht mag zur Zeit der Hochstädter Schlacht in Stuttgart unter den Hausjungfern endlich noch Mode gewesen sein – – aber jetzo! und in Ludwigsburg! wo der Luxus wie ein Waldstrom alles mit sich fortreißt! wo man den Mann nach dem Kleide beurteilt! – Welch eine Figur werden wir machen! Zwar hab' ich wohl Kleider, die der Demut eines Theologen zustatten kommen; aber als Politikus erscheinen! Miene, Tracht und

Farbe eines Weltmannes annehmen! mich umkleiden zu
einer Zeit, wo ich zu tun haben werde, die schweren Reise-
kosten zu bestreiten – ist in der Tat, mein teuerster Gönner
und Freund, eine beschwerliche und nach meinen Umständen kostbare Metamorphose. Nach meinen jetzigen
Grundsätzen hab' ich mir vorgenommen, zwischen dem
geistlichen und weltlichen Stande zu balancieren, damit
mir der Übergang entweder zur Rechten oder zur Linken
gleich leicht bleibe. Verstehen Sie diese Hieroglyphe! –
Überhaupt verdient es noch die Betrachtung eines so
weisen Mannes, wie Sie sind, die Moralität eines solchen
Opfers, als ich tun muß, zu untersuchen. – Man entsagt der
Welt, um Gott im Geistlichen zu dienen; *ich* kleide mich
in die Farbe der Welt, um – – doch nein! auch ich diene
Gott und werde Ihm in Ludwigsburg von ganzem Herzen
dienen. Meine Denkungsart soll weder durch Kleid noch
Stand profaniert werden können.

Das Studium bei meiner ersten Erscheinung soll darin
bestehen, den Großen zu gefallen und Ihnen, meinem
Beförderer, keine Unehre zu machen.

Aus dem Vertrauen dieses Briefes können Sie auf meine
Hochachtung schließen.[9]

An den Vater, 26. Dezember 1770:

Geliebtester Papa,

[…] Meine Umstände sind freilich, wie jederzeit, nicht
die besten. Ich muß 50 Gulden Hauszins bezahlen, muß
Brot und Mehl kaufen und brauche alle Wochen um drei
Gulden Holz. Dem ungeachtet lebe ich, mitten im Sturme
der teuren Zeiten, gut und ohne Schulden. Ich kann mir
einen trefflichen Verdienst machen, ich habe Generäle,
Staatsoffiziere, Professoren und Leute von der größten
Bedeutung, die alle meine Freunde sind und mich für
meine Bemühungen honorabel bezahlen. […] Ich habe
diese Feiertage, wie gewöhnlich, sehr viel zu tun. Acht

Musiken in einem Orte, wie Ludwigsburg, zu komponieren und aufzuführen, das will was sagen! Die vornehmsten Musici waren meine Begleiter und ich habe einen außerordentlichen Beifall gehabt, sogar daß der hiesige Oberkapellmeister° meine Kompositionen applaudiert und sich abschreiben läßt. – Nächstens werde ich vor Seiner Herzoglichen Durchlaucht den Flügel spielen und ich habe schon ein Konzert fertig, das alle Kenner bewundern. – Doch für dies kleine Talent danke ich Gott; empfehle mich ferner der Gewogenheit meines teuersten Papa und bin unausgesetzt

Dero
gehorsamer Sohn
M. Christian Fried. Schubart.[10]

An Christian Gottfried Böckh, 6. Februar 1771:

Ich bin nunmehro ein Hofmann! Stolz, windig, unwissend, vornehm, ohne Geld und trage samtne Hosen, die, so Gott will, noch vor meinem seligen Ende bezahlt werden sollen. Mit einer Miene also, kurzsichtig und frei wie des Pilatus seine lade ich dich und deine Frau und deine Kinder und deine Kostgänger und deine Mägde zum bevorstehenden Geburtstag [des Herzogs] ein. Du wirst mich in einem neuen Logis antreffen, gegipst, weit, modisch, hell, wie es sich für einen Hofmann gehört. Meine Studierstube hat sich in ein Putzzimmer verwandelt, mein Pult ist eine Toilette; meine Bücher hab ich einem kontrakten°° Schulmeister geschenkt und statt des Tobaks kaue ich Lavendel. Ich freue mich von Herzen über das Privilegium: dumm und vornehm zu sein und lache über euch Autoren mit der papierenen Unsterblichkeit. Gott verzeih mir's, daß

° Florian Johann Deller (1729–1773). Jomelli hatte Ludwigsburg im Herbst 1769 verlassen.
°° Verkrümmt, gelähmt.

ich ein Narr war und den *Messias* auswendig lernte. Ich kann nun etwas Italienisch und Französisch stottern, lese Bücher hübsch sauber in Paris gedruckt, mit Gravelots° und Eisens°° Vignetten, liebliche herzbrechende Heroiden°°°, wo der Autor holdselige Chansons trällert und in ellenlangen Alexandrinern – – gallische Gedankenlosigkeit auskramt. – Ich glücklicher Mann![11]

An Böckh, 23. Februar 1771:

Die Geburtstagsfreuden nebst den venetianischen Meßgaukeleien sind endlich vorübergerauscht und haben nichts zurückgelassen als getäuschte Augen, betrogene Ohren, verderbte Mägen und leere Beutel.

Dem weisen Beobachter in der Stille machen die Großen mit all ihrem Stolz oft ein sehr lustiges Schauspiel. Eine Vorstellung, die den einsiedlerischen Weisen für die Verachtung des Hofes gänzlich schadlos hält. Ich sammle immer mehr Erfahrungen in Ludwigsburg, die es zu nicht mehr und nicht weniger machen als zu einem schönen Dorfe voll goldener Bauern, nur mit dem Unterschiede, daß das Gold nicht im Beutel, sondern auf dem Brustlatze ist.[12]

An Böckh, 7. Dezember 1771:

Hier bereitet man sich zu Winterlustbarkeiten, die die Klagen über Mangel an Geld und Brot überschreien sollen. Unsere Zeiten sind schlimm an Religion, Sitten, Staatsverfassung, gemeinen Bedürfnissen und – fast möchte man sich mit dem Kaiser Lotharius in sein Bettchen verstecken°°°° und mit einem *Husch!* gen Himmel fahren.[13]

° Hubert François Gravelot (1699–1773), französischer Maler und Buchillustrator.
°° Charles Eisen (1720–1778), französischer Zeichner und Buchillustrator.
°°° Literarische Liebesbriefe.
°°°° Kaiser Lothar I. (795–855) entsagte schwerkrank dem Thron und trat in ein Kloster ein, wo er kurz darauf starb.

F. Kirschner delit & . Schubart. G. F. Riedel excud.

»Ich bin nunmehro ein Hofmann!« Schubart um 1771/1772.
Kupferstich von Friedrich Kirschner.

Besonders anschaulich werden Verhältnisse und Verhalten
bei Hofe in Schubarts Bericht über eine Audienz, die ihm der
Kaiserliche Geheime Rat bei Hofe, Friedrich Samuel Graf von
Montmartin, gewährt.

An Helena Schubart in Geislingen, 14. August 1771:

> Meine Liebe,
> Gestern bin ich in Stuttgart bei dem Grafen Mont-
> martin gewesen, nachdem ich vorher von dem Grafen
> Putbus, dem Herrn und der Frau von Türckheim, dem
> Oberhofmarschall, dem Präsidenten von Gemmingen,
> dem General Bouwinghausen und dem Professor Uriot[14]

diesem ersten Minister aufs Beste empfohlen wurde. Diese Empfehlungen waren so nachdrücklich, daß man Regierungsräte im Vorzimmer stehen ließ und mich gleich vorforderte. Ein Mann von gesetztem Geiste, voll Ernst in seinem Betragen, präzis in seinen Ausdrücken und so heiter und entfaltet, als es ein Mann von seinen herkulischen Geschäften sein kann, stand vor mir, und das war der Mann, der die ganze Maschine des Staates größtenteils allein herumtreibt. Ich will suchen, seinen Dialog wörtlich herzusetzen.

Der Graf: Sie sind also der Herr Schubart?

Ich: Ja! und der Herr von Türckheim sagt mir, daß ich es wagen dürfte, mich Euer Exzellenz hohen Protektion persönlich zu empfehlen.

Der Graf: Sind Sie ein geborner Württemberger?

Ich: Nein! ein Limpurger. Allein ich glaube mich in zwei Jahren naturalisiert zu haben.

Der Graf: Ihre Frau ist vielleicht aus dem Lande?

Ich: Auch nicht! sie ist eine Ulmerin.

Der Graf: Aber wie sind Sie ins Land gekommen? Und wie haben Sie sich auf einen so geringen Posten einlassen können, wie Sie wirklich bekleiden?

Ich: Einige Freunde haben mich durch Empfehlung ins Land gebracht. Den zweiten Punkt betreffend, so sah ich meinen Posten für ein Brücke zu einem wichtigern und größern an.

Der Graf: Wo wünschen Sie wohl Ihr Glück machen zu können – in der Literatur oder Musik? – Denn ich weiß, Sie besitzen in beiden Stärke.

Ich: (Ich bückte mich tief) In der Literatur, Ihre Exzellenz!

Der Graf: Aber jedermann sagt, Sie seien ein trefflicher Musikus.

Ich: Um Vergebung, Ihre Exzellenz! Vor einem großen Manne sprech' ich von meinen Tugenden und Fehlern so freimütig als vor Gott. Ich glaube zur Musik vorzüglich geschickt zu sein; aber mein schlimmes Gesicht[15] ist ein unverzeihlicher Fehler.

Der Graf: Das ist schade. – Und was haben Sie in der Literatur getan?

Ich: Ein bißchen in den Feldern der Philologie, Historie, Philosophie, schönen Wissenschaften und Theorie der schönen Künste herumgeschwärmt.

Der Graf: Sie sind auch ein sehr guter Poet, und Uriot sagt mir, daß Sie in der Literaturhistorie viel Stärke besäßen.

Ich: Ich habe diese Studien vorzüglich geliebt; ob ich aber hierin in einem so delikaten Jahrhunderte figurieren könne, daran verzweifle ich fast. *Ars longa, vita brevis.* Viel sind der Künste und kurz ist das Leben.

Der Graf: Gut! man muß für Sie sorgen. – Sobald mein Herr kommt; so will ich Sie Ihm vorschlagen. Möchten Sie sich nicht in Kreis- und Gesandtschaftssachen brauchen lassen?

Ich: Ich hänge gänzlich von Euer Exzellenz gnädigstem Entschlusse ab.

Der Graf: Nun, ich will gleich mit meinem Herrn Ihrenthalben sprechen! Gedulden Sie sich nur! Es soll alles besser gehen!

Ich: Ich werde mich niemalen Euer Exzellenz hohen Protektion unwürdig machen. Genug, daß meine Situation so bitter ist, daß sie das Mitleiden einer jeden edlen Seele verdient.

Der Graf: Schon gut! Man muß Ihnen helfen. Verlassen Sie sich auf mein Wort! – Und hiermit adieu.

Dies ist der Inhalt meines Gesprächs mit dem Grafen. Gott gebe, daß ich einmal zum Rechten gekommen sei. [...][16]

Der Historiker Peter Lahnstein findet es peinlich, wie tief sich Schubart hier vor Graf Montmartin, dem ehemaligen Kabinettschef Karl Eugens, verbeugt: handle es sich doch bei

Montmartin um »die übelste Kreatur im Herzogtum«[17], einen in der Bevölkerung vor allem wegen seiner früheren ausbeuterischen Steuerpolitik höchst verhaßten Mann. Schubarts reale Devotionsgesten fallen freilich überhaupt nicht aus dem üblichen Rahmen: Demonstrativer »Männerstolz vor Königsthronen« war damals im Leben noch weit seltener als in der deutschen Literatur. Daß Schubart auch brieflich nichts als Respekt für sein Gegenüber äußert, dürfte nicht zuletzt ein Beruhigungsmittel für die Ehefrau sein, die ständig um sein gutes Auskommen mit der gottgewollten Obrigkeit besorgt war. Zugleich kann man dies aber als offenherzige Wiedergabe der eignen Beklemmungen bei dieser Audienz und seiner Abhängigkeit von fürstlichen Gnadenerweisen bewerten. Im übrigen geht es hier gar nicht in erster Linie um Angst und Opportunismus, es geht überhaupt nicht nur um eine Begegnung mit politischer Macht, sondern auch um kulturelle Kompetenz: einen Wissensvorsprung, eine Benehmenssicherheit, die Schubart nicht trotzig bestreitet oder kleinredet, sondern anerkennt. Zeitlebens war er imstande, religiösen, politischen und künstlerischen Gegenspielern positive Seiten zuzubilligen. Auch die Ludwigsburger Residenzkultur schildert er, als er längst zum Sprachrohr des bürgerlichen Patriotismus geworden ist, durchaus noch mit Respekt. In seinem Asperger Rückblick bemüht er sich sichtlich, kritische Klischees von »Lumpenburg« als einer Versammlung von lauter dummstolzen und amoralischen Hofschranzen zu unterlaufen. Er spricht von »würdigen Offizieren«, die er kennengelernt habe, von »Gönnern und Freunden« wie Graf Putbus, dem er »Witz, Geschmack und Empfindung« attestiert, oder Graf Rechberg, von dem er schreibt: »Eine aufgefundene Maxime der Wahrheit, die er meist ins Leben verwandelte, schätzte er höher als Gold und das ganze anstrahlende Lächeln des Hofes. [...] Er hatte genug Dunst verschluckt und schnappte nach Wesen.« Über Frau von Königseck urteilt er, sie habe sich »wie durch ein Wunder, Einfalt und Herzensgüte mitten unterm blendenden Schimmer der unechten Schönheit und Größe«[18] erhalten.

Auch französische Adlige, die am Ludwigsburger Hof leben, fallen nicht unter die pauschalen Verdikte, mit denen Schubart die französische Kultur und Lebensweise meist zu bedenken pflegt. Über den französischen Gesandten, einen Marquis von Clausonet, schreibt er: »Man sah in ihm Frankreich im Extrakt. Alles, was seine Nation liebenswürdig macht, trug er an sich – Artigkeit, Gefälligkeit, zwangloses Wesen, leichten lachenden Witz, reiche Kenntnisse, gereinigten Geschmack, allgemeines Wohlwollen vereinigte er mit der Klugheit und Vorsicht des feinsten Staatsmannes. Er begleitete mein Flügelspiel öfters mit der Bratsche, zeigte viel musikalischen Geschmack und hatte Wohlgefallen an meiner Spielart.«[19]

Wer die vielen kulturpatriotischen Tiraden im Ohr hat, die sich in der späteren Schubartschen *Chronik* finden, muß erstaunt sein, wie aufgeschlossen er den französischen und italienischen Kunsteinflüssen begegnet. »Hof und Serail wimmelten jetzt von Italiens Auswurf. Flatterhafte Pariserinnen tändelten mit dem furchtbaren Zepter, und das Volk blutete unter ihren Launen«[20] – so spricht Lady Milford in *Kabale und Liebe*, wo der ehemalige Ludwigsburger Gymnasiast Schiller mit dem dortigen Hof abrechnet, aber so spricht nicht Schubart. Er gesteht gegenüber Böckh vielmehr ein: »Die Ausländer sind alle weiter in der Erziehung als wir«,[21] und läßt sich in seinen Lebenserinnerungen über die Fähigkeiten seiner »welschen« Musikerkollegen aus. Das heißt nicht, daß er seine Ludwigsburger Zuhörer nicht für deutsche Literatur und deutsche Musik zu begeistern sucht: So deklamiert und propagiert er mit großem Erfolg den Klopstockschen *Messias* und führt, wie er berichtet, Kompositionen von »Graun, Telemann, Benda, Bach und andern Kirchenstilisten« auf. Aber er lernt auch selbst viel von den Ausländern, sucht deutschen und italienischen, kirchlichen und höfischen Musikstil zu verbinden. In seinen pietistisch durchwirkten Erinnerungen vermerkt er dazu halb selbstbewußt, halb selbstkritisch: »Mein eigentliches Amt war, in der Hauptkirche die Orgel zu spielen und der Kirchenmusik vorzustehen. Jenes tat ich mit allgemeinem

Beifall, da ich mir sonderlich Mühe gab, einige Süßigkeiten der Hofmusik auf meine Orgel zu verpflanzen, um dadurch dem verwöhnten Ohre meiner Zuhörer zu schmeicheln.«[22] Bezeichnend für das deutsch-italienische Gemenge, in das er sich dabei als Musiker begab, ist die durch Ludwig Schubart überlieferte Trabuschi-Anekdote:

»Ein andermal hatte er eine Kantate auf ein Kirchenfest verfertigt, welche von den Italienern der Oper aufgeführt werden sollte. Weil er das Vorurteil dieser Ausländer gegen die Deutschen kannte, so vollbrachte er seine Arbeit ganz in der Stille und zog bloß den Ballettkompositeur *Deller* darüber zu Rat. Als es zur Probe kam, legte er seine Kantate unter dem Namen eines sichern Italieners *Trabuschi* auf: und sie fand großen Beifall und wurde mit Wirkung exekutiert. Zum Valet ließ er den Italienern sagen, sie möchten doch den Namen ihres Landsmannes einmal *umgekehrt* lesen; und das ganze Orchester klatschte ihm Beifall.«[23]

Auch wenn deutschtümelnde Schubart-Verehrer das gerne anders lasen: Hier siegt nicht Deutschland, sondern ein Deutscher, weil er täuschend ähnlich komponieren kann wie ein Italiener. Hier triumphiert keine Nation über die andere, sondern das Ludwigsburg von 1770, eine europäische Stadt.

DER KLAVIERVIRTUOSE

Im Sommer 1772 kommt der englische Musikhistoriker Charles Burney nach Ludwigsburg; er befindet sich auf einer Erkundungsreise durch die Musikszene auf dem Kontinent. Burney verbringt einen Tag bei Schubart, der ihm vorspielt und seine Fragen nach dem einheimischen Musikleben beantwortet – da Schubart weder Englisch noch Französisch kann, befragt Burney ihn auf italienisch, und dieser antwortet ihm lateinisch. »Ich erstaunte darüber, wie schnell und leicht er alles im Latein ausdrücken konnte, was er wollte«, berichtet Burney. Schubart sei zudem so gefällig gewesen, »drei oder vier Bauern in seinem Hause zu versammeln, um solche Nationalmusik singen und spielen zu lassen, nach welcher ich ein großes Verlangen bezeigt hatte.«[24] Vor allem aber bewundert Burney Schubart als Klaviervirtuosen: »Ich kann hier nicht unterlassen, dem Herrn Schubart, Organist an der lutherischen Kirche, meinen Dank zu bezeigen. Er war der erste wahre große Flügelspieler, den ich bisher in Deutschland angetroffen hatte, wie auch der erste, welcher dafür zu halten schien, daß der Zweck meiner Reise gewissermaßen eine Nationalangelegenheit wäre. […] Er ist von der Bachischen Schule; aber ein Enthusiast und ein Original von Genie. Viele von seinen Sachen sind in Holland gestochen und sind voll Feuer und Geschmack. Auf dem Klavier spielte er mit großer Feinheit und vielem Ausdruck. Seine Hand ist brillant und seine Phantasie sehr reich. Er hat einen vollkommenen Doppeltriller in der Gewalt, wohin nur wenige Klavierspieler gelangen.«[25]

Schubart, das bezeugen viele Zeitgenossen, war ein virtuoser Orgel- und Cembalospieler. Goethe erwähnt in einer Briefbemerkung über das Klavierspiel, daß »zu jener Zeit Schubart für unerreichbar gehalten« wurde.[26] Man attestiert ihm sowohl stupende Technik wie hinreißende Ausdrucksstärke – in seinen Trillern, die Burney besonders beeindruckt haben, kommt beides exemplarisch zusammen: »Schubarts Stärke bestehet in den Mordenten, in der Schwellung der Töne durch den zitternden Druck der Tasten«,[27] schreibt ein Böcklin von Böcklinsau im Jahr 1790 – sicherlich meint er den sogenannten langen Mordent, den mehrmaligen Wechsel der Hauptnote mit ihrer unteren Sekunde. »Schubart ist ein großer Klavierspieler«, urteilt ein Kritiker 1775, »Geschwindigkeit, Ausdruck, Affekt, Kunst und Applikatur° sind ihm

---

° Fingersatz.

eigen. Lauter Gefühl und Feuer, wie sein ganzer Charakter ist, wird er zuweilen von seiner Heftigkeit hingerissen und weiter geführt, als er gehen sollte. Im Allegro halte ich ihn für noch stärker als im Andante. Das Erhabenste in der Musik scheint seine wahre Sphäre zu sein.« Auch dieser Beobachter notiert übrigens, daß Schubart »besondere Geschicklichkeit im Triller zeigte, den er mit der rechten Hand schlug und mit dem Daumen der gleichen Hand sehr künstlich sekundierte.«[28]

Am stärksten kommt Schubarts Spielkunst aber offenbar auf der Orgel zur Geltung. Ludwig Schubart zitiert den Mannheimer Hofkapellmeister Abt Georg Josef Vogler, selbst ein Orgelvirtuose, mit den Worten: »Wer nicht weiß, was *Genie* ist, sagte Vogler, der komme und höre Schubart eine Fuge spielen oder zum Abendmahl phantasieren.«[29] Man hat Vogler einen »Rubens« der Tonkunst genannt: Er war ein Meister üppig malender Programmusik, der auf der Orgel Seeschlachten oder den Fall der Mauer von Jericho darstellte.[30] Schubart, der Voglers Spiel bewunderte (und über Rubens schrieb: »Ihm kommt keiner von den alten und neuern Malern an Genie bei«),[31] hat offenbar ähnlich ausladend, deftig und vielfarbig musiziert. Dabei scheint aber die Ekstatik, in die er beim Spielen geraten konnte, nicht mit einem Kontrollverlust einhergegangen zu sein. Er selbst schreibt einmal: »Bei aller Geschwindigkeit hatt' ich doch volle Deutlichkeit«[32]. Und die Entrücktheit, die man ihm und die auch er selbst sich zuschrieb, war wohl eher höchste Konzentration, die eine wache Beobachtung der Publikumsreaktionen einschloß. Nur scheinbar widersprüchlich, schildert Ludwig Schubart einerseits, daß sein Vater beim Phantasieren auf der Orgel oder am Klavier »alles, was um ihn vorging, völlig vergaß«,[33] und andererseits, daß er beim Klavierspiel »plötzlich abbrach, wenn das mindeste Geräusch entstand, oder wenn er kein Gesicht fand, auf dem er ausruhen und den Effekt dessen, was er vortrug, erkennen konnte.«[34] Schubarts Ausdruckskunst ist in sehr unmittelbarer Weise als Eindruckskunst gedacht, als gezieltes Auslösen bestimmter seelischer und körperlicher Regungen. In einem Hymnus an die »heilige Tonkunst« dichtet Schubart:

> Laß mich dich, göttliche *Polyhymnia!* –
> – denn auch mich hast du in den Stunden der Weihe
>   besucht:
> Du gabst mir männlichen Gesang, und Flügelspiel,
> Daß ich gebiete der Träne des Hörers zu fließen.
> Daß ich färbe das Antlitz des fühlenden Jünglings
> Mit der Begeisterung Glut;
> Daß ich dem lauschenden Mädchen
> Seufzer der Lieb' entlocke;
> Daß ich durch Wodansgesang schwelle den Busen des
>   Mannes –
> O laß mich dich, göttliche Polyhymnia,
> Und deines Geschenkes himmlischen Wert nie
>   entweihen![135]

In seiner *Ästhetik der Tonkunst*, die er in Ludwigsburg skizzierte,[36] sucht Schubart den verschiedenen Tonarten verschiedene Seelenverfassungen zuzuordnen. Prominente Musiker haben diesen Versuch für interessant befunden: Ludwig van Beethoven wollte zwar den Dur-Tonarten teilweise einen anderen Charakter zugeschrieben wissen, stimmte aber ganz mit Schubarts Auffassung überein, daß jede Tonart ihre eigene Stimmungssphäre habe,[37] und Robert Schumann fand in Schubarts »Charakteristik der Töne« zwar Widersprüchliches, aber auch »viel Zartes und Poetisches«.[38] Ihr Wert liegt wohl vor allem darin, daß er einen Einblick in die zeitgenössische »Kultur der Stimmungen« erlaubt (von der Schubarts eigene weitgespannte Stimmungspalette den größten Teil umfaßt): in die Lebensthemen, mit denen Gefühlregungen vor allem verbunden waren, in die Konventionen der Gefühlsbenennung und der Zuordnung bestimmter Gefühle zu bestimmten Gruppen (»fromme Weiblichkeit«), Anlässen (»Bußklage«) oder Orten (»Gräberton«).

Charakteristik der Töne

Jeder Ton ist entweder gefärbt, oder nicht gefärbt. Unschuld und Einfalt drückt man mit ungefärbten Tönen aus. Sanfte, melancholische Gefühle mit B Tönen; wilde und starke Leidenschaften mit Kreuztönen.

C dur, ist ganz rein. Sein Charakter heißt: *Unschuld, Einfalt, Naivetät, Kindersprache.*

A moll, fromme *Weiblichkeit,* und *Weichheit* des Charakters.

F dur, Gefälligkeit und *Ruhe.*

D moll, schwermütige Weiblichkeit, die Spleen und Dünste brütet.

B dur, heitere Liebe, gutes Gewissen, Hoffnung, Hinsehnen nach einer bessern Welt.

G moll, Mißvergnügen, Unbehaglichkeit, Zerren an einem verunglückten Plane; mißmutiges Nagen am Gebiß; mit einem Worte *Groll und Unlust.*

Es dur, der Ton der *Liebe,* der *Andacht,* des *traulichen Gesprächs* mit *Gott;* durch seine drei *B* die heilige Trias ausdrückend.

C moll, Liebeserklärung, und zugleich *Klage der unglücklichen Liebe.* – Jedes Schmachten, Sehnen, Seufzen der liebetrunknen Seele liegt in diesem Tone.

As dur, der *Gräberton.* Tod, Grab, Verwesung, Gericht, Ewigkeit liegen in seinem Umfange.

F moll, tiefe Schwermut, Leichenklage, Jammergeächz und *grabverlangende Sehnsucht.*

Des dur. Ein schielender Ton, ausartend in Leid und Wonne. Lachen kann er nicht, aber *lächeln;* heulen kann er nicht, aber wenigstens das *Weinen grimassieren.* – Man kann sonach nur selten Charaktere und Empfindungen in diesen Ton verlegen.

B moll. Ein Sonderling, mehrenteils in das Gewand der Nacht gekleidet. Er ist etwas *mürrisch* und nimmt höchst selten eine gefällige Miene an. Moquerien gegen Gott und die Welt; Mißvergnügen mit sich und allem; Vorbereitung zum Selbstmord – hallen in diesem Tone.

Ges dur. Triumph in der *Schwierigkeit*, freies *Aufatmen* auf überstiegenen Hügeln; Nachklang einer Seele, die stark gerungen und endlich gesiegt hat – liegt in allen Applikaturen dieses Tons.

Es moll. Empfindungen der Bangigkeit des allertiefsten Seelendrangs; der hinbrütenden Verzweiflung; der schwärzesten Schwermut, der düstersten Seelenverfassung, Jede Angst, jedes Zagen des schaudernden Herzens, atmet aus dem gräßlichen *Es moll.* Wenn Gespenster sprechen könnten, so sprächen sie ungefähr in diesem Tone.

H dur. Stark gefärbt, *wilde Leidenschaften ankündend,* aus den grellsten Farben zusammengesetzt. Zorn, Wut, Eifersucht, Raserei, Verzweiflung und jeder Jast [Eifer] des Herzens liegt in seinem Gebiete.

Gis moll, Griesgram, gepreßtes Herz bis zum Ersticken, Jammerklage, die im Doppelkreuz hinseufzt; *schwerer Kampf,* mit einem Wort, alles was mühsam durchdringt, ist dieses Tons Farbe.

E dur. Lautes Aufjauchzen, lachende Freude, und noch nicht ganzer, voller Genuß liegt im *E dur.*

Cis moll. Bußklage, *trauliche Unterredung mit Gott,* dem *Freunde* und der *Gespielin des Lebens;* Seufzer der unbefriedigten Freundschaft und Liebe liegen in seinem Umkreis.

A dur. Dieser Ton enthält Erklärungen *unschuldiger Liebe, Zufriedenheit* über seinen Zustand; *Hoffnung des Wiedersehens* beim *Scheiden des Geliebten; jugendliche Heiterkeit* und *Gottesvertrauen.*

Fis moll. Ein finsterer Ton: er zerrt an der Leidenschaft, wie der bissige Hund am Gewande. *Groll* und *Mißvergnügen* ist seine Sprache. Es scheint ihm ordentlich in seiner Lage nicht wohl zu sein: daher schmachtet er immer nach der Ruhe von *A dur* oder nach der triumphierenden Seligkeit von *D dur* hin.

D dur. Der Ton des *Triumphes*, des *Hallelujas*, des *Kriegsgeschreis*, des *Siegesjubels*. Daher setzt man die einladenden Symphonien, die Märsche, Festtagsgesänge und himmelaufjauchzenden Chöre in diesen Ton.

H moll. Ist gleichsam der *Ton der Geduld*, der stillen *Erwartung seines Schicksals* und der *Ergebung in die göttliche Fügung*. Darum ist seine Klage so sanft, ohne jemals in beleidigendes Murren oder Wimmern auszubrechen. Die Applikatur dieses Tons ist in allen Instrumenten ziemlich schwer; deshalb findet man auch so wenige Stücke, welche ausdrücklich in selbigen gesetzt sind.

H dur. Alles *Ländliche*, *Idyllen- und Eklogenmäßige*, jede ruhige und befriedigte *Leidenschaft*, jeder *zärtliche Dank* für aufrichtige *Freundschaft* und *treue Liebe*: – mit einem Worte, jede sanfte und ruhige Bewegung des Herzens läßt sich trefflich in diesem Tone ausdrücken. Schade, daß er wegen seiner anscheinenden Leichtigkeit heutzutage so sehr vernachlässigt wird. Man bedenkt nicht, daß es im eigentlichen Verstande keinen schweren und leichten Ton gibt: vom Tonsetzer allein hängen diese scheinbaren Schwierigkeiten und Leichtigkeiten ab.

E moll. *Naive*, *weibliche*, *unschuldige Liebeserklärung*, *Klage ohne Murren*, *Seufzer* von wenigen Tränen begleitet; nahe *Hoffnung* der reinsten in *C dur* sich auflösenden *Seligkeit* spricht dieser Ton. Da er von Natur nur eine Farbe hat, so könnte man ihn mit einem Mädchen vergleichen, weiß gekleidet, mit einer rosenroten Schleife am Busen. Von diesem Tone tritt man mit unaussprechlicher Anmut wieder in den Grundton *C dur* zurück, wo Herz und Ohr die vollkommenste Befriedigung finden.[39]

DER DEKLAMATOR

Einen Namen macht sich Schubart in Ludwigsburg nicht nur mit seinen musikalischen, sondern auch mit seinen rhetorischen Fähigkeiten: Der attraktive junge Mann, schauspielerisch begabt, mit klangvoller Stimme, begeistert vor höfischem wie bürgerlichem Publikum durch den Vortrag von Epen und Gedichten, wobei er die Deklamation zuweilen selbst am Klavier untermalt oder Gedichte vorsingt. Zu seinen Bravourstücken, aus denen er großenteils auswendig vorträgt, gehören Dantes *Göttliche Komödie*, Miltons *Verlorenes Paradies* und Luthers Bibel[40], vor allem aber der von ihm so geliebte *Messias*. »Klopstock will nicht gelesen, sondern gehört werden«, schreibt Erich Schmidt in seinem Klopstock-Porträt von 1886.[41] Schubarts Deklamationen verhelfen dem Klopstockschen Versepos, dessen gedrängte, verschachtelte Sprache nicht nur den ungeübten Leser vor beträchtliche Schwierigkeiten stellt, zu einer breiten Popularität. »Wenn noch viele Jahre später Ludwigsburger Handwerker Klopstock verehren«, sagt Peter Lahnstein, »so ist das eine der Wirkungen Schubarts«.[42] In der *Teutschen Chronik* schreibt dieser 1776 über seine *Messias*-Vorträge: »Ich hab' in meinem Leben unzählige Versuche gemacht, und immer gefunden, daß die Messiade gut deklamiert (und ich schmeichle mir, es zu können) immer von erstaunender Wirkung sei. Tränen, Schauer, Staunen, Entzückungen, feurige Entschlüsse, Bewunderung, Ehrfurcht, Andacht, Liebe wechselten miteinander in den Herzen der Zuhörer, flammten im Auge.«[43] Die Käufernachfrage nach dem *Messias* scheint nach seinen Lesungen deutlich angestiegen zu sein; umgekehrt hatte das Publikum – darunter nicht wenige Frauen – oft auch schon seine Klopstock-Ausgaben dabei und unterstützte den Höreindruck durch Mitlesen.

Schubart genießt diese Auftritte. Er ist, dieser Ausflug in den heutigen Theaterjargon muß erlaubt sein, eine »Ram-

pensau«. Er weiß und sagt das selbst. »Ich mußte mitteilen
oder bersten«, heißt es in seinen Erinnerungen: »Wenn ich
eine neue schöne Komposition vor mir liegen hatte, oder
wenn ich in meinen Lieblingen las, so drang ich mit feurigem
Ungestüm auf den blickenden oder horchenden Freund und
ruhte nicht, bis er mir Beifall zuglühte oder wie ein Pagoden-
kopf zuwackelte.«[44] Schubart ist nicht nur ein Kind, er ist
ein Musterkind des »geselligen Jahrhunderts«, dabei niemals
zufrieden mit distanzwahrender Konversation, sondern heiß
bemüht um Konvergenz, die auch die körperliche Zu-Neigung
einschloß. Sein Sohn Ludwig illustriert dieses Bedürfnis nach
Widerhall und Gleichklang, das über Beifallsstreben hinaus-
geht, an einer Anekdote:

> Während eines Herbstbesuchs ging ich einst mit ihm an
> eine Abendtafel, wo uns gleich beim Eintritt ein Subjekt
> aufstieß, das bei sonst nicht zu verachtendem Verdienst
> wegen seiner kalten Schneckennatur bekannt war und
> gegen alles Große, Schöne und Außerordentliche eine
> natürliche Antipathie hatte. Sogleich nahm mich mein
> Vater auf die Seite und bot mich auf, beim Nachtische
> diesen Menschen in Gemeinschaft mit ihm zu bearbei-
> ten. Dies geschah, ohne daß wir uns im geringsten um
> den Gemeinten zu bekümmern schienen. Der Herr des
> Hauses fing von seiner Liebhaberei, dem Schauspiele, an,
> weil er eben von Iffland hergekommen war. Nun begann
> Schubart Shakespear'n, den Monarchen in diesem Felde,
> abzuhandeln: da er von Jugend an auch mein Liebling
> war, so sekundiert' ich ihn tapfer. Das Leben und die
> Hauptwerke des Dichters wurden durchgenommen; der
> schaudervolle Effekt seiner *Geister-Scenen* kam zur Spra-
> che. Schubart, in seiner besten Laune, erzählte jemandem
> aus der Gesellschaft, der den Briten noch nicht kannte, die
> Ermordung *Bancos* aus dem *Macbeth* – Anfangs im Tone
> der gewöhnlichen Anekdote. Da er aber auf die Stelle kam,
> wo Macbeth an der vollbesetzten Tafel – Bancos bleiches

blutiges Haupt auf seinem Sitz erblickt, trieb er's so arg, daß mich selbst und alle Hörer und Zuschauer Entsetzen anwandelte. Als wir uns nach dem Phlegmatiker umsahen, fanden wir ihn blaß wie eine Leiche, und es war hohe Zeit aufzuhören, wenn man nicht das Frauenzimmer vertreiben wollte. Noch vor Aufbruch der Gesellschaft ging er fast ebensoweit im Komischen mit Sir John *Falstaff*, um die für ihre Nacht besorgte Hausfrau wieder auszusöhnen; und erzählte den Schwank mit dem Waschkorbe so drollig, daß der Phlegmatiker alle Beisitzer überlachte. – Beim Heimgehen freute er sich kindisch über diesen Triumph und sagte: Ich weiß nicht, welche Wollust es mir schafft, dergleichen Eiszapfen zu schmelzen. Man muß nur den rechten Fleck treffen und den Brennstrahl anhaltend darauf fallen lassen.[45]

Es sind nicht nur Temperament und Begabung, die hier zusammenwirken. Schubart ist ein Kenner der klassischen Rhetorik und der protestantischen Homiletik; er bemüht sich, die Deklamation als Kunst auszuüben und – wie damals auch andere Autoren – ihr wissenschaftliche Hilfestellung zu geben. Schon 1767 schreibt er an Böckh, »das schmeichelhafte Lob einiger Kenner, als hätte ich die Gabe, etwas mit Affekt vorzulesen«, habe ihn auf die Idee gebracht, eine Abhandlung »von der Deklamation im *Umgange* – im *Lesen* – auf der *Kanzel* – und auf dem *Theater*« zu verfassen: »Ich werde den Ton, der bei einem didaktischen oder affektvollen Inhalte herrschen soll – herrschen *muß*, (wo möglich) durch musikalische Zeichen zu bestimmen suchen und von der Aktion reden, insofern sie den Ton des Deklamierenden belebt.«[46] Umgesetzt hat er diesen Plan nicht, abgesehen von einem kleinen Zeitschriftbeitrag mit dem Titel »Etwas von dem Musikalischen in der Rede«. In den *Vorlesungen über die schöne Wissenschaften für Unstudierte* von 1777 begräbt er die Idee der »Rede-Noten« mit dem einleuchtenden Argument: »Halb viertels Noten sind noch zu arm, dem Schwung der Deklamation ganz zu folgen. Die Töne der Stimme können bisweilen von dem feinsten musikalischen Kalkül nicht erreicht werden.«[47]

Zu Fragen der Deklamationstechnik jedoch schreibt er immer wieder. Ende 1776, nachdem der dritte und letzte Band von Klopstocks *Messias* erschienen ist, diskutiert er in der *Chronik* ausführlich die Probleme, vor die ihn eine Passage aus dem 16. Gesang gestellt habe – wobei er die Schwierigkeit der Performanz auch als Folge textlicher Schwächen ansieht:

> Das stürmende Getümmel am Ende des sechzehnten Gesangs, bei der Höllenfahrt Christi, hab' ich aller Sorgfalt ungeachtet nie so deklamieren können, daß es den gehofften Eindruck bei den Lesern machte. […] Die gedrängte Sprache, die kühnen Vorstellungen, die gigantischen Bilder, Trümmer, wie im Donner niedergeworfen, nicht ganz dargestellt, machen einem die Deklamation so sauer, daß ich immer Brustschmerzen bekam, sooft ich diese Stelle deklamierte. Zum Beispiel will ich Jünglingen, die sich in der Deklamation üben wollen, nur folgende Stelle hiehersetzen (ich wollte wetten, daß sie manche Männer nicht lesen können): – »Weil, da er kommen hörete, sahn Jesus,[48] da schwebt in der Wonn' hinaus in die Schöpfung, eilte Abdiel wieder zur Pforte der Hölle, ruft' es dem andern Hüter, eröffnete, wankendes Ungestüms, daß die Riegel klangen hinab, und die Angeln ins ewige Grab.« Stürmende Eile herrscht in dieser Stelle, und doch mußte sie nach meiner Empfindung folgende Schattierungen durch die Deklamation bekommen:
> *Weil* – bis *Jesus* – ernst, feierlich, staunend –
> Um deutlich zu werden, gibt man dem Wort *weil* einen scharfen Ton, macht eine kleine Pause und fällt bei den Worten: *da er kommen* u. s. f. beinah um eine Quart. Die Wörter: *hörete*, *sahn* werden langsam ausgesprochen, und das drauf folgende *Jesus* sehr feierlich. *Da* – bis *Schöpfung* – etwas geschwind piu allegro – schwebend – ohne Tonfall

– *Eile* – bis *eröffnete* – geflügelt schnell, versteht sich der deutlichen Aussprache, Bemerkung der Abschnitte unbeschadet. Da von dem Wort *Abdiel* die Deutlichkeit der ganzen Stell' abhängt, so muß es stärker und erhobner als alle übrigen Worte deklamiert werden.

Wankendes Ungestüm – bis *Grab.* Decrescendo, Diminuendo der Stimme und Hinschweben vom Fluge des Presto bis zum feierlichen Gange des Maestoso. Auf diese Art getraut' ich mir, über die dunkelste Stelle Licht und Deutlichkeit zu verbreiten.[49]

DER IMPROVISATOR

Schubart beeindruckt sein Publikum als Pianist und als Rezitator, er verblüfft es geradezu durch seine geistige »Schnellkraft«. Schon in seiner Jugend gilt er als Genie der Stegreifkomposition und Stegreifdichtung. An der Orgel ist er zu stundenlangen, gleichwohl einfallsreichen Phantasien fähig; am Klavier improvisiert er zu einem Thema scheinbar mühelose und doch komplizierte Variationen. An Wirtshaustischen und bei Abendtafeln ist er berühmt für seine blitzschnellen Epigramme; seine Zeitungsartikel diktiert er, so Ludwig Schubart, mitunter in einem solchen Tempo, daß die Schreiber ihm kaum nachkommen können.[50] Für einen reisenden Virtuosen, dessen Konzert nur wenige Zuhörer gefunden hatte, soll er sogleich ein Impromptu geschrieben haben:

Schlecht ist der Virtuosen Glück
In unsrer Tage Lauf,
'S tät not, sie nähmen einen Strick
Und hingen all' sich auf.

Pfeift einer auch, wie *Lebrun*° pfeift,
Geigt einer *Lolli* nach;
Greift's Klavikord, wie *Eckart*°° greift,
Und komponiert wie Bach.
So hört man lieber Schellenklang,
Schuhu- und Katzenschrei;
Und Gänsegigag und Eselsang
Als Sphärenmelodei.
Das Ohr der meisten Menschen ist
Wie Eselsohr gar groß:
Darum bedenk's, mein frommer Christ,
Und werd' kein Virtuos![51]

»Was er mit Feuer unternahm«, schreibt sein Sohn Ludwig, »das stand da, eh man es recht angefangen glaubte, und lebte; wozu er sich langsam entschloß, die Hand mehrmalen ansetzte, sich *mahnen* lassen mußte; ja, wo er sich Mühe geben und sich selbst übertreffen wollte – das gelang nicht, lebte nicht, trug nur in einzelnen Teilen sein starkes Gepräge.«[52] Schubart selbst sah sich als Ekstatiker: »Ich bin im ruhigen Zustande nur ein Alltagsmensch«, so zitiert ihn sein Sohn, »kommt aber dieser Hauch vom Himmel über mich, so übertreffe ich mich selbst und bringe Dinge hervor, die meine kältere Vernunft laut an die Unsterblichkeit der Menschennatur erinnern.«[53] Ludwig Schubart illustriert dies mit einer Anekdote:

In dieser Zeit – der Periode seiner höchsten Kraft – war es, daß er einst auf dem Lande eine Probe mit seinen Seelenkräften anstellte, welche damals in jener Gegend allgemein bekannt wurde. Er war auf Besuch bei einem Edelmanne; die Gesellschaft zahlreich und glänzend; die Freuden der Mittagstafel dauerten bis gegen den

---

° Ludwig August Lebrun (1752–1790), Flötenvirtuose und Komponist.
°° Johann Gottfried Eckardt (1735–1809), Pianist und Komponist.

Abend und wurden wie sonst durch sein Spiel, seinen Gesang und seine Deklamation vermehrt. Ein Mitglied der Gesellschaft lenkte beim Kaffee das Gespräch auf *außerordentliche Seelenkräfte*, und nachdem mancherlei Beispiele erzählt worden waren und der Herr des Hauses angemerkt hatte: Er glaube, daß Schubart wohl auch ein dergleichen Beispiel aufzustellen vermöchte, so machte sich letzterer anheischig: »Er wolle *zu gleicher Zeit* – ein deutsches Lied verfertigen; es in Musik setzen; einen Brief diktieren; und mit einem der Anwesenden über einen literarischen Gegenstand reden.«

Der Vorschlag erregte allgemeine Aufmerksamkeit, und verschiedene Wetten wurden darauf eingegangen. Als der Gegenstand des Briefs und der Unterhaltung verabredet war, ging Schubart eine Weile ans Fenster, setzte sich sodann – und der Kampf begann. Er schrieb Text und Noten eines gesellschaftlichen Liedes zugleich nieder; diktierte einen drei Seiten langen Brief ohne Anstoß, und verkehrte mit einem Gelehrten über ein neuerschienenes Buch mit seiner gewöhnlichen Wärme. Die Operation dauerte über eine halbe Stunde: dann las er selbst den Brief vor, spielte und sang sein Lied und erregte das Erstaunen aller Anwesenden. – Ähnliche Versuche hatte er schon als Kandidat und während seines Predigtamtes angestellt, wo auf ihn gewettet worden war, daß er eine rührende Predigt über einen Text halten würde, der ihm erst beim vorletzten Vers der Gemeinde gegeben werden sollte. – Doch kamen diese und ähnliche Proben in keinen Betracht mit der obigen. Er erzählte sie mir als ein warnendes Beispiel vor dem Mißbrauch der Seelenkräfte und schloß damit: Mein Freund gewann zwar die Wette, und ich in jener Gegend den Ruf eines Wundermannes: Dafür aber konnte ich die ganze darauf folgende Nacht nicht schlafen, befürchtete jeden Augenblick einen Schlag und befand mich mehrere Tage hernach elend und untüchtig zu aller Arbeit.[54]

Zum Bild der Ekstase paßt neben der anschließenden langen Erschöpfung auch die der darauffolgenden Amnesie, von der wiederum der Sohn erzählt: »Durch seine eigne Rede setzte er sich in Begeisterung«, schreibt er, »und sprach hinreißender und schöner als selbst in den besten Stellen seiner Schriften. Er wußte im ruhigen Zustande wohl selbst nicht mehr, was er gesagt; hörte es von andern mit behaglicher Aufmerksamkeit an; und ärgerte sich, daß er nicht *so* schreiben könne.«[55] »Eines Winterabends«, so der Sohn an einer anderen Stelle seiner »Charakteristik«, »fing er auf dem Asperg unter Offizieren ein Märchen à la Scheherazade an, wovon er anfangs selbst das Ende nicht wußte; führte es zwei Stunden lang mit steigendem Interesse fort und endigte so, daß seine Freunde inständig in ihn drangen, es zu Papier zu bringen. – Aber er wußte Tags darauf selbst nichts mehr davon.«[56]

Auch in vielen anderen Fällen bemüht sich Schubart nicht darum, seine Einfälle festzuhalten. Von seinen Klavierkompositionen ist nur einiges überliefert, und oft ist die Notation ganz offensichtlich weit rudimentärer, als es seine Spielweise war. Seine Gedichte schreibt er nur teilweise auf, viele sind nur durch Nachschriften von Zuhörern überliefert und dabei sicherlich oft verändert worden. 1780 erschien in Augsburg eine anonym herausgegebene Anthologie mit dem Titel *Originalien von Magister Christian Friedrich Daniel Schubart*, die angeblich bei Tisch gefallene Äußerungen wiedergibt. Ein Großteil der Sprüche klingt durchaus schubartisch; er selbst distanzierte sich allerdings entrüstet von dieser Sammlung: »Wer wird zum Beispiel das hirnlose Buch *Originalien*, wo einige Gedankentrümmer von mir in einer Mistpfütze eigenen Unsinns schwimmen, auf meine Rechnung setzen?«[57] Nicht nur spätere Schubartianer haben es beklagt, schon er selbst hat oftmals seinen achtlosen Umgang mit den eigenen Augenblicksprodukten bedauert.[58] In einem Begleitartikel zu seiner Gedichtsammlung von 1785 bekennt er sich aber mit Überzeugung zur sterblichen Gattung der Poesie, zur Augenblickskunst:

> Ich dachte, sie [die Gedichte] mögen verhallen in den öden
> Zellen meiner Einsamkeit; mögen, vom Flügel begleitet,
> diesen oder jenen gefühlvollen Hörer auf Augenblicke
> unterhalten, mögen, gut deklamiert, dem oder jenem ein
> paar Feuerflocken in die Seele werfen; so ist mein End-
> zweck erreicht; ich habe damit den Dämon *Langeweile*
> gebannt und gute Empfindungen im Herzen der Hörer
> geweckt und unterhalten.[59]

Es ist dies freilich eine Unterhaltung, in der Hohes und Niederes, Scherz und Ernst, Leichtes und Schweres, »Feuer und Geschmack« (Burney) neben- und ineinander existieren. Diese Unterhaltungskultur hat ihren historischen Ort: In der frühen Moderne sind die Künste erst partiell in »Unterhaltung« und »Ernstes« und in einen Laien- und Profibereich gespalten. Oper und Theater haben ein buntscheckiges Programm und Publikum, und literarische Lesungen und Konzerte finden in den Versammlungssälen von Zünften oder in Tanzsälen von großen Gasthäusern statt, in denen – wenn auch von der Etikette separiert – adlige Touristen ebenso wie wandernde Gesellen einkehren.

Schubart hat genau die Begabungen, die es braucht, um in einer solchen kulturellen Situation und in einem solchen sozialen Feld zu reüssieren, und er teilt sie im damaligen Deutschland mit nur Wenigen. Sucht man nach einem zeitgenössischen Pendant für Schubart, bietet sich allenfalls ein schwedischer Zeitgenosse, der ein Jahr nach ihm geborene Carl Michael Bellman an. Auch er ist Dichter und Musiker, ist in Stockholms Kneipen zu Hause, aber ebenso Gast bei Hofe. Er gilt als »begnadeter Entertainer und Improvisator«,[60] singt »mit hinreißender Begeisterung«,[61] begleitet sich auf der Zither, extemporiert stundenlang Verse und Melodien, beherrscht den feierlichen Alexandriner ebenso wie den derbsten Volkston und leiht seine Stimme Hofdamen, Bankdirektoren, Friseuren, Marktschreiern, Armenhäuslern, Bauern und Seeleuten. »Wie schade, daß die Themen der Gedichte dieses

Carl Michael Bellman (rechts) beim Punschball.
Lavierte Federzeichnung von J. T. Sergel, 1790er Jahre.

Menschen fast immer niedrig und unedel sind«,[62] beklagt
sein aristokratischer Bewunderer Fredric Sparre. Er selbst
sammelt seine Lieder nicht, einige werden von Zuhörern
festgehalten, die meisten sind verloren; von seinen Melodien
wurden nur wenige notiert, und diese ohne die kunstfertigen
Triller und Melismen, mit denen er sie zu singen pflegte.
Vieles an seiner Biographie erinnert ebenfalls an Schubart:
Seine erste Dichtung heißt *Evangelische Todesgedanken*, er ist
ebenso orthodoxiefeindlich wie fromm, erregt Anstoß wegen
seiner frechen Sprüche, seiner Trinkexzesse, seiner Amouren.
Er lebt das Leben eines frühen Bohemien, allerdings in keiner Künstlerkolonie, sondern mitten unter den Leuten. Die
Kulturhistorik hat bis heute keinen Namen für diesen Künst-
lertypus: Volkssänger, Dichtersänger, Liedermacher – es ist
alles nicht ganz treffend und alles zu eng. Lassen wir es also
bei den Hilfsbegriffen des »schwedischen Schubart« und des
»schwäbischen Bellman«.

   Gekannt haben sich die beiden nicht, aber sie haben sich
nur knapp verfehlt: 1774, als der gerade aus Ludwigsburg
hinausgeworfene Schubart nun auch München verlassen muß,
will er nach Stockholm gehen: »Der Charakter des *Königs* von

Schweden und der englische Gesandte *des Vesmes*, der eben von München aus dahin abgereist war, hatten den größten Anteil an diesem meinem Entschlusse.«[63] Seine Frau, so berichtet er, habe ihm die Auswanderung schließlich ausgeredet. Die Musikgeschichte muß auf den Sängerwettstreit von Stockholm verzichten.

»MARSCH NAUS ZUM PARADIES!«

»Über die Leidenschaften«, schreibt Ludwig Schubart über seinen Vater, »unterhielt er den gefährlichen Grundsatz: ›Es ist eine lächerliche Forderung gewisser Moralisten, daß man immer und immer nur die Leidenschaften zügeln und am Boden halten solle. Wer Phlegma oder Stärke genug besitzt, dies zu tun, bei dem entsteht am Ende eine mechanische *Gewohnheit* daraus und er wird ein totes seelenloses Automat, ohne Schnellkraft und Unternehmungstrieb. […] Leidenschaften sind in der Geisterwelt ebenso unentbehrlich als das *Feuer* in der Welt der Körper: Die stockenden Kräfte werden dadurch in Umlauf gebracht, vor Moder bewahrt und zur Aktivität herausgefordert. Alles, was in der Menschengeschichte groß, was gottähnlich und bewundernswert ist, das wurde durch Leidenschaft hervorgebracht […]. Leidenschaften tragen den *Stoff* herbei, die Vernunft ordnet und verarbeitet ihn bloß. Alle Werke des Genius und der Kunst, die unsre Natur adeln, gingen von diesem zündenden Brennpunkte aus; und die größten Gesetzgeber haben nur dadurch auf ganze Generationen gewirkt, daß sie die Leidenschaften ins Spiel zu bringen wußten. – Zügeln muß man das kraftsprühende Roß, daß es nicht durch die Menge wüte, mit dem Hufe haue und zermalme; zügeln – aber nicht abstehen und seine Kraft verdorren lassen. Wer die Leidenschaften der Menschen zu erregen und zu lenken versteht, der hat den Beruf zum *Reformator* und kann alles mit ihnen anfangen‹‹.[64]

Schubarts Engagement für die »Leidenschaften« ist ein Plädoyer für einen umfassenden bürgerlichen Aufbruch: für das künstlerische Geniewesen, für wirtschaftlichen Unternehmungsgeist, für politische Reformatoren und Bewegungen; und es ist zugleich Gegenwehr gegen die andere Seite des bürgerlichen Zivilisationsprozesses, die dem Individuum wachsende psychische Selbstzwänge, mehr Gefühlskontrolle, mehr Askese auferlegt. Es ist die Selbstverteidigung eines Mannes, der zeitlebens und auch danach für sein »Feuer« gepriesen und für seine »Ausschweifungen« getadelt wurde. Das Tadelwort fällt, wie erwähnt, schon in einem Brief, den der Rektor des Nördlinger Lyzeums im Oktober 1755 an Schubarts Vater schreibt, wobei allerdings seine sexuelle Konnotation noch keine Rolle spielt: Es geht um Nachäffen von Personen und Witzereißen in der Kirche.[65] Später erweitern sich die Vorwürfe. Bevor man ihn nach Ludwigsburg holt, werden auf herzogliche Anweisung Erkundungen darüber eingezogen, ob er »dem Trunk allzusehr ergeben wäre«[66] – was offenbar nicht bestätigt wird. Wenn Helena Schubart die Befürchtung äußert, ihr Mann könnte in Ludwigsburg »die gute Gelegenheit zu Ausschweifungen« nutzen,[67] geht es zuvörderst um das Ausschweifen aus der Ehe. Schubart weiß wohl vom Argwohn seiner Verwandtschaft und sucht sie zu beruhigen. An Böckh schreibt er am 17. Januar 1770:

> O liebster Böckh, was sind Opern, Bälle, Maskeraden und alle Zeitvertreibe der vornehmen Kinder gegen das Vergnügen, einen Freund im Arm und ein gutes Gewissen im Busen zu haben. Meine bisherige Aufführung in Ludwigsburg hat weder des Herrn Professors° noch deine Ahndung verdient. Ich bin mir keiner Ausschweifung bewußt

---

° Balthasar Haug.

als einiger Dinge, die man hierzulande für Staatsfehler hält. Erstlich habe ich einmal in der Post eine Pfeife Tabak geraucht. Zweitens im Konzert mit einem Fernglas herumgesehen und drittens legt man mir zur Last, daß ich mit zu vielem Feuer in Gesellschaften rede und mich erfreche zu *urteilen*.[68]

Man kann diese Selbstverteidigung vielleicht so resümieren: Sie streitet, zu diesem Zeitpunkt wohl noch zu Recht, einen Verstoß gegen die Zehn Gebote ab. Übertretungen der Etikette jedoch werden nicht nur zugegeben, sondern als Recht des Genies reklamiert. In Ludwigsburg beginnt ein ähnlicher Kampf, wie ihn Schubart in seiner Brüder-Geschichte schildert: Das feurige Genie Carl alias Schubart findet seinen »strengen Wilhelm« in dem Spezialsuperintendenten Philipp Jacob Zilling, dem evangelischen Dekan, der sich vergeblich gegen Schubarts Bestallung gewehrt hatte. Er hält die Gottesdienste in der Stadtkirche ab, in der Schubart nun die Orgel spielt. Dieser brilliert beim Sonntagsgottesdienst mit langen Orgelvorspielen. Der »Spezial« fordert ihn auf, sich kürzer zu fassen, worauf Schubart angeblich antwortet: Sein Vorspiel sei besser als das, was danach komme.[69] Auch die Orgelzugaben nach dem Gottesdienst, bei denen er neben geistlichen auch weltliche Stücke spielt, behält er trotz Zillings Einrede bei: Den Kirchenbesuchern, so wird berichtet, gefällt die zum Kunstereignis gewordene Sonntagsandacht, was den Spezial wiederum argwöhnen läßt, viele Besucher kämen nur wegen Schubart in die Kirche.[70] Das kann durchaus so gewesen sein: Zilling gilt als nicht sehr beliebt. Er ist, wie der in Ludwigsburg aufgewachsene Justinus Kerner bestätigt, »ein strenger Eiferer auf der Kanzel«,[71] bei dem die Gottesstrafe weit vor der Gottesgnade rangiert. Und er ist ein Ausbund an ständischem Denken. Kerner überliefert den pedantisch nach Rangstufen geordneten Morgengruß, den der Dekan bei Schulvisitationen entboten habe:

Wünsch' wohl geruht zu haben,
Herr Oberpräzeptor *Winter*!
Gleichfalls, Herr Präzeptor *Herold*!
Empfehl' mich Ihnen, Herr Präzeptor *Elsässer*!
Guten Morgen Schulmeister!
Bon jour, ihr Provisor!
Grüß' euch Gott, liebe Kinder!
Ist man auch da, Mäule°?[72]

Für Schubart, der »alle Amtsgravität haßte«,[73] ist Zilling unerträglich. Er kann sich nicht verkneifen, ihn öffentlich zu parodieren und Spottgedichte über ihn vorzutragen, und er findet dafür ein dankbares Publikum: in den Wirtshäusern der Stadt, im »Waldhorn« oder »Engel«, wo er gleichgesinnte Künstlerkollegen antrifft, aber auch bei seinen Vorlesungen vor Offizieren. Diese liegen mit Zilling, der ihre Libertinage verabscheut, ebenfalls in Fehde. Der Vater von Schillers Freund Wilhelm von Hoven war Zeuge, wie Schubart vor Militärs Zilling erfolgreich als »eitlen abgeschmackten Pedanten« und »bloßen Scheinheiligen« darstellte.[74] Erhalten ist seine sechsstrophige Umdichtung der Legende vom barmherzigen Samariter, in dem ein »Pfaff« und ein »Spezial« den Ausgeraubten im Graben liegen lassen und erst ein »Bäuerlein« sich seiner annimmt:

Es kam ein Pfaff im schwarzen Rock
mit langem Kamisol°° und Stock
und sah den Pilger liegen.
Gott! rief er aus, Gott helfe dir!
hast keinen Doktor und Barbier
und liegst in letzten Zügen.

Drauf kam ein andrer schwarzer Mann
des vorigen Spezial heran,

° Mäule war Kerner zufolge der »Schuleinheizer«. (Vgl. Kerner 1849, S. 127.)
°° Unterjacke.

der sah ihn an mit Frieren.
Gott tröste dich, liegst übel so,
allein ich muß nach Jericho
die Kirche visitieren.[75]

Derber ist ein Epigramm, das Schubart 1775 in der *Chronik* abdruckt; man kann vermuten, daß es bereits in Ludwigsburg entstand und kursierte.[76]

An Zill

Zill, der Apokalyptikus,
Bewies mit einem tapfern Schluß,
Daß einstens mit den Frommen
Auch Tiere in den Himmel kommen.
O, schrie sein altes Weib und freut sich inniglich,
O welch ein großer Trost für dich und mich![77]

Schubart hat sich im Ludwigsburger Dekan einen einfluß-reichen Feind geschaffen, und er gibt sich auch bald die Blöße, die diesem die Möglichkeit zur Revanche gibt. In seiner Er-zählung »Zur Geschichte des menschlichen Herzens« schreibt er über sein Alter ego Carl: »Er war eine von den weichen Seelen, welche der Sinnlichkeit immer offenstehen und über jeden Anblick des Schönen in Platonisches Entzücken gera-ten.« Und genauso schildert er sich selbst in einem sogar für Schubartsche Verhältnisse ungewöhnlich offenherzigen Brief an Balthasar Haug:

Gestern bin ich bei der Frau von *Türckheim* gewesen und – Amor und alle Götter stehen mir bei – *ich* – ich armer Teufel soll ihr Lektion geben. So viel Geist, so viel holde Freundlichkeit, so viel Grazie, so viel entzückende Weiblichkeit hab' ich noch niemals *vereint* angetroffen. Alle Tage soll ich eine Stunde neben ihr stehen! ihre Aurorenfinger leiten! ihre holden Blicke die Noten ver-

Bacchantenpaar. Porzellanmanufaktur Ludwigsburg, um 1770.

stehen lernen und auf ihren Marmorschultern den Takt
geben! – Ein grausames, tantalisches Schicksal! Wie eine
Alpenspitze mit der Sonne benachbart zu sein und doch
mit Schnee bedeckt bleiben!! Wer kann *das*? Wer muß
nicht hier in sprudelndes Entzücken zerschmelzen?[78]

Es ist nicht belegt, ob es Frau von Türckheim war, bei der
Schubart schließlich doch sprudelnd zerschmolz; mit »etlichen« seiner Klavierschülerinnen, so berichtet sein Sohn, ließ
er sich jedenfalls mit der Zeit ein.[79] Gleich zweimal holt er sich
dabei die Lues – und steckt damit seine Frau an. In seinen
Erinnerungen berichtet er darüber offener als viele seiner Biographen: »Schändliche Krankheiten, die ich mir – und – falle
Decke der Nacht und verbirg meine Greuel und meine Schan-

de!! – Mein Weib versank in düstre Schwermut, weinte, seufzte stumm gen Himmel; ihr redlicher Vater holte sie und meine Kinder ab und vergoß bittere Tränen.«[80] Seine Briefe aus dieser Zeit zeigen allerdings, daß Helena sich in dieser Ehekrise nicht nur passiv-duldend verhielt, sondern ihm zuerst die Meinung sagte und dann entschlossen auszog. Und sie führen uns einen zwischen mäßigem Schuldbewußtsein und unmäßigen Wutausbrüchen hin- und herschwankenden Patriarchen vor. Besonders ärgert ihn, daß Helena auch die Bettwäsche vor ihm in Sicherheit gebracht hat – für ihn der Gipfel der Illoyalität, für sie nicht mehr als die Wahrnehmung ihres guten Rechts, denn das Bettzeug wird traditionell von der Braut gestellt. Einer ersten Nachricht, in der Schreck und Empörung dominieren, folgt ein, zwei Wochen später ein eher einsichtiger, vor allem aber selbstmitleidiger Brief. Nach dem Neujahrsfest 1772 aber, bei dem ihn seine Freunde ganz offensichtlich in seinen Mannes- und Hofmannesrechten bestärkt haben, geht er wiederum zum Angriff über und belegt seine ungehorsame Ehemagd mit derbsten Beschimpfungen. Vierzehn Tage danach haben ihn offenbar die Nachricht von einer Erkrankung Helenas und wohl auch eine ernstzunehmende Klagedrohung des Schwiegervaters wieder umgestimmt. Er bekundet Reue, diesmal uneingeschränkt.

An Böckh, zwischen dem 17. und 24. Dezember 1771:

> Bester Schwager,
> Meine Situation ist verzweifelt, daß ich es nicht wagen kann, dir aufzuwarten. – Heute früh versehe ich mein Amt, ich arbeite; ich nehme hundert Neujahrsbestellungen an; – komme nach Haus; – und Bett, Weib und Kinder sind weg. – Ohne zu essen, setzt' ich mich zu Pferd und konnte bis hier keine Spur nicht finden. – »Ein Weib, die ihren Mann verlassen *kann*, verdient keinen Seufzer – aber – Himmel! meine Kinder! – Bester Schwager! lebe wohl; ich habe *viel* verdient; aber nicht *so viel!* [...][81]

An Böckh, 31. Dezember 1771:

[…] O in welcher Situation triffst du mich Armen an – Einsam, von allem, was ich liebe, verlassen. Meine Laster strahlen mir nunmehro durch ihre Folgen ins Gesicht. Ich stehe betäubt am Rande des Abgrunds und zittre. […] Mein Weib schwebt mir immer mit ihren Tränen und Seufzern so vor Augen, daß ich nicht schlafen, nicht essen, nicht studieren und nicht denken kann. Ich weiß, daß ich sie oft schwer beleidigt habe; Gott aber und sie werden es mir verzeihen. […] Ach, mein Herze – (Gott lasse meine Buße und meine Tränen vergeblich sein, wann ich die Unwahrheit rede) – mein Herze besaß mein liebes Weib immer ungeteilt und soll es auch ewig so besitzen. Gott züchtigt mich jetzo mit der unaussprechlichsten Liebe zu einer Frau, die mich hätte glücklich machen können. Ihr Beistand, ihre Bestrafung, ihre Liebe hat mich oft von Fehlern zurückgehalten; verflucht aber sei die letzte unglückselige Nacht, wo ich mich nicht zurückhalten ließ. Und nun bin ich ohne ihren Beistand, ohne ihre häusliche Sorgfalt, ohne ihren Trost und – sogar! – welches ein Wort voll Tod für mich ist, ohne ihre Liebe.[52]

An Böckh, 3. Januar 1772:

[…] Je mehr ich dem Schritte meiner Frau nachdenke, und je mehr ich mich mit meinen großen Gönnern davon bespreche; je mehr sehe ich ein, daß er ein Gewebe von Weiberlist, Bosheit, Heuchelei, Betrug und heimtückischem Wesen war. Gestern fand mein Hauswirt zuoberst unter dem Dache mein Bett, meine Oberhemder, Zinngeschirr und einen ganzen Korb von Flachs, worin bereits die Mäuse genistet hatten. Lieber wollte sie ihre Sachen verderben lassen, als sie mir zur Verwahrung geben. Sogar meine silbernen Schuhschnallen hat sie mitgenommen, um vielleicht ihrem Weißgerber oder Barbierer ein Präsent damit zu machen. [...] Eh sie von hier abreiste, hat sie mich allenthalben verlästert, und in der letzten Nacht meine Karessen° mit einem niedergeschlagenen Auge erwidert. Nachdem sie mein Haus ausgeplündert, so betrog sie meine lieben Kinder und schleppte sie in die Kutsche. So entschlich sie nach Geislingen wie eine böse Tat zur Hölle. Ihren Brief, worin sie ewig von mir Abschied nahm, beantwortete ich so, wie man den Brief einer Betrügerin beantworten muß. – Also das Resultat: Eine Frau, die alle sechs Wochen kommuniziert und ihren *Starck*°° ganz gelb gegriffen hat, wird von ihrem Manne beleidigt. Der Mann, nachdem er den Rausch ausgeschlafen, hört ihren Verweis geduldig an und bittet sie wehmütig um Verzeihung. Aber nein! sie entschließt sich als eine fromme Christin zur Rache; schreibt ihrem Vater, der unter Zollexekutionen ein Barbar geworden; breitet seine scheußliche Antwort allenthalben aus; verleumdet; stiehlt; verträgt; lauert; ist heimtückisch; verachtet ihren Mann; betrügt die Kinder, macht Schulden und überläßt sich der Barmherzigkeit meines Vaters mit grauem Kopfe, der sieben Kinder und etwa ein paartausend Gulden im Vermögen hat. Geht dann in ihrer Vaterstadt im Salopp°°° als ein Scheusal herum, beklagt ihre Kinder, die sie doch elend gemacht hat, und geht, als eine fromme Abgeschiedene, mit dem christlichen und menschenfreundlichen Gedanken schwanger, den *Vater* ihrer *Kinder* vom Brot, ins Zuchthaus oder, so Gott will, gar an Galgen zu bringen.

Alle rechtschaffenen Leute in Stuttgart und Ludwigsburg verabscheuen ihre Tat und können sie mit nichts entschuldigen als mit dem Hange des Pöbels zu seinesgleichen. Hier unter Generalinnen, unter den ersten Hofdamen, unter Grafen, Baronen und Obristen war es ihr

---

° Liebkosungen.
°° Johann Friedrich Starck: Tägliches Handbuch in guten und bösen Tagen.
°°° Bequemes Übergewand.

nicht wohl; aber droben bei einem Vater, dem sie nach dem vierten Gebot seinen offenen Fuß verbinden kann; bei ihrer weißen Roßwirtin°, der sie doch zuweilen in der wichtigen Verpflegung der Postknechte beistehen kann; bei Weißgerbern, Schneidern – – o die Haare stehen mir zu Berg, wann ich dieses Gewebe voll Gottlosigkeit, Betrug und Dummheit überschaue.

Ich bin ein großer Sünder, du Gott meines Herzens! die zu große Empfindlichkeit meiner Nerven hat mich zur Sinnlichkeit fortgerissen; ich bin in Zweifel geraten und von dir verirrt – – aber, Dank sei dir, daß ich niemals fähig gewesen, ein Heuchler zu sein, der mit umgehängter Maske in dein Heiligtum geht und Brüder an Altären erwürgt!

Verzeih mir es, Bruder, daß mein Brief etwas anders lautet als der vorige. Das Nachdenken hat mich abgekühlt, und ich denke eine Unwürdige zu lieben, wenn ich länger meine Frau lieben würde. Zwar kostet es mich Überwindung; aber selbst die Weisheit gebietet, sie zu vergessen. [...][83]

An Böckh, 18. Januar 1772:

[...] Der Brief von meinem Schwiegervater ist sehr bitter; noch bitterer aber ist der, welchen er an einen hiesigen Privatmann schrieb. Er ist unbiegsam und will hierher kommen, mich verklagen und mir gerichtlich meine Mobilien abfordern. Aber was braucht er das? – Großer Gott, das Hemd gebe ich freiwillig vom Leibe, wenn es mein Weib haben will. Die Liebe und Sehnsucht nach meiner lieben Frau wächst täglich in meinem Herzen und ich hasse Opern, Bälle, Maskeraden und alle deutschen und venezianischen Narrheiten, weil sie meinem Grame zu spotten scheinen. Man sagt mir, mein liebes Weib sei

---

° Helena Schubarts Schwester.

sehr hart krank, und das war mir ein Dolchstoß. Wenn
ich unter Wind und Schneegestöber nach Geislingen zu
Fuße gehen müßte, so wollte ich es tun, wenn es ihr Hilfe
und Trost wäre. Ich habe ihr heute geschrieben mit Ausdrücken voller Zärtlichkeit und ihr einstweilen 15 Gulden
zugeschickt, bis ich mehr Geld bekomme. […] Ich bereue
meine Torheiten, die mich um den Beistand meines treuen
Weibes gebracht haben, von Herzen und hoffe zu Gott, er
werde sich meiner Seele annehmen.[84]

Helena akzeptiert die Entschuldigungen ihres Mannes und
zieht gegen Winterende 1772 wieder zu ihm. Im Sommer
darauf flieht sie nochmals eine Zeitlang nach Geislingen.
Vielleicht hat das mit der Magd, Barbara Streicher, zu tun, die
Schubart nach ihrer ersten Abreise ins Haus genommen hat.
Man munkelt in Ludwigsburg, daß Schubart mit der 21jäh-
rigen, die ihm ausgerechnet der brave Böckh vermittelt hat,
ein Verhältnis angefangen habe.

Schubart berichtet über heftige Zerknirschungsanfälle in
dieser Zeit: »In einer solchen qualvollen Stunde schrieb ich
einmal das Bekenntnis nieder, welches hernach *Haug* in einem
meiner Bücher fand, es zu sich steckte, und als ich gefangen
wurde, allenthalben bekannt machte.«[85]

Gott.
»Du betest nicht – und bist überzeugt, daß du beten sollst.
Du breitest Religionssätze aus – die du nicht glaubst.
Gott *muß* also dein Feind sein –
Aber sein Donner harrt! –
Zittre vor seiner Langmuth! –

Die Menschen.
1.) Deine Blutsverwandte.
Dein Vater grämet sich
Deine Mutter ächzt – denn du antwortest ihr nicht einmal
auf

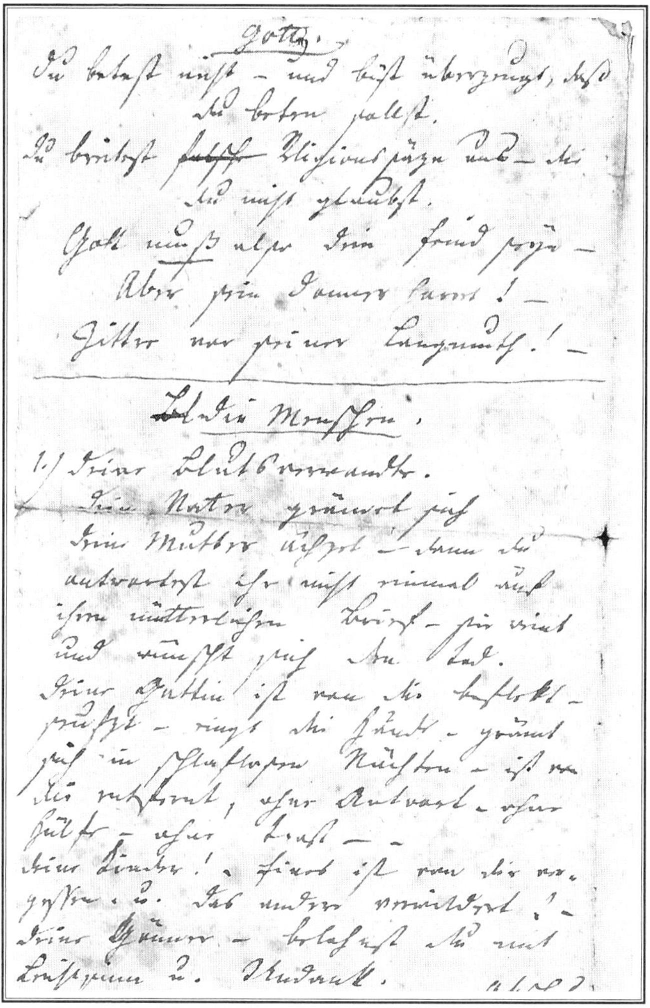

Gott.

Du betest nicht — und bist überzeugt, daß du beten solltest.

Du breitest ~~falsche~~ Religionssätze aus — die du nicht glaubst.

Gott muß also dein Feind seyn —

Aber sein Donner ruht! —

Zittere vor seiner Langmuth! —

~~D~~ Die Menschen.

1.) Deine Blutsverwandte.

Die Natur grämet sich

Deine Mutter ächzet — denn du antwortest ihr nicht einmal auf ihre mütterlichen Briefe — sie weint und wünscht sich den Tod.

Deine Gattin ist von dir beflekt — ringt die Hände — grämt sich in schlaflosen Nächten — ist von dir entfernt, ohne Antwort — ohne Hülfe — ohne Trost — —

Deine Kinder! — Eines ist von dir vergessen u. das andere verwildert! —

Deine Gönner — belachen dich mit Kaltsinn u. Undank.

Schubarts Selbstanklage, Sommer 1772.

ihre mütterliche Brief – sie weint und wünscht sich den Tod.

Deine Gattin ist von dir befleckt – seufzt, ringt die Hände – grämt

sich in schlaflosen Nächten – ist von dir entfernt, ohne Antwort – ohne Hülfe – ohne Trost – –

Deine Kinder! – Eines ist von dir verlassen u. das andere verwildert! –

Deine Gönner – belohnst du mit Leichtsinn u. Undank.

Deine Freundschaft hört mit Abscheu deinen Namen nennen.

Ehrliebende Leute fliehen dich.

Bösewichter sehen deine noch größere Greuel und hassen dich.

Du machst Schulden – die du nicht bezahlen kannst.

Du bist faul und ernährst dich durch die abscheulichen Kunstgriffe der Unredlichkeit und Liederlichkeit.

Guter Rat und selbst die Warnung rauscht fruchtlos vor deinem Ohr vorüber.

Deine Gesundheit zerstörst du durch liederliche Ausschweifung.

Dein Gesind wird liederlich und verhurt.

Gedankenlosigkeit und Verschwendung verzehrt den Rest deines mittelmäßigen Kopfes.

Unordnung und Zerstreuung beherrscht dich von innen und außen.

Böses Gewissen nagt dich.

Verzweiflung nähert sich –

Ewigkeit und die Rache des Richters erwarten dich.

Stirb Verlorner!

Wohl im Herbst 1772 wird Schubart wegen des Verdachts auf Ehebruch in Haft genommen. *Quod licet Jovi, non licet bovi:* Was bei Hofe die Männerehre nicht antastet, ja vermehrt, ist bei einem Kirchendiener sträflich und strafbar.

Schubarts zweite Haftzeit fällt offenbar weit unangenehmer aus als die erste in Erlangen:

> Wasser, Brot, Kälte und faules Stroh, Stank und Ungezie-
> fer fand ich hier zur Pflege – ein kleines Stück von dem
> Zustande, in welchen der unbekehrte Lüstling nach dem
> Tode stürzt! – Rechts tobte eine Rasende, links rasselte ein
> Dieb mit seinen Ketten, und unter mir sangen, heulten,
> fluchten und weinten die eingefangenen Huren, die da-
> mals Ludwigsburg zu einem wahren deutschen Lampsak°
> machten.[86]

Seine Künstlerfreunde lassen ihn nicht im Stich und versorgen ihn über die Gefängnismauer hinweg mit Wein, aber die einflußreicheren unter seinen Gönnern gehen auf Distanz. Das gilt auch für Balthasar Haug, der ihn schon Monate vorher in einem Brandbrief enttäuscht und empört der Nachlässigkeit im Arbeiten, der Wirtshaushockerei, der Lästerung, der Tyrannei gegen seine Frau geziehen und fortissimo geendet hatte: »Sogar grassiert hier ein Hurenlied mit Noten unter ihrem Namen, woran auch die lockersten unter den Offizieren sich ärgern. Ihr Umgang und ihre Krankheiten stimmen damit überein.«[87] Haug kommentiert Schubarts Haft mit den Worten: »Ich glaube nicht, daß man Sie verderben, sondern bessern will«.[88]

Es ist ein Vorspiel: Genauso wird Haug, und nicht nur er, sich fünf Jahre später über Schubarts Einkerkerung äußern. Schubart ist zwar bald wieder auf freiem Fuß, das Konkubinat mit der Streicherin ist nicht beweisbar, doch in den Monaten darauf kommen neue Vorwürfe auf. Wie sie lauten, ist nicht genau bekannt. Man mutmaßt ein Verhältnis mit einer adligen Klavierschülerin, womöglich sogar mit Franziska von Hohenheim, der herzoglichen Mätresse; Schubart selbst schreibt, daß

° Nach dem altgriechischen Lampsakos, der Stadt des Priapos.

man ihm ein satirisches Lied auf einen Hofmann und noch mehr eine »Parodie der Litanei«[89] verübelt habe. Jedenfalls kommt es nun zum kirchlichen und zum weltlichen Eklat: Spezial Zilling exkommuniziert ihn, und der Herzog verfügt im Mai 1773 – sei's als Konsequenz der Exkommunikation, sei's aus noch anderen Gründen – seine Dienstentlassung und verweist ihn obendrein des Landes. Schubart verläßt Ludwigsburg noch am selben Tag. »Marsch 'naus zum Paradies« endet die Kurzfassung der Genesis, die Zilling einmal von der Kanzel gedonnert haben soll, »Marsch, Marsch, Marsch!«[90]

IN ADELSDIENSTEN

Zehn Jahre lang war Schubart – erst als Lehrer, dann als Musiker – ein Bediensteter der Kirche. Das wird er nie wieder sein. Nun ist er ein freigesetzter Künstler und Gelehrter (frei auch von Frau und Kindern, die sich nach Geislingen zurückgeflüchtet haben) und schlägt sich mit wechselnden Engagements durch. Die in einem Kupferstich festgehaltene Episode aus dieser Zeit, in der er seine letzten Kreuzer einem Invaliden schenkt, zeigt mithin nicht nur einen, sondern zwei Wanderbettler, hält aber zugleich die Differenz zwischen ihnen fest: Schubart hat einen Namen als Virtuose oder er macht sich einen, indem er sich gleich nach der Ankunft an einem neuen Ort ans Klavier setzt.

> Ein preußischer Soldat mit einem Stelzfuß stand am Wege und sprach mich an: »Da, braver Preuße, hast du alles, was ich habe« – und gab ihm meine fünf Kreuzer und war nun so geldlos wie ein Kapuziner, doch hellauf und frohen Muts. Als ich nach Kastell kam, einem artigen, dicht am Neckar liegenden Landhause, so überfiel mich ein Regen.

1. Th. S. 190.

Da, braver Preuße, hast du Alles, was ich habe.

Schubart und der Bettelsoldat. Kupferstich von d'Argent, 1791.[91]

Ich stand unter; ein freundlicher junger Mann kam eben
zu mir, als ich den Flügel belauschte, der im untern Zimmer gespielt wurde. – Oh, Sie sind vom Regen durchnäßt,
wollen Sie sich nicht hereinbegeben? sagte der Mann mit
einer Miene, die Vertrauen weckte. – Ich trat ohne weiteres ins Zimmer und fand eine junge Baronesse am Flügel
und ihren Lehrmeister, den ersten Klavicembalisten des
Kurfürsten, hinter ihr. […] Als die Baronesse vom Flügel
aufstand, so setzt' ich mich und fing an zu fantasieren.
Alles lauschte, flüsterte Beifall, und als ich schloß, so stand
der Herr des Hauses hinter mir und lächelte mir ein sehr
heiteres Bravo zu. […] Ich setzte der Baronesse ein Rondo
mit Variationen auf, wurde reichlich belohnt und fuhr nun,
wie im Triumphe, auf einem stattlichen Wagen, von vier
Schweißfüchsen gezogen, nach Heidelberg, wo ich bei
dem – nun – seligen Ehegerichtsrat von *Bozenhardt*, an
den ich empfohlen war, abstieg.[92]

Anderthalb Jahre dauert Schubarts »Vagantenzeit«, wie Honolka sie nennt, die aber auch etwas von einer Grand Tour hat,
bei welcher der bis dahin so Seßhafte sich wenigstens mit dem
süddeutschen Raum näher bekannt macht. Obgleich er sich
zuweilen, wie er sagt, »in gedankenlosen Unsinn fortrollen«[93]
läßt, steigt er doch bei den ersten Adressen des damaligen
Kulturlebens ab. Von Ludwigsburg aus geht er zunächst in
die Reichsstadt Heilbronn, die gerade zu einer bedeutenden
Handels- und in der Folge auch Kulturstadt aufsteigt; dann
lebt er einige Zeit im intellektuellen Zentrum der Region, in
Heidelberg; danach in Mannheim, damals unter Kurfürst Karl
Theodor eine Hochburg der Künste; und schließlich in München, wo Kurfürst Maximilian III. Joseph residiert: Gründer
einer Akademie der Wissenschaften, einer Maler- und Bild-
hauerakademie und selbst Musiker und Komponist. Schubarts
Bildungsreise ist zugleich eine Tour d'horizon durch die Welt
des Mäzenatentums. In Heilbronn unterrichtet er Eberhard
Friedrich Freiherr von Gemmingen, württembergischer Ge-

heimer Rat, Schriftsteller und Komponist, im Klavierspiel; auch von anderen Heilbronner Adligen sowie preußischen Werbeoffizieren wird er, wie er berichtet, »großmütig unterstützt«.[94] In Mannheim hält er sich an einen Grafen von Nesselrode, der sich vor allem als Kunstsammler betätigt, musiziert bei seinen Tischgesellschaften mit – der Graf selbst greift dabei zur Violine –, ordnet seine Kupferstiche und dient ihm als Vorleser. Er spielt Karl Theodor vor, verscherzt sich später aber, wie er erzählt, dessen Wohlwollen durch ein »kühnes Urteil«[95] über die Kurpfälzische Akademie der Wissenschaften. Danach zeigen ihm seine bisherigen Mannheimer Gönner die kalte Schulter.

Ein Graf von Schmettau, so erzählt Schubart, diagnostiziert: »Die Hofluft weht nicht gut für Sie« – und verspricht Hilfe. »Der *Graf* hielt Wort, nahm mich zu sich, ließ mich von Fuß auf kleiden, gab mir Geld und freie Kost.«[96] Schubart führt ihn dafür in die neueste deutsche Literatur ein, er liest ihm Klopstocks *Hermanns Schlacht* und Goethes *Götz von Berlichingen* vor. Er findet in dem Grafen einen Geistesverwandten, der ebenfalls »tapfere, gerade, redliche, biedere, großherzige, einfältige, von der Schere Kultur unverschnitzelte Menschen«[97] sucht, wie er an der Unsterblichkeit der Seele zweifelt, zu extremen Stimmungen neigt und mit ihm offenbar weniger ein Dienstverhältnis als eine Bruderschaft im Zeichen des Sturm und Drang pflegt: »›Wollen wir uns einklammern und in's Wasser stürzen‹, sagte er einstmals zu mir, als wir am *Rheinstrome* wandelten.« Dann wird Schubart, wie er berichtet, mit einem »Baron von Leyden°« bekannt, dem kurbayerischen Gesandten[98]. Dieser macht ihm einen überraschenden Vorschlag: Da der Papst gerade den Jesuitenorden und damit die Jesuitenschulen verboten hat, könne er doch sein Glück im bayerischen Erziehungswesen versuchen. Dafür müsse er allerdings zum Katholizismus übertreten. Schubart, Sohn

---

° Wohl Josef Ignatz von Leyen (1734–1809).

eines Pfarrers und protestantischer cand. theol., willigt – so schreibt er später – sofort in den Vorschlag ein: »Was hast du zu verlieren, dacht' ich, und versprach es ihm, ohne weitere Überlegung, wenn er die Gnade haben und mich mitnehmen wollte.«[99]

Mit seinem neuen Herrn verläßt er Mannheim in Richtung München, man macht Station in Würzburg, wo Schubart dem Fürstbischof vorspielt, kommt in Nördlingen vorbei, wo sein Schwager Böckh und dessen Ehefrau, Schubarts Schwester Juliane, zusammen leben, die er aber »aus Furcht ihrer verdienten Bestrafung«[100] nicht zu besuchen wagt, und trifft im Oktober 1773 in München ein. Dort wohnt er zunächst beim Sekretär seines »edlen Beschützers«[101] von Leyen, danach »in einem eigenen Zimmer«[102] im Hause des Geheimen Rats Johann Georg von Lori, Mitbegründer der Bayerischen Akademie der Wissenschaften und damals mit der Abwicklung des jesuitischen Provinzialarchivs betraut. Mit traumwandlerischer Sicherheit findet Schubart immer wieder prominente Vertreter des aufgeklärten Adels, die ihn aufnehmen. Auch der Graf von Sinzheim öffnet ihm sein Haus und sorgt für seinen Unterhalt mit. Schubart spielt den Flügel mal beim Kurfürsten, mal im Wirtshaus, disputiert mit Gelehrten, besucht Kunstsammlungen, hört Münchner Kirchen- und Hofmusik und – mit Begeisterung – bayerische Volksmusik, bringt aber offenbar weder als Komponist noch als Schriftsteller irgend etwas zustande. »Meine Sonnenferne war *München*. Nirgends war ich so unfähig zum Guten wie hier. Nicht eine Komödie, die ich zehnmal anfing und bereits einen Plan dazu entworfen hatte, der jedermann gefiel, nicht die Berichtigung von Burneys Reisen, die ich versprach, nicht eine Ode, ein Lied, ein Menuett, nicht einmal ein Brief wollte mir gelingen. Ich war eine Wolke, die kein Wasser gab.«[103] Schließlich bietet ein Kanonikus Braun an, ihm sein kurfürstliches Privileg zur Herausgabe einer »gelehrten Zeitung« zu überlassen;[104] vorher aber müßte er nun definitiv konvertieren. Dagegen kommen ihm freilich, wie er berichtet, mehr und mehr Bedenken:

einmal angesichts des »erniedrigenden Aberglaubens«[105], den er im katholischen Kirchenvolk beobachtet, aber auch der Verachtung wegen, mit denen er andere Neubekehrte von ihren Glaubensgenossen behandelt sieht.

Während er seine Entscheidung hinauszögert, beschließen andere über ihn. Auf eine Münchner Anfrage hin malt ein Stuttgarter Leumundszeuge Schubarts Charakter offenbar schwarz in schwarz; die dabei mitgelieferte Anschuldigung, er glaube nicht einmal an den Heiligen Geist, macht ihn in München zur Persona non grata. Es kommt, wie schon in Ludwigsburg, zur überstürzten Flucht. »Ich hatte kaum Zeit, Abschied zu nehmen; aus Scham beobachtete ich nicht einmal diese Pflicht gegen den so teuren Lori. Der *Kurfürst* und einige meiner Gönner und Freunde erteilten mir noch ein ansehnliches Geschenk – und sogleich wurde der Ballon geschwungen, und ich flog wieder in der freien Luft.«[106]

Wohin? Zunächst denkt Schubart an eine andere Residenz, an neue Mäzene: an St. Petersburg, an Wien, vor allem aber – wie schon erwähnt – an Stockholm, zumal ein englischer Diplomat, der gerade von München dorthin abgereist ist, ihn zum Nachkommen ermuntert hat. Doch die erste Station, auf der er seine Reise unterbricht, ist die Reichsstadt Augsburg, ein Zentrum des Buchdrucks. Er trifft den Buchhändler Conrad Heinrich Stage, dem gerade sein *Schwäbisches Journal* eingegangen ist, und kommt mit ihm überein, in seinem Verlag eine *Deutsche Chronik* herauszugeben.

Theologe, Lehrer, Kirchenmusiker, Adelsunterhalter, Privatsekretär, freier Autor: In Schubarts bis dahin elfjähriger Berufsbiographie verdichtet sich die Entwicklungsgeschichte der frühbürgerlichen Intelligenz in Deutschland. In seinen Lebenserinnerungen schildert Schubart ein Gespräch, das er einige Monate vor seinem Augsburger Neuanfang mit Kurfürst Karl Theodor geführt habe:

> Der Kurfürst las sehr gerne deutsch und sprach, als ich
> das zweite Mal vor ihm spielte, mit vieler Achtung vom

Geiste der *Deutschen*. […] Ich wagt' es, dem Kurfürsten zu sagen: Unsere Schriftsteller sind groß geworden, ohne *Auguste* und *Ludwige* zu Protektoren zu haben. Sie ließen sich von den Großen geduldig Roßköpfe und Barbaren nennen und arbeiteten indessen Werke aus, die von den Ausländern nachgeahmt, übersetzt, bewundert und beneidet wurden. *D'Alembert* hat recht, der den Beifall der Fürsten nicht immer für das einzige Beet hält, aus dem die Blume des Genies hervorkeimt.« – »Er und *d'Alembert* hat recht«, sagte der Kurfürst lächelnd, »aber Kunst und Wissenschaft sollte doch niemals betteln gehen.« – »Sie geht auch selten betteln,« erwiderte ich demütigst, »das Publikum hat bisher noch immer einen guten Schriftsteller, der gemeiniglich sehr genügsam ist, satt gemacht.«[107]

Das ist in der Tat ein mutiges Wort – und zugleich, wie wir aus der Literaturgeschichte des achtzehnten Jahrhunderts wissen, ziemlich illusionär. Auf den Journalisten Schubart allerdings trifft es zu: Seine *Deutsche Chronik* verkauft sich von Anfang an gut. Schubart wird zu einem freien Autor, der von seiner Arbeit leben kann.

DER JOURNALIST

»STARK UND ALLGEMEIN AUF SEIN VOLK WIRKEN«

EINE BILDUNGSOFFENSIVE

Schubarts Augsburger Zeit beginnt mit einem Eklat. Er preist in seiner *Chronik* die in England herrschende Pressefreiheit, und das Rathaus reagiert sofort:

> Die ersten Blätter wurden in *Augsburg* gedruckt; da ich aber am Schlusse meiner Anzeige sagte: »Und nun werf' ich mit jenem Deutschen, als er *London* verließ, meinen Hut in die Höhe, und spreche: ›O England, von deiner Laune und Freiheit nur diesen Hut voll!‹« so stand der damalige, nun selige Bürgermeister von *Kuhn* im Senat auf und perorierte: »Es hat sich ein *Vagabund* hier eingeschlichen, der begehrt für sein heilloses Blatt einen Hut voll Englischer Freiheit: – Nicht eine Nußschale voll soll er haben.«[1]

Der Druck des Blattes in Augsburg wird untersagt, nun erscheint es eben in Ulm. Schubart jedoch bleibt in der Fuggerstadt und fühlt sich wohl dort: Reichsstädtische Luft, so schreibt er später, sei ihm immer am besten bekommen.[2] Seine Zeitungsartikel diktiert er an zwei Vormittagen der Woche, es bleibt viel Zeit für Geselligkeit, aber auch für das Ausleben seiner anderen Begabungen. Als Musikvirtuose, als Komponist, als Deklamator und als akademischer Lehrer engagiert er sich im Kulturleben. Er gibt wie in Ludwigsburg Klavierstunden, veranstaltet Klavier- und Orgelkonzerte und komponiert für städtische Feste. Erhalten sind zwei Texte von Kantaten zum

Augsburger Friedensfest, das die Protestanten in Erinnerung an den Westfälischen Frieden zu feiern pflegten.[3] Bei »Lesekonzerten« im Musiksaal des Bäckerzunfthauses verbindet er den musikalischen und den literarischen Vortrag; in Privathäuser wird er ebenfalls zu Lesestunden eingeladen. Schubart verschafft der literarischen Avantgarde – er erwähnt Goethe, Lenz, Leisewitz – eine über die schmale Bildungsschicht hinausreichende Zuhörerschaft, und durch seine Deklamationen des *Messias*, den er fast auswendig kann, verfällt auch Augsburg der »Klopstockomanie«.

> Der Erfolg war über meine Erwartung groß. Mit jedem neuen Gesange vermehrten sich meine Zuhörer; der *Messias* wurde reißend aufgekauft; man saß in feierlicher Stille um meinen Lesestuhl her; Menschengefühle erwachten, so wie sie der Geist des Dichters weckte. Man schauerte, weinte, staunte, und ich sah's mit dem süßesten Freudengefühl im Herzen, wie offen die deutsche Seele für jedes Schöne, Große und Erhabene sei, wenn man sie aufmerksam zu machen weiß. […] Klopstock fand in Augsburg allenthalben Bewunderer, unter Katholiken und Lutheranern, Edlen und Unedlen, Männern und Weibern. Man wiederholte den abgelesenen Gesang zu Hause, fragte mich über schwere Stellen und fühlte nicht selten die Kraft seines hohen Genius.[4]

Wohl hundert bis hundertfünfzig zahlende Zuhörer besuchen jeweils seine Lesungen. »Da konnt' ich meinen Kindern manche Wohltat erweisen und manch gutes Glas Wein auf ihre Gesundheit trinken.«[5] Sein Credo, man müsse »Weisheit und guten Geschmack als allgemeine Ware für jedermanns Kauf ausbieten«,[6] setzt Schubart auch in populärwissenschaftlichen Vorlesungen um. »Einige junge Kaufleute«, so berichtet er, »baten mich um eine für sie begreifliche Enzyklopädie; ich entsprach ihrem Ansinnen.«[7] Mitschriften seiner Vorlesungen werden später publiziert[8] – »zerstückelt, planlos, jämmerlich gestaltet, voller Knabenschnitzer«, wie Schubart zumindest über die Münsteraner Ausgabe klagt.[9] Sie bringen Überblicke über Genres, Künstler und Werke aller großen Kunstsparten, und sie zeigen einen authentisch wirkenden, höchst belesenen und meinungsfreudigen Schubart.

Im Vorbericht zu einer der Vorlesungs-Editionen, den Schubart selbst verfaßt hat, stellt er den nationalpädagogischen Zweck des Unternehmens heraus:

Man ist heutigen Tags von dem Vorurteile zurück gekommen, als wenn die Wissenschaften bloß für eigene Gelehrte und nicht auch für andere Bürger des Staats wären. Daher ließ man alle Wissenschaften im Schnürleibe des Systems auftreten, und die Musen sprachen im steifsten Kathedertone. […] Die Franzosen haben […] die Weisheit vom Katheder unters Volk geführt und ihr eine Sprache gegeben, die jedem Menschen, der Sinn hat, verständlich sein muß.

Nun fährt auch der Deutsche empor und glaubt, die Wissenschaften seien nicht nur für *Theologen, Ärzte, Rechtsgelehrte* und *Schulleute* gemacht, und rechnet es mit Recht einem Kaufmann, einem Buchhändler, einem Künstler, einem Professionisten° etc. zur Schande, wenn er in den schönen Wissenschaften ganz Fremdling ist. Da es uns aber noch an gehörigen Büchern hierzu mangelt, die auch *Unstudierten* einen hinlänglichen Begriff und Kenntnis von den schönen Wissenschaften geben könnten; so hab' ich durch diese Vorlesungen den lehrbegierigen Jünglingen eine Anweisung geben wollen, wie sie durch eigenen Fleiß diesen Mangel ersetzen können. Zu diesem Ende hab' ich lauter solche Bücher angeführt, die entweder deutsche *Originale* sind oder wovon wir doch recht gute *deutsche Übersetzungen* besitzen.

° Fachmann, Handwerker.

Bald können wir Deutsche uns rühmen, daß ein Mensch, der keine andere als seine deutsche Muttersprache versteht und nur die *guten Bücher* zu wählen weiß, ein geschickter und geschmackvoller Mensch werden könne. Augsburg, im Jenner 1775.
Schubart.[10]

Seine *Chronik* und seine öffentlichen Auftritte verschaffen Schubart in Augsburg Bekanntheit und Anerkennung, und dies nicht nur unter der protestantischen Bevölkerung, sondern auch bei liberal gesinnten Katholiken. Mit der katholischen Orthodoxie liegt er jedoch von Anfang an im Streit, was in der »paritätisch«, nämlich bikonfessional regierten Stadt keine ungefährliche Sache war. Immer wieder legt er sich mit den Jesuiten an. Der Orden war soeben, im Jahr 1773, von Papst Clemens XIV. verboten worden. In Augsburg hatte man jedoch wie vielerorts die Anordnung nicht befolgt, und Schubart bekam mehr und mehr Probleme. Im November 1774 zum Beispiel erteilt ihm der Geheime Rat eine Rüge wegen eines antijesuitischen Artikels,[11] und als Schubart immer wieder nachlegt (»ihre Moral ist verderblich und dem Staate nachteilig«),[12] eskaliert der Konflikt weiter. Der katholische der beiden Bürgermeister, von Rehm, läßt Schubart verhaften. Die protestantischen Ratsmitglieder protestieren, der Kompromiß lautet schließlich: Ausweisung.

Aus Württemberg, aus Bayern, aus der Reichsstadt Augsburg hinausgeworfen, sucht der ehemalige Untertan Ulms, vom dortigen Stadtamtmann ermuntert, in der ihm vertrauten Reichsstadt Zuflucht. Seine *Chronik* wird schon beim dortigen Buchhändler Christian Ulrich Wagner gedruckt; sie erscheint ohne jede Unterbrechung weiter. Man hat den Eindruck, daß Schubart nun endlich angekommen ist. In seinen Erinnerungen schreibt er, nie sei er »zufriedener und ruhiger«[13] gewesen als in Ulm. Er reist nach Geislingen zu seiner Frau Helena, die er zwei Jahre lang nicht mehr gesehen hat, versöhnt sich mit seinem Schwiegervater Bühler und holt Frau und Kinder in die neue Heimat. Ludwig kommt ans Gymnasium, Julia übt sich in Gesang und Klavier. Helena führt den Haushalt, der durch Schubarts Einkünfte wohlversorgt ist: Schubart berichtet von 30 Gulden im Monat und dazu noch einigen Nebenverdiensten.[14] (Zum Vergleich: Das Grundgehalt des Ulmer Bürgermeisters betrug damals im Jahr 400 Gulden, das eines Stadtschreibers 450 und das eines Steuerschreibers 360 Gulden.[15])

Sein engster Freund wird der Pfarrvikar Johann Martin Miller, Mitbegründer des Göttinger Hainbunds, dessen Roman *Siegwart. Eine Klostergeschichte* 1776 herauskommt und seinen Verfasser zu einem der meistgelesenen deutschen Autoren macht. In der Begleitung des elf Jahre jüngeren Miller mäßigt sich der Schubartsche Sturmschritt zum Pas de deux des Spaziergangs. »Millers Umgang«, schreibt Schubart auf dem Hohenasperg, »hat mir sehr viel genützt. Er zog mich von manchen ausschweifenden Gesellschaften mit brüderlicher Hand zurück, lehrte mich die Tugend durch sein Beispiel schätzen, machte mich wieder aufmerksam auf die christliche Religion, die ich beinahe aufgegeben hatte; erleichterte mir die Urteile über die mannigfaltigen Gegenstände meiner Chronik und schuf mir auf Spaziergängen manchen so seligen Augenblick, daß mich damals schon Vorgefühle meiner jetzigen Überzeugung wie Himmelsträume durchschauerten.«[16] Von Verzweiflungszuständen, von anstößigem Lebenswandel, von Ehekrisen ist aus den Ulmer Jahren nichts überliefert. Schubart freut sich an seinen Kindern, an der vor seinem Fenster vorbeifließenden Donau, an den »schönen Buchläden«[17] und an den Gasthäusern der Stadt. Er ist einer der besten Kunden des Wirtshauses »Baumstark«, wo er nach wie vor als Debatter, Erzähler und Stegreifdichter brilliert. In seinem historischen Roman *Schillers Heimatjahre* versuchte Hermann Kurz eine solche »Baumstark«-Szene nachzuzeichnen. Ein Tischgast wirft einen Goldring in ein volles Weinglas und fordert Schubart heraus: Wenn er, ohne sich zu besinnen, einen Vers dazu machen könne, gehöre der Ring ihm. Kurz' Schubart ergreift sofort das Glas und das Wort:

> Zwei Götter können sich zusammen nicht vertragen:
> Drum, Plutus, an die Hand und, Bacchus, in den Magen![18]

Schubart gibt im »Baumstark« auch Konzerte. An städtischen Festtagen wie dem Schwörmontag[19] oder an der Fasnacht trägt er musikalisch zum Unterhaltungsprogramm bei. Auswärts macht er sich als Komponist und Pianist ebenfalls einen Namen. In Memmingen, wo er beim dortigen Collegium Musicum gastiert, tritt er als Gesangssolist auf, spielt ein eigenes Klavierkonzert sowie eigene Klaviervariationen und dirigiert mehrere Sinfonien. »Es herrschte durchgängig die vollkommenste Zufriedenheit«, schreibt ein lokaler Kritiker, »und ich zweifle, ob jemals hier eine öffentliche Musik mehr Unterhaltung und Vergnügen verschafft und mehr Bewunderung der Zuhörer und ihren einmütigen Beifall auf sich bezogen hat.«[20] Auch seine schriftstellerischen Ambitionen pflegt er: Unter anderem schreibt er an seinem Buch *Leben Klemens des XIV.* (erschienen 1775) – das ist ebender Papst, der die Jesuiten verbot –, er veröffentlicht ein Gedichtbändchen, *Neujahrsschilde* (1775), und eine größere Auftragsarbeit, *Leben des Freyherrn von Ickstadt* (1776). Johann Adam Ickstatt, Juraprofessor und Schulreformer in Ingolstadt, hatte sich ebenfalls mit den Jesuiten gestritten. Seinem Bruder berichtet Schubart im Februar 1775, er schreibe an einem Roman.[21] Zustande kommt dieser nicht, was Schubart später mit seiner Verhaftung im Januar 1777 erklärt: »Eben als ich Hand anlegen und das Werk beginnen wollte, da sollt ich selbst vor den Augen meines Vaterlandes der Held eines sehr tragischen Romans werden.«[22] Sein Sohn stellt den Ablauf etwas anders dar – als Exempel für Schubarts Lebens- und Arbeitsweise: »Er ging zu Ulm, sobald er sich im Schoße seiner Familie etwas gesammelt hatte, stark damit um, und *Miller* und seine Freunde bestärkten ihn darin – einen *Roman* zu schreiben. Es sollte die *Geschichte eines Genies* sein, und eine treffliche Vorrede dazu ward gleich im ersten Feuer niedergeworfen. Auch der Plan und einige Kapitel lagen fertig: aber es fehlte wieder und wieder – an Stetigkeit zur Ausführung.[23] Seine Lebensart war immer, und selbst auf dem Asperg, sobald er einige Freiheit erhalten hatte, viel zu zerstreut, zu genußvoll und ungleich; er versplitterte seine Kräfte viel zu sehr im Umgange, als daß er die zu einem größern Werke so unentbehrliche *Gleichheit der Stimmung* lange hätte behaupten können. Wenn auch ein paar gelungene Kapitel herauswaren, so durfte nur ein neues Buch, ein für ihn gemachter Fremder, eine Reise oder dergleichen dazwischenkommen, gleich war die Arbeit vergessen, die Stimmung verloren und die ganze Tätigkeit der Seele durch neue Gegenstände und die alte Chronik absorbiert.«[24]

Die *Chronik*, zweimal wöchentlich acht Seiten im Kleinoktav-Format: Das ist eine für Schubart maßgeschneiderte Aufgabe, die Erfüllung der unbürgerlichen Maxime »Jeder nach seinen Fähigkeiten, jedem nach seinen Bedürfnissen«. Für die Bedürfnisseite konstatiert Ludwig Schubart: »Im Grunde war seine Chronik Wahl seiner *Bequemlichkeit*: sie kostete ihm die Woche nicht mehr als zwei Vormittage«.[25] Was die Fähigkeiten anlangt, übergeht die journalistische Arbeit seine Schwächen und mobilisiert seine Stärken. »Gedanken gliedweis anzureihen und sie so lange zu verfolgen, bis die Seele am letzten Ringe stutzt, war mir zu lästig, zu mühsam. Was ich nicht wie ein Blitz ergreifen und durchdringen konnte, das ließ ich liegen.«[26] Positiv gewendet heißt das: »In allem, was er dachte, tat und trieb, herrschte eine auffallende Raschheit und Schnelle: er aß schnell, ging schnell; faßte schnell auf und gab schnell wieder. Ebendiese Schnelligkeit erstreckte sich auf seine Lektüre, seine Arbeiten, seine Bekanntschaften. An die Arbeit kam er schwer: wenn er sich aber einmal darangab, so war er auch fertig, da er nur eben recht angefangen zu haben schien.«[27] Schubart soll für das Diktat einer *Chronik*-Ausgabe nur anderthalb bis zwei Stunden gebraucht haben.[28]

Er selbst nennt sich einmal einen »Sklaven des Augenblicks«[29]. Ein passender Name für den Journalisten, insofern dieser unter Zeitdruck denkt, sich kurz zu Wort meldet und eine kurze Aufmerksamkeit weckt. Doch wenn er sein Geschäft, wie Schubart, versteht, wenn er geistesgegenwärtig rezipiert, pointiert produziert und zum sofortigen Gebrauch weitergibt, ist er auch Herr des Augenblicks. Schubart ist der bildungsbürgerlichen Skepsis gegenüber der Augenblicksgebundenheit und angeblichen Oberflächlichkeit des Zeitungswesens in mancher selbstkritischen Bemerkung gefolgt, doch prinzipiell hat er seinen Journalistenberuf selbstbewußt verteidigt. »Seine würdigsten Freunde«, schreibt Ludwig Schubart, »haben ihn oft darüber zu Rede gesetzt, daß er sein Talent an ein flüchtiges Zeitblatt verschwende, und nicht einmal mit der vollen Sammlung aller Geisteskräfte ein größeres poetisches oder historisches *Kunstwerk* ausführe, wozu er so manchen trefflichen Entwurf in der Seele trug. Bald erwiderte er: Er müsse vorher noch ausbrausen; und erst wenn sich der Sturm seines Naturells gelegt habe, hoffe er *Stetigkeit* genug zu einem solchen Werke zu gewinnen. Ein andermal: Er könne durch keinen andern Weg so stark und allgemein auf sein Volk wirken als durch die *Chronik*; Luther und die Reformatoren hätten es ebenso gemacht; *ihr* wolle er daher bis an sein Ende das Mark seiner Kraft widmen und sie durch immer größere Sorgfalt zu einem bleibenden Volksblatte deutscher Nation zu erheben suchen.«[30]

WIRTSHAUS, NICHT KAFFEEHAUS

Die erste Ausgabe der *Deutschen Chronik* erscheint am 31. März 1774. Das Journal – seit 1776 als *Teutsche Chronik* firmierend[31] – erscheint montags und donnerstags. Jede Nummer hat acht Seiten im handlichen Kleinoktavformat, gedruckt auf relativ teurem, haltbarem Papier – das Blatt hält es also aus, von Hand zu Hand zu gehen. Das Jahresabonnement kostet drei Gulden – etwa soviel wie zwei Flaschen Fleckenwasser oder 15 Kilogramm Weizen. Die allermeisten Artikel stammen von Schubart selbst – auch manche Briefe, die er mit Blick auf die Zensur als Zuschriften deklariert. Schubart berichtet, er habe sich 25 Zeitungen gehalten, um ausreichenden Stoff für seine *Chronik* zu gewinnen; hinzu kommt ein wachsender Kreis von – ungenannten – Korrespondenten. Das Blatt steht zwischen Zeitung und Moralischer Wochenschrift, es verbindet Informationen aus Politik, Kultur und mitunter Wirtschaft mit unterhaltsamer Belehrung und mit Poesie: Nachricht, Anekdote, Ankündigung, Rezension stehen neben Epigramm, Gedicht, Fabel und fiktionalem Gespräch. Dies alles ist von einer Person geprägt, von einer Stimme diktiert. Wer die *Chronik* liest, hört Schubart, was gewiß viel zur Leserbindung beiträgt. Nach kurzer Zeit gehört sie zu den meistgelesenen deutschen Journalen. Deren Durchschnittsauflage betrug etwa 1000 Exemplare (August von Schlözers *Stats-Anzeigen* lagen mit 4000 an der Spitze, der *Wandsbecker Bote* hatte anno 1772 eine Auflage von 400 Exemplaren und die *Frankfurter gelehrten Anzeigen* von 200[32]). Schubarts *Chronik* kommt ihm selbst zufolge 1775 auf 1600 Stück;[33] die tatsächliche Leserzahl, da kann man sicher sein, betrug ein Mehrfaches davon. Die Leseforschung rechnet mit fünf bis fünfzig Lesern pro Blatt, als Durchschnitt werden etwa zehn Nutzer eines Zeitungsexemplars angenommen.[34]

Bekannt ist, spätestens seit Jürgen Habermas' *Strukturwandel der Öffentlichkeit*, die Verbindung von Kaffeehaus und Journalismus: Zuerst in England, später auch in Deutschland waren die Kaffeehäuser oft die Redaktionslokale der Zeitungsmacher, der Kaffee galt den Aufklärern als Stimulans intellektueller Diskussionskultur und journalistischen Schwungs.[35] Schubarts *Chronik* hat, wie ihr Herausgeber berichtet, ein anderes Ambiente: »Ich schrieb sie – oder vielmehr diktierte sie im Wirtshause, beim Bierkrug und einer Pfeife Tabak«.[36] Schubarts Augsburger Redaktionstisch steht im »Walfisch«, der seiner Ulmer Zeit 1775 bis 1777 im Wirtshaus »Baumstark«, der aus den Stuttgarter Jahren 1789 bis 1791 im dortigen »Adler«. Diese Lokale, große Häuser allesamt, vereinten noch, was sich später zu Spelunke, Arbeiterkneipe, Kleinbürgerlokal, Restaurant, Café, Vereinshaus, Klubhaus und Verbindungshaus

Deutsche Chronik.

Zehntes Stück.

Den 2. May, 1774.

~~~~~~~~~~~~~~~~~~

Engelland.

Dieses Land liefert uns von Zeit zu Zeit sehr wichtige Nachrichten. Und wie kann es anders seyn? —— Ein Land, wo der Patriot noch rufen darf:

O Freiheit, Freiheit!
Silberton dem Ohre!
Licht dem Verstande!
Dem Herzen groß Gefühl
Und freier Flug zu denken!

Ein Land, das sich durch seine Staatsgrundsätze, seine Entschlossenheit, unerschöpfliche Reichthümer und in allen vier Welttheilen ausgebreitete Besitzungen ehrwürdig und furchtbar gemacht hat; sollte das nicht reich an Begebenheiten seyn? —— Würklich schreibt man uns aus London, daß daselbst von Paris, Madrid, Berlin, Petersburg, Wien und Constantinopel von Zeit zu Zeit sehr interessante Depeschen einlaufen, welche Conferenzen und geheime Rathsversammlungen veranlassen. Man will daselbst zuverläßig wissen, daß Frankreich und Spanien fest entschlossen wären, Antheil am Kriege zu nehmen, wenn Rußland auf seinen großen Fodrungen beharren wollte. In Toulon soll würklich schon eine Flotte zum Auslaufen gerüstet seyn, welche in den Archipelagus bestimmt

K   ist.

Titelblatt der Ausgabe der Deutschen Chronik *vom 2. Mai 1774.*

diversifizierte. Hier übernachteten durchreisende Adlige und Werbeoffiziere, fahrende Gaukler und Gesellen, tagten und begegneten sich städtische Beamte und Bedienstete, Pfarrer und Lehrer, Ärzte, Anwälte, Studenten, Künstler, Kaufleute, Handwerker, Bauern. Schubart selbst erzählt über Ulm: »Die Wirtshäuser in und außer der Stadt sind allgemeine Versammlungsplätze, wo man Patrizier, Priester, Kaufleute, Soldaten, Bürger und Studenten, Handwerksburschen und Bauern oft im buntesten Kartengemisch durcheinander antrifft.«[37] Und diese Lokale sind, darin nicht anders als die Kaffeehäuser, Umschlagplätze von Neuigkeiten – Andreas Gestrich nennt das frühmoderne Wirtshaus ein »Nachrichtenzentrum der Untertanen«.[38] Sie sind Orte der Lektüre, des Vorlesens, der Diskussion, oft auch von Vorträgen, Konzert- und Theateraufführungen, Tanzveranstaltungen. Der multisoziale Charakter dieser Trefforte muß freilich nicht unbedingt gemeinsame Aktivitäten der verschiedenen Besuchergruppen einschließen. Häufig verteilte sich das Geschehen auf unterschiedliche Räume oder getrennte Tische, deren Benutzung hierarchischen Regeln unterlag, doch gewiß fehlte es nicht an ständeübergreifenden Begegnungen, Gesprächen und Ritualen. Schubart hat diese Gelegenheiten gern genutzt. Über den Augsburger »Walfisch« schreibt er:

> Mein Wirtshaus war die Herberge der Weber, die seit *Fuggers* Zeiten in *Augsburg* die zahlreichsten und gewerbsamsten Handwerker sind. Dies waren nun fürs erste nebst anderen Bürgern, die abends zum Bier kamen, meine Gesellschafter. Ich teilte mich ihnen mit und machte bald großes Aufsehen unter ihnen. Wenn die Meisterschaft der Weber zusammenkam und mit feierlichem Ernste, in großen schwarzen Röcken und langen weißen Krägen, vor der Bundeslade° saß, da luden sie mich zum traulichen

---

° In der »Bundeslade« bewahrten Zünfte Text- und Sachzeugen ihrer Geschichte auf.

Gastmahle und weideten sich an meinem Hellauf, wie ich mich an ihrer urdeutschen Biederherzlichkeit. Ich habe als Dichter unter den niedern Ständen weit mehr gelernt als unter den höhern; denn jene stehen näher am Quell der Natur.[39]

Die *Deutsche Chronik*, in der gemischten Gesellschaft der Wirtshäuser diktiert, erreicht ein breitgestreutes Publikum. Die meisten Leser kommen sicherlich aus der kleinbürgerlichen Intelligenz. Im Freundeskreis des jungen Schiller wird die *Chronik* ebenso herumgereicht wie im Elternhaus des Pastorensohns Karl Heinrich Ritter von Lang: »Sehnlichst erwarteten wir mit jedem Nördlinger Botentag die *Teutsche Chronik* von Schubart«, schreibt jener im Rückblick.[40] Doch mehrere Zeitzeugen notieren übereinstimmend, daß Schubarts Journal auch in unterbürgerliche Kreise vorgedrungen sei. Johann Wilhelm von Archenholz berichtet 1783 in seiner Zeitschrift *Literatur- und Völkerkunde* von schwäbischen Bauern, die Schubarts Chronik mit aufs Feld nahmen.[41] Überhaupt spricht Archenholz' Artikel – die erste größere Würdigung von Schubarts journalistischer Tätigkeit – der *Deutschen Chronik* eine enorme Breitenwirkung zu:

Es ist [...] zu bewundern, daß Schubart, ein Mann, der in vielem Betracht merkwürdig war, seinen nordischen Landsleuten gewissermaßen unbekannt geblieben ist, während sein Lob im südlichen Deutschlande auf allen Zungen war und er auf diesen Teil unsers Vaterlandes mehr wirkte, als man selbst von irgendeinem unsrer großen Schriftsteller sagen kann. Leute zu Schwaben, Bayern, Tirol, am Rhein, u. s. f., die nie weder Bücher noch Zeitungen gelesen hatten, lasen seine *deutsche Chronik*, ja verschlangen sie, lernten sie auswendig und machten sich die darin enthaltenen Grundsätze eigen. Da er den Patriotismus unaufhörlich predigte, ihn durch allerhand Beispiele einflößte und in Versen besang, so fing diese bei den

Deutschen so seltene Tugend eben an, in diesen Ländern
Wurzeln zu fassen; man fing an, toleranter zu denken, und
überhaupt sich aufzuklären, als er dem Publiko durch die
Phantasie eines Fürsten entrissen und alles Gute wieder
vernichtet wurde.[42]

Es gibt bis heute unterschiedliche Meinungen über die
Lesefähigkeit und vor allem die Lesepraxis in den unteren So-
zialschichten des späten achtzehnten Jahrhunderts. Zeitgenössische Meldungen aus den siebziger und achtziger Jahren, daß
die hiesigen – bayerischen, fränkischen, württembergischen –
Bauern inzwischen zumeist lesen und schreiben könnten, sagen
ja nichts über den Grad dieser Fähigkeit und die Häufigkeit
von Bücher- und Zeitungslektüre aus[43]: Nicht nur Bücher, auch
Zeitungsabonnements waren in Handwerker- und Bauern-
haushalten ganz offensichtlich sehr selten. Andererseits wissen
wir, daß neben Bibel und Andachtsbüchern auch Moralische
Wochenschriften, Hauskalender und Romane von manchen
Angehörigen unterbürgerlicher Schichten gelesen wurden.
Besonders städtische Dienstboten werden hier immer wieder
genannt.[44] Vor allem jedoch ist bei den Erzählungen über
die Popularität der Schubartschen *Chronik* zu bedenken, daß
neben der Lesekultur eine Vorlesekultur existierte.

> Und bricht die Abendzeit herein,
> So trink ich halt mein Schöpple Wein;
> Da liest der Herr Schulmeister mir
> Was Neues aus der Zeitung für,

liest man dazu in Schubarts Gedicht »Der Bauer im Winter«.[45] Und in der *Chronik* vom 4. November 1776 heißt es,
gewiß auch in eigener Sache werbend: »Sie können gut lesen,
Herr Wirt, lesen Sie uns 'nmal was Neues vor.«[46]

In der Tat: Das Wirtshaus, der Entstehungsort der *Deutschen Chronik*, ist auch einer ihrer Wirkungsorte. Es war
für die mittleren und unteren Bildungsschichten, was für

»Der Pfarrer liest die Zeitung vor«. Ölgemälde von Johann Baptist Pflug, 1830.

die kulturellen Eliten die Lesegesellschaften und Lesezirkel waren.[47] Zum Vorlesen kam dabei natürlich auch das Weitererzählen, wobei die große Memorierfähigkeit, die man in schriftlosen und schriftenarmen Kulturen antrifft, offenbar oft eine recht genaue Wiedergabe erlaubte. Ludwig Schubart berichtet dazu in seinem Vaterporträt: »Mir ist es auf meinen Reisen mehrmals begegnet, daß Wirte, Kellner, Handwerksburschen, Postillons, Friseurs, Bediente nicht nur Lieder von

Die Szene spielt gar nicht so lange nach der Schubart-Zeit: Das Blatt, das der Pfarrer in Händen hält, hat das Format des *Nützlichen und unterhaltsamen Wochenblatts*, das 1802 bis 1806 in Biberach herauskam.

ihm sangen, sondern ganze Blätter seiner Chronik auswendig wußten.«[48] Aufklärerisch-optimistisch fügt er hinzu: »Und die *edlen Gesinnungen*, die sie hier mit dem Munde bekannten, blieben gewiß im Leben nicht ganz ohne Wirkung!«[49]

Gewiß, Ludwig Schubart gerät hier ins Schwärmen. Wie viele Handwerker, Dienstboten und Bauern die *Chronik* tatsächlich gelesen oder gekannt haben, ist nicht klärbar. Und es ist notorisch, daß die bürgerliche Intelligenz die soziale Reichweite ihrer Kunst- und Literaturprodukte zu überschätzen neigt. Bei aller gebotenen Vorsicht darf man aber doch behaupten, daß Schubarts Journal eine für damalige Verhältnisse außergewöhnliche Popularität erreichte. Wie kam es zu dieser Breitenwirkung? Archenholz bemerkt, daß Schubarts Blatt eben »den wahren Volkston«[50] getroffen habe. Dieser neue, zuerst 1782 durch die *Lieder im Volkston* von Johann Abraham Peter Schulz verbreitete Begriff,[51] ist wie für Schubart erfunden. Er trifft zunächst auf einige hervorstechende Spracheigenschaften der *Deutschen Chronik*. Schubart verabscheut sowohl den »Kurialstil« und »Kanzleiton«, deren sich viele andere Presseorgane der Zeit befleißigen, als auch den »witzelnden Modeton«.[52] »Sein Stil«, sagt David Friedrich Strauß, »schüttelt den Puder aus den entfesselten Locken«.[53] Schubart setzt auf Einfachheit, die aber nicht mit Kargheit und Schlichtheit zu verwechseln ist, sondern Verknappung und Verdichtung bedeutet; er arbeitet mit einprägsamen Worten und Bildern und einem energischen Rhythmus:

Neuigkeiten in einem Klumpen

[…] Dort sitzt einer auf einem Erdenkloß, nennt ihn Thron und sagt den Geschöpfchen, die vor ihm kriechen: Er sei König. Der andere setzt sich auf eine Nußschale, äfft die burleske Gravität des Königleins nach und sagt den Würmlein, die vor ihm kriechen (man nennt sie Höflinge): Ich bin euer Fürst. Dort wimmelt's zwischen den Mauern von Menschen mit Fesseln an Händen und Füßen, beißen in ihren Rettich und jauchzen empor: Wir sind Republikaner! Es lebe die Freiheit! Dort stürzt ein Krämer, und sein Fall hebt den andern: – Jener Bonze predigt seiner unwissenden Gemeinde Unsinn vor und ruft über alle, die diesen Unsinn nicht für Prophetengeist halten, das Anathema aus. Der reitet auf Elias Sonnenpferden in Himmel und erzählt der gaffenden Menge Feemärchen. – Feurio! – dort brennt's – Lärm! Lärm! – Dort braust die Wasserflut und schwemmt Greise und Kinder auf Krankenlager und in Wiegen mit weg. – Ach! es bebt die Erde! – Ha! wie schrecklich sind die Mienen der Angst und der Verzweiflung im Angesichte ihrer Bewohner. – Dort wandelt ein Weiser im Eichenhaine und schaut vom Wipfel der ältesten Wodanseiche zufrieden gen Himmel. Auf weichem Sofa schlummert dort ein nordischer Dümmling in den Armen einer Sirene ein, und – dort schneidet sich ein Dichter die Kehle ab, weil ihn sein Vaterland hungern ließ. Will alles verloren haben, lieber Leser! wenn nicht dies, was ich dir eben erzählt habe, in dem Augenblicke geschieht, da ich's schrieb, und da du's liest.[54]

Um lebens- und lesernah zu sein, bemüht sich Schubart auch um einen als Sprechstil gestalteten Sprachstil: Er redet den Leser an (»Da schau und lies!«) und setzt gerne die Umgangssprache imitierende Ellipsen und Elisionen ein (»willst'n lesen?«). Manche seiner Biographen verstanden dies als Übernahme der Sturm-und-Drang-Sprache, wie sie 1773 durch Goethes *Götz* in Mode kam (»für'n Hof«, »durch'n Wald«), doch eher dürfte sich Schubart hier an dem von ihm bewunderten Matthias Claudius orientiert haben, der im *Wandsbecker Boten* schon vor dem *Götz* mit ähnlichen Zusammendrängungen arbeitete (»'n Büchel«, »solln«, »gnügen«). Wie sich dieser Schubartsche »Volkston« von einem konventionellen Zeitungsstil abhebt, läßt sich fast noch schlagender als an einem Vergleich mit anderen Autoren an zwei Fassungen einer Konzertankündigung demonstrieren, die Schubart am selben Tag das eine Mal für das *Ulmische Intelligenzblatt*, das andere Mal für seine *Chronik* schrieb.

Ulmisches Intelligenzblatt, 3. August 1775:

Künftigen *Montag*, als am *Schwörtage*, wird im allhiesigen *Baumstark* ein *Konzert* gegeben werden, in welchem ich mich aufm *Flügel* und *Klavikord* hören lassen und dem

Publikum einen Vorschmack von der göttlichen Musik der *Schweizerischen Alceste*° geben will. Zugleich wird sich Herr *Meergraf* nach seiner schon bekannten Geschicklichkeit aufm Violincell produzieren und verschiedene ganz neue gesetzte Stücke mit der Begleitung des Fortepiano spielen. Man hat sich vorgesetzt, das Publikum zu vergnügen und nicht in Kontribution zu setzen; deswegen verlangt man nichts mehr als eine kleine Entschädigung für die gewöhnlichen Unkosten. Man zahlt auf dem ersten Platz 24 und auf dem zweiten Platz 12 Kreuzer. Billets können bei mir in der *goldenen Krone* und bei Herrn *Meergraf* abgeholt werden. Das Konzert nimmt um halb 6 Uhr seinen Anfang. *Schubart.*

Deutsche Chronik, 3. August 1775:

Nachricht
Ich werde den künftigen Schwörtag, d'ran sich in Ulm alles zu vergnügen pflegt, nach meiner Art feiern. Das heißt, will'n Konzert anstellen und eins auf'm Fortepiano und 'm Klavikord dudeln. Meister Schweitzer hat gar 'n schöns Stücklein gemacht, *Alceste* benamst, will dir eins d'raus vorsingen. Auch Meister Meergraf wird dabei gar liebliche Töne aus seiner Baßgeig ziehen und allerlei Zeugs spielen. Da ich weder 'n Trompeter noch 'n Tambor vermag; so laß diese stumme Einladung für 'ne laute gelten und komm fein, trauter Leser, in hiesiges Revier! – Kannst dein Weib oder dein Mädchen mitnehmen, 's gilt mir gleich. Brauchst nicht viel Geld; weiß wohl, 's sind jetzt gar klemme Zeiten. Wenn ich dir's nur recht mach und d'Lichter und den Zettelträger zahlen kann. – Gehab dich wohl!

° Die Oper »Alceste« von Anton Schweitzer (1735–1785), Libretto von Christoph Martin Wieland; uraufgeführt 1773.

Die Hinzufügung in der *Chronik*-Version, er wisse wohl, daß man »jetzt gar klemme Zeiten« habe, weist schon darauf hin: Schubarts »Volkston« ist nicht nur eine Formfrage. Er schließt ein, daß das Blatt sich auf das Alltagsleben der werktätigen Bevölkerung bezieht. So annonciert Schubart, im Geist der zeitgenössischen Bauernaufklärung, auch Neuerscheinungen zu ländlicher Wirtschaft und Lebensführung. In der Ankündigung einer »Anleitung zu einer vernünftigen Vormundschaftsführung für den gemeinen Landmann« lobt er den Autor J. P. Lang, Hofrat zu Oettingen: Dessen Buch sei »so im gemeinen Volksverstande, so herablassend, so deutlich vorgetragen, daß es der gemeinste Bauer, wenn er nur lesen kann, verstehen muß. [...] Würden mehrere dem Landmanne so nötige Artikel [...] so populär und gemeinsinnig bearbeitet; – was würde aus dem Landstande werden? – Tausendmal freuen mich solche Büchelchen mehr als eine neue Auflage von – *Ottos Krankentrost*.«[55] (Der unfromme Seitenhieb zielt auf eine evangelische Hauspostille von Johann Jacob Otho aus dem Jahre 1683, die 1774 neu aufgelegt worden war.) Sicher zur Freude bäuerlicher Leser spottet Schubart über den Degout, den vornehme Kreise allein schon bei der Beschreibung gewisser landwirtschaftlicher Utensilien empfänden:

> Ich erinnere mich, in einer gewissen Akademie an dem Geburtstage des Fürsten von einem Mitgliede, dessen Steckenpferd der Landbau war, eine Abhandlung vom Dung angehört zu haben. Die Höflinge standen alle in Gala um den Katheder und griffen all Augenblick nach der Schnupftabaksdose, wenn der Akademist die Natur des Pferd-, Kuh- und Menschenmists anatomierte.[56]

Methode hat es auch, daß bei den zahlreichen Berichten von bösem und gutem, feigem oder mutigem Verhalten, die Spannung mit Belehrung verbinden, oft Helden aus dem einfachen Volk präsentiert werden: So ein Schuhmacher Jakob Fink aus A., der sich des zwölfjährigen Sohns eines Gehenkten annahm und ihn zu einem geachteten Bürger heranbildete;[57] ein Zimmergeselle, der bei einem Schloßbrand Menschen rettete und selbst dabei umkam;[58] oder eine junge Schifferin, eine Vorgängerin der Lebensretterin Johanna Sebus in Goethes gleichnamiger Ballade – Schubart erzählt hier von einer Havarie auf der Donau, bei der über hundert Menschen ertrunken und 64 gerettet worden seien:

> Hier verdient die heroische Tat eines kleinen Schiffer-Mädchens bemerkt zu werden. Die wagt's und fuhr mit einem kleinen Kahn ins Wasser. Die Unglücklichen hingen sich so häufig an den Kahn, daß er umschlug. Die kleine menschenfreundliche Heldin aber ließ sich nicht abschrecken. Sie schwamm ans Ufer, holte einen größern Kahn und rettete allein etliche 20 Personen. So wohnt noch Mut und Menschenliebe unterm leinenen Kittel.[59]

In mehreren Gedichten schildert Schubart ländliches Leben als lebenswert und Bäurinnen und Bauern als anständige, arbeitsame, empfindungsfähige Mitchristen. Das gilt für das »Sommerlied eines Schwäbischen Bauern«[60] ebenso wie für das mit Noten versehene »Hannchen. Ein Bauernlied«[61] und das Gedicht »An Lieschen«. Bauernverherrlichung wird in der deutschen Lyrik dieser Jahre gern betrieben, und nicht nur Schubart, auch Bürger, Claudius und Hölty gehen dabei über die sentimentalische Schäferidylle hinaus und wenden sich realistischeren Szenerien zu. Freilich wird man in den siebziger Jahren des achtzehnten Jahrhunderts kaum Texte finden, die so nahe an Alltagssprache und Alltagsleben herankommen wie diese Schubartschen Rollengedichte. Es ist also, relativ gesehen, durchaus treffend, wenn David Friedrich Strauß Schubart einen »lyrischen Empiristen« nennt, der »die verschiedenen ihm stimmungsverwandten Stände gerade so fühlen und sprechen läßt, wie sie wirklich sprechen und empfinden.«[62]

An Lieschen
Ein Bauernlied

Liebes Lieschen, laß mich doch
Nur ein wenig klagen!
Eile nicht, ich habe noch
Vieles dir zu sagen.

Seit der Ernte bin ich dir
Täglich nachgeschlichen;
Aber listig bist du mir
Immer ausgewichen.

Sieh, ich bin dir gut, und du
Hältst mich immer schlechter;
Ja, ich werde noch dazu
Allen zum Gelächter.

Weißt du noch? Am Erntetanz
Sprangest du so munter;
Und da fiel der Blumenkranz
Dir vom Kopf herunter.

Husch! da griff ich eilends zu,
Dachte voll Entzücken,
Für die Mühe würdest du
Dankbarlich mir nicken.

Losgegangen war ein Band,
Das ergriff ich sachte,
Bis ichs langsam mit der Hand
Auf die Seite brachte.

Holla! dacht' ich, meinem Hut
Soll es trefflich stehen;
Doch du hattest gar zu gut,
Was ich tat, gesehen.

Das ist schön! so fingst du an,
Willst du mich bestehlen?
Seht den feinen Dieb! Er kann
Seinen Raub nicht hehlen.

Feurrot ward mein Gesicht;
Wie vom Blitz geschlagen
Stand ich da und konnte nicht
Eine Silbe sagen.

Alle Bauern stellten sich
Um mich her, und machten
Mich zu Schanden, nannten mich
Einen Dieb und lachten.

Lieschen, sieh, das war nicht fein,
Meiner so zu lachen,
Und mich vor den ganzen Reihn
Zum Gespött zu machen.

Sage, hast du denn bei dir
Solche Lust empfunden,
Als die hellen Zähren mir
In den Augen stunden?

Sieh, ich bin dir doch so gut!
Sei mir's auch ein bißchen!
Mehr noch als mein eigen Blut
Lieb ich dich, mein Lieschen.[63]

»DEN FÜRSTEN HEISSE WAHRHEITEN INS ANTLITZ SPRECHEN«

ZWEI SCHRITTE VORWÄRTS, EIN SCHRITT ZURÜCK

Im Mittelpunkt stehen bei der *Deutschen Chronik* politische Ereignisse und Zustände, vor allem Kriege. Und sie liefert dazu mehr, als ihr Titel ankündigt. Sie informiert nicht nur, sie kommentiert. Man kann sie durchaus die erste politische Zeitung Deutschlands nennen. Schubart ist sich bewußt, wie sehr er sich damit vom damals üblichen Zeitungswesen abhebt. Ein *Chronik*-Artikel vom 19. Juni 1775, der gegen den Zustand der deutschen Presse polemisiert, formuliert ex negativo sein journalistisches Credo:

> Alle unsere Zeitungen sind nichts anders als wiederkäute Gewäsche von Alltagsgeschichten und Lobsprüchen auf Regenten, die wir nicht einmal kennen. Den Zeitungs-schreiber möcht' ich sehen, der vors Publikum hinträte und mit Gewitterberedsamkeit spräche: Dieser Fürst legt seinen Untertanen unerträgliche Lasten auf; jener Staat verkennt die Grundgesetze der Menschlichkeit; dort klirren die Fesseln des schrecklichsten Despotismus; da leckt ein gieriger Selbstherrscher an den Grenzen einer friedsamen Republik; in jenem Freistaat ächzt der Freigeborne unterm Fußtritt der Archonten°; hier oder da oder dort schleicht der Aberglaube schwarz wie die Nacht und verbirgt den blinkenden Dolch unterm Priestergewande; hier weht die schreckliche Fahne des Unglaubens und läßt tausend Betrogene den schrecklichen Schwur schwören, Gott zu verleugnen und das Blut des Mittlers zu ver-

---

° Hohe Beamte.

spotten, das im Allerheiligsten raucht; hier gelten veraltete Symbole mehr als Vernunft; dort gilt Tyrannei des Herkommens mehr als Weisheit; hier wird das Ebenbild der Gottheit, der Mensch, durch schlechte Erziehungsgrundsätze zum Vieh herabgewürdigt; dort schleicht ein Gerippe von einem Untertan oder Bürger, der gen Himmel ächzt und den letzten blutigen Heller seinen gierigen Regenten hinzählt; in jenem Eichenwalde irren die Künste mit aufgelöstem Haare, werfen Pinsel, Meisel, Griffel, Rastral°, Feder weg und jammern zum Eichenwipfel 'nauf: Alles ist verloren! Hier vor meinem Fenster hämmert der Handwerker, und mit jedem Hammerschlage rieseln Tränen übers öffentliche Ungemach auf den Amboß ----- ---- ---- ----- ----! ! !

Eine solche Zeitung möcht' ich lesen. Aber wo ist der Curtius, der sich fürs Vaterland in Pestschlund stürzt? Wo ist der Märtyrer, der mit vaterländischer Glut im Gesicht auch den Fürsten heiße Wahrheiten ins Antlitz spricht? Da heißt's immer: Setz dich hin, Zeitungsschreiber, sei kalt wie Alpenschnee und schreib, was die Handwerksburschen auf den Bierbänken leiern, kriech vor jedem goldrockigen Schurken, verbräm deine Zeitungen mit Steckbriefen auf Spitzbuben und Lottozahlen; erzähl Hanswurstpossen, daß der Müßiggänger im Kaffeehaus laute Lache drüber aufschlägt![64]

Das ist nicht nur Kollegenschelte, sondern auch Selbstkritik, vor allem jedoch ist es Kritik an mangelnden Bürgerrechten. »Beinahe scheint's in Deutschland, nach der *jetzigen* Verfassung unmöglich zu sein, eine gute politische Zeitung zu schreiben«, so annonciert Schubart 1774 defensiv und kampflustig zugleich sein neues Blatt. »Bei jedem kühnen Gedanken, der dem Novellisten entwischt, muß er einen Seitenblick auf

---

° Fünfzinkiges Gerät, mit dem sich Notenlinien ziehen lassen.

öffentliche Ahndungen werfen; dann wird er furchtsam und kalt. Daher der schläfrige Ton der meisten Zeitungsverfasser, der in schwülen Tagen so manchen Politiker im Großvaterstuhl in Schlummer wiegt.«[65]

»Öffentliche Ahndungen«: Alle Druckschriften, ob nun Zeitung oder Buch, stehen auch im Aufklärungszeitalter in den meisten Territorien unter Zensur (Ausnahmen sind Baden und Hannover, zeitweise auch Preußen).[66] Die Behörden können unliebsame Artikel verbieten, Widerrufe erzwingen, den Import auswärtiger Zeitungen und Zeitschriften untersagen und den Druck einheimischer Organe verbieten. Journalisten, Verleger, Drucker werden nicht selten ausgewiesen, mit Geldstrafen belegt, arrestiert: In Preußen, schreibt Schubart einmal, lähme »das Machtwort Spandau« die Zeitungsschreiber – gemeint ist die Spandauer Zitadelle, die als Gefängnis für preußische Staatsgefangene diente.[67] In Württemberg wird das Machtwort für Schubart ab 1777 »Hohenasperg« heißen. In der Konsequenz dieser Drohkulisse enthält sich die Presse weitgehend der Meinungsäußerung und beschränkt sich zumeist auf Nachrichten, ja mehr als das: Viele das eigene Territorium betreffende Geschehnisse werden überhaupt nicht reportiert. »Deutschland ist das Land, das in Deutschland am unbekanntesten ist«, stellt Schubart fest und schlägt vor:

> Sollte man also nicht in jeder Provinz Deutschlands ein öffentliches Blatt haben, worin alles, was im Lande vorgeht, angezeigt, beschrieben und drüber räsoniert würde; denn es ist natürlich, daß jeder das eher sehen kann, was zu seinen Füßen liegt, als das, was entfernt ist. Aber da schlägt man die Händ' übern Kopf zusammen und ruft: Wie? die Landesangelegenheiten zu offenbaren! – Als ob alle Landesangelegenheiten Staatsgeheimnisse wären. – Als ob nicht jedes Land selbst, im Ganzen, größern Schaden bloß dadurch litte, daß die Obrigkeit und alle Bürger desselben dessen wahre Beschaffenheit nicht kennen, als ihm

ein Nachbar oder Nebenbuhler zufügen könnte, der aus öffentlichen Schriften auch etwas davon erfährt.[68]

In Norddeutschland ist die Zensur vergleichsweise liberal, in Bayern und in Württemberg ist sie besonders rigide, in den Reichsstädten wird sie meist lockerer gehandhabt. Schubart jedoch bekommt, wie erwähnt, in Augsburg sofort Druckverbot. Daß sein Blatt danach in Ulm erscheint, schützt ihn nicht vor weiteren Rügen des Augsburger Geheimen Rats. Im November 1774 zum Beispiel wird er wegen eines Artikels gegen die Jesuiten zur Ordnung gerufen.[69] Die Ulmer Presse- und Buchzensur gilt als mittelscharf; immerhin war man 1768 einer Forderung der Kaiserlichen Bücherkommission nachgekommen und hatte 1260 Exemplare einer offenbar jesuitenkritischen Anekdotensammlung auf dem Markt vom Scharfrichter zerreißen und verbrennen lassen; ihr Verleger, der Ulmer Friedrich Albrecht Bartholomäi, wurde mit fünf Wochen Hausarrest bestraft.[70] Der *Chronik* teilt das reichsstädtische Pfarrkirchenbaupflegeamt, das die Zensur zu organisieren hat, einen Zensor zu, der sich schon öfter als streng erwiesen hat. Bei Schubart, der ihn durch viele persönliche Besuche geneigt zu machen sucht,[71] zeigt er sich einigermaßen kompromißbereit. Dennoch kommt es immer wieder zu offenen Konflikten. Im Sommer 1774 beklagen sich die kirchlichen Instanzen aus Mainz und Wien beim Ulmer Rat über Schubart, dieser habe das Mainzer Domkapitel kritisiert. Er muß widerrufen. Ein noch heftigerer Konflikt entbrennt Ende 1776, als Schubart sich spöttisch über die französische Armee äußert, deren »Galanteriedegen« nicht allzuviel zuzutrauen sei.[72] Der französische Gesandte Marquis des Bombelles beschwert sich darüber beim Hohen Rat der Stadt. Dieser spricht Schubart sein »hochobrigkeitliches Mißfallen« aus und droht ihm damit, beim nächsten Vorfall »den Druck seiner Chronik allhier nicht mehr zu gestatten und, nach Umständen, weitere Vorkehrungen gegen ihn zu machen.«[73] Das war wenige Wochen vor Schubarts Inhaftierung. Vielleicht hat die Affäre tatsächlich, wie Ernst Holzer vermutete, zu ihr beigetragen.

Schubart beugt sich der Zensur auf seine Weise. Ein Beispiel dafür ist der büßerische Überschwang, mit der er sich für seine Berichterstattung über das Kurfürstentum Mainz entschuldigt. Dabei waren Schubarts Meldungen korrekt: Während des Interregnums nach dem Tod des Erzbischofs Emmerich Joseph im Juni 1774 brach das Domkapitel mit dessen aufklärerischer Schulpolitik, erklärte seine Schul- und Klosterkommissionen für rechtswidrig und suspendierte mehrere Professoren und Lehrer.

> Mit Freuden widerrufe ich die Nachricht, die ich zur Zeit der Kurmainzischen Zwischenregierung aus dem *Hamburgischen Correspondenten* in meine *Chronik* brachte. Wenn ich Salomons Ring hätte, so würde ich den ganzen Artikel meiner *Chronik* Seite 270, N. 4, unsichtbar machen. Da das Domkapitel zu Mainz jederzeit die weisen Anstalten des vorigen Kurfürsten, die er zur Aufklärung seines Volks traf, bewunderte, und deswegen sein Andenken segnet; so ist der *Hamburger Correspondent* sowohl als ich und meine Kollegen, die's ihm nachschrieben, verpflichtet, ihre Artikel wieder zurückzunehmen. Niemand tut das mit größerm Vergnügen und lebendiger Hochachtung für diejenigen Männer, die eine so laute und kränkende Beschuldigung niemals verdient haben.[74]

Auch bei der Selbstzensur verfährt Schubart nicht geräuschlos. Wie seine Kollegen spart er viele Nachrichten und Kommentare aus, die zu Unmut oder gar Repressalien führen könnten, aber die Leerstellen sind oft deutlich markiert. Oft werden halbe Sätze durch Gedankenstriche ersetzt. Und in einem Artikel zur aktuellen politischen Situation in Polen vom 2. Februar 1775 »kommentiert« Schubart, ein erklärter Kritiker der beginnenden polnischen Teilung, das preußische Vorgehen lediglich mit einer Reihe von Hieroglyphen: »Wer kann, der dechiffrier mir diese Schrift!« Er ist ein Meister des beredten Schweigens. Laut seufzt er: »Schreib, was du mußt, und denk, was du willst; ist ein Hauptgebot im Novellistenkatechismus«.[75] – »Ich liebe mein Vaterland; ein heißer Gedanke brennt mich aufm Herzen; laßt mich ihn heraussagen vorm Volk, aushauchen diese patriotische Glut! – Halt's Maul, sagt ein Scherge der Gerechtigkeit. Da steh' ich dann, und die Flamme versengt mich.«[76] Manch offenes Urteil in der *Chronik* ist in Korrespondentenbriefen enthalten, von denen man vermuten darf, daß sie in Wahrheit von Schubart selbst stammen.[77] Ein anderes Mittel, sich nicht durch Parteinahme sei's gegenüber der Zensur, sei's gegenüber der Leserschaft zu exponieren, ist die Aufteilung von Meinung und Gegenmeinung in Dialoge, wobei die Sympathien des Dramatikers zwar mitunter erkennbar, aber eben doch nicht manifest sind. Doch wie schon in der Publizistik des sechzehnten und siebzehnten Jahrhunderts, in der das fiktive Streitgespräch zwischen Vertretern verschiedener Parteiungen und Stände eine beliebte Textgattung war,[78] sind auch die Schubartschen Dia-, Tria- und Tetraloge ein Medium des Meinungspluralismus: Verschiedene Standpunkte werden hier wenn nicht gleich behandelt, so doch nebeneinandergestellt und jeweils in Rollenprosa von innen heraus gezeigt, was zu einem abwägenden, womöglich ausgleichenden Leserurteil beitragen soll.

FUCHS UND LÖWE

Mit einem treffenden Ausdruck hat Gert Ueding der *Chronik* eine »Rhetorik der Sklavensprache« attestiert, die Schubart zu einem besonders wirkungsvollen Instrument politischer Aufklärung entwickelt habe: »Bis in die Fußnoten hinein, in der er etwa ankündigt, ›daß nächstens […] in Boston eine vollständige Geschichte der Freiheit erscheinen‹ wird, wimmelt es von Anspielungen, ironischen Verweisen, versteckten Bedeutungen. Der Freiraum zwischen den Zeilen wird voll ausgenutzt, verlangt aber aktive, ergänzende Lektüre.«[79] Besonders gefordert war die Kunst der Tarnung und Umgehung bei Angriffen auf Politik und Lebensweise von deutschen Feudalherren, deren strafende Hand – ganz legal durch Amtsersuchen beim städtischen Rat – auch in Reichsstädte hineinreichen konnte. Die häufigste und einfachste Methode war hierbei, kritikwürdige Geschehnisse im Ausland spielen zu lassen, wie etwa in Schubarts Bericht »Aus einer morgenländischen Zeitung«. Seit Montesquieus *Perserbriefen* bildet die orientalische Despotie ja oft den Sack, der anstelle der einheimischen Esel geprügelt wird. Typisch für Schubart ist freilich, wie dünn die Camouflage gewoben ist. Schon der zweite Satz (»da ich vollkommen türkisch verstehe«) macht sie durchschaubar.

Aus einer morgenländischen Zeitung

In *Konstantinopel* kommt jetzt eine Zeitung heraus, die in einem sehr sonderbaren Ton abgefaßt ist. Da ich vollkommen türkisch verstehe, so will ich meinen Lesern einige Artikel draus übersetzen:

Seine Sultanische Hoheit sind seit einigen Tagen in tiefer Trauer. Sie haben ihren besten arabischen Hengst durch einen frühzeitigen Tod verloren. Das war ein Hengst! hochhalsig, goldmähnig, stolz, dünn von Schenkeln, dran sich die Adern und Muskeln wie ein vom Westwind gekräuselter See bewegten. Breit war seine Kruppe, klein sein Kopf, und ein paar Augen funkelten drin, wie Kastor und Pollux. Der Sultan ließ diesen Gaul prächtig begraben. Die Stallknechte gingen hinter seiner Tragbahre her und klatschten ihn mit großen Kurierpeitschen ins Grab.

An den Ufern des Meers starb gestern in einer armseligen Fischerhütte der große weise *Hemir*. Er erstickte an einem harten Zwieback, den sein ausgetrockneter Hals nicht mehr hinunterbringen konnte. Seine Sultanische Hoheit haben in Gnaden geruht, den Leichnam des weisen *Hemirs* ins Meer werfen zu lassen.[80]

Gern bedient sich die *Chronik* zur Fürstenkritik auch einer anderen Form der Verfremdung, der Tierfabel. Das bedeutet insofern eine Entschärfung der Kritik, als kein konkreter Potentat genannt wird, aber gleichzeitig eine Verschärfung, da viele, ja alle gemeint sein könnten. Vor allem aber ist diesen Fabeln nichts Gemütlich-Erzählendes eigen, und sie verzichten auf einen harmonischen Schluß. Manche, wie das Gedicht »Der gnädige Löwe«, nutzen die Tierverkleidung der Protagonisten sogar zur Anprangerung bestialischer Macht-ausübung.

Der gnädige Löwe

Der Tiere schrecklichsten Despoten
Kam unter Knochenhügeln hingewürgter Toten
Ein Trieb zur Großmut plötzlich an.
Komm, sprach der gnädige Tyrann
Zu allen Tieren, die in Scharen
Vor seiner Majestät voll Angst versammelt waren.
Komm her, beglückter Untertan,
Nimm dieses Beispiel hier von meiner Gnade an!
Seht, diese Knochen schenk' ich euch! –
Dir, rief der Tiere sklavisch Reich,
Ist kein Monarch an Gnade gleich! –
Und nur ein Fuchs, der nie den Ränken
Der Schüler Machiavells geglaubt;
Sprach in den Bart: Hm, was man uns geraubt,
Und bis aufs Bein verzehrt, ist leichtlich zu verschenken.[81]

Besonders wagemutig erscheint die Fabel »Das Einge-binde«, zwei Monate vor Schubarts Verhaftung publiziert, die dem fürstlichen Täufling schon einmal die Hölle heiß macht. Schubart kann sich dabei zwar auf den sechzehnten und achtzehnten Gesang des *Messias* berufen, wo die bösen Herrscher zur ewigen Höllenstrafe verdammt werden, doch sein höhnisch-aggressiver Ton geht über eine christliche Warnung weit hinaus.

Die Anschuldigung, »kalt auf Leichen zu stehen«, könnte eine Anspielung auf Herzog Karl Eugens florierenden Soldatenhandel sein, und auch der andere Vorwurf: sich die Zeit mit der Entehrung weiblicher Untertanen zu vertreiben, ist diesem Fürsten auf den Leib geschneidert.

Das Eingebinde°

Frau Löwin kam im Zedernwald
Mit einem Knäblein wohlgestalt
Ins erste Wochenbette.
Da war im ganzen Reich kein Tier,
Das nicht dem Prinzen oder ihr
was eingebunden hätte.

Der Esel trat zuerst herbei
Und sang mit bardischem Geschrei
Ein Lied zu beider Lobe,
Sogar gedruckt verehrt’ er’s ihr.
Gut, sprach sie, dies ist zart Papier,
Tragt’s in die Garderobe.°°

Drauf goß der Tiger wohlgemut
Drei Löffel voll von seinem Blut
Dem Löwchen in den Rachen;
Nun kannst du kalt auf Leichen stehn,
Rief er, und ohne wegzusehn,
Der Unschuld Tränen lachen.

° Taufgeschenk.
°° Benutzt es als Toilettenpapier.

Herr Fuchs strich seinen Schwanz mit Lust
Dem Kind auf Stirne, Mund und Brust,
Und sprach: Erlauchter Knabe,
Dir bring ich den Machiavell,
Gebunden in ein Lammes-Fell,
Zur treuen Opfergabe.

Gleich einem Stutzer balsamiert,
Ließ nun der Geißbock hochfrisiert,
Sich möckernd also hören:
Nimm hin die Kunst, zum Zeitvertreib,
Der Witwe Kind, des Armen Weib
Hochfürstlich zu entehren.

Das nötigste Geschenk, versetzt
Der Salamander, kommt zuletzt;
Hier bring ich Molchpomade!
Nur brav das Herrchen mit geschmiert,
Auf daß ihm, wenn es einst krepiert,
Kein Höllen-Feuer schade.[82]

Auch über diesen Schubartgedichten könnte Schillers *Räuber*-Motto »In Tirannos!« stehen, doch ebenso wie später Schiller tritt Schubart hier nicht gegen die Fürsten als Tyrannen, sondern nur gegen die Tyrannen unter den Fürsten an. Er scheint freilich zu wissen, daß man das auch anders verstehen könnte, und liefert wohlaustarierte Klarstellungen. Die »Total-rechnung«, zu Silvester 1775 geschrieben, ist ein Beispiel dafür. Ähnlich wie in seinem späteren Gedicht »Die Fürstengruft« folgen der Anklage gegen herrscherliche Eroberungs- und Habsucht Strophen über die guten Fürsten, wobei hier eine Reihe von Herrschern namentlich genannt wird: Es sind die aufgeklärten Absolutisten »Joseph« (Kaiser Joseph II.), »Lud-wig« (wohl Graf Johann Ludwig von Nassau-Zweibrücken), »Gustav« (König Gustav III. von Schweden), »Karl Theodor« (Kurfürst Karl Theodor von der Pfalz), »Karl Friederich«

(Markgraf Karl Friedrich von Baden) und »Leopold« (Fürst Leopold III. Friedrich Franz von Anhalt-Dessau). Von den Fürsten, die Schubart zeitlebens verehrte, fehlt Preußens Friedrich II.; in Württemberg wird man registriert haben, daß auch Herzog Karl Eugen nicht auf der Positivliste auftaucht.

> [...] Die Habsucht streckt die Adlerkrallen,
> Zusammen rafft sie fremdes Gut,
> Die Handlung° läßt die bleichen Segel fallen,
> Und denkt: Für *wen* beschiff' ich die Flut? –
> Am Ufer lauern ja die Drachen
> Mit hundertschlündigem Rachen
> Auf Güter jeder fernen Welt.
> Der müde Landmann seufzt am Pfluge:
> Für *wen* bebau' ich mein Feld? –
> Trinkt heiß und gierig Tod aus seinem steinernen Kruge;
> Worein sein Schweiß und seine Träne fällt.
> Die Kinder wühlen hungrig im Sande
> Und Lumpen hüllen sie ein.
> Denn ach! es brüllen Tyrannen im Lande:
> Alles ist mein! alles ist mein!
> Ha, wenn nicht Vater *Joseph* lebte,
> Und wann ein *Ludwig* nicht
> Vor Gott, dem größern Richter bebte,
> Wann *Gustavs* Engelangesicht,
> Nicht Gotteshuld und Gnade widerstrahlte,
> Und wenn in *Karl Theodor*
> Sich jenes Wesens Huld nicht malte,
> Das ihn zum Lieblinge erkor;
> Und wenn der Genius der Baden
> Wenn *Karl Friederich* nicht mehr
> Wie *Leopold*, voll Menschenhuld, voll Gnaden,
> Ein Schutzgott seines Volkes wär' [...].[83]

° Der Handel.

Die Schubart-Literatur ist sich bis heute uneins: Ist Schubart in der Beurteilung der Feudalherrschaft unentschieden? Schwankt seine Beurteilung je nach Situation und Stimmung? Und wie groß sind die Schwankungen? Reichen sie von der Befürwortung eines durch Kunstsinn gekrönten und durch Mildtätigkeit gemilderten Absolutismus über einen konstitutionellen Monarchismus bis hin zum Republikanertum? Immerhin schwärmt Schubart nicht nur für die Republiken der Antike, für Athen, Sparta, Rom, sondern auch für die Schweiz, die »alle Vorteile der Freiheit« genieße.[84] Die weitergehende Frage ist: Wie weit interessieren Schubart überhaupt Verfassungsformen? Nach Michael Myers fehlte Schubart schlicht und einfach das Verständnis dafür, daß das Problem im politischen System lag.[85] In einigen Fällen geht Schubart doch explizit über eine personalistische Auffassung hinaus. So in dem Artikel »Über den Vaterlandsstolz« vom 23. Mai 1776, der Wohl und Wehe des Bürgers ausdrücklich nicht an den Charakter des Fürsten, sondern an Dasein oder Fehlen bürgerlicher Rechte knüpft: »Träume nicht von Freiheit, solange noch an jedem Hof jeder Laut des Muts verstummt, solang unser Eigentum nur von einer Schatzverordnung zur andern sicher ist, solang unser Blut eine Lands- und Domänenware bleibt, solang wir auf jeden Wink wie Cäsars Kriegsknechte ausrufen: Gebiete! den Bruder zu töten! Zu wühlen im Leibe der Mutter!«°

Von »Freiheit« ist nicht nur in diesem Artikel die Rede – sie ist ein Schubartscher Zentralbegriff. Immer wieder zitiert er die Klopstockverse »O Freiheit, Silberton dem Ohre, / Licht dem Verstand, und hoher Flug zu denken!« (wobei er 1774 in der *Chronik* aus dem »hohen Flug« einen »freien Flug« macht[86]). Daß man diese Verse öfters in den Stammbüchern Stuttgarter und Tübinger Studenten der achtziger Jahre vorfindet, ist nicht zuletzt Schubart zu verdanken.[87] Mit der Forderung nach einer republikanischen Verfassung ist

_____

° Die römischen Kaiser der Jahre 138 bis 192, die den Namen Antoninus im Titel trugen.

dieser Ausruf sicherlich nicht gleichzusetzen – in Klopstocks Gedicht, das dem Sieg des Dänenkönigs Friedrich V. über den Adel gewidmet war, wird sogar explizit gesagt:

> O Freiheit, Freiheit! nicht nur der Demokrat
> Weiß, was du bist,
> Des guten Königes glücklicher Sohn,
> Der weiß es auch![88]

Politisch zahnlos ist der Ruf nach Freiheit jedoch keineswegs. Schubarts Artikel »Über den Vaterlandsstolz« nennt einige der wesentlichen Implikate, die er in der damaligen deutschen Diskussion hatte: die Meinungsfreiheit, die Sicherheit des Eigentums vor willkürlichem fürstlichem Zugriff und die persönliche Freiheit, die Soldatenhandel ebenso wie Leibeigenschaft verbietet.

Ob Schubart Mitte der siebziger Jahre eher Monarchist oder eher Republikaner war, ist also schwer zu sagen, aber die Antwort auf diese Frage ist für die Einschätzung der politischen Bedeutung und Wirkung der *Chronik* auch nicht allzu wichtig. Auf keinen Fall darf sie mit der Frage verwechselt werden, wie radikal oder wie angepaßt der politische Schubart war. »Gebiete! den Bruder zu töten! Zu wühlen im Leibe der Mutter!«; »Seht, diese Knochen schenk ich Euch!«; »Nimm hin die Kunst, zum Zeitvertreib / der Witwe Kind, des Armen Weib / hochfürstlich zu entehren«: Ob das die Stimme eines Demokraten ist, kann dahingestellt bleiben, es ist jedenfalls die Stimme der Empörung. Ob solche Empörung »systemimmanent« bleibt oder »systemsprengend« wird, hängt von den Umständen ab. Vielleicht darf man die politischen Zornausbrüche der *Chronik* als rhapsodische Versionen der *Cahiers de Doléances* betrachten, der Beschwerdehefte, die französische Bürger und Bauern im Mai 1789 ihren Abgeordneten zur Versammlung der Generalstände mitgaben. Von Revolution war darin nicht die Rede. Zwei Monate später war sie da.

DIE FREIHEIT, KEIN MÄRCHEN

»Je weiter sich eine Begebenheit zuträgt«, erkennt Schubart, »je freier darf man darüber urteilen.«[89] Und er nutzt diesen Spielraum. Früher als die übrige deutsche Presse macht er den amerikanischen Unabhängigkeitskampf zum Thema und engagiert sich für die Kolonisten.[90] Sein erster Bericht dazu stammt vom 5. Mai 1774. Der Widerstand gegen die Repressionsgesetze, mit der die britische Krone die Boston Tea Party beantwortet hat, beginnt sich gerade zu sammeln.

> Hier ist eine sehr schöne Probe von der Beredsamkeit der Einwohner in der Provinz Messachusets-Bay, unter der stolzen Rubrik:

> *An alle Völker unter dem Himmel.*

> Kund sei euch, daß das Volk von der Amerikaner-Welt Millionen stark ist. Ihre vereinigte Armee von freien Männern besteht aus unzählbaren Legionen, deren unerschrockene Seelen von Freiheit funkeln und deren Herzen durch einen wahren Mut gehärtet sind, zu wirken, was ihnen die Weisheit rät. *Amerika* steht nun fest mit der Waagschale der Gerechtigkeit in der einen und mit dem Schwert der Rache in der andern Hand! Welche Nation der Welt es wagen wird, wider uns die Hand zu erheben, diese soll *Kabaks* Donner treffen! Die Briten mögen sich fürchten, böse mit uns zu handeln: denn der Riesenarm unsrer Welt ist ausgereckt, und wehe dem, auf den er niederschmettert. [...][91]

Daß sich »Kabak«, der Inkagott°, in diese Rede verirrt hat, läßt vermuten, daß sie nicht in Boston, sondern in Augsburg

---

° Manco Cápac galt den Inkas als ihr erster Herrscher und Sohn des Sonnengottes.

entstanden ist. Mit seinem Eintreten für die amerikanische Rebellion steht Schubart nicht allein. Es gibt zahlreiche Hinweise darauf, daß diese im deutschen und besonders im süddeutschen Bürgertum starke Sympathien genoß.[92] Für die deutsche Presse gilt das weniger. August Ludwig von Schlözers einflußreicher »Briefwechsel meist historischen und politischen Inhalts« sieht die Kolonisten im Unrecht und beim Bostoner Teeboykott »Spitzbuben« und »Straßenräuber« am Werk.[93] Friedrich Nicolais *Allgemeine Deutsche Bibliothek* und Anton Friedrich Büschings *Wöchentliche Nachrichten* nehmen eine unentschiedene Haltung ein; Wielands *Teutscher Merkur* äußert Verständnis für die aufständischen Amerikaner, ohne ihnen jedoch ein Recht auf diesen Widerstand zuzugestehen.[94] Deutlicher nehmen Heinrich Martin Gottfried Kösters *Neuste Staatsbegebenheiten* und Johann Georg Jacobis Monatsschrift *Iris* für die Kolonisten Partei.[95] Der Enthusiasmus der *Chronik* für die amerikanische Sache jedoch ist unübertroffen.

Aus den Provinzen der Freiheit

Merkst wohl, Leser, daß ich Boston drunter verstehe. Die Kolonisten harren mit unbeugsamem Sinne auf der Behauptung ihrer Freiheit. Durch ganz Nordamerika herrscht ein so einstimmiger, tiefgewurzelter Freiheitsdrang, daß die Engelländer Herkulskräfte haben müssen, wenn sie sich diesen trotzigen Verteidigern ihrer Rechte entgegenwerfen wollen. Die junge Mannschaft der Kolonisten wird beständig in den Waffen geübt; selbst die erfahrensten Offiziere staunen, wenn sie im Verborgnen den Kriegsübungen dieser mutigen Leute zusehen. Die englische Handlung in diese Gegenden ist in eine gänzliche Stockung geraten. Kein Tabak wird ausgeführt. Die Parlamentsakten werden als der Tod der Freiheit verflucht. Die Amerikaner sind alle entschlossen, die beleidigten Rechte ihrer Freiheit zu rächen. Knaben und Greise greifen nach den Waffen, und überall herrscht die schreckliche Losung: *sterben, sterben wollen wir für die heilige Freiheit! Sieg oder Grab unter den Trümmern unsrer zerfallenen Glückseligkeit!* Man muß aber nicht glauben, daß die Kolonisten Rebellen seien. Sie äußern die größte Ehrfurcht gegen ihren König *Georg*; nur empören sie sich gegen die Ratschläge seines Ministeriums. 's wird viel Geld, Arbeit und Blut kosten, wenn die Engelländer die Kolonisten zum Gehorsam bringen wollen.[96]

Noch haben die aufständischen Amerikaner nicht ihre Unabhängigkeit erklärt; der Kampf, den die *Chronik* hier feiert, ist also noch kein Kampf für die Republik. In einem Artikel vom 10. Oktober 1774 äußert Schubart sogar die Meinung, daß eine amerikanische Republik wohl kaum lange Bestand haben würde, und schiebt – dem Zensor zuliebe? – ein monarchistisches Bekenntnis nach: »*Einer* sei Herr! sagt Vater Homer, und ich halt's mit ihm«. Doch gleich im nächsten Satz schlägt er wieder einen anderen Ton an: »Indessen bewundern wir den unbeugsamen Geist der Bostonier, der es wagt, sogar den stolzen Briten zu trotzen. Sie scheinen entschlossen zu sein, lieber Gewalt mit Gewalt zu vertreiben als sich unter das Joch der Sklaverei beugen zu wollen, und das war von jeher der Anfang der Freistaaten.«[97] In den späteren Amerika-Artikeln der *Chronik* kehrt die Diskussion über Republiken nicht wieder. Als sich das Bestreben nach einer Loslösung der amerikanischen Kolonien abzeichnet,[98] ändert das jedoch nichts an Schubarts entschiedener Parteinahme für die Kolonisten und ihren »Enthusiasmus für die Freiheit«.[99] Ihr Kampf ist für Schubart ganz offenbar das große Hoffnungsereignis der Epoche – wobei er, genau wie andere deutsche Amerika-Freunde, kein Wort zur Wünschbarkeit oder Möglichkeit einer Republik auf deutschem Boden fallen läßt. Hierfür scheint nicht nur die Zensur zu stark, sondern auch die Phantasie zu schwach zu sein.

Das Glücksgefühl, das Schubart angesichts der amerikanischen Rebellion empfindet, ist überschwenglich. Unter der Überschrift »Die Freiheit. Ein Märchen« schreibt er am 10. November 1774, die »Göttin Freiheit« habe lange vergeblich nach Altären gesucht, wo sie noch verehrt werde; nun habe sie sich »in Boston niedergelassen«.[100] Fast ist man versucht zu sagen: Schubart nimmt hier das Geschenk der Freiheitsstatue um 125 Jahre vorweg. Zumal, wenn man eine spätere Formulierung bedenkt, in der es heißt: »Amerika wird sich frei machen, wird in Kopfstrahlen dastehen, wie eine Göttin«.[101] Man kann das sogar noch weiter spinnen. Schubarts Gedicht »Freiheitslied eines Kolonisten«, das »Europens Sklaven« ein »Schwimmt her! hier wohnt die Freiheit, hier!«[102] zuruft, antizipiert die berühmten Zeilen aus dem Statue of Liberty Poem von Emma Lazarus: »Give me your tired, your poor / Your huddled masses yearning to breathe free«.

Freiheitslied eines Kolonisten.

Hinaus! Hinaus ins Ehrenfeld
Mit blinkendem Gewehr!
Columbus, deine ganze Welt
Tritt mutig daher!

Die Göttin Freiheit mit der Fahn –
(Der Sklave sah sie nie)
Geht – Brüder, seht's!
sie geht voran!
O blutet für sie! […]
Da seht Europens Sklaven an,
In Ketten rasseln sie! –
Sie braucht ein Treiber, ein Tyrann
Für würgbares Vieh.

Ihr reicht den feigen Nacken, ihr,
Dem Tritt der Herrschsucht dar? –
Schwimmt her! – hier wohnt die Freiheit, hier!
Hier flammt ihr Altar! […][103]

Schubarts hoher Ton macht aus schlechtbewaffneten Kaufleuten, Bauern, Handwerkern antike Helden. In seiner Berichterstattung wendet er sich gegen die aristokratische Propaganda, die aufbegehrenden Amerikaner seien ein zur Selbstregierung unfähiger Pöbel, und kleidet sie in die Toga römischer Tugenden: »Der Geist der Freiheit«, schreibt er, »wird in diesen Gegenden immer lebendiger; aber nicht der ungestüme Geist, der in Zügellosigkeit ausartet, sondern ein Geist, der von Weisheit, Mäßigung und Standhaftigkeit gelenkt wird.«[104] Vor allem ärgert ihn die verbreitete Rede von den amerikanischen »Rebellen«. Um diese Auffassung zu entkräften, greift er sogar zu einem für ihn ungewöhnlichen Mittel: Er setzt eine Abhandlung auf, die das Problem über mehrere Seiten hinweg sorgfältig durchdekliniert.

> Wir nennen die Amerikaner, dies Volk, das unter der Fahne der Freiheit ficht, – *Rebellen*.
> O der Schmach! o der Schande!
> Unsern Zeitungsschreibern ekelt's vor diesem reichhaltigen, herzerhebenden Stoffe, machen lieber unsern Fürsten kriechende Komplimente und erzählen niedrige Schwänke, um das Kaffeehaus oder die Bierbänke zu belustigen.
> Ja, wir spotten der heiligen Freiheit, und mit Ketten und Fußeisen wird sie ihre Schmach rächen. […]
> Diese Freiheit gründet sich nicht auf den Gehorsam einzelner Personen, sondern bloß der Gesetze, davon ein Teil zu den Grundgesetzen des Staats gehört, die das Parlament selbst nicht berühren darf, obgleich andere Gesetze aufgehoben, da die Parlamenter Repräsentanten des Volks sind und von denselben erwählt werden.
> Dieses Wahlrecht haben nicht allein kleine Städte und Flecken in England, sondern auch die armen Bewohner der Dörfer, welche die Repräsentanten der Grafschaften erwählen helfen.

In Amerika haben es nicht einmal die großen Provinzen, die doch ihre Einwohner zu Hunderttausenden zählen.

Sie sind daher der bloßen Willkür des Parlaments unterworfen und haben in demselben nicht einen einzigen pflichtmäßigen Fürsprecher, den sich jeder englische Bauer, der zwei Pfund Sterling von seinen liegenden Gründen hat, erwählen kann. […]

Die Einführung des Tees war nur die Gelegenheit zur Fehde und nicht die einzige Ursache derselben.

Und wie betragen sich denn die sogenannten Rebellen? Ein Dummkopf beurteilt ein ganzes Volk nach den Ausschweifungen des Pöbels.

Man hält Kongresse; aber keine polnischen Reichstage.°

Der Gegenstand ihrer Beratschlagungen ist nichts anderes, als den häufigen Klagen der Nation abzuhelfen und dem Strome des Despotismus einen Damm entgegenzusetzen.

Die ganze ehrwürdige Versammlung ruft: Widerstand! der ehrliche Quäker nickt Beifall, die Priester aller Sekten rufen Amen, und die Greise werfen ihre Stäbe weg und greifen nach dem Gewehr. Die ersten Männer der Provinz verlassen Weib, Kinder, Freunde, Herd und Saatfelder und eilen ins Feld hin, wo Gott steht und die zürnende Träne der Freigebornen rächt.

Sie halten sich bloß verteidigungsweise; Klugheit und Standhaftigkeit belebt ihre Maßregeln, und selbst im blutigen Kampfe vergessen sie's nie, daß sie – Menschen sind.

Kann man solche Menschen wohl Rebellen nennen?[105]

Ein halbes Jahr später, im Februar 1775, geht Schubart noch einen Schritt weiter. Er berichtet von einer Rede des englischen Parlamentariers Charles Fox: »Hm, sagt Fox, das Wort Rebell ist nicht allzeit schimpflich; denn alle, die jemals für

---

° Gemeint: Chaotische Versammlungen ohne Beschlußfassung.

die Freiheit gefochten, wurden Rebellen genannt [...]. Eine mutige Antwort, in der viel Wahres ist für den, der's fühlt.« Schubart schließt den Artikel mit einem Zitat des Philosophen Richard Price: »Ein unruhiges, zu Rebellionen geneigtes Volk, ist gewöhnlich ein großes Volk. – Hu, 'r hat recht!«[106]

Je weiter die Kämpfe fortschreiten, desto mehr mischen sich neue Töne in Schubarts Amerika-Berichte. Das hat vor allem damit zu tun, daß seit 1776 zunehmend deutsche Soldaten auf britischer Seite gegen die Kolonisten kämpfen. Schubart verurteilt den Soldatenhandel der deutschen Fürsten in einer für die damalige Presse unglaublichen Schärfe, aber er wagt es nicht, die Soldaten offen zur Desertion zu ermuntern oder ihnen eine Niederlage im Kampf zu wünschen. Bezeichnend sind die hilflosen Sätze, die Schubart im Juni 1776 an seine Meldung vom Unabhängigkeitsbeschluß des amerikanischen Kongresses anhängt: »Nun werden nur noch die Teutschen erwartet, um den letzten Versuch auf die Freiheit der Amerikaner zu wagen. Soll man ihnen Glück wünschen oder nicht?«[107] Eine Antwort darauf findet er auch später nicht; mühsam steuert er seine Zeitung zwischen einem Verrat an der Revolution und dem, was er als Verrat an seinen Landsleuten betrachtet hätte, hindurch.

Im Juli 1775 berichtet Schubart erstmals über die Einschiffung deutscher Truppen aus Hannover, das zur englischen Krone gehörte.[108] Im Oktober 1775 macht er auf die geplante Entsendung von hessischen und braunschweigischen Soldaten nach Amerika aufmerksam,[109] wobei er nicht eigens erwähnt, daß diese von ihren Landesherren an die Briten verkauft wurden. Im Januar 1776 wird er jedoch deutlicher:

> Die *Hessen* und *Braunschweiger* sind bereits aufm Marsch, sich einschiffen zu lassen, um für Sold und Lohn gedungen die Kolonisten unterjochen zu helfen. Meines Wissens trieft das Schwert der Teutschen noch nicht vom Blute *fremder Welten*; aber jetzt –.[110]

Im März 1776 nennt er dann Täter und Tat beim Namen:

> Hier ist eine Probe der neusten Menschenschatzung! – Der
> *Landgraf* von *Hessen-Kassel* bekommt jährlich 450 000
> Taler für seine 12 000 tapferen Hessen, die größtenteils in
> Amerika ihr Grab finden werden. Der *Herzog* von *Braun-*
> *schweig* erhält 65 000 Taler für 3964 Mann Fußvolks und
> 360 Mann leichter Reiterei, wovon unfehlbar sehr wenige
> ihr Vaterland sehen werden. Der *Erbprinz* von *Hessenkas-*
> *sel* gibt ebenfalls ein Regiment Fußvolk ab, um den Preis
> von 25 000 Taler. 20 000 Hannoveraner sind bekanntlich
> schon nach Amerika bestimmt, und 3000 Mecklenburger
> für 50 000 Taler auch. Nun sagt man, der *Kurfürst* von
> *Bayern* werde ebenfalls 4000 Mann in englischen Sold
> geben. Ein fruchtbarer Text zum Predigen für Patrioten,
> denen 's Herz pocht, wenn Mitbürger das Schicksal der
> Negersklaven haben und als Schlachtopfer in fremde
> Welten verschickt werden. – Über 50 000 Mann werden
> also in Amerika gegen die Provinzialisten kämpfen, die da
> stehen und die Hasser ihrer Freiheit mutig erwarten.[111]

Schubart präsentiert die in britische Dienste verkauften
Soldaten nicht nur als Opfer, sondern auch als Täter. Zu-
stimmend zitiert er aus einer Schrift »Gedanken eines Hanno-
veraners über die Amerikanischen Angelegenheiten«: »Unbe-
greiflich ist mir die Kaltblütigkeit, womit wir's ansehen, daß
der Kern teutscher Soldaten jetzt übers Meer schwimmt, um
Leuten, die sie nie beleidigt haben, den Schädel 'neinzuschla-
gen.«[112] Und er publiziert das dreizehnstrophige Gedicht eines
»G… von Koblenz«, »Gebeugter Vaterlandsstolz«, in dem der
Vater eines deutschen England-Söldners diesen Fluch ausspricht:

> Geuß Ungestüm in Ozean!
> Wühl auf, o Gott, die Flut!
> Zerschmettre eh des Sohnes Schiff

Eh' er den lasterhaften Griff
Nach seinem Degen tut![113]

Doch Schubart sieht nicht nur den deutschen Söldner, der einer schlechten Sache dient, sondern auch in der Söldneruniform den tapferen Deutschen. Seit seiner Jugend mit Soldaten und Offizieren befreundet, will er selbst unter politisch und moralisch widrigen Umständen auf das Lob deutschen Mannesmuts, deutscher Tapferkeit nicht verzichten. So spricht er davon, der englische Hof habe vor, »dem Trotze der Kolonisten deutschen Mut entgegenzusetzen«;[114] er erwartet, daß »unsere Landsleute in Amerika […] ein ewiges Monument teutscher Tapferkeit«[115] errichten werden; und er ruft stolz aus: »Jetzt, da wir dies schreiben, schwimmen 30 000 teutsche Truppen aufm Meer. Glück auf, du teutsches Heldenheer!«[116]

Der andere Schubart preist zu gleicher Zeit unerschüttert die amerikanische Sache: »Noch haben die Freien in Amerika keinen ausgezeichneten großen Mann hervorgebracht«, schreibt er am 20. Mai 1776, »aber bald werden einige ihres Volks wie Riesen aufwachen und den Briten zeigen, was die gereizte Menschheit zu tun imstande sei.«[117] Die Verbindung von tiefer Religiosität und Kriegertum, welche er in den Kolonisten verkörpert sieht, werde sie zum Ziel führen: »Der Charakter der Kolonisten hat ganz was Eignes, eine Art von pietistischem Heroismus, wie wenn Herrnhut und Sparta in eins zusammenflösse. Die Lieder, womit sie sich stärken, sind alle so mystisch-heroisch, so zinzendorfisch-tyrtäisch°, daß sie an Ton und Einkleidung ihresgleichen nicht haben. Kurz, wenn die Kolonisten ihren Endzweck erreichen, so werden sie einen Staat von ganz sonderbarem Zuschnitt bilden, und mich freut's, wenn einmal unter der Sonne was Neues geschieht.«[118] Sympathieerklärungen und gute Wünsche also für beide Parteien, und Schubart scheint sich nicht daran zu stören, daß sie

---

° Tyrtaios/Tyrtäus: Spartanischer Lyriker des 7. Jahrhunderts v. Chr., der vor allem durch Kriegsgedichte hervortrat.

sich logisch ausschließen; er unternimmt keinen Versuch, den Widerspruch auf höherer Ebene aufzuheben. Zwei oder mehr Seelen in einer Brust müssen – seiner (frühbürgerlichen?) Auffassung nach – nicht unbedingt miteinander streiten, sondern dürfen sich abwechselnd äußern.

Die *Chronik*-Haltung verändert sich noch einmal, als die deutschen Truppen dann tatsächlich – Schiffbrüchen und Desertionen zum Trotz – in Nordamerika eintreffen und in Kämpfe verwickelt werden. Nun sieht Schubart sich als Anwalt der »Hessians«, geißelt Meldungen von einer überstürzten Flucht deutscher Söldner bei New York als »schändliche Erdichtung«,[119] schildert beeindruckt die »Tapferkeit« des hessischen Generals Heister bei der Schlacht von Long Island und verfaßt eine »Ehrenrettung unserer deutschen Brüder in Amerika«, wonach das Gerücht über ein Gemetzel hessischer Truppen unter amerikanischen Gefangenen die Vorfälle verzerrt habe: »Ist's etwa Grausamkeit oder Unmenschlichkeit, wenn ich einem, der mit dem Vorsatz, mich ohne Gnad und Barmherzigkeit ins Schattenreich zu schicken, [auf mich losgeht], zuerst das Genick breche?«[120] Zugleich werden die Kolonisten nüchterner als bisher dargestellt: Der Leser erfährt von »Grausamkeiten« und »Mordbrennereien«, die sie bei New York begangen hätten,[121] und im Brief eines Braunschweiger Offiziers, den Schubart zitiert, wird genau der Heldenmythos dementiert, an dem er selbst mitgedichtet hat: »Wir glaubten, Spartaner anzutreffen und einen Leonidas an ihrer Spitze; aber herrnloses Lumpengesindel trafen wir an, die fliehen, sobald sie uns erblicken.«[122]

Aber es ist wohl nicht nur die Anteilnahme am Schicksal der deutschen Söldner, die Schubarts zunächst so uneingeschränkte Parteinahme für die Kolonisten erschüttert. Es ist auch der Kriegsverlauf. Seine durch amerikanische Anfangserfolge befeuerte Überzeugung, daß die Kolonisten dank ihres »Enthusiasmus für die Freiheit« den »gedungnen Sklaven« auf der Gegenseite überlegen seien,[123] wird 1776 heftig strapaziert. Die Briten schaffen immer neue Truppen und neues Kriegsgerät über den Ozean, die Amerikaner unterliegen in Kanada und verlieren sogar New York. Es dürfte also durchaus Opportunismus mitspielen, wenn die Stimme Amerikas in der *Chronik* leiser wird. Aber sie verstummt nicht: Schubarts Hoffnungen blitzen wieder auf, wenn er Amerika den »wolkenlosen Piko der Freiheit«[124] nennt, und seine Bewunderung bricht wieder durch, wenn er – nach amerikanischen Kaper-Erfolgen im Seekrieg – schreibt: »Die Amerikaner führen sich schon auf, als wären sie seit einem Jahrhundert freie Leute, die nichts mehr zu fürchten haben. Man bemerkt in ihren Maßregeln nicht nur Mut und Entschlossenheit, sondern auch ungemein viel Überlegung und Klugheit, die das Ungestüm der Freiheitsfechter zur rechten Zeit zu mäßigen weiß.«[125]

Seine eigenen Ambivalenzen, aber auch der Unwille, die proamerikanische Position zu räumen, lassen sich an einem seiner fiktiven Dialoge aus jener Zeit ablesen: einem Kaffeehausgespräch zwischen dem Britenfreund »Horst« und dem Amerikanerfreund »Rolf«. Die Argumente wogen hin und her, aber man kann nicht sagen, daß der Dramatiker Schubart sich dabei neutral verhält. Es ist Rolf, dem er seine leidenschaftliche Sprache leiht.

Politische Tabagie:°
(Der Schauplatz ist im Kaffeehaus.)

Rolf: Weg mit dem ganzen Plunder von Zeitungen; ist doch nichts drin, das der Mühe lohnt! Was die Kerls da für närrische Grimassen machen, bis sie ihr Blättchen vollschmieren! Da ist des Katzbuckelns, des Komplimentierens, des Räsonierens, der Widersprüche, der Mordgeschichten, der Lügen, der schalen Fazetien,°° aus einem alten Vademecum gerupft, kein Ende. Pu –

° Tabakstube, Tabakgesellschaft.
°° Spottreden.

Horst: Laß sie gehen die guten Leute, Freund *Rolf*, wirst doch immer etwas bei ihnen finden, wobei man sein Pfeifchen ruhig schmauchen kann. Nicht sie, sondern der Mangel an Neuigkeiten, oder der träge Weltlauf ist schuld dran, wenn dir die Zeitungen so abgeschmackt vorkommen. –

Rolf: Was? ihr hohler Schädel ist schuld dran. Man hört's ordentlich, wie der Hunger hinaufbellt: Schaff mir Brot! […]

Horst: […] – Was geschieht denn jetzt, dem auch der beste Erzähler Interesse geben könnte?

Rolf: Was geschieht denn jetzt? – Kerl, du siehst vor lauter Bäumen den Wald nicht. Ist das *nichts*, wenn Kolumbus' ganze Welt den Arm emporhebt mit dem blinkenden Schwert der heiligen Freiheit? *Nichts,* wenn Engellands Kraft und Teutschlands Mut am Schild der Freien wie Wogen am Meerfels abprallen? *Nichts*, wenn Frankreichs ganze Macht sprudelt und kocht, um die hohe Britannia zu verschlingen? *Nichts*, wenn Spaniens Flotten nach Amerika schwimmen, zu Gunsten der Provinzialen und zum Verderben Engellands? *Nichts*, wenn in Berlin Donner geschmiedet werden, die –

Horst: O Strudelkopf! Ist's denn auch alles wahr, was du da träumst?

Rolf: Nichts, wenn das ganze Königreich Polen, wie beim Zipfel ergriffen, herumgerissen und in eine andere Form gebracht wird?

Horst: Träum in der Fieberhitze.

Rolf: Nichts, wenn fremde Pferdehufe das arme Land zerstampfen, und Kosaken und schwarze Husaren mehr als die ewigen Verträge eines ganzen Landes gelten sollen?

Horst: Wieder *aegri somnia.*°

° Träume eines Kranken.

Rolf: Nichts, wenn das duldende Deutschland unter dem scharf geschliffnen am Zwirnfaden hangenden Schwert der Gefahr nickt? *Nichts* –

Horst: So laß doch mit dir reden, Rolf! Komm, stopf deine Pfeife! Bist so hitzig; wollen ruhig von der Sach sprechen. Schau, die Nachrichten aus Amerika sind auch ganz anders wie du wähnst. Die Kolonisten werden ihren Trotz gewiß sehr schwer büßen müssen und verdienens auch; denn welches Volk unter dem sanften Regiment der Engelländer nicht stehen kann, verdient's – *Sklav* zu sein.

Rolf: Nimm das herrschsüchtige Londoner Ministerium und nicht die ganze respektable Nation, wenn du vom englischen Regiment sprichst!

Horst: Und wie werden's die Provinzialen – Ungeübte gegen geübte Völker – in die Läng' aushalten?

Rolf: Enthusiasmus ist mehr als kaltes System. Solang der Rechenmeister zirkelt, hat der Feuerkopf die Linien übersprungen, überflogen. Ha, kann was Feierlichers für eine Seele sein, die sich gewöhnt hat zum Gefühl des Erhabenen, als der große Tag, an dem sich die Amerikaner für unabhängig erklärten! Kannst du in Himmel blicken; so sieh – all die ehrwürdigen Väter mit grauen Häuptern in der heiligen Stille eines Buß- und Fasttags im Tempel versammelt! Die Krone des Reichs auf der Bibel liegend! Den Hohenpriester unten am Fuße des Altars kniend! Betend mit hochgefaltner Hand: Herr, Herr Gott, gnädig und barmherzig, der nicht will, daß die Menschen Sklaven sind, der ihnen Freiheit und einen Erlöser gab! Schütze Amerika, deine knieende Tochter, die jetzt den Arm hebt und um das Edelste, das du dem Menschen gabst, um dein größtes Geschenk, wodurch Menschen Engeln gleich werden, um die Freiheit ficht. Schütze Amerika! Amerika!! Unter deinem Schild wollen wir Taten tun! – Wenn dann der Priester aufsteht, die Kron auf der Bibel in 13 Teile zerschneidet und die Trümmer unter den Häuptern der 13 vereinigten Provinzen austeilt, wieder vortritt an [den]

Altar und zum bebenden freudeschaudernden Volk hin-
spricht:
Ihr seid frei!!! –
Und dann vom antwortenden Amen des Volkes die Tem-
pelgewölbe widerhallen: – Fühlst nichts, Horst? Meinst
noch, ein solch Volk sei so leicht zu unterjochen, wie man
eine Bande Spitzbuben zähmt? […][126]

»WEISHEIT UND GUTEN GESCHMACK FÜR JEDERMANNS KAUF«

DER ÄSTHETISCHE ERZIEHER

Friedrich Schiller tadelt, wie zitiert, in seinem Verriß Gottfried August Bürger, er vermische sich nicht selten mit dem
Volk, zu dem man sich doch höchstens »herablassen« sollte.[127]
Schubarts Sonderstellung in der aufklärerischen Publizistik
rührt daher, daß ihm diese – gar nicht leichte – »Vermischung
mit dem Volk« besser als anderen gelingt – besser auch als
dem von ihm sehr geschätzten Gottfried August Bürger. Diese
bedeutet in Schubarts Fall jedoch nicht das *sacrificium in-
tellectus*, nicht das Aufgehen in den Wonnen der Gewöhn-
lichkeit, das Schiller darin sieht, sondern den Versuch, verschiedene Kulturen und Lebensweisen zusammenzubringen,
das Eigene mit dem Anderen zu verbinden. Schubart setzt
in seiner *Chronik* die Popularisierung von Bildung fort, die
er in seinen öffentlichen Lesungen und seinen Vorträgen zur
Ästhetik betreibt. Er versteht sich als Volkslehrer, wobei das
von ihm angebotene Curriculum nicht das einer Volksschule,
sondern das einer Volkshochschule ist. Er wendet sich an die
Bildungsinteressierten unter den Handwerksmeistern wie an
die humanistisch Gebildeten, seine Sprachpalette reicht von

der Mundart bis zum Altgriechischen, sein Lehrprogramm von der biedersinnigen Moralpredigt bis zur Einführung in Werke der literarischen Avantgarde.

Dies geschieht nie in längeren Abhandlungen, sondern in meist kurzen Annoncen oder Rezensionen zum Literatur- und Musikleben, wobei eher knapp etikettiert als en détail begründet und analysiert wird. Man gewinnt den Eindruck, daß Schubarts Artikel tatsächlich meist ohne schriftliche Vorarbeiten diktiert wurden. Dabei gibt es aber durchaus Unterschiede: Auf Gebieten wie der Romanliteratur, der Kirchenmusik, der Beredsamkeit, in denen Schubart nicht nur über Informationen aus zweiter Hand, sondern über eigenes Wissen und Können verfügt, wird das Vokabular mitunter präziser und das Urteil differenziert, die Leser oder Hörer erhalten dann nicht nur Kaufratschläge, sondern einen Einblick in die Arbeit der Kritik. Schubart, dankbar für jedes Stück deutscher Literatur oder Musik, das sich der Produktion der damals führenden Kulturnationen an die Seite stellen läßt, spendet zwar viel öfter und lieber Lob als Tadel, doch wo ihm etwas nicht gefällt, nimmt er auch bei von ihm verehrten Autoren kein Blatt vor den Mund. So findet er für den Erfolgsroman des engsten Freundes seiner Ulmer Zeit, Martin Millers *Siegwart. Eine Klostergeschichte*, zwar viele freundliche Worte, baut jedoch distanzwahrende Kautelen ein. Wie es klingt, wenn er wirklich mitgerissen ist, zeigt seine Anzeige der *Leiden des jungen Werthers*, welche sich – typisch für den Empathiker Schubart – ihrem Gegenstand mit hitzigen, herausgestoßnen Sätzen anzuverwandeln sucht.

Über *Die Leiden des jungen Werthers*:

> Da sitz ich mit zerfloßnem Herzen, mit klopfender Brust und mit Augen, aus welchen wolllüstiger Schmerz tröpfelt, und sag dir, Leser, daß ich eben die *Leiden des jungen Werthers* von meinem lieben *Goethe* – gelesen? – nein, verschlungen habe. Kritisieren soll ich? Könnt ich's,

	Genie.	Urtheilsschärfe.	Literatur.	Tonfülle, oder Versifikation.	Sprache.	Popularität.	Laune.	Witz.	Gedächtniß.
Klopſtock.	19	17	17	18	19	15	16	15	17
Wieland.	18	18	18	18	18	17	18	17	19
Leſſing.	15	19	18	14	18	16	17	19	19
Gerſtenberg.	18	17	16	17	18	17	17	17	14
Uß.	17	17	16	17	17	16	15	17	15
Ramler.	14	16	15	17	16	13	12	15	16
Geßner.	17	18	15	14	17	18	14	17	14
Göthe.	19	18	17	14	18	17	17	16	17
Bürger.	16	16	17	18	18	18	17	16	16
Denis.	15	16	17	17	17	13	12	13	17
Gleim.	16	16	14	17	18	19	16	18	15
Schiller.	18	17	15	15	18	16	17	17	14
Friz Stollberg.	16	16	15	16	16	16	15	14	16
Proben von ältern deutſchen Dichtern.									
Bodmer.	16	17	18	13	15	16	15	12	18
Hagedorn.	14	15	13	14	15	15	14	15	13
Gellert.	12	14	13	15	16	18	12	16	12
Rabner.	16	17	14	13	15	18	17	18	12

Man ſieht aus dieſem Verſuche, wie ſchwer es ſey, Geiſter zu meſſen, wie man Körper mißt. Jn= zwiſchen hat es doch ſeinen Nutzen. Der Zwerg ſieht es deutlicher, daß er ein Zwerg iſt, wenn

Tabelle aus Schubarts Aufsatz »Kritische Skala der vorzüglichsten deutschen Dichter«.[128]

Schubart merkt zu seiner Punktewertung selbstkritisch an: »Man sieht aus diesem Versuche, wie schwer es sei, Geister zu messen, wie man Körper mißt.« Er bewertet neun Eigenschaften, darunter »Genie« und »Urteilsschärfe« ebenso wie »Laune« und »Popularität«.

so hätt ich kein Herz. Göttin Critica steht ja selbst vor
diesem Meisterstücke des allerfeinsten Menschengefühls
aufgetaut da. Mir war's, als ich *Werthers* Geschichte las,
wie der *Rahel* im elften Gesang des *Messias*, wie sie im
himmlischen Gefühl zerrann und unter dem Gelispel des
wehenden Bachs erwachte. – Ein Jüngling, voll Lebens-
kraft, Empfindung, Sympathie, Genie, so wie ungefähr
Goethe, fällt mit dem vollen Ungestüm einer unbezwing-
lich haftenden Leidenschaft auf ein himmlisches Mädchen. Die ist aber schon verlobt und vermählt sich mit
einem braven Manne. Aber diese[s] Hindernis verstärkt
nur Werthers Liebe. Sie wird immer unruhiger, heftiger,
wütender, und nun – ist jede Wonne des Lebens für ihn
tot. Er entschließt sich zum Selbstmorde und führt ihn
auch aus. Diesen simplen Stoff weiß der Verfasser mit
so viel Aufwand des Genies zu bearbeiten, daß die Aufmerksamkeit, das Entzücken des Lesers mit jedem Briefe
zunimmt. Da sind keine Episoden, die den Helden der
Geschichte, wie goldnes Gefolg einen verdienstlosen Fürsten, umgeben; der Held, *Er, Er* ganz allein, lebt und webt
in allem, was man liest; *Er, Er* steht im Vorgrunde, scheint
aus der Leinwand zu springen und zu sagen: Schau, das
bin ich, der junge leidende Werther, dein Mitgeschöpf! so
mußt' ich volles irdenes Gefäß am Feuer aufkochen, auf-
sprudeln, zerspringen. – Die eingestreuten Reflexionen,
die so natürlich aus den Begebenheiten fließen, sind voll
Sinn, Weltkenntnis, Weisheit und Wahrheit. Thomsons°
Pinsel hat nie richtiger, schöner, schrecklicher gemalt als
Goethes. Soll ich einige schöne Stellen herausheben? Kann
nicht; das hieße mit dem Brennglas Schwamm anzünden
und sagen: Schau, Mensch, das ist Sonnenfeuer! – Kauf's
Buch und lies selbst! Nimm aber dein Herz mit! – Wollte
lieber ewig arm sein, auf Stroh liegen, Wasser trinken

° James Thomson (1700–1748), schottischer Dichter, bekannt vor allem durch die Gedichtsammlung *The Seasons*.

und Wurzeln essen, als einem solchen sentimentalischen Schriftsteller nicht nachempfinden zu können. Ist bei Stage zu haben.[129]

Christlicher Kritik am *Werther* als der unangemessen einfühlsamen Darstellung eines Selbstmörders tritt Schubart, sonst durchaus auch Moralpädagoge, als Kunsterzieher kompromißlos entgegen. Einer von ihm nachgedruckten Glosse zur Werther-Rezeption hängt er eine Mahnung an seine Leser an:

> Dir aber, Schwabe, der du immer nach Moral in Werthers Leiden schnappst, muß ich noch sagen: so hat 'nmal 'n Mensch gehandelt; aber so sollst du nicht handeln. Es ist Schuldigkeit des Genies, manchmal einen Menschen aus Millionen herauszuheben und ihn zum Anschauen darzustellen. Wer Moral sucht, kann Mosheims° und Millers Quartanten lesen.[130]

Diese Empfehlung des *Werthers* ist nur ein Beispiel dafür, wieviel die *Chronik* für den Anschluß Süddeutschlands, vor allem natürlich Schwabens, an die deutsche Literaturentwicklung leistet. Dabei wittert Schubart, wie Claus Träger sagt, »mit geradezu traumwandlerischer Sicherheit die vorgeschobensten Positionen«.[131] Das gilt nicht nur für den Bereich der Belletristik, wo er zum Beispiel für die Werke des »Sturm und Drang« eintritt. Enthusiastisch annonciert er Herders *Auch eine Philosophie der Geschichte zur Bildung der Menschheit*, preist dessen »freies Rausstürmen großer, kühner, heilsamer Wahrheiten« und fordert: Lesen! »Schwabe, hast noch 'n Magen, der starke Speisen verdauen kann; so studier' dies Buch: 's wird dich im Bauch grimmen, ist aber heilsame Speise.«[132]

° Johann Lorenz von Mosheim (1693–1755), evangelischer Theologe und Schriftsteller.

Intensiver noch als bei der Literatur nimmt er dort, wo er sich zweifellos am besten auskennt, die Rolle des Erziehers ein: auf dem Gebiet der Musik. Er tut dies zum einen als freundlicher Dienstleister, der seine Leser und besonders seine Leserinnen auf neue Klavierliteratur hinweist, die für den Hausgebrauch geeignet sei: »Wer ein gutes Fortepiano hat, stark und mit Empfindung spielen kann, und entweder selbst singt oder einen guten Sänger zur Seite hat, der wird mit diesem Stücke große aufschauernde Wirkungen hervorbringen. Kostet bei Stage 1 Gulden.«[133] Zum anderen aber kritisiert er die leichte Schreibart, die damals das Musikleben dominiert, die Vorliebe für das Angenehme und das Desinteresse am Erhabenen:

> Sie beklagen sich, meine gnädige Damen, über Mangel an Klavierstücken? Da haben Sie ja den *Bach*! »O gehen Sie doch mit diesem abscheulichen Manne und seinen krausen Noten!« den *Schubart*, den *Eckart*. – Auch nicht? so haben Sie hier 6 Sonaten von *Wolf*°. Er schreibt schön, nicht zu leicht und nicht zu schwer, und bleibet also just in der Damensphäre. Sein Rondo wird Ihnen gefallen. Es ist fließend, angenehm, rund und sein Allegro hat viel Feuer.[134]

»Bach«: Dieser Namen ist an die Decke des Leipziger Gewandhaussaals gemalt, der 1781 eingeweiht wird. Die Hommage galt dabei nicht Johann Sebastian, sondern seinem Sohn Carl Philipp Emanuel Bach. Wenn Schubart von Bach redet, meint er damit oft ebenfalls diesen berühmtesten der Bach-Söhne, den später auch Haydn, Mozart und Beethoven als ihren Lehrmeister bezeichneten. Hellsichtig sieht er ihn als einen Vertreter einer neuen, harmonisch originellen und anspruchsvollen Musik – und verspottet die Amateurkünstler unter seinen Lesern, die es lieber etwas seichter hätten.[135]

° Jakob Gabriel Wolf (1684–1754), Dichter und Komponist.

Aber auch auf Johann Sebastian Bach kommt Schubart immer wieder zu sprechen: Er attestiert ihm eine Komplexität des Komponierens und eine Virtuosität des Orgelspiels, die von der zeitgenössischen Kirchenmusik nicht mehr erreicht werde. Schubart weiß, wovon er spricht. Er hat in seiner Nürnberger Schulzeit bekannte Organisten wie Cornelius Heinrich Dretzel Stücke von Bach spielen hören. Sein Befund eines seitherigen Niedergangs der Kirchenmusik wird von der heutigen Musikwissenschaft bestätigt.[136] Es ist zwar polemisch formuliert, aber nicht übertrieben, wenn Schubart schreibt:

> Es gibt keine Orgelspieler mehr! Da leiern sie das ganze Jahr ein ärmliches Präludium daher; spielen ihre Choräle ohne Empfindung; schlagen Dragonermärsche aus der Kirche, entweihen die Kommunionen mit Vorspielen im Tone: *Ach schläft denn alles schon*; und *die Tochter soll ins Kloster gehen*; wissen kein andres Zwischenspiel als:

> Himmel, was wirds noch werden? Unsterblicher Geist des großen *Sebastian Bachs*, auf welchem Planeten bist du? und setzest die Mitgenossen deiner Seligkeit durch Himmelsakkorde in Erstaunen? – Nur Geduld! Noch ist nicht alles verloren. Sein großer Sohn *Friedmann* lebt noch und hat sich neulich mit dem ausnehmendsten Beifalle der Kenner und des ganzen Publikums in *Berlin* hören lassen. Reiche Phantasie, kühne überraschende Ausweichung°, Registerkenntnis und Riesenstärke im Pedal ist

---

° Das vorübergehende Verlassen der Haupttonart.

sein Charakter. – Ihr kraftlosen Organisten des heiligen Römischen Reichs, die ihr eure Einfälle ohne Verstand und Geschmack herunterstampft, legt die Hand aufs Herz und erkennt, wenn euer musikalisches Gewissen aufpocht, daß ihr Sünder seid![137]

Ausführlicher als in der *Chronik* geht Schubart in seinen 1784/1785 auf dem Hohenasperg niedergeschriebenen, aber schon 1774 angekündigten[138] *Ideen zu einer Ästhetik der Tonkunst* auf die Bedeutung Johann Sebastian Bachs ein:

Sebastian Bach. Unstreitig der Orpheus der Deutschen! unsterblich durch sich, und unsterblich durch seine großen Söhne. Schwerlich hat die Welt jemals einen Baum gezeugt, der in einer Schnelle so unverwesliche Früchte trug wie dieser Zedernbaum. *Sebastian Bach* war Genie im höchsten Grade. Sein Geist ist so eigentümlich, so riesenförmig, daß Jahrhunderte erfordert werden, bis er einmal erreicht wird. Er spielte das *Klavier*, den *Flügel* und das *Cymbal*[139] mit gleicher Schöpferkraft; und in der *Orgel* – wer gleicht Ihm? wer war ihm je zu vergleichen? […] Er war Virtuos und Componist in gleichem Grade. *Was Newton als Weltweiser, war Bach als Musiker.* Er hat sehr viele Stücke gesetzt, sowohl für die Kirche als für die Kammer, aber alles in einem so schweren Stile, daß seine Stücke heutzutage höchst selten gehört werden. Seine *Jahrgänge*,[140] die er für die Kirche schrieb, trifft man jetzt äußerst selten an, ob sie gleich ein unerschöpflicher Schatz für den Musiker sind. Man stößt da auf so kühne Modulationen, auf eine so große Harmonie, auf so neue melodische Gänge, daß man das Originalgenie eines Bachs nicht verkennen kann. Aber die immer mehr einreißende Kleinheitssucht der Neueren hat an solchen Riesenstücken beinahe gänzlich den Geschmack verloren. Ebendies läßt sich von seinen Orgelstücken behaupten. Schwerlich hat je ein Mann für die Orgel mit solchem Tief-

sinn, solchem Genie, solcher Kunsteinsicht geschrieben
als Bach – aber es gehört ein großer Meister dazu, wenn
man seine Stücke vortragen will; denn sie sind so schwer,
daß kaum zwei bis drei Menschen in Deutschland leben,
die sie fehlerfrei vortragen können.[141]

Schubarts Bach-Charakteristik klingt heute vielleicht wie
eine pflichtschuldige Würdigung. Für die siebziger Jahre des
achtzehnten Jahrhunderts ist sie ungewöhnlich. Bach ist damals zwar zumindest bei Kennern kein unbeschriebenes Blatt,
aber er entspricht nicht dem Zeitgeschmack. Dieser sieht den
Fugenstil als pedantisch an und bevorzugt eine eingängige, auf
kunstvolle Figuren verzichtende, von einfachen Harmonien
begleitete Melodik.[142] Nur wenige Musiker und Musikschrift-
steller wie Johann Nikolaus Forkel, Johann Adam Hiller und
Johann Philipp Kirnberger bescheinigen Bach zu jener Zeit
herausragende kompositorische Qualitäten. Schubart ist unter den ersten, die seine historische Bedeutung würdigen,
und er ist der erste, der den weithin als *demodée* geltenden
Kirchenmusiker mit dem Sturm-und-Drang-Begriff des »Ori-
ginalgenies« bezeichnet.[143] Ihr entschiedenes, antizyklisches
Eintreten für Johann Sebastian Bach sichert der *Chronik* auch
einen Platz in der Musikgeschichte.

DER PATRIOT

Schubart schreibt als deutscher Patriot. Der vielschichtige
und wandelbare Begriff Patriotismus bedeutet damals vor
allem eine Kritik an Partikularinteressen, ein Eintreten für
das Gemeinwesen. Das Ulmer Wochenblatt *Der alte Deutsche*
sagt es 1775 so: »Dem Patriot liegt das Wohl seiner Mitbürger
am Herzen, der um sich her die Glückseligkeit blühend und
alle, die mit ihm leben, vergnügt sehen möchte.«[144]
Das ist nicht ganz so unpolitisch-harmlos, wie es klingt.
Denn in der Selbsternennung zum Patrioten drückt sich, so

Rudolf Vierhaus, der bürgerliche Anspruch aus, die Untertanenexistenz zu überwinden und aktiv an den öffentlichen Angelegenheiten der Heimatstadt, des Heimatlandes, der Nation teilzunehmen.[145] Dieser aufklärerische Patriotismus ist kein Nationalismus. Doch er kann in ihn übergehen, wenn die Wertschätzung und Förderung des eigenen Gemeinwesens den Akzent auf das »eigen« setzt, etwa wenn einheimische Traditionen, einheimische Waren den fremden vorgezogen werden sollen. Lessing war gegenüber solchen Tendenzen hellhörig. 1758 schreibt er an Gleim, ihn verlange nicht nach dem Lob eines »eifrigen Patrioten [...], des Patrioten nämlich, der mich vergessen lehrte, daß ich ein Weltbürger sein sollte.«[146] Schubart dagegen ist ein Beispiel dafür, wie sich die aufklärerische Idee eines gemeinsamen patriotischen Engagements mit der Betonung besonderer nationaler Fähigkeiten, ja mitunter mit Führungsansprüchen für die eigene Nation verbinden kann.

Schubarts Patriotismus ist immer und überall verknüpft mit einem Kampf um die Anerkennung deutscher Fähigkeiten durch die ökonomisch und kulturell avanciertesten Nationen der Zeit, durch Frankreich und vor allem England. Typisch dafür der schon zitierte Satz: »Was Newton als Weltweiser, war Bach als Musiker«. In Schubarts Lob deutscher Leistungen klingt immer der Ärger über deren ausländische und auch inländische Unterschätzung mit. Am 14. Juli 1774 schreibt er unter der Überschrift »Engelland«:

Es ist ein ganz eigentümlicher Zug im Charakter der Deutschen, daß sie von den Ausländern weit größere Begriffe haben als von sich selbsten. In welchem Taumelkreise von Bewunderung und Nachäffung haben uns nicht die Franzosen herumgetrieben! Und wer unter uns legt sein Gesicht nicht in die Falten der Ehrerbietung, wenn er das Wort *Engelland!* ausspricht! – Wahr ist's, der Engelländer hat etwas, das vor ihm keine Nation gehabt hat und nach ihm vielleicht keine mehr haben wird. Seine Ideen reichen beinahe ins Unendliche; Großheit in seinen Entwürfen und

Götterstärke in der Ausführung derselbigen; Tiefsinn in
seinen Untersuchungen und eine beinahe ganz unerreich-
bare Laune. Hartsinnig halten sie auf ihre Regierungsform, setzen sich dem Strome der Neuerung entgegen und
wagen es mit unbeugsamem Mute, die Wahrheit dicht an
den Schranken des Gerichts oder am Fuße des Throns zu
sagen. Ihre *Bacon, Locke, Newton* und *Shakespeare* haben
eine solche Höhe der Erkenntnis erflogen, daß man nicht
ohne Schauer und Ehrfurcht zu ihnen emporblicken kann.
Alles dieses sind wir so gerecht, schon seit langem einzuge-
stehen; ja der Enthusiasmus einiger Deutschen fürs Ausland ist so weit gegangen, daß sie sich unter einem Briten
fast ein Wesen von höherer Art dachten. Indessen fahren
die Engelländer fort, höchst verächtliche Seitenblicke auf
uns zu werfen und uns nichts weiter zu lassen als *unüber-
windliche Geduld.* Alles, was der Deutsche weiß, sagte
Burney, hat er dem Kunstfleiße und nichts dem Genie zu
danken. Das ist nicht schön, ihr Herren *Angelsachsen!* daß
ihr eure Väter ins Angesicht schlagt!
Wir sind gerecht! Sie aber nicht!
Hoch stehn sie; träumen's höher noch;
Wir ehren fremd Verdienst![147]

Schubarts Selbstwertgefühl als Deutscher ist nicht aus-
tariert. Einerseits ist er sich der kulturellen Defizite Deutschlands bewußt. Es sei nur an seine erschrocken und bewun-
dernde Meldung aus dem höfischen Ludwigsburg erinnert:
»Die Ausländer sind alle weiter in der Erziehung als wir«.
Andererseits mag er sich solche Feststellungen ungern von anderen anhören. Sein Sohn Ludwig erzählt, sein Vater sei jedes
Mal in Wallung geraten, wenn ein Ausländer »mit dem athe-
nischen Augbraun angestochen kam und auf sein Vaterland
als auf ein Böotien° herabsah«.[148] Schubart quält sich damit,

---

° Landschaft bei Athen. »Böotier« stand in der griechischen Antike für (grober, dummer)
»Bauer«.

zwei patriotische Aufgaben unter einen Hut zu bringen: die aufrüttelnde Selbstkritik und das Bewußtsein eigener Stärken. Das äußert sich zum einen in hin- und herlavierenden Argumentfolgen, zum andern in einer Aufspaltung in Artikel, die sich unter »Mängelrüge«, und solche, die sich unter »Kampf um Anerkennung« subsumieren lassen.

Ein eindrückliches Beispiel für die erste Variante findet sich in der *Chronik* vom 12. Dezember 1776. Schubart rückt hier eine Leserzuschrift »Apologie der Schwaben« ins Blatt, die ihn des mangelnden Eintretens für sein »eigentliches Vaterland«, für die Schwaben, bezichtigt. Schubart dürfe es doch nicht hinnehmen, daß diese anderswo als »dumme Schwaben« verspottet würden – als sei die »Arbeitsamkeit, Gewissenhaftigkeit, Treuherzigkeit und Wahrheitsliebe« der hiesigen Bauern mit Dummheit gleichzusetzen und als gäbe es nicht bedeutende schwäbische Dichter, Theologen und Philosophen. Und überhaupt solle man es doch mit der Kultivierung nicht übertreiben: »Wir haben uns, ob wir wohl den Franzosen näher sind als die Obersachsen, vor dem Leichtsinn der Franzosen und ihren Fratzen bisher ziemlich rein erhalten. – Gott bewahr uns ferner davor! Laß uns unsre Einfalt und den Sachsen ihre überfeine Kultur und Aufklärung! Wir wollen sie wahrlich nicht darum beneiden.«

Schubart erwidert darauf kompromißlos:

Niemand wird geneigter sein, Schwabens Ehre auszuposaunen, als ich, sobald mehr Stoff dazu vorhanden sein wird als jetzt. Wenn aber unsre besten Köpfe fortfahren auszuwandern; wenn unsre Gelehrten aus sträflichem Phlegma sich mit ihrer Pfründe mästen und nichts schreiben; wenn unsre Künstler durch schlechte Behandlung gezwungen werden, wie Tagelöhner Holz zu spalten und Säcke zu tragen; wenn's jedem Phantasten erlaubt ist, frei unter uns zu wandeln und das Volk am Narrenseil 'rumzuführen; wenn durch die elendesten Erziehungsanstalten die Seelen unserer Mitbürger hingemordet werden; wenn man Einfalt

und fromme Sitte kaum mehr unterm Strohdache findet:
Was kann ich da sagen – sprich, guter, bester Mann?[149]

In ähnlichem Tenor appelliert er am 23. Mai 1776 an die
Deutschen:

Über den Vaterlandsstolz

Aufs Vaterland stolz sein, ist löblich und schön; aber Vor-
züge am Vaterland entdecken, die es nicht hat, und stolz
auf das sein, was uns entehrt, ist Torheit, vor der uns Gott
bewahre. Höre, was dir ein weiser Mann zuruft:
Du bist ein Teutscher. Wohlan, sei stolz auf deinen *Hermann*, auf den Helden *Friederich*, auf *Katharina*, die
Wohltäterin der Menschen! Nenne *Leibniz*, *Klopstock*
und *Lessing* der Nachwelt! Nenne Deutschlands Erfinder,
wenn Engelland seine Darsteller neben Königen begräbt
und Gallien seine Dekorateurs unter die Vierziger setzt!!!°
Uns fehlen zwar Geschichtsschreiber und Redner, aber
weder Dichter noch Taten. Dennoch laßt uns gerecht sein
und nicht vergessen; daß kaum vor 30 Jahren noch *Gottsched* der teutsche *Addison* war, daß jetzt noch Laune,
Witz und Grazie im teutschen Boden nur mühsam gedei-
hen, und daß Vaterland und Freiheit in unsrer Sprache
nicht viel mehr als Töne ohne Meinung°° sind.[150]

Hier überwiegt also Selbstkritik, doch en passant sind auch
die Punkte genannt, in denen Schubart deutsche Stärken sieht:
Erfindergeist, künstlerisches und wissenschaftliches Ingenium
sowie, inkarniert in »Hermann« dem Cherusker, »Friederich«
dem Großen und »Katharina« von Rußland°°°: teutonische Tatkraft. Der Kampf für die Wertschätzung, für die Wiederent-

---

° Gemeint ist: in die Académie française aufnimmt, die vierzig Mitglieder zählt.
°° Bedeutung
°°° Kaiserin Katharina von Rußland, geborene Sophie von Anhalt-Zerbst.

deckung, für die Förderung dieser »urdeutschen« Fähigkeiten durchzieht die gesamte Geschichte der *Chronik*.

Sie sollten ihm doch etwas über »Erfindungen, Entdeckungen, Polizeiverordnungen« zuschicken, bittet Schubart im November 1775 seine Leser,[151] und einige Wochen später kann er melden:

> In unserm Vaterlande werden jetzt allenthalben so weise Polizeianstalten und zur Glückseligkeit der Völker abzweckende Verordnungen gemacht, daß wir bald auch hierinnen das Muster für andre Nationen sein werden […]. Welche vortrefflichen Anstalten werden jetzt nicht zur Bequemlichkeit der Reisenden gemacht! Allenthalben Hochwege, expedite Posten, von Schwager Maz° geführt, vortreffliche Gasthöfe, zumal in unsern großen Städten, Reisealmanache, die uns die gerade Straße durch die Welt weisen, und überall ein so simples, biederherziges, dienstfertiges Betragen unsrer Landsleute gegen die Fremden, daß ich seit kurzem viele Reisende gesprochen habe, die mein Vaterland auch in diesem Stücke nicht genug bewundern können.[152]

Einige *Chronik*-Ausgaben später unternimmt er einen historischen Exkurs, der wie eine frühe Ehrenrettung der – im neunzehnten Jahrhundert von England ja ursprünglich als Warnung eingeführten – Formel »Made in Germany« klingt:

> 'S Herz im Leibe lacht mir, wenn ich so dran denke, was wir Teutsche alles schon erfunden haben. Wenn der Ausländer uns phlegmatische Kerls nennt, uns Genie und Witz abspricht und uns gern unter der Sklavenherde der Nachahmer zum Tor 'naustreiben möchte; – und wir dann

---

° Schwager (= Kutscher) Matz ist eine Figur aus Gottfried August Bürgers Gedicht »Der Raubgraf«.

da stehen und auf die Brust schlagen und sprechen: Habt
ihr auch erfunden, was wir erfunden haben? so muß er uns
mit Ehrfurcht ansehen und Gott danken, wenn wir nur Kameraden mit ihm sein wollen. Der Kerl hat's Pulver nicht
erfunden, pflegt man im Sprichwort von einem dummen
Menschen zu sagen; aber wir haben's erfunden. Die ganze
Geschützwissenschaft ist unser; die Buchdruckerkunst unser, die Erfindung des Papiers unser; die Kupferstecherkunst und Sammetstich° und Holzschnitt sind unser; – Ha,
majestätische Orgel, du bist unser Geschöpf, und auch
du, zärtlich girrendes Klarinett! Wir haben dem hohen
Flügel Mitteltinten gegeben, und ihn zum Fortepiano
umgeschaffen; wir haben Göttertöne aus'm Glase gelockt,
und die Melodika [siehe Abbildung][153] beinahe bis zur
Menschenstimme erhoben. Wir haben Göttergebäude
hingetürmt und den Riß, wie Gott, als er Welten schuf, aus
uns selber genommen – der Sklave der Säulenordnungen
nennt sie gotisch; aber der Seher, der wie *Goethe*°° sieht,
bleibt staunend vor diesen Gebäuden stehen und bemerkt
die lichthellen Züge altteutscher Geisteskraft.[154]

Aktuelle technische Entwicklungen wie die »Notenmaschi-
ne«[155] oder Mesmers Heilmagnetismus[156] bestärken Schubart
in dem Glauben: »Die meisten und größten Erfindungen und
Entdeckungen hat man uns Deutschen zu danken«[157], oder
in der Steigerungsform: »Jede große Erfindung ist deutschen
Ursprungs.«[158] Bekundungen, die von der ungebremsten Re-
nommiersucht eines technischen Laien zeugen, der zudem
nie aus Deutschland herauskam – schon eine Woche in England hätte ihn eines Besseren belehren können –, die aber
in einer Hinsicht bemerkenswert sind: Hier geht es nicht
um das beliebte Schema »Deutsche Kultur gegen westliche
Zivilisation«, sondern um einen gemeinsamen Wettbewerb

° Samtstich: Mezzotinto; Tiefdruckverfahren, das Ludwig von Siegen 1642 entwickelte.
°° Anspielung auf Goethes Aufsatz »Von deutscher Baukunst«, 1773.

»Beinahe bis zur Menschenstimme erhoben«: Johann Andreas Steins
»Melodika«.

Die von Schubart gelobte »Melodika«, eine Variante des Klaviorganums,
wurde um 1770 von dem Orgel- und Klavierbauer Johann Andreas
Stein entworfen. Bei diesem Musikinstrument spielt die linke Hand ein
Hammerklavier und die rechte eine an das Klavier angekoppelte Orgel.
Die »Melodika« erlaubt dynamische Schattierungen, die dem empfind-
samen Musikgeschmack entgegenkommen. Schubart beschreibt das Instrument in seinen *Ideen zu einer Ästhetik der Tonkunst*. Die Abbildung
zeigt das einzige erhaltene Exemplar einer Steinschen Melodika. Das
1781 gebaute Instrument befindet sich im Stadtmuseum Göteborg.

darum, die materiellen Voraussetzungen der »Glückseligkeit
der Völker« zu verbessern.

Aber natürlich kommt bei Schubart auch der Hinweis
auf die ideelle Produktivkraft Deutschlands nicht zu kurz.
»In den Wissenschaften und den schönen Künsten«, so verkündet er, seien die Deutschen ebenfalls »das Muster für

andre Nationen«.[159] Wenn er ins Detail geht, läßt er freilich diese Stammtischformeln hinter sich. Das gilt besonders für das Gebiet der Literatur, die ältere (Cervantes, Shakespeare, Milton) wie die neueste: Jonathan Swift gilt ihm als der größte Satiriker, Henry Fielding als der größte Romancier der Welt.[160] Laurence Sternes Roman *Tristram Shandy* – er erschien 1774 auf deutsch – nennt er »ein so außerordentliches Buch, daß in der ganzen Literatur nichts mit ihm zu vergleichen ist«.[161] Ganz anders urteilt er im musikalischen Bereich. Noch vor der Zeit Haydns, Mozarts, Beethovens zeichnet Schubart das später weltweit gepflegte Bild von Deutschland als der großen Musiknation. Als Belege dafür führt er nicht nur die in seinen Ohren unübertroffenen Komponisten Gluck, Händel, Johann Sebastian und Carl Philipp Emanuel Bach an, sondern auch die deutsche Konzertpraxis: Deutsche Organisten und Pianisten, Zinkenisten, Oboisten, Fagottisten gelten ihm als die besten.[162] Was die Gesangskultur angeht, so muß er schon aufgrund seiner Ludwigsburger Opernerlebnisse einräumen, daß die Italiener den Deutschen »im feinen, großen, ganz ausgebildeten Gesang«[163] hoch überlegen seien. Nicht jedoch bei den Liedern im »Volkston«:

> Deutscher Gesang wird überall goutiert, wo es Menschen-ohren gibt. Der Fuß des Wilden zuckt so gut, wenn er einen deutschen Schleifer hört, als der Schenkel des biederen Schwaben. Im Tone des herzigen *Volkslieds* ist Deutschland noch von keinem Volke übertroffen worden; die größten welschen Meister belauschen oft unsere Handwerksburschen, um ihnen herzige Melodien abzustehlen. Die Natur selbst scheint aus deutschen Kehlen zu singen, und der philosophische Geist unserer Nation hat dieser Natur eine Richtung gegeben, welche notwendig jene große Schule bilden mußte.[164]

Naturbelassenheit: Hier kommen wir zu den langerprobten, populären Stereotypen, mit denen die Deutschen seit der Wiederentdeckung von Tacitus' *Germania* im fünfzehnten Jahrhundert ihr Selbstbewußtsein stärken. Auch Schubart ist überzeugt, daß unter den zeitgenössischen Gewändern seiner Landsleute die gute alte germanische Haut zu finden sei: Ehrlichkeit, Treuherzigkeit, Biederkeit, heute würde man sagen: hohes moralisches Kapital; zum andern Stärke, Männlichkeit, Kampfesmut. Der Glaube an dieses Germanenerbe läßt ihn ausrufen: »Gott behüt uns unsre teutsche Masse!«[165]

Manches davon, so entnimmt es Schubart der Tradition nationaler Ruck-Reden, ist verschüttet, anderes verdorben worden: »Klage, klage, Teutonia«, ruft Schubart aus. »Nicht mehr, was sie waren, sind deine Söhne, nicht stark, unbezwungen, frei, einfältig, bieder und fromm!«[166] Die Warnungen vor der »französischen Krankheit«, die den deutschen Körper, und vor dem »französischen Geschmack«,[167] der den deutschen Geist gefährde, sind allesamt nachgeplappert, aber Schubart gießt sie in griffige Formulierungen und trägt sicherlich nicht wenig zu ihrer weiteren Verbreitung bei.[168] Inbrünstig predigt die *Chronik* jener Jahre ihren Lesern und Leserinnen, daß Deutschland sich von der französischen Unmoral und Weibischkeit befreien und seine germanische Tugend und Mannhaftigkeit wiederentdecken müsse.

> Schon Aristoteles hat's gewußt, und Tausende sprachen's ihm nach, daß jeder Staat, wie jeder einzelne Mensch, seinen besondern Charakter habe. Klima, Erziehung, Regierungsform, alles trägt das Seine darzu bei, diesen Charakter zu erhalten, zu bestimmen oder gar zu verfinstern und zu vernichten. Vernichten? Das hält schwer, wenn der Stoff so derb ist wie bei den Teutschen. Nachahmungssucht hat zwar einige Gecken unter uns gemacht; aber man sieht's jetzt nur allzu deutlich, daß das französische Luftkleid dem teutschen Riesenkörper nicht passe. Wir fangen wieder an, die Franzen und Maschen herunterzureißen und nach 'm alten Kittel mit großen Aufschlägen und massiven Knöpfen zu greifen, in dem unsere Voreltern so

Die »alten Deutschen«: Nackt aber keusch, kriegerisch und sieg-
reich. Eine zeitgenössische Tacitus-Ausgabe, Frankfurt/Oder 1766.

Tacitus' *Germania* gehörte schon früh zu Schubarts Lieblingsbüchern.
Wie schon seit den deutschen Frühhumanisten üblich, las er sie als
Hohelied auf die »alten Deutschen« und als Appell, zur deren Freiheit
und deren Tugenden zurückzufinden. »Die Deutschen zeichneten sich
sonst, wie man schon im Tacitus bemerkt, vor allen Völkern durch strenge Keuschheit aus«, doziert Schubart in seinen Erinnerungen. »Dies
machte sie so stark, so ehern; lehrte sie Winfelds° Schlacht schlagen
und die sieben Hügel erschüttern.«[169] Als Balthasar Haug anbot, ihm
Bücher auf den Hohenasperg zu schicken, bittet Schubart ihn »1. Um
Taciti opera omnia.«[170]

──────────────

° Winfeld: Ort der Schlacht im Teutoburger Wald.

stattlich einhergingen. Tacitus würde unter uns noch viele von jenen festen Zügen finden, womit er sein ausgeartetes Rom beschämte.[171]

Man täusche sich nicht: In dem für heutige Ohren befremdlichen Aufruf, zu »germanischen« Tugenden, zu »altdeutschem« Mannesmut zurückzukehren, steckt viel vorwärtsgewandte Bürgerlichkeit. Es geht hier, wie in Schubarts leider völkisch argumentierenden Frankreichkritik, nicht zuletzt um Zivilcourage statt Subalternität, um unternehmerische Tatkraft, um die Freiheit von einheimischer und auswärtiger Zwangsherrschaft. Das ist bei Schubart nicht anders als in dem berühmtesten Dokument der damaligen Germanophilie, in Klopstocks 1769 publizierter *Hermanns Schlacht*. Doch von hier aus ist es zu nationalistischen Machtphantasien nicht weit. Schubart ist nicht nur fasziniert von germanischem Heldenmut, sondern behauptet auch, im Gedanken auf die Erfolge der preußischen Armee im Siebenjährigen Krieg: »Überhaupt hat keine Nation in der Kriegskunst solche große Entdeckungen gemacht als die deutsche, zumal in neuern Zeiten […] Wenn Deutschland *ganz* in all seinen Gliedern harmonierte, wer würde diesen Riesenkörper nach seiner gegenwärtigen Stärke – nicht umstürzen, sondern nur erschüttern können?«[172] Das hält sich noch im defensiven Rahmen von brüderlichem Schutz und Trutz, doch einige *Chronik*-Ausgaben später überschreitet eine neuerliche Zukunftsphantasie Schubarts diese Grenze:

Im Aufmacher der Ausgabe vom 29. September 1774, überschrieben »Ein Gesicht«, führt die Göttin Germania den Erzähler in einen Tempel, in dem auf beiden Seiten die Skulpturen deutscher Herrscher, Denker und Künstler aufgereiht sind. Es handelt sich dabei um eine bisher übersehene, vielleicht die früheste Antizipation eines deutschen Pantheon, wie es 1842 mit der »Walhalla« bei Regensburg realisiert wurde.[173]

In einem Eichenwald stand ein Tempel. Groß, majestätisch in altdeutscher Pracht, das Urbild der Münster zu Straßburg und Ulm. Ich trat in den Tempel, der von unzähligen Lampen beleuchtet war. Auf beiden Seiten glänzten die Bildsäulen der Patrioten: Hermann, Stegmar, Carl der Große, Heinrich der Vogler, Otto, Rudolph von Habsburg, Leopold, Carl der Sechste, Friederich Wilhelm der Große und einige andere gekrönte Vaterlandsfreunde standen auf der einen, und die vaterländischen Weisen auf der andern Seite. Am längsten verweilt' ich mich an den Bildsäulen der Barden, deren Namen unter uns in unverdienter Vergessenheit ruhen.

Ein Priester führt den Besucher weiter in den Arkanbereich:

Da lagen die Denkmale der Deutschen aufgeschlagen, mit Mönchenschrift auf Pergament geschrieben. Hört Taten der vorigen Zeit, ihr Enkel! so fing ein jedes Denkmal an, und enge ward mir's vor Freud' ums Herz. Nur wollten mir die Denkmale aus dem achtzehnten Jahrhundert nicht alle gefallen. Ach deine Söhne, Germania! so hieß es, kämpfen nicht mehr um die heilige Freiheit, deine Reisigen lassen sich wie Knechte dingen und würgen sich um niedrigen Mietlohn. Anstarren und Nachäffen fremder Sitte hat ihre Sehnen abgespannt. Bei den Weichlingen drüben am Rhein holen sie weibische Moden, Seuchen und Verzagtheit. Ihr Ohr ist zu wälschen Trillern gewöhnt und verschließt sich dem rauhen kriegerischen Klang des Bardiets°, das sich vom Felsengebirg wie ein Waldstrom ins Schlachttal wälzt. Traurig sehen die Geister der Väter von der Mondglanzwolke auf ihre ausgearteten Enkel nieder, die unter dem Geklimper eines gallischen Liedchens im Schoße geschminkter Dirnen es verlernen,

---

° Von Klopstock geprägter Name für ein germanisches Schlachtlied.

daß sie von Thuiskons Stamm sind. Aber weine nicht, deutscher Mann, die Löwen erwachen, sie hören das Geschrei des Adlers, seinen Flügelschlag und Schlachtruf. Sie stürzen hervor, wie die Cherusker aus den Wäldern stürzten, reißen abgerissene Länder aus den Armen der Fremden, und unser sind wieder ihre fetten Triften und ihre Traubenhügel. Über ihnen wird sich ein deutscher Kaisersthron erheben und schrecklichen Schatten auf die Provinzen seiner Nachbarn werfen. – Leser, halte dies Gesicht für keinen prophetischen Traum, 's kann wahr werden. Die Zeichen der Zeit sind dieser Vermutung sehr günstig. Schon sind wir an Zahl, Maß und Gewicht allen Nationen überlegen. Bleiben wir einig, wie wir's jetzt sind, so werden wir bald die erste Nation der Welt sein.[174]

Hier sind die Hieb- und Stichwörter versammelt, welche den im späten achtzehnten Jahrhundert erwachenden deutschen Nationalismus ausmachen. Eine solche Nähe zum Chauvinismus findet sich in Schubarts Zeitung nur selten. Doch »Das Gesicht« zeigt, daß die gern getroffene Unterscheidung zwischen einem friedlichen Patriotismus vor 1800 und einem offensiven Nationalismus danach fragwürdig ist.

DER PATRIARCH

Ich Mädchen bin aus Schwaben,
Und braun ist mein Gesicht:
Der Sachsenmädchen Gaben
Besitz ich freilich nicht.
Die können Bücher lesen,
Den *Wieland* und den *Gleim*
Und ihr Gezier und Wesen
Ist süß wie Honigseim.
Der Spott, mit dem sie stechen,
Ist scharf wie Nadelspitz;

Der Witz, mit dem sie sprechen,
Ist nur Romanenwitz.
Mir fehlt zwar diese Gabe,
Fein bin ich nicht und schlau,
Doch kriegt ein braver Schwabe
An mir 'ne brave Frau.
Das Tändeln, Schreiben, Lesen
Macht Mädchen widerlich;
Der Mann, für mich erlesen,
Der liest einmal für mich.
Hör, Jüngling, bist aus Schwaben?
Liebst du dein Vaterland?
So komm, du sollst mich haben.
Schau, hier ist meine Hand!

Dies Gedicht, die schwäbische Variante von Klopstocks »Ich bin ein deutsches Mädchen«, erscheint im Oktober 1775 in der *Deutschen Chronik*.[175] Es wird zu einem vielgesungenen Volkslied. Die zahlreichen *Chronik*-Beiträge zur Frauenerziehung werden in der Schubart-Literatur stets nur am Rande erwähnt. In der jüngeren Zeit mag dabei eine Rolle spielen, daß Schubarts Frauenbild als ein wenig peinlich empfunden wurde. Kurt Honolka, der dem Thema immerhin einige Zeilen widmet, nennt Schubart in der Geschlechterfrage »konservativer« als in anderen Dingen, da er sich »gelehrte Weiber« verbeten und zu »ihren Brühen und Sulzen« zurückgeschickt habe.[176] Doch das Etikett »konservativ« führt in die Irre: In den siebziger Jahren des achtzehnten Jahrhunderts gehörte Schubart mit seinen strikten Vorstellungen von dem, was Frauen können und nicht können, dürfen und nicht dürfen, eben nicht zur provinziellen Nachhut, sondern zur Vorhut einer Physiologie und Psychologie, die eine Polarisierung männlicher und weiblicher Eigenschaften betrieb. Sie fand Erziehungsformeln, die bis weit ins zwanzigste Jahrhundert hinein Geltung hatten. In der Frühaufklärung hatte man es durchaus nicht für abwegig gehalten, daß Frauen in Mathematik, in den Naturwissenschaften und anderen Fächern ausgebildet würden. Eine solche Ausbildung, so konnte man zum Beispiel in der Wochenschrift *Der Patriot* nachlesen, sei für Frauen keineswegs zu anstrengend und stehe auch nicht im Widerspruch zu ihren Aufgaben als Ehefrau, Hausfrau und Mutter.[177] In der zweiten Hälfte des achtzehnten Jahrhunderts geraten solche Auffassungen zunehmend in die Defensive. Mit dem Aufkommen bürgerlicher Berufe, die eine räumliche Trennung von Wohnen und Arbeit mit sich brachten, und dem Bedeutungszuwachs der familiären Kindererziehung bildet sich die Theorie einer natürlichen, durch Unterschiede der männlichen und weiblichen Physis und Psyche vorgegebenen Rollendisparität heraus. Die *Chronik* bringt die medizinischen, philosophischen und pädagogischen Expertenmeinungen hierzu unter die Leute.

»Das Tändeln, Schreiben, Lesen / Macht Mädchen widerlich«: Schubarts Beiträge zur Frauenerziehung bestehen zu einem großen Teil in engagiert, ja erregt vorgetragener Frauenkritik. Der Patriot und der Patriarch verbinden sich, wenn Frauen als das Einfallstor französischer Dekadenz ins deutsche Haus beschrieben werden: als teurer Modekleidung, seichter Gefühligkeit, frivolen Romanen verfallene Wesen, welche dabei auch den deutschen Mann verweichlichen, verweiblichen:

An die Damen

Erlauben Sie mir's, meine gnädigen Damen, mich mit der altväterlichen Bescheidenheit eines *Deutschen* Ihrem *Putztische* zu nähern und Ihnen *das erste Stück* der *Iris*° in Franz – ach, in Franz [Französisch] und im Regenbogenschnitte untertänigst vorzulegen. Herr *Jacobi*, der es der Welt schon tausendmal gesagt hat, daß er das zärtlichste,

---

° Von J. G. Jacobi herausgegebene literarische Monatsschrift.

empfindsamste Herz besitze, hat den süßen Einfall gehabt, den Abbt nach seiner neusten Mode zu spielen und
sein Leben an Ihrem Putztische wegzutändeln. Er schreibt
deswegen seine *Iris* – ein Teelöffelchen, in welchem Sie
den Fünftelsaft aller Weisheit morgens oder abends ohne
Beschwerde sanft hinabschlürfen können. Eine Teeschale
französische Brühe drauf könnte nichts schaden. Leben
Sie wohl, furchtbare Circen der Erde, die Sie Männer zu
Puppen, Weise zu porzellanenen Männerchen und die
ganze Literatur zu einem Putztische umschaffen können.[178]

Daß Schubart lesende Frauen tadelt, aber weibliche Leserinnen anspricht, ist nur ein halber Widerspruch: Wie andere
aufklärerische Erzieher der Epoche – Basedow und Campe
zum Beispiel[179] – will Schubart die Frauen zwar nicht gelehrt,
aber doch auch nicht ganz ungebildet sehen. Eine gewisse
Belesenheit, eine gewisse künstlerische Fähigkeit, vor allem
im Musikalischen, gehören zu den Repräsentationspflichten
einer bürgerlichen Ehefrau. Schubart selbst zeigt sich öfters
darüber ungehalten, daß seine fromme Helena so wenig Bil-
dungs- und Kunstsinn zeige. In der *Chronik* sind es besonders
der weibliche Gesang und das weibliche Klavierspiel, das er
fördert (er unterrichtet ja etliche Klavierschülerinnen). Dabei
macht er in Schubartscher Offenheit deutlich, daß die Lippen
der Sängerin und die Finger der Pianistin ihn mindestens
ebenso sehr interessieren wie die Töne, die sie hervorbringen.
In der Anzeige gerade im Druck erschienener »Lieder eines
Mädchens beim Singen und Klaviere« schreibt er:

Zwei liebenswürdige Frauenzimmer haben uns dies Geschenk gemacht. Die Poesie und die Musik ist ganz frauen-
zimmerlich. So wie sie der Spleen anwandelt, sind sie bald
zärtlich, bald unwillig, bald munter, bald schwermütig.
[…] Was ich doch für ein verliebter Phantast bin! Da seh
ich schon eine Blonde mit Augen, aus denen ein ganzer
Olymp glänzt, vor dem Flügel sitzen und eine Brünette

mit schwarzen Augen, aus denen Blitze strahlen, neben ihr stehen und ein liebes Liedchen nach dem andern herabsingen. Ich aber stehe voll Gefühl am Flügel und zürne, daß ich ihnen die Noten nicht von den Lippen, nicht von den weißen Fingerchen wegküssen kann.[180]

Immer wieder zeigt Schubart, daß er Frauen gleichzeitig begehrt und verachtet. Ihre künstlerischen Fähigkeiten, so bekräftigt er bei jeder Gelegenheit, seien nun einmal begrenzt, mit männlichen Pianisten könnten sie sich nicht messen. Es handelt sich hier nicht um kleine Scherze auf Frauenkosten, mit denen der Journalist Schubart auf den Beifall seiner männlichen Leser schielt, sondern um die heiligsten Überzeugungen des Musikkenners Schubart. In der *Ästhetik der Tonkunst* heißt es zum Beispiel über die Klavierbegleitung von Gesang: »Nur der tiefsinnige Musiker, nicht die bloß zum Zeitvertreib spielende Dame ist fähig, jedes Stück so zu begleiten, wie es seine Natur erheischt.«[181] Über die Pianistin Anna von Schaden schreibt Schubart beinahe sadistisch: »Was durch Mechanismus vorgetragen werden kann, das trägt sie meisterhaft vor; wo aber *Genie* gelten soll, da herrscht weibliche Ohnmacht: sie zappelt alsdann auf den Tasten wie eine geschossene Taube, und ihr Leben verlischt.«[182]

Nur die Derbheit, nicht aber die Tendenz dieser Äußerung ist spezifisch schubartisch: Die männliche Kunstkritik der Zeit war sich im wesentlichen einig darin, daß Pianistinnen gewöhnlich nicht die Nerven und die Kraft für die Darstellung ausgezeichneter Kompositionen hätten.[183] Ausnahmen wurden freilich zugestanden. Auch Schubart lobt einige Künstlerinnen der Zeit für ihre geradezu »männlichen« Leistungen. Einmal, bei einer Klage über den Niedergang der deutschen Klavierkunst, läßt er sich sogar zu der Bemerkung hinreißen: »Leider ist's wirklich schon so weit in Deutschland gekommen, daß an den meisten Orten die Weiber besser spielen als die Männer.«[184] Von Herzen kommt dieses Lob nicht: Er verachtet zwar die künstlerische Magerkost, welche den Salondamen munde, aber ebenso lehnt er die Frauen ab, die mit den Männern auf geistigem Gebiet wetteifern. Die als Fürsorge daherkommende biologistische Argumentation, daß Frauen intellektuelle und künstlerische Höhenflüge meiden sollten, da ihre Konstitution dafür zu schwach sei, entlarvt sich angesichts offensichtlich starker Frauen zur bloßen Revierverteidigung: Gut, manche Frauen mögen es können, aber sie sollen es bleiben lassen. Ungeschützt, wie er oft denkt und schreibt, gibt Schubart selbst zu Protokoll, was ihn zu einer solchen Ablehnung treibt: die Angst vor Entmannung:

> Jetzt schreibt man in Frankreich Astronomien, Physiken, Philosophien, Geschichten, Enzyklopädien für's weibliche Geschlecht. Ja, vor ebenden Schranken des Gerichts, vor denen die Beredsamkeit eines Daguesseau° und Thomas°° donnerte, treten jetzt Weiber auf und verteidigen ihre Sache. Kürzlich hat die Gräfin von Bethüne ihre Sache vor dem Parlement°°° selbst geführt, und zwar zum höchsten Wohlgefallen der entmannten Franzosen. O ihr Unmänner, wenn ihr's Weibern erlaubt, die Stellen der Demosthene und Ciceronen zu vertreten, so schnallt euer Schwert ab und gürtet es euren Amazonen um! [185]

Einsendungen an die *Chronik*, in denen sich Leserinnen gegen solche Tiraden wehren, sind nicht überliefert; auch keine privaten Reaktionen. Dafür war es in den 1770er Jahren offenbar noch zu früh. Auffallend ist immerhin, daß die umfangreiche literaturhistorische, belletristische und heimatkundliche Schubart-Literatur so gut wie ausschließlich von Männern stammt. Programmatischer Feminismus spielt bei diesem weiblichen Beschweigen, das gewiß mehr als eine Ursache hat, sicher keine große Rolle; vielleicht aber war da das

---

° Henri-François Daguesseau (1668–1751), französischer Kanzler.
°° Antoine Léonard Thomas (1732–1785), französischer Schriftsteller.
°°° Oberster Gerichtshof in Frankreich.

unbestimmte Gefühl, in Schubarts Männerwelt kein wirklich willkommener Gast zu sein.

Dabei sollte man freilich nicht unterstellen, daß der Kult des deutschen Mannes, des deutschen Helden, des deutschen Kriegers eine Schubart auf seinen kräftigen Leib geschriebene Ideologie gewesen sei. Es ist keine wilde Spekulation, wenn man annimmt, daß sein Kampf gegen das »Weibische« zugleich ein Kampf gegen sich selbst war. »Soviel Mut, ja Verwegenheit er im Schreiben besaß«, schreibt sein scharfsichtiger Sohn Ludwig, »so wenig zeigte er im Handeln und wich mit mädchenhafter Schüchternheit sogar den lautesten Aufforderungen dazu aus.«[186] »In allen seinen Gefühlen und Empfindungen herrschte eine gewisse Zartheit, die hart an *Weiblichkeit* grenzte und mit seinem übrigen derben Charakter einen auffallenden Kontrast machte. Sobald man diese empfindliche Saite, die so manche seiner Lieblingsmeinungen zur Folge hatte, im Umgang berührte, wich er plötzlich aus und verrückte den Schützen durch irgendeinen Einfall das Ziel. Ließen sie dennoch nicht ab, so stand er mit Entschlossenheit auf und fragte: Ob man ihn aus der Gesellschaft vertreiben wolle? Anderemal entfernte er sich, ohne ein Wort zu reden, ließ das volle Glas stehen und war durch keine Vorstellung zurückzubringen.«[187]

DER PHILANTHROP

»Gutherz« und »Bürgerfreund«

Die meisten Gedichte Schubarts, die er in der *Chronik* veröffentlicht, sind Rollenpoesie, und oft nutzt er sie als Stilmittel des sozialen Mit-Leidens.

Der Arme

Gott, wie lange muß ich darben! –
Ewig glücklich sind nun die,

Die vor mir im Frieden starben,
Denn kein Elend drücket sie.

Hilfe, willst du lange säumen? –
Halbverschmachtet steh' ich hier.
Goldne Früchte an den Bäumen,
Reicher Herbst, was helft ihr mir? –

Bauern sammeln in der Scheune
Korn und Weizen auf wie Sand;
Aber, wenn ich Armer weine,
So verschließen sie die Hand.

Reiche rasseln mit dem Wagen;
Fett vom Haber ist ihr Pferd; –
Rasselt nur, daß ihr die Klagen
Eines armen Manns nicht hört. […][188]

Einige Wochen später schreibt Schubart unter der Überschrift »Vom Bettel«:

Man dringt jetzt in den meisten deutschen Provinzen auf
die Abstellung des Bettels […]. Die Polizeiverständigen
machen die sehr natürliche Abteilung des Bettelordens:
entweder sind's Leute, die sich von Jugend auf an den
schändlichsten Müßiggang gewöhnt haben; oder sind's
wirklich Dürftige, Alte, Bresthafte, Krüppel, die eine
tätige Unterstützung des Staats erheischen. Die erstere
Gattung ist sehr zahlreich. Sie befinden sich in ihren Lumpen und bei ihrer gänzlichen Unabhängigkeit von allen
Pflichten der Gesellschaft sehr wohl. Wenn man *Mösers*°
Beschreibung der Bettler in London liest, so möchte man
fast selbst ein Bettler werden. Diese schädlichen Leute

° Justus Möser: Patriotische Phantasien. Berlin 1775 ff.

müssen in einem Staate keineswegs geduldet werden. Errichtet Arbeitshäuser, Fabriken oder gebt dem wollüstigen Müßiggänger die Spade in die Hand und laß ihn am Straßenbau arbeiten. Dem Kerl wird der Kitzel vergehen; er wird sich nach und nach an Arbeit und Ordnung gewöhnen und dem Staate nützlich werden. Der arme Alte, dessen Kräfte vertrocknet sind, und der Bresthafte, der zu allen Geschäften untüchtig ist, braucht Hilfe, und wehe dem, der's ihm versagt. Wenn ich sieche Bettler auf den Straßen keuchen sehe oder wenn mir gar Bettelfuhren begegnen, wo der elende Kranke unter freier Luft auf hartem Stroh sein Leben wegseufzt; oh! dann dreht sich alles in mir 'rum und ich verwünsche den Staat, der die Menschen trostlos verschmachten läßt.[189]

Hier die Lyrik, da die Prosa; hier ein flammender Aufruf zu mehr Hilfsbereitschaft, da eine kalkulierende und diskriminierende Armenpolitik. Aus den Moralischen Wochenschriften kennt man diese Spaltung zwischen »Gutherz« und »Bürgerfreund«, wobei das »blinde Mitleid« getadelt und strengen erzieherischen Maßnahmen das Wort geredet wird.[190] Schubart schwankt zwischen beiden Positionen, wobei freilich die Stimme des Bettlers lauter herüberkommt als die etwas gebrochene Stimme des Sozialpolitikers, der mit einer populistischen Bettlerbeschimpfung einsetzt und danach doch noch versöhnlich wird.

Die neue bürgerliche Vernunft, welche die Wohltätigkeit steuern will, kann sich bei Schubart letztlich nicht gegen ein älteres Kalkül, die christliche Barmherzigkeit, durchsetzen. Das gilt auch ganz praktisch: »Er gab und gab immerzu, solang er hatte«, schreibt Ludwig Schubart über seinen Vater, »ohne sich im mindesten daran zu kehren, ob es der Empfänger verdiente. Bewies man ihm den offenbaren Mißbrauch seiner Spende, so führte er keine geringere Autorität als die des Weltschöpfers an, der in seinen Wohltaten auch nicht auf die Person sehe«.[191]

Gewiß ist Schubart kein Sozialreformer. Er denkt – wie das aufgeklärte Bürgertum der Zeit allgemein – nicht im entferntesten an eine Aufhebung der ständischen Ordnung, sondern fordert lediglich Respekt, Rücksicht, Milde im Umgang mit den Unterschichten ein. In einer *Chronik*-Beilage vom September 1774 schreibt er in einer Anzeige von gerade erschienenen Werken Johann Caspar Lavaters:

> Mit diesen neuen *Lavaterischen Schriften* ist auch bei Stage angekommen das bekannte *Sittenbüchlein für das Gesinde. – Bekannte?* Nicht doch! wer wird sich hierzulande ums Gesind viel bekümmern? Laß sie arbeiten wie das Vieh, wirf ihnen ihr Brot wie den Hunden vor; jag sie in die Kirche und zum Abendmahl und laß sie da hören, was sie nicht verstehen, und genießen, was sie nicht kennen; gib ihnen oder betrüg sie um den Lohn, wenn sie ihre Knochen in deinem Dienste abgenutzt haben, und wirf sie dann ins Armenhaus: ums übrige, um ihre Aufklärung, ihren Trost unter dem Drucke ihrer Geschäfte, ihre Seelenbildung bekümmerst du dich nicht. – Aber *Lavater* denkt anders! – Warum bin ich nicht reich? Gleich ließ ich eine Auflage von diesem Sittenbüchlein machen und teilte sie unter das Gesind aus. Wie würden sie mir für diese Herzstärkung danken! – Aber, lieber Gott, fällt mir grad ein, die meisten Dienstboten können nicht einmal lesen, wie's der Brauch ist. – Kostet 6 Kreuzer.[192]

Schubartscher Zorn also, der aber nur eine fürsorgliche Herrschaft einfordert. Werden Gesinde oder Leibeigene selbst zornig, verlieren sie schnell seine Sympathie. Als Joseph II. 1774 die Frondienste der böhmischen Bauern verringert, begrüßt er diese »wohltätige Anstalt des Kaisers«: »Denn wohl nirgends war das Joch der Sklaverei für den Landmann drückender, als in Böhmen«;[193] doch als dort ein Bauernaufstand ausbricht und niedergeschlagen wird, berichtet der Bürger Schubart kühl:

Der Bauernkrieg in Böhmen ist geendigt. Um Prag herum stehen Schnellgalgen, worin die Hitze der Rädelsführer abgekühlt worden, und die übrigen Bauern haben ihre Dreschflegel ganz ruhig in den Tennen aufgehängt und beugen ihren Nacken wieder unter'n Gehorsam. Die gnädigste Kaiserin hat, um ferneren Unruhen zu steuern, den böhmischen Obrigkeiten das strenge Gebot gegeben, künftig den Bauern nicht mehr als drei Tage Frondienste in der Woche anzurechnen und die übrigen Tage ihnen zur Bebauung ihrer eignen Felder freizulassen. Bei dieser Gelegenheit hat eine ökonomische Gesellschaft in *Prag* die Frage aufgeworfen: Ist's besser für den Staat, wenn die Bauern im Wohlstande leben oder wenn man ihnen nur so viel läßt, als zu ihrer dürftigen Erhaltung hinreicht?

In einer langen Fußnote versucht sich Schubart an einer Antwort auf diese Frage:

Ein Bauer, der zu reich wird, ist ein tolles Tier. – Wenn die Bauern in einem Lande nicht mehr zu Fuß gehen mögen; wenn sie ausländische Weine trinken und herrische Leckerbissen essen; wenn sie um große Taler karten oder würfeln; dann muß man dem Tier Zaum und Gebiß in's Maul legen; sonst leiden andere Stände drunter Not; denn das Geld, das der Bauer verschlingt, müssen diese hergeben. Wenn aber der Bauer ärger als Vieh behandelt wird; wenn er in armseligen Lumpen unter seinem Moosdache hervorkriecht und hinterm Pfluge keucht; wenn der barbarische Grundsatz: man muß den Bauern schinden, bis weder Haut noch Fleisch mehr an seinen Knochen ist, in einem Staate ausgeübt wird; dann haut sich der Staat die rechte Hand ab, womit er's Brot dem Munde bietet. Wie leicht wär' es, diesen Text mit Beispielen aus der neusten deutschen Geschichte aufzuklären! Aber – der jüngere Herr von *Moser* preist den Staat sehr glücklich, wo die Bauern Sonntags scharlachene Brusttücher mit silbernen

Borten und Knöpfen tragen. Weise Mäßigkeit ist wohl auch hier das Beste.[194]

Eine Situationsbeurteilung, die nicht mehr ist als eine Abwägung der eigenen bürgerlichen Interessen. Und es ist wohl nicht nur das Problem der Zensur, das den Autor an dieser Stelle hindert, allzu genau auf Fälle extremer Ausbeutung einzugehen. Freilich: Schubarts Mittelposition bei derartigen sozialen Auseinandersetzungen ist nicht einfach der Ausdruck eines klaren Klassenstandpunkts, sondern auch der Unsicherheit darüber, welche gesellschaftspraktischen Schlüsse die Gemengelage seiner kleinbürgerlichen, seiner aufklärerischen und seiner religiösen Überzeugungen nahelegt. Typisch dafür ist die Aporie, in welche ihn im September 1775 die Nachricht von einer anhaltenden Widerständigkeit böhmischer Bauern stürzt:

> Den Bauern in Böhmen schwindelt noch immer der Kopf vom Geist der Unruhe. Strick und Schwert, Zuchthaus und Geldstrafe ist nicht hinreichend, sie zu zwingen, ihren Herrschaften zu fronen. Zurückgehaltne Wut blitzt ihnen aus den Augen und wartet nur auf Anlaß, losbrechen zu können. Lieber will ich am Galgen sterben, sagte neulich ein Bauer zu einem Reisenden, als von ewigen Frondiensten ausgemergelt ins Grab sinken. Ist's Gefühl der Freiheit oder Tollkühnheit, was hier der Bauer spricht?[195]

»Unter dem Szepter der Toleranz«

Eindeutiger sind Schubarts Stellungnahmen, wenn es nicht um den Kampf gegen soziale, sondern gegen religiöse Ausgrenzung geht. Der in Ludwigsburg Exkommunizierte und aus München wegen angeblichen Unglaubens Vertriebene macht sich in seinem Blatt zum Anwalt religiöser Toleranz. Was er damit meint, geht deutlich über die gegenseitige Duldung von Protestanten und Katholiken hinaus, wie sie im paritätisch regierten Augsburg geübt wird. Schubart lobt das friderizianische Berlin, »wo Lutheraner, Reformierte, Katholiken, Griechen, Mennonisten, Freigeister, Deisten, Herrnhuter, Juden unter dem Szepter der Toleranz in stolzer Sicherheit leben«.[196] Die Juden, die hier als letzte genannt werden, spielen in anderen *Chronik*-Artikeln eine Hauptrolle. So widersprüchlich oder schwankend, abhängig von Stimmungen und Einflüssen, sich Schubart zu vielen anderen Themen äußert: daß die Christen den Juden schreiendes Unrecht zufügen, ist für ihn eine ausgemachte Sache, die in der *Chronik* immer wieder angeklagt, nie verharmlost oder entschuldigt wird.

Die Juden

Ach Herr Jesus die Juden, stotterte ein Kandidat, als er im Eingang seiner Predigt stecken blieb, und ging von der Kanzel 'runter. Müssen doch jetzt die armen Teufels alles getan haben. Da findet man einen, wie neulich in Rom auf einem zerschmolzenen Silberklumpen gebraten, der vergiftet Könige, der dritte soll gar Donner und Stürme erregt haben. Fällt mir da eben eine erschreckliche Historie ein, wie ungerecht man gegen dies arme Volk verfahre. Vorigen Sommer ermordete ein Böswicht ohnweit F... einen Boten und beraubte ihn seines Gelds. Im Walde traf er einen schlafenden Juden an; der Böswicht legte seinen blutigen Hirschfänger neben dem Juden nieder. Ein Jäger fand den Juden im Schlaf, erweckt' ihn und nahm ihn gefangen. Nun mußte der Jude den Boten ermordet haben und wurde gerädert. Vor wenig Wochen hob man eine Diebsbande auf und drunter den wahren Mörder des Boten. Aber der Jude war schon auf'm Rade von den Raben gefressen. 'S ist doch schrecklich, zu welchen Ungerechtigkeiten sich oft – selbst der Christ, dessen Religion Barmherzigkeit und Duldung predigt, verleiten läßt.[197]

In der Nachfolge von Gellerts Roman *Leben der Schwedischen Gräfin von G...* und Lessings Lustspiel *Die Juden* ist es Schubart besonders darum zu tun, Beispiele von »edlen« Juden zu zeigen: in Abgrenzung zu dem Lessing-Kritiker Johann David Michaelis, der die Juden als durch seine Lebensumstände depraviertes, zu sittlichen Empfindungen unfähiges Volk betrachtet.

In Oe… wurden verschiedene Hausarme alle Wochen von einem unbekannten Wohltäter reichlich begabt. Plötzlich blieb die Gabe aus, denn ihr Wohltäter starb. Erst nach seinem Tode erfuhr man, daß es – doch ein Priester? doch ein Christ? – nein, daß es ein Jud war, namens Isaak Meyer. Er hinterließ noch viel milde Stiftungen für die Armen und den Ruhm der Ehrlichkeit, Rechtschaffenheit, Menschenliebe. Mendelssohns *Phädon* war nebst dem alten Testament sein liebstes Buch. Sollt' ihn der Gott Abrahams, Isaaks und Jakobs nicht belohnen?[198]

Franz der Kesselflicker traf beim letzten harten Frost einen Juden auf der Landstraße bei Halberstadt erfroren an, und neben ihm ein Körbchen mit Tüchern und Bändern. Der Kesselflicker dachte nicht lange, wie's die hochstudierten Leute zu tun pflegen: Willst ihn retten? – 's ist doch kein Christenmensch! 's ist ein Jud! – Nein! er – rettete, nahm seinen erstarrten Mitbruder auf den Rücken und trug ihn dem nächsten Dorf zu. Da wusch er ihn und rieb ihn mit Branntenwein, und der Jude ward wieder lebendig. Nun holte der Kesselflicker das Körbchen, das er in den Schnee verscharrt hatte. Als er zurückkam, fiel ihm der Jud um den Hals und sagte mit Tränen: Ihr seid mein Erretter, Gott lohn's Euch! Hab sonst nichts auf Gottes Welt als dies Körblein! Nehmt's! denn Ihr habt mir das Leben gerettet. – Aber der Kesselflicker drückte dem weinenden Juden die Hand, sprach kein Wort, ging weiter, und der Jud rief ihm nach, so weit er ihn sehen konnte: O Gott's Lohn! o Gott's Lohn! – [199]

Ein Kesselflicker, ein Fahrender also, und ein Jude: Hier wird gleich für zwei verachtete Gruppen Achtung gefordert. Dabei bleibt es beim Toleranzappell. Mehr Rechte, gar gleiche Rechte für Juden werden nicht gefordert. Die Diskussion über ihre Zulassung zu christlichen Schulen und Universitäten, über freie Berufswahl und die Öffnung von Staatsämtern für Juden beginnt in Deutschland erst einige Jahre später – Christian Wilhelm von Dohms Schrift *Über die bürgerliche Verbesserung der Juden*, die Reformen in dieser Richtung fordert, erscheint 1781. Die nach-aspergische *Chronik* wird an dieser neuen Stufe der Emanzipationsdebatte regen Anteil nehmen. 1789 konstatiert sie befriedigt, daß die Juden in Frankreich, Preußen und Österreich mehr Rechte erhielten,[200] und als 1790 die französische Nationalversammlung über die Rechtsstellung der Juden debattiert, kommentiert Schubart: »Inzwischen ist es Schande für uns Christen, wenn wir nur einen Augenblick zweifeln, ob den Juden der volle Besitz aller Menschenrechte zieme. Wenn Israel tut, was der Staat von ihm fordert, so soll man sie gleich schätzen den übrigen Bürgern.«[201]

»Allah, Allah!«

Am 24. April 1774 ergänzt Schubart seine Berichterstattung über den seit 1768 andauernden russisch-türkischen Krieg durch einen (wohl nicht von ihm selbst stammenden) »Schlachtgesang eines russischen Grenadiers nach der Schlacht bei Chozim°.«

> [...] Auf Chozims Mauern traten wir
> In unserm Siegeslauf,
> Von schwarzen Trümmern lodern hier
> Blutrote Flammen auf!

° Russische Truppen eroberten in einem Feldzug gegen das Osmanische Reich 1769 die bessarabische Stadt Chotin (Chocim, Chotschim).

O *Mustapha*, wie jämmerlich
Muß dir's um Herze sein!
Du raufst den Bart und schließest dich
Mit deinen Weibern ein.

Ihr Brüder seht! – die Memme liegt
An Weiberbusen da! –
Hat *Catharina* dich besiegt
Du alter *Mustapha*? [...][202]

Doch offenbar ist es Schubart nicht wohl bei dieser einseitigen Anteilnahme für die russische Kriegspartei. Einige Wochen später, am 16. Juni 1774, rückt er einen »Türkengesang« ins Blatt, der dem christlichen Leser abverlangt, sich auch einmal in einen »Allah!« rufenden Osmanenkrieger zu versetzen.

Türkengesang

Hinaus! Hinaus ins offne Feld!
Allah! Allah!
Denn Vater *Achmet* unser Held
Ist da! ist da!

In uns braust Sarazenenblut
Wie vor! wie vor!
Denn in Gefahren schwillt der Mut
Empor! empor! [...]

Der Russe stürzt dahin und trinkt
Sein Blut! sein Blut!
Wo *Machmuts* Fahne weht, da sinkt
Der Mut! der Mut!

Es zaudert Bassa Romanzof;
Nicht wir! nicht wir!

Wir donnern dort bei Oczakof,
Wie hier! wie hier!

Stürz' immer, Janitschar, in Sand
Voll Blut! voll Blut!
Denn ach, der Tod fürs Vaterland
Ist gut! ist gut! […][203]

Daß die *Chronik* die Stimme der Russen wie die der Türken ertönen läßt, ist sicherlich Dienst an einer in dieser Frage gespaltenen Kundschaft. Zum andern verweist es auf die eigene doppelte Loyalität, die Schubart in diesem Krieg eine Parteinahme erschwert: Friedrich II., den er seit seiner Jugend verehrt, unterstützt in jenem Krieg die Russen, während der von ihm ja ebenfalls geschätzte Joseph II. mit den Türken verbündet ist. Doch sein Bemühen, den Osmanen Gerechtigkeit widerfahren zu lassen, beschränkt sich nicht auf diesen Anlaß und auch nicht auf herablassende Zugeständnisse vom Typus »Mut hat auch der Mameluck«. Am 11. April 1774 ruft er unter der Überschrift »Türkei« – freilich in eurozentischen Schranken – zu mehr Respekt vor der osmanischen Kultur auf:

Es ist sehr gewöhnlich, daß wir uns unter dem Wort *Türke* einen Barbaren vorstellen, der weder Religion, Sitten, Mut, Staatskunst noch Gelehrsamkeit und Geschmack besitzt. Seitdem uns aber Megerlin°mit dem Alkoran°°, Montagu°°°und Guy mit ihrem Charakter und der gegenwärtige Krieg mit ihrem Mute, der auch nach Niederlagen noch trotzte, bekannt gemacht hat, seitdem sollten wir wenigstens über eine so große Nation gelinder und unbefangner urteilen. […] In der Literatur sind sie eben so ab-

---

° David Friedrich Megerlin (ca. 1698–1750), übersetzte den Koran ins Deutsche.
°° Damals verbreitete Schreibweise für »Al Koran«
°°° Mary Wortley Montagu (1689–1762), bekannt durch Reisebriefe.

scheulich unwissend nicht, als wir vorgeben. Sie lesen die
Ärzte und Dichter der Araber [...] fleißig, machen selbsten
vortreffliche Gedichte und bearbeiten ihre Sprache mit
solchem Fleiße, daß sie in ihrem Munde sehr tonvoll und
angenehm klingt. Ihre Tonkunst ist nicht wild und regellos,
sondern nachdrücklich, kriegerisch, majestätisch und tritt
in den Schranken des Takts einher. Warum ahmten wir
sie nach, wenn sie nicht gut wäre? – Sie lesen auch nicht
selten europäische Schriften, zumal französische und italienische, und die *Sturmglocke Voltärs* (oder vielmehr das
tombakene° Glöckchen des Philosophen zu Ferneys) hat
das Glück gehabt, feierlich in Konstantinopel verbrannt
zu werden.[204]

»Himmelschreiende Grausamkeiten«

Auch in anderem Zusammenhang kritisiert Schubart das
europäische Superioritäts- und Sendungsbewußtsein. Er verknüpft dabei die rousseauistische Wertschätzung der »Na-
turvölker« mit christlicher Philanthropie, argumentiert aber
auch bereits mit den Menschenrechten. Damit wird sein Blatt
zu einem Vorreiter der sich damals langsam herausbildenden
Kolonialismuskritik. Schubarts Stellungnahmen beruhen
weder auf breiten historischen Kenntnissen, noch haben sie
ethnologische Tiefenschärfe – anders als zum Beispiel der
Herdersche Antirassismus, wie er sich in dessen *Briefen zur
Beförderung der Humanität* von 1793 bis 1797 findet. Es sind
letztlich laienhafte, aber treffsichere Appelle.

Ein Gelehrter hat unlängst die Frage aufgeworfen, warum
die barbarischen Nationen in ihren Reden selten wider die
Grundsätze des guten Geschmacks verstoßen? Die Antwort ist leicht. – Weil sie sich niemals von der Natur ent-

---

° Unechte, schlechte.

fernen. Unsre Reden sind studiert, modisch, gedrechselt; aber bei rohen Nationen spricht der Naturgeist so frei, leicht und energisch, wie der Vogel unter dem Himmel singt. Bei dieser Gelegenheit will ich auch meinen Lesern eine Probe ihrer Dichtkunst vorlegen.

Was folgt, ist höchstwahrscheinlich kein vorgefundener, sondern ein von Schubart »nachempfundener« Originalton – ähnlich wie die damals vielgelesenen Gesänge des »Ossian«, die als altgälisches Erbe ausgegebenen Gedichte des schottischen Zeitgenossen MacPherson.

Der sterbende Indianer an seinen Sohn.°

Ich sterbe, Sohn! Nimm diesen Kranz;
Von Christenhaaren flocht ich ihn;
Statt Diamanten spielen drin
Erschlagner Christen Zähne. Sohn,
Ich sterbe arm; der Christen Geiz
Ließ mir dies Stroh, worauf ich sterbe,
Und dort den Bogen – Ha, den Pfeil,
Der singt und fliegt und trifft und tötet![…][205]

Nicht nur im »Sterbenden Indianer« stellt es Schubart als verständlich, ja berechtigt dar, wenn die kolonisierten Völker die Christen und das Christentum ablehnen:

Die Spanier haben sich schon seit Jahrhunderten in fremden Weltteilen so unmenschlich aufgeführt, daß es kein Wunder ist, wenn zuweilen die göttliche Rache unter ihnen zu erwachen scheint. Der Indianer hört nicht ohne

---

° Die Überschrift enthält den Zusatz »Aus dem Englischen. Man vergleiche damit eben diesen Gesang in Schmids Anthologie.« Das Gedicht »Der sterbende Indianer (Nach dem Englischen des Warton)« in Schmids Anthologie der Deutschen, Bd. 3, Frankfurt/ M. 1772, S. 330 f., ist dem Gedicht in der *Chronik* jedoch nicht textverwandt.

Schauder und Entsetzen das Wort Spanier. Man zählt
Millionen Wilde, die diese Unmenschen in einigen Jahren
niederwürgten. Das Schändlichste war, daß sie überall das
Zeichen des Kreuzes errichteten und durch die teuflischsten Grausamkeiten die Wilden zu einer Religion zwingen
wollten, deren Stifter nichts als Liebe lehrt. Die schreckliche Geschichte der spanischen Grausamkeit ist noch
unter den Indianern durch die Überlieferung bekannt. Sie
machen auch den Indianern [scil.: Spaniern] durch ihre
naiven Einwendungen noch immer viel zu schaffen. Wenn
euer Gott so böse ist, als die Spanier, sagte ein Indianer
zum Pater Suarez, so hat man ihn mit Recht gekreuzigt.[206]

Der Tauschhandel

Der Otaheite:
Komm her, du fremder kleiner Mann,
Nimm allen unsern Reichtum an,
Hier Goldsand, Perlen aus der Flut,
Baumleinwand, Purpurschneckenblut!
Und unsre schönen Weiber hier,
Geschickt, dir liebzukosen,
Doch halt! – was gibst du uns dafür?

Der Europäer: Kultur! –

Der Otaheite: Was ist das für ein Tier?

Der Europäer: 's sind Pocken und F° – –[207]

In einem Artikel vom Februar 1775 berichtet Schubart
über die Behandlung afrikanischer Sklaven in der Karibik.
Aus der deutschen Publizistik dieser Jahre sind sonst kaum

° F = Franzosen, ein Name für die Syphilis.

Kommentare dieser Art bekannt (die berühmte Ausnahme ist Matthias Claudius' Gedicht »Der Schwarze aus der Zuckerplantage« von 1773).

> Tief in die Seele 'nein hat mich das Schreiben verwundet, welches ein englischer Schiffsprediger aus Jamaica an seine Freunde nach London schrieb. Unter andern heißt es drinnen:
> Nichts ist schrecklicher und stimmt mit dem Betragen – will nicht sagen des *Christen*, sondern nur des *Menschen*, weniger zusammen als die Grausamkeiten, die die Europäer an ihren Sklaven, den Negern, ausüben. Hier ist ein reicher Kaufmann aus London, der seine Sklaven ärger als Bestien mißhandelt. Er spannt sie an seinen Wagen und zerfleischt sie mit seiner Geißel, daß sie oft unter seinen Schlägen niedersinken und den Tod von ihrem Peiniger als eine Wohltat erflehen. Er läßt sie Lasten tragen, die wir uns schämen sollten Lasttieren aufzubürden. Stockschläge, hartes Brot in faulem Wasser aufgeweicht und ein Stall mit fauler Streu ist die Belohnung dieser Elenden. Bei diesen himmelschreienden Grausamkeiten gibt sich dieser Barbar noch die Miene des Christentums. Er liest seinen Morgen- und Abendsegen, besucht den Hausgottesdienst und singt seinen Psalm. O Christentum, das du dich ganz auf Sanftmut und Menschenliebe gründest, welche Ungeheuer erzeugst du in deinem Schoße! Unbeschreiblich ist, was die Neger für einen Abscheu vor unserer Religion haben. Ist's aber Wunder, wenn sie eine Religion hassen, die ihnen von solchen Teufeln empfohlen wird.[208]

Schubart, das ist deutlich, sieht den geschilderten Fall nicht als besonders brutalen Einzelfall an; er zeiht die europäischen Sklavenhalter generell der Grausamkeit. Allerdings wendet sich seine Kritik an der Sklavenbehandlung – wie schon die seiner Vorgänger Montesquieu oder auch Voltaire[209] – nicht gegen die Sklaverei als solche. Über das bloße christliche Mitleid mit der geschundenen Kreatur geht Schubart allerdings hinaus. In einem weiteren Artikel zum Thema, den er am 15. Juli 1776 ins Blatt rückt, wendet er sich generell gegen rassistische Diskriminierung und erkennt die »Neger« als den Europäern geistig und moralisch ebenbürtig an:

Wie oft sind nicht schon die Europäer wegen ihres unmenschlichen Betragens gegen die Schwarzen in Amerika angeklagt worden; aber was hat's geholfen! Wenn Claudius seinen Schwarzen so rührend klagen ließ, und ihn Chodowiecki mit der vollen Kraft seines unnachahmlichen Griffels zeichnete? Die barbarischen, vom Teufel der Gewinnsucht besessenen Europäer verschlossen ihr Herz und befriedigten sich mit der falschen Entschuldigung, die unglücklichen Neger wären zur Tugend und zu guten Handlungen weniger fähig als andre Menschen. Aber Pater Nikolson widerlegt sie in seinem kurz [kürzlich] herausgekommenen Versuch über die Naturgeschichte der Insel Dominik mit sehr stattlichen Gründen.[210] Dieser Pater war selbst vier Jahre auf dieser Insel und versichert, daß Schwarze, wann nur ihre Herren keine Tyrannen oder Scharfrichter sind, ihnen täglich die untrüglichsten Proben ihrer Treue und Liebe geben. Man hat sie sehen einem augenscheinlichen Tode Trotz bieten, um ihre Herren aus der Gefahr zu retten. Wenn die Menschen die Wohltaten nicht so bald vergäßen, so würde man staunen, so viel Herzhaftigkeit, Größe der Seele und Heldenmut bei Sklaven anzutreffen. Sie sind auch nicht so dumm, wie man sich's vorstellt; sie lernen die Handwerke sehr leicht, die man sie lehrt; sind geschickte Nachahmer, und wenn sie nichts erfinden, so ist Sklaverei schuld dran, die die Fähigkeit der Seele hemmt und stumpf macht. Man nimmt bei ihnen einen Grund von Eigenliebe wahr, der sich bei allen Gelegenheiten äußert. Sie sind entzückt, wenn ein Weißer was tut, das ihnen schwer vorkommt; aber sie können ihre Freude auch nicht verbergen, wenn sie einen Weißen ungeschickt oder im Elend sehen, und wenn sie ihm zu Hilfe eilen, so geschiehts mehr aus Prahlerei als aus Menschenliebe. Gegen die Gefährten ihres Elends sind sie mitleidig und freigebig; kurz, man bemerkt bei den Negern, daß sie alle menschlichen Anlagen haben und daß sie nur der Sklavenstand, den sie so schrecklich dulden müssen, unter uns herabsetze.

– Wehe dem, von dessen Geißel das Blut dieser Unglücklichen troff![211]

In seiner späteren *Vaterlandschronik* setzt Schubart die Anprangerung der amerikanischen Sklaverei fort. Den 1788 auf deutsch erschienenen *Briefen eines amerikanischen Landmanns* von St. John de Crèvecœur[212] entnimmt er einen Augenzeugenbericht vom Foltertod eines Sklaven in South Carolina. Auch hier verlangt er nicht die Abolition, die einige US-Bundesstaaten damals schon beschlossen hatten und die auch avantgardistische europäische Gruppen wie die 1788 gegründete »Société des Amis des Noirs« in Paris propagierten;[213] die Drastik, die Schubart seinen Lesern zumutet, ist aber geeignet, eine solche Forderung wachzurufen:

Das kälteste Blut muß sieden, wenn man die Nachrichten von den Grausamkeiten der Christen gegen ihre Sklaven liest. Nur ein Pröbchen aus den *Amerikanischen Briefen* von einem Augenzeugen:

»Bei meiner letzten Reise nach Südkarolina wurde ich einst von einem sieben Meilen von der Stadt °°° entfernten Landsmann zu Gaste gebeten. Um der brennenden Sonnenhitze zu entgehen, nahm ich den Weg zu Fuße durch ein angenehmes Holz, wie man mir vorgeschlagen hatte. Ich ging bald in Gedanken still vor mich hin, bald sammelte ich einige wohlriechende Kräuter. – Mit einem Male merkte ich eine Bewegung in der Luft, obgleich der Luftkreis ganz ruhig war. Ich richtete meine Augen nach den benachbarten Feldern, die nicht weit mehr von mir

waren, ob diese Bewegung etwa von einer überziehenden
Gewitterwolke herrührte. In dem Augenblick vernahm ich
einen Ton, der einer dumpfen Menschenstimme ähnlich
war, und wie mir's vorkam, glaubte ich einige einzelne
verworrene Silben gehört zu haben. Erschrocken und aufgebracht sah ich mich schnell nach allen Seiten um – und,
Himmel! was erblickte ich? Ungefähr in einer Entfernung
von vier Ruten sah ich eine Art von Käfig, der an einem
Baumzweige aufgehenkt war. Viele Raubvögel schwärm-
ten auf allen Seiten desselben herum und schienen, nach
ihrer Bewegung und Geschrei zu urteilen, als ob sie gerne
an den Käfig wollten. Mehr nach einem gewissen Triebe
als aus Absicht schoß ich darunter. Mit gräßlichem Geschrei flogen sie eine Strecke weg. – Noch aber zittere ich,
wenn ich daran denke, was ich da für einen Anblick hatte!
In diesem Käfig saß ein *Neger*, der dazu verurteilt war,
hier zu verschmachten. Die Vögel hatten ihm bereits die
Augen ausgehackt, daß die Backenknochen und Kinnladen
bloßstanden. Auch die Arme waren halb abgefressen, der
ganze Körper mit vielen Wunden zerfleischt – gleichsam eine Wunde – und unter dem Käfig war das Blut
aus allen diesen Wunden auf der Erde allmählich zusammengeflossen. – Kaum waren die Vögel verscheucht,
als sich ein Schwarm von gefräßigen Insekten auf den
Unglücklichen warf, um von seinem Fleische und Blute zu
schwelgen. Noch recht lebhaft erinnere ich mich, da ich
Ihnen diese Umstände schreibe, bald des Zahnknirschens,
bald der tiefgeholten Seufzer dieses armen Negers, und
es erschüttert mich noch, ob es gleich 18 Monate sind. –
Ich für meine Person stand gleichsam wie versteinert.
Schreck, Ekel und Abscheu überfielen mich dergestalt, daß
ich am ganzen Körper zitterte, wenn ich mir das Schicksal
dieses Menschen in allen seinen langsamen Schmerzen
und in seiner ganzen Abscheulichkeit vorstellte. Ungeachtet dieses Gespenst beinahe halb aufgefressen war und
keine Augen mehr hatte, so konnte es doch noch hören und

bat mich in seiner Sprache, ihm etwas Wasser für seinen unausstehlichen Durst zu reichen. Wahrlich wurde die Menschheit bei diesem Spektakel zurückgeschreckt und stand bei sich an, ob sie dem Elenden in seinem Jammer noch beistehen oder durch einen tödlichen, aber wohltätigen Schlag desselben mit einem Male ein Ende machen wollte. Hätte ich noch eine Kugel gehabt, so wüßte ich, was ich getan hätte. Da ich ihm aber diesen großen Dienst nicht leisten konnte, so sah ich mich um, ob ich mich gleich selbst kaum aufrechthalten konnte, seinen Wünschen ein Genüge zu tun. Zum Glück fiel mir eine Stange mit einem daran befestigten Kürbis in die Augen, deren sich bereits einige Neger zu einem solchen Liebesdienste mochten bedient haben. Ich füllte ihn mit Wasser – und mit zitternden Händen näherte ich mich damit den Lippen des armen Afrikaners, welcher sich wegen seines unausstehlichen Durstes auf alle Art bemühte, daran zu kommen, und an dem Geräusch, das die Stange an dem Gitter machte, merken mochte, wo ich mit derselben war.

›Dank, weißer Mann! Dank! –

Gift drein tun und mir geben!‹

Wie lange hängst du hier? Das war alles, was ich mir getraute, ihn mit zitternden Lippen zu fragen.

›Zwei Tage – und nicht sterben – nicht sterben –

ach! die Vögel, die Vögel! o! weh! weh!‹

Da ich den Anblick nicht länger ertragen konnte, so entschloß ich mich davonzulaufen. Als ich nach dem Hause, wo man in Freuden leben wollte, angekommen war, befand ich mich in einem Zustande, wie man sich leicht vorstellen kann, und ich war kaum imstande, die schreckliche Ursache anzugeben. Man sagte mir ganz kaltblütig, daß dies die Strafe des Negers wäre, weil er den Aufseher der Plantage getötet hätte. Dies sei die gewöhnliche Strafe, die ich gesehen hätte. Als ich nach der Ursache dieses Mords fragte; so erfuhr ich, daß es Eifersucht und Liebe gewesen war. Wer die Afrikaner so gut kennt als ich, der wird leicht begreifen, was dieser Umstand über ihre Leidenschaften vermag. Bei ihnen ist die Liebe die erste Empfindung ihrer Seele, die alle übrigen verschlingt. Der Aufseher hatte ihm eine Geliebte entrissen. – – Man setzte hinzu: dergleichen Strafen wären zur Erhaltung der Kolonie nötig, und es wurde die Lehre von der Sklaverei durch andere Gründe verteidigt, deren man sich in Ländern, die durch Sklavenhände gebaut werden, zu bedienen pflegt. Ich mußte schweigen, und es ist mir unmöglich, noch ein Wort zu schreiben.«[214]

TEUFELSAUSTREIBUNG

1779, auf dem Hohenasperg, wird Schubart sagen: »*Priesterhaß*, der nicht eher verlischt, als bis er den Gegenstand seiner Wut zerstört hat, ist die alleinige Ursache meiner Gefangenschaft.«[215]

Diese Behauptung ist unbewiesen, ja fragwürdig, aber sehr verständlich. Denn die heftigsten Reaktionen, welche die *Chronik* auslöst, zeigen katholische Theologen. Betrachtet man die Religionsstreitigkeiten, an denen sich Schubart beteiligt, so eröffnet sich eine ganz andere Szenerie, als der Begriff vom »Aufklärungszeitalter« nahelegt. Süddeutschland ist in den siebziger Jahren des achtzehnten Jahrhunderts der Schauplatz massenhafter Teufelsaustreibungen und der letzten legalen Hexen- und Ketzerhinrichtungen auf deutschem Boden. Schubart muß erfahren, daß er mit seinem parteilichen Eingreifen gegen die Melange von »Orthodoxie« und »Aberglauben« mehr riskiert als nur seine Zeitungslizenz.

Die ersten Repressalien zieht er durch kritische Stellungnahmen zum Jesuitenorden auf sich. Das Thema war äußerst aktuell: Der Orden war ja gerade eben, im Jahr 1773, von Papst Clemens XIV. verboten worden. In einem Artikel vom 27. Oktober 1774 berichtet die *Chronik* von fortdauernden jesuitischen Umtrieben:

> Die Anhänger des *Jesuiterordens*, deren es noch eine
> große Anzahl gibt, erheben jetzt aufs neu ihr Haupt und
> versprechen sich einen Papst, der ihre Lieblinge wieder
> zum alten Ansehn erheben werde. In Italien und Deutsch-
> land fliegen häufige kleine Schriften und Kupferstiche,
> meistens von der erbärmlichsten Erfindung, herum, die
> alle von diesen Hoffnungen voll sind. Der Pöbel glaubt
> den Prophezeiungen eines ekstatischen Müßiggängers,
> daß alle Verfolger der Jesuiten noch dieses Jahr sterben
> und 1775 der Jesuiterorden, dieser Atlas für die Kirche,
> wieder aufleben, seinen Glanz in der ganzen Welt ver-
> breiten und bis ans Ende der Tage dauern werde.[216]

Ganz offenbar fühlt Schubart bei seiner Jesuitenschelte den
Wind der Geschichte im Rücken. Doch dieser hat Augsburg,
wo Schubart dies schreibt, noch nicht erreicht: Die Auflösung
des Jesuitenordens ist dort nicht vollzogen worden. Das Jesui-
tengymnasium St. Salvator darf weiterbestehen,[217] der Jesuit
Alois Merz darf sein Amt als Domprediger behalten, und die
jesuitische Fraktion vermehrt sich sogar, da etliche auswärtige
Jesuiten in Augsburg Zuflucht gesucht haben. Es ist also kein
Wunder, daß Schubarts Ordenskritik alsbald sanktioniert wird:
Am 2. November 1774 erteilt ihm der Augsburger Rat – wie
schon erwähnt – einen Verweis; Schubart selbst spricht sogar
von einer »gerichtlichen Ahndung und Bestrafung.«[218]

Aber er macht weiter: In zwei Artikeln vom November 1774
gibt er die damals weitverbreitete Vermutung wieder, der gerade verstorbene Papst Clemens XIV. sei womöglich von Geg-
nern, sprich: Jesuiten, vergiftet worden.[219] Die Hartnäckigkeit
von Schubarts Angriffen bleibt nicht ohne Echo. Alois Merz
polemisiert von der Domkanzel herab gegen ihn, und auf der
Straße stellen ihm Gymnasiasten von St. Salvator nach. »Meine
Sicherheit nahm in Augsburg mit jedem Tage ab«, erinnert er
sich später. »Wohlmeinende Freunde mußten mich des Nachts
begleiten, um mich vor den Anfällen der Jesuitenschüler zu
schützen, die mir an allen Ecken und Winkeln aufpaßten.«[220]

Ludwig, der als Neunjähriger den Vater in Augsburg besucht hat, ergänzt in einer Fußnote: »Die Jesuitenbuben trieben ihre Wut so weit, daß sie nachts Fausteteine zu unsern Fenstern hereinwarfen und uns nötigten, *unter* der Bettstatt zu übernachten, um nicht totgeworfen zu werden.«[221]

Zum Ärgernis wird auch ein Schubartsches Gedicht, das 1774 als Einzeldruck erscheint: Das »Märchen« über die vielen Bauern und die wenigen Priester, die in den Himmel kommen. In der Schlußstrophe versteckt sich der Autor hinter einem großen Namen: »Dies Märchen hat Hans Sachs erdacht«. Doch bei Sachs, dessen Ton das Gedicht wunderbar trifft, findet sich kein Text mit diesem Stoff und dieser Pointe. Ludwig Schubart schreibt 1798: »Ein Märchen von ihm in *Hans Sachsens* Manier […] wurde zu Augsburg verbrannt, weil die Pfaffen etwas übel darin wegkamen, und geriet eben dadurch so allgemein in Zirkulation, daß man es heute noch auf Bierbänken und Zunftschmäusen hören kann.«[222]

Den ultimativen Augsburger Ärger handelt sich Schubart mit einem Artikel vom 16. Februar 1775 ein. Er spricht darin wiederum das jesuitische Bildungswesen an, dessen Lehrinhalte wie Lehrmethode er – im Einklang nicht nur mit protestantischen, sondern auch mit vielen innerkatholischen Stimmen jener Zeit – kritisiert:

> Die Welt sieht nun einstimmig ein, daß die Verdienste dieses Ordens nicht so groß gewesen, als man anfangs glaubte. Die Katholischen machen nun die herrlichsten Erziehungsanstalten, ohne Beistand der Jesuiten, und wir Protestanten haben schon längst in allen Teilen der Wissenschaften Meister aufzuweisen, ohne unsere Weisheit aus den Schulen oder Schriften der Jesuiten geholt zu haben.

Derart moderat geht es nicht weiter; Schubart diktiert sich zunehmend in Rage:

In der Mathematik und Physik hatten sie einige sehr gute und brauchbare Männer, in allen anderen Wissenschaften aber würd' es schädlich sein, ihre Grundsätze fortzupflanzen. Ihre Theologie ist ein weitläufiges, scholastisches Gewirre, das das Herz nicht bessert und den Verstand mit unnützen Subtilitäten erfüllt. Ihre Methode, die Philosophie zu lehren, ist steif und unnütze. Schwimmt auch hier und da eine große Leibnizische Idee in ihren Systemen, so ersticken sie's wieder in ihrem eignen Wuste. Ihre Moral ist verderblich und dem Staate nachteilig, und in den schönen Wissenschaften haben sie kaum etwas mehr getan – als gelallt.[223]

Bald nach Erscheinen dieses Artikels wird Schubart verhaftet. Er schildert den Vorgang in seinen Erinnerungen als schockhaften Einbruch staatlicher Gewalt in eine häusliche Idylle, fast möchte man sagen: als Kriegserklärung an die bürgerliche Kultur:

Ich saß an einem ruhigen Abend unter einem Chor trauter und bewährter Freunde. Ein fremder Kavalier besuchte mich. Ich spielte einige Fantasien auf meinem Steinischen Klavier mit Empfindung. Vertraulichkeit und helle Freundschaft leuchteten alle Gesichter herunter. [...] Plötzlich wurde mein Haus von Soldaten umstellt; einige drangen die Treppen herauf; ein Abgeordneter vom regierenden Bürgermeister katholischerseits trat ins Zimmer und kündigte mir Arrest an. Zugleich nahm er alle meine schriftlichen Sachen hinweg, versiegelte meine armselige Habschaft und wollte sogar den Anwesenden die Taschen aussuchen. [...] Ein alter ehrlicher Kerl, den ich zur Bedienung angenommen hatte, wurde in die Eisen geschleppt und wegen meiner wie in ein peinliches Examen genommen. Meine Freunde, die eine ansehnliche Partei bildeten, machten Lärm, und die ganze Stadt kam in Bewegung. Noch in der Nacht drängte sich der Eisenberg, an dem ich wohnte, von Menschen an, die alle den Tag erwarteten, um einen Verbrecher der schrecklichsten Art vorführen zu sehen. Denn man gab mir im Unsinn des ersten Lärms die teuflischsten Dinge Schuld. Die Kaufleute evangelischerseits waren die ersten, die sich meiner annahmen. Sie brachten mir durchs Fenster einige Burgunderflaschen zu. […]

Meine Partei schwoll immer mehr an: die Häupter des protestantischen Senats setzten sich offenbar gegen ein so gewaltsames Verfahren und drangen darauf, mir sogleich meine Freiheit wiederzugeben… Dies geschah; doch wurd' ich vorher noch zum Bürgermeister von Rehm unter einer Flut von Pöbel geführt, der mir ohne Umstände ankündigte: daß ich sogleich auf Befehl der hohen Obrigkeit die Stadt zu räumen hätte. »Und mein Verbrechen, Ihr Gnaden?« – Wir handeln nicht ohne Ursache, und das mag Ihnen genug sein. –

Und nun hatt' ich abermals meinen derben Abschied, nicht geschrieben, sondern herausgezürnt – den Abschied von einer Stadt, die ich liebte und in der ich mein Leben zu beschließen wünschte.[224]

Schubart, dem prekären Augsburger Konfessionsfrieden geopfert, muß noch am selben Tag seine Habseligkeiten packen. Er geht, begleitet von Freunden, zu Fuß aus der Stadt und besteigt in einem Nachbardorf die Postkutsche. Das Ziel ist Ulm. Wie sehr er bei katholischen Würdenträgern bereits über Augsburg hinaus zur Haßfigur geworden ist, erlebt er bei einem Zwischenaufenthalt im bayerischen Günzburg. Dort trifft er, wie er erzählt, auf eine Wirtshausrunde katholischer Priester, welche die *Chronik* vor sich liegen haben und wilde Drohungen gegen den »Ketzer« Schubart ausstoßen. Er reagiert mit der für ihn charakteristischen Mischung aus Furchtsamkeit und Geistesgegenwart: Er heult mit den Wölfen.

»Jezt hand mer den Galgenkerl, den Schubart!« *Die Günzburger
Wirthausszene. Kupferstich von d'Argent.*[225]

Als ich in Günzburg in die Gaststube trat, fand ich ein ganzes Rudel dickwampiger Pfaffen um einen Tisch herumsitzend beim Bierkrug. Eins meiner letzten Blätter lag vor ihnen. – Man denke sich meinen Schrecken, als ich sie in ihrem Hottentottendialekt brüllen hörte: »Jetzt hand mer den Galgenkerl, den Schubart! werden 'm wohl d' Zung rausschneiden und da Käza° lebendig verbrenna. Dann schreib, Hund!« So löhrten°° sie aus ihren dicken Braunbierkehlen und schlugen auf den Tisch, daß die Gläser klirrten. Nur einer unter allen – der einem weltlichen Beamten glich und unstreitig der Aufgeklärteste dieses robusten, fanatischen Zirkels war – ließ mir noch einige Gerechtigkeit widerfahren und strengte alle Sprachorgane an, um diesem rohen Haufen begreiflich zu machen: daß mein nun leider mit mir eingekerkertes Blatt ihnen allerseits doch manche frohe Stunde gewährt, manches Nützliche und Angenehme enthalten hätte, usw. Er verwies ihnen mitunter ihr liebloses allzu strenges Urteil über mich. Aber seine bessernde Moral wurde bald von dem wildbrausenden Strome ihrer Lästerungen verschlungen. Der Wirt – daß ich dieses sonderbare Gemälde ganz vollende –, in dem nichts weniger als eine sokratische Seele lag, staunte und horchte dem allem von ferne, in frommer Einfalt, mit weit aufgerißnem Maul und Augen zu. – Welch ein Willkomm für mich! Der Odem trat mir zurück, als ich auf diese Schlächtergruppe hinsah, die mich aus den vielen Porträts, die von mir umliefen, so leicht erkennen konnte. Indessen sammelte ich mich bald, mischte mich mitten unters Gelage und schimpfte zehnmal ärger auf mich als sie, so daß sie meine Suade bald mit Lobsprüchen überhäuften. Die Nacht hindurch hatt' ich meinen treuen Pudel zum Wächter, den ich auf meine Brust legte.[226]

° Ketzer.
°° grölten.

Alois Merz (1727–1792). Kupferstich der Gebrüder Klauber nach einem Gemälde von Franz Joseph Degle, 1784.

Der Domprediger Merz war ein wortgewaltiger Verteidiger des Exorzisten Gaßner und Gegner Schubarts. Seine »Kontrovers-Predigten« gegen die protestantische wie die katholische Aufklärung fanden ein großes Publikum. Auch er traf offensichtlich den Volkston. Schubart schrieb in seinen Erinnerungen über Merz' Predigtstil: »Was der niedrigste Pöbel bei Saufgelagen ausschäumt, Possen, Zoten, Lästerungen, Provinzialunsinn, Bauern- oder vielmehr Hanswurstsprache hört man hier auf der Kanzel.«[227]

Die priesterliche Empörung über Schubart hat wohl nicht nur mit seiner Berichterstattung über die Jesuiten zu tun, sondern auch mit der zweiten publizistischen Fehde, die er in Augsburg begonnen hat und im protestantischen Ulm fortsetzt: seinem Kampf gegen den Exorzisten Gaßner.[228] Johann Joseph Gaßner (1727–1779), zunächst Pfarrer in Klösterle am Arlberg, führte eine Vielzahl von Erkrankungen – sei es Blindheit, seien es Blähungen – auf Teufelswerk zurück. 1774 holt ihn der Fürstbischof Antonius Ignatius, Schubarts Mäzen aus der Geislinger Zeit, als Hofkaplan zu sich nach Ellwangen. Er erhofft sich von Gaßner Hilfe gegen seine Erblindung. Der Zulauf zu dem dergestalt anerkannten Wunderheiler eskaliert. Man hat die Zahl der Hilfesuchenden, die damals zu ihm nach Ellwangen pilgerten, auf über 20000 geschätzt – es sind nicht nur Katholiken, sondern auch viele Protestanten.[229] Gaßner empfängt täglich fünfzehn bis zwanzig Patienten, wobei er auch viele, darunter den Fürstprobst selbst, für nicht besessen, sondern natürlich-krank erklärt. Der Fall Gaßner löst eine der breitesten und heftigsten Glaubensdiskussionen der Aufklärungszeit aus: In über 150 Schriften, die meisten aus den Jahren 1775 und 1776, wird über die Teufelsaustreibungen gestritten. Zu Gaßners eifrigsten Verteidigern gehören einige der Augsburger Jesuiten: Allen voran der Domprediger Alois Merz, der in mindestens zehn Schriften für ihn eintritt. Einige der schärfsten Polemiken gegen Gaßner wiederum stammen von Schubart, der sich des Themas in nicht weniger als 22 *Chronik*-Artikeln annimmt. Seine erste Stellungnahme datiert vom 12. Dezember 1774:

> Der Pfarrer zu *Klösterle, Gaßner*, fährt fort, den dummen Schwabenpöbel zu blenden. Er heilt Höcker, Kröpfe, Epilepsien – nicht durch Arzneien, sondern bloß durchs Auflegen seiner hohepriesterlichen Hand. Kürzlich hat er ein herrliches Buch herausgegeben, wie man dem Teufel widerstehen soll, wenn er in Menschen und Häusern rumort. Und da gibt's noch tausend Menschen um mich

Pfarrer Gaßner treibt den Teufel aus. Illustration zur Flugschrift
»Gespräch über die heilsamen Beschwörungen und Wunderkuren
des Herrn Gassners«, 1775.

Gaßner bei einer Behandlung. Kupferstich von Daniel Chodowiecki.

Während die jesuitische Flugschrift (links) den Bildbeleg einer Teufelsaustreibung liefert, stellt der Protestant Chodowiecki eine Szene
persönlicher Zuwendung zu einem Kranken dar (oben).

her, die diesen Narrheiten glauben – Heiliger *Socrates*, erbarme dich meiner! Wann hören wir doch einmal auf, Schwabenstreiche zu machen?[230]

Schubart ärgert sich vor allem darüber, daß »in Schwaben ganze protestantische Horden einem Exorzisten nachlaufen«,[231] und da die norddeutsche Presse bereits rege über Gaßner berichtet und spottet, sieht er seine Heimat vor den »Ausländern« blamiert: »Wir lassen ihnen gerne ihre Haller°, Jerusalem°°, Spalding°°°, Mendelssohne, Klopstocke, – ihre Home [232] und Hume, ihre Robertsons°°°°, Rousseau und Voltaire«, schreibt er ironisch, »haben wir doch Teufelsbanner, Hexen, Gespenster und Poltergeister!«[233] Deutlich ist sein Bemühen, die Kritik am Exorzismus nicht als Konfessionsstreit und schon gar nicht als Kampf des Unglaubens gegen den Glauben zu führen. Daß Gaßners Büchlein *Nutzlicher Unterricht wider den Teufel zu streiten* in Wahrheit »eine seichte, elende, einfältige, unphilosophische, der Naturlehre und dem Christentum widersprechende, ja gar gotteslästerliche Schrift«[234] sei, entnimmt er dem Pamphlet eines lutherischen Pfarrers; daß »die Gaßnerischen sogenannten wundertätigen Kuren und Exorzismen sowohl dem Sinne des Christentums als den Verordnungen der katholischen Kirche zuwider« seien, sieht er durch die Schrift eines katholischen Priesters bestätigt.[235] Solche Vorkehrungen können jedoch nicht verhindern, daß Schubart in Flugschriften von Gaßner-Anhängern als »Staats-Insect« und »Anti-Christ« beschimpft wird.

Johann Georg Zeiler, wie Merz Jesuit und Augsburger, nennt Schubart in seinem Pamphlet *Hannswurst und Schubart* einen »Mann ohne Religion« und einen »Werbeoffizier des Teufels«; er wünscht ihm »fünfzig Schwabenstreiche« mit

---

° Albrecht von Haller (1708–1777), Schriftsteller.
°° Johann Friedrich Wilhelm Jerusalem (1709–1789), Theologe.
°°° Johann Joachim Spalding (1714–1804), Theologe.
°°°° Vermutlich William Robertson (1721–1793), schottischer Historiker.

Hannswurst
und
Schubart.

Ein
Lustspiel,
aufgeführt
von dem Verfasser der Sympathie,
zum Vergnügen der Schwaben.

Wann hören wir doch einmal auf, Schwabenstreiche zu machen?
Schubarts Chronik 74. Stück, vorigen Jahrs.

1775.

Titelblatt einer gegen Schubart gerichteten Flugschrift,
Augsburg 1775.

dem Stock und empfiehlt, ihn ins »Tollhaus« zu stecken.[236] Schubart gibt sich unbeeindruckt und entgegnet auf Zeilers Attacke, er wolle sich »mit 'm schlechten Kerl nicht vorm ganzen Publikum raufen«, bietet ihm einen Zweikampf »gleich hinter der Heck« an und schreibt in Anspielung auf das Titelblatt des *Hannswurst*: »Will meinen feistesten Satyr mit den Bockshörnern und der krausen Stirn zum Sekundanten mitnehmen!«[237]

Betroffen zeigt er sich jedoch, als er in jenen Tagen einen Brief von Lavater erhält. Der schon damals, vor dem Erscheinen seiner physiognomischen Werke, bekannte Zürcher Prediger und Schriftsteller interessiert sich brennend für Gaßner. Er hofft, daß dieser tatsächlich Dämonen vorgefunden und ausgetrieben habe, weil damit die materialistische Weltsicht der Spinozisten widerlegt wäre. Lavater kritisiert Schubarts Vorgehen gegen den »redlichen Pfarrer Gaßner« und fragt: »Haben Sie nicht unverhörterweise gerichtet? [...] Wenn auch nur der Zehntel dessen, was von ihm erzählt wird, wahr ist – und erdichtet ist gewiß nicht alles [...] – wenn Gaßner im Namen Jesu einen einzigen Menschen geheilt hat – wie sollte Ihnen vor Jesu, vor Gaßner, vor der weisern Welt, vor Ihrem eigenen Herzen – zumute werden?«[238] Schubart antwortet Lavater nicht in dem polemischen Ton, den er bei seinen Gaßnerkritiken in der *Chronik* pflegt, sondern mit großem Ernst und argumentativer Sorgfalt. Dabei bringt er zugleich die Autorität des »Reporters vor Ort« und die des evangelischen Theologen ins Spiel. Er bemüht sich, dem »großen und berühmten Manne« gegenüber verbindlich zu sein, rückt aber keinen Deut von seiner Position ab.

> Unverhörterweise habe ich den neuen Exorzisten nicht
> gerichtet. Da sich diese wunderbare Geschichte gleich-
> sam an den Toren meiner Vaterstadt zutrug, so war's mir
> sehr leicht, Erkundigungen einzuziehen, die bei mir so
> viel als augenscheinliche Überzeugungen galten. Ich
> sah in Nördlingen und Aalen ganze Wägen voll Krüppel,

Lahme, Blinde, Fallsüchtige, sah ihren Glauben an Jesum und an den Wundermann Gaßner; ich sprach mit ihnen und wünschte von Herzen, daß ihnen geholfen werden möchte. Aber hilflos und durch die Qualen des Exorzisten Gaßners noch mehr entkräftet und mit Verschwendung großer Kosten kamen sie zurücke. Ich, mein Schwager, der Archidiakonus Böckh in Nördlingen, der Verfasser der Schulbibliothek, und mein akademischer Freund, der Herr Superintendent Lang in Trochtelfingen, ein vortrefflicher Mann, bezeugen's Ihnen vor Gott – denn vor den Augen eines großen und berühmten Mannes sprech' ich gern wie vor Gott –, daß wir unter den zahllosen Scharen Bresthafter nicht *einen einzigen* Menschen sahen, dem geholfen wurde. Wenn nur der Zehntel dessen, was von ihm erzählt wird, wahr ist – und erdichtet ist gewiß nicht alles –; wenn er nur *einen einzigen* Menschen, den er im Namen Jesu geheilt haben will, nicht geheilt hat; wenn nur *eine einzige* Spiegelfechterei erwiesen wird, die er getrieben hat; wenn er diejenigen, die ihm nicht glauben wollen, anfährt und Ochsen und Esel schilt; wenn Gaßner den Namen Jesu so freventlich zu seinen Wunderkomödien, um tanzende, komplimentierende, lachende, weinende Gichter° zu provozieren, mißbraucht; – kann er da der *redliche Gaßner* heißen? Muß nicht eine jedwede andere *scheinbar-probhaltige* Wunderkur, die er verrichtet haben möchte, ebenso verdächtig und ungültig werden, als alle Wunder Christi werden würden, wenns nur mit einem einzigen darunter auf Blendwerk, natürliche Kur und fehlgeschlagenen Versuch hinausgelaufen wäre? Kurz, Gaßner ist ein Mann, der den Namen Jesu freventlich entheiligt und seine Kirche wieder in den Aberglauben verwickeln will, aus dem sie sich hie und da ein wenig loszuwinden anfing. Nicht Spott, nicht schriftlichen Tadel, öffentliche

---

° Plural von »Gicht«.

Ahndungen verdient ein solcher Frevler und Verführer des Volks. […]

Wenn ich ein Dümmling oder Bösewicht wäre, der lästerte, was er weder untersucht hatte noch verstand, so sind das alle gewesen, die wider Gaßner geschrieben haben. Und getrauen Sie sich das zu beweisen? Die Vermutung ist allemal gegen Gaßner; denn seit Christi Zeiten haben keine zuverlässigen Wunder existiert, und ceteris paribus verdienen Antiexorzisten also allemal mehr Glauben. […][239]

Einige Wochen später erklärt Schubart das Thema Gaßner in der *Chronik* überraschenderweise für beendet: »Über diesen Artikel bin ich fest entschlossen, nichts mehr zu schreiben – nicht, weil ich den Mann und seine Teufel scheute, sondern weil ich gewisse Personen schonen muß, denen ich Ehrfurcht und selbst – Dankbarkeit schuldig bin.«[240] Man darf annehmen, daß hier vor allem der Fürstprobst von Ellwangen und Bischof von Regensburg gemeint ist: Antonius Ignatius hat den ihm in seiner Geislinger Zeit verpflichteten Schubart womöglich um Zurückhaltung gebeten. Auch der Ulmer Rat könnte Druck auf Schubart ausgeübt haben.[241] Sicher ist, daß die Ulmer Zensur die von Schubart verfaßten »Antipathien«, eine Gaßnerkritik, nicht passieren ließ.[242] Im Dezember 1775 mag er dann aber doch nicht darauf verzichten, einen Sieg zu verkünden. Kein Geringerer als Kaiser Joseph II., so kann er berichten, habe den Fall Gaßner untersuchen lassen und sei zu dem Ergebnis gekommen, »daß es Blendwerk war, womit Gaßner bisher die kleinen Seelen täuschte«. Der Kaiser forderte Antonius Ignatius auf, Gaßner fortzuschicken, und diesem wurde jeder weitere Exorzismus verboten. Der Patriot Schubart jubelt: »Wieder ein Beweis, daß Deutschland zwar schlummern, aber nie den Schlaf der Dummheit schnarchen könne« – und läßt das letzte Wort dem Philanthropen Schubart: »Ein gedemütigter Irrgeist verdient Mitleiden und keinen Triumph.«[243]

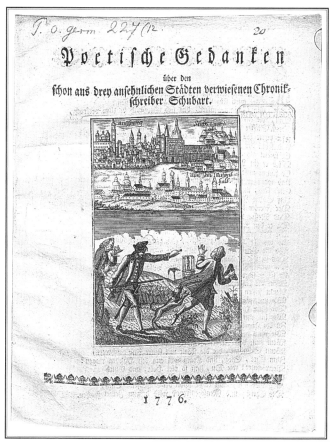

»Schon aus drei ansehnlichen Städten verwiesen«.
Titelblatt einer Augsburger Flugschrift gegen Schubart, 1776.

Der obere Bildteil zeigt die Städte, aus denen Schubart vertrieben
wurde, und seinen jetzigen Wohnort Ulm. Auf der unteren Bildhälfte
sieht man Schubarts Austreibung aus Augsburg. Im Hintergrund eine
Richtstätte mit einem Gehenkten und einem Geräderten.

Doch das Klima ist vergiftet. »Man fing nun an, öffentliche
Pasquille gegen mich herauszugeben, schändliche Kupferstiche auf mich zu machen, falsche beschimpfende Gerüchte in
den Zeitungen von mir zu verbreiten, mir Briefe ohne Namen
zuzuschreiben – mit dem bloßen Epiphonema [Anhang], das

Götz von Berlichingen dem Trompeter zum Fenster hinaus-
warf, und mir unter der Hand, sonderlich in den benachbarten
katholischen Gegenden, aufzupassen und den Tod zu schwö-
ren.«[244] Daß Schubart solche Drohungen nicht auf die leichte
Schulter nimmt, hat offenbar auch mit konkreten Erfahrungen
zu tun: »Als ich […] meine Freunde in Aalen besuchte und
einen kleinen Strich durchs Ellwangische reisen mußte, so
gab ich mir zwar einen fremden Namen, wurde aber dessen
ungeachtet ausgekundschaftet, und man hätte mich übel behandelt, wenn nicht der Fürst denjenigen mit seiner Ungnade
bedroht hätte, der mir ein Leid zufügen würde.«[245]

Daß hier nicht Übervorsicht und Wichtigtuerei sprechen,
demonstriert aufs schrecklichste ein Ereignis vom Frühjahr 1776. Ein Bekannter von Schubart, der 26jährige Jurist
Joseph Nickel, besucht am 27. April 1776 das Klosterbrau-
haus in der einige Kilometer südwestlich von Ulm gelegenen
Benediktinerabtei Wiblingen. Nickel ist Katholik, aber ein
Gaßner- und Jesuitengegner. Schon öfter, so berichtet ein
biographisches Handbuch von 1829, habe ihn sein »reizbares
Temperament« zu Angriffen auf »Ketzermacher«, »Glaubens-
despoten«, »Inquisitoren« hingerissen; in einem öffentlichen
Wirtshaus habe er sich gar ehrverletzend über die Empfängnis
der Maria, über die heilige Magdalena und selbst Jesus geäußert. Schubart schreibt in seinen Erinnerungen, Nickel habe
die Unvorsichtigkeit begangen, »einige Voltärsche Maximen,
die er vielleicht in Tübingen gehört haben mochte, in einem
katholischen Wirtshause herauszuplaudern.«[246] Nun nutzt der
Wiblinger Oberamtmann Köferle die Gelegenheit: Als Nickel
vom Biertisch aufsteht, um zurück nach Ulm zu gehen, wird
er wegen Gotteslästerung verhaftet. Nach sechswöchiger Haft
verurteilt ihn der Konvent des reichsunmittelbaren Klosters,
das über die hohe Gerichtsbarkeit verfügt, zum Tod; er wird
enthauptet und verbrannt.[247]

Das Vorgehen gegen Nickel ist auch für die damalige Zeit
ein Extrem-, aber kein völliger Einzelfall. 1749 wurde in Würzburg die Nonne Maria Renata Singer als Hexe enthauptet

und verbrannt (einer ihrer Ankläger betätigt sich hernach als ein vehementer Parteigänger Gaßners); 1756 richtete man in Landshut eine Frau wegen Hexerei hin. 1775 verurteilte die Fürstabtei Kempten eine Anna Schwägelin wegen Teufels-buhlschaft zum Tode. Anders als Nickel kommt sie zunächst mit dem Leben davon; sie stirbt 1781 im Gefängnis.[248] Ein Jahr später wird im Kanton Glarus eine Anna Göldi wegen Hexerei hingerichtet. Dies ist die letzte legale Hexenhinrichtung in Europa. Die Ausläufer der Inquisition erstrecken sich weit hinein in die Zeit der Aufklärung.

Schubart hat es nicht gewagt, Nickels Hinrichtung in der *Chronik* auch nur zu erwähnen: obwohl und weil es ein Lokal-ereignis war – und weil er selbst alsbald in die Sache hineinge-zogen wurde. Da Nickel, so erzählt Schubart später, ihn vor seinem Gang nach Wiblingen besucht und ein Buch von ihm ausgeliehen habe, sei spekuliert worden, er habe den jungen Mann zu seinen Ketzereien angestiftet.[249] »Dieser Zufall ker-kerte mich gleichsam in Ulm ein, weil man mir ein gleiches Schicksal drohte«.[250] Er berichtet auch von schriftlichen und mündlichen Warnungen, daß »ein schweres Wetter gegen mich aufzöge«,[251] und von der Wiederkehr eines Angsttraums, den er zum ersten Mal in seiner Geislinger Zeit gehabt habe:[252]

In der Neujahrsnacht 1769 sah ich im Traum Feuer im Sakristei zu Geislingen auflodern, ich wollt' es löschen, und die Flamme sengte mich – erschrocken floh ich ins Feld, eine Wüste öffnete sich mir; ich verwilderte darin, von Scheusalen umtanzt, umheult, umzischt; Nacht und Finsternis floß immer dicker und schrecklicher auf meinen Pfad herunter; – ein Blitz, der plötzlich die ganze scheuß-liche Gegend erleuchtete, wies mir nun die gähnende greuliche Kluft, an der ich schwindelte. Ich schrie, eine starke Hand griff nach mir und stellte mich auf einen Berg, der ganz mit Asche bedeckt war. Ich watete durch die Asche in einen Turm, wo ein ganzes Heer von Männern in schwarzen Kutten mich hohnneckend bewillkommnete.

Ein kleiner, freundlicher Mann war mir hier noch allein zum Troste – er vertrieb die Kutten, nachdem sie mich lange mit den großen Nägeln ihrer Hände bis auf den Tod gezwickt hatten, und führte mich auf eine große Wiese, wo ich nach langen Qualen Ruhe fand.[253]

Der Traum vom Aschenberg, da ist sich Schubart später sicher, ist ein Traum vom Hohenasperg.

DER GEFANGENE

DIE FALLE

Der Dies Irae in Schubarts Lebensgeschichte ist der 23. Januar 1777. An diesem Tag wird er auf Befehl von Herzog Karl Eugen aus der Reichsstadt Ulm heraus ins benachbarte Blaubeuren gelockt. Dort, auf württembergischem Hoheitsgebiet, wird er gefangengenommen und auf die Festung Hohenasperg bei Ludwigsburg gebracht. Vom 24. Januar 1777 bis zum 18. Mai 1787 ist er dort eingesperrt; danach bleiben ihm noch vier Lebensjahre.

Der einzige Bericht von der Verhaftung, der erhalten ist, stammt von Schubart selbst – ein genauer Bericht, dessen fotografisch scharfe Bilder einen wahr gewordenen Alptraum schildern: eine allgegenwärtige, ungreifbare Gefahr, von der alle auftretenden Personen ahnen oder gar wissen, eine Kutschfahrt mit schwarzvermummtem Begleiter, die an zerstörten Schlössern vorbeiführt, ein an beziehungsvoller Stelle aufgeschlagenes Buch – und vor allem ein von Anfang an gefangen wirkender Schubart, der sich aus diesem Alptraum nicht befreien kann, ja es nicht einmal versucht: Seine Erzählung hält den nach der Verhaftung einsetzenden Vorwürfen und Selbstvorwürfen der Naivität und der Passivität das Bild eines unentrinnbaren Verhängnisses entgegen. Es ist aber auch das Bild einer womöglich höchstrichterlichen Strafmaßnahme, bei welcher der Herzog zwar *maître de l'intrigue*, aber nicht unbedingt *maître du destin* ist.

> Den 22sten Jenner 1777 kam der Klosteramtmann *Scholl* von Blaubeuren, den ich schon ehmals kennenlernte, zu mir und lud mich zum Mittagessen im Baumstark. Ich hatte eben Musik und wollte abends Konzert geben. Ich

nahm indes seine Einladung an. Als ich mit ihm hinging, sagte er ganz furchtsam: »Sie könnten mir einen sehr gro-ßen Gefallen erweisen?« Und worin besteht der? – »Mein Schwager der Professor B…r von E…g ist bei mir und wünscht Sie kennen zu lernen.« – »Der kennt mich ja schon von Stuttgart her, und dazu muß ich morgen meine Chronik schreiben. – Doch ich geh' mit Ihnen; mein Chro-nikblatt soll dennoch fertig werden!« – Mein letztes Blatt war das siebente Stück des 1777sten Jahres, und meine letzte öffentliche Arbeit das angehängte *Memento mori* für Kunstrichter. –

So willig und so ohne alle Vorsicht eilte ich in die mir ge-legte Schlinge. Zu Ulm hätte mich gewiß niemand gegrif-fen, denn ich hatte da viele und sehr wichtige Freunde, die mich herzlich liebten. Die dasigen preußischen Werbe-offiziere waren mir äußerst zugetan und hätten dem den Hals gebrochen, der mich angetastet hätte … Aber eine höhere Hand lenkte das ganze Gewirre, und ich mußte folgen. Ich speiste mit meinem Todesengel und brachte den Tag ziemlich vergnügt zu. Nach dem Konzert holte mich mein Weib ab und ging so stumm, so schwertragend neben mir nach Hause, daß ich sie über ihre Schwermut zur Rede setzte. »Ich weiß nicht, wie mir ist«, sagte sie und ließ eine Träne fallen. – Ich schlief das letzte Mal in ihren Armen – so sanft und ruhig, als ich lange Zeit nicht geschlafen hatte. Denn immer hab' ich bemerkt, daß ich vor einem mir begegnenden Unglücke sehr sanft ruhte. So stärkt der treue Vater im Himmel seine Geschöpfe, damit sie auch ihr Leiden tragen können.

Der Tag brach an; ich stand auf, kleidete mich an. Meine Kinder schwiegen um mich herum, meine Gattin bangte. Der Schlitten klimperte vor dem Hause, der mich ins Baumstark führen sollte. – »Leb wohl, Weib!« Sie bot mir die Hand, ward bleicher, alle Muskeln ihres Angesichts zitterten. »Kann denn dieser Fremde nicht zu dir kom-men?« – Und das war das letzte Wort aus dem Munde

II. Th.

Titelkupfer.
139.

"Ich hoffe man werde mich nicht
ungehört verdammen &c."

Schubarts Verhaftung in Blaubeuren.
Kupferstich von d'Argent, 1791.[1]

meiner Lieben. Ich eilte die Stiege hinunter, bestieg den Schlitten. Mein Sohn, dem das Liktorgesicht des Klosteramtmanns wie Wurmsamen zuwider war, schrie aus dem Fenster mir nach: »Papa, kommen Sie bald!« – Hoch klopfte mein Herz auf und Tränen rieselten wider meinen Willen die Backen herab. Ich hielt mich nur Augenblicke im Baumstark auf – und der fliegende Schlitten riß mich aus Ulm – weg von allen meinen Lieben, meinem trauten Weibe, meinen Kindern, meinen Freunden – ohne sie noch einmal fest ans Herz drücken, ihnen für alle Liebe danken und dann die bange, heiße, blutige Abschiedsträne, schrecklich wie die Träne Zoars am Halse Sebas, an ihrem Herzen weinen zu können. – Ach, ich habe sie seitdem desto öfter im Kerker geweint. Gott hat sie gesehen und gezählt und den heißen dankvollen Wunsch gehört, den ich für deine und deiner Kinder Wohlfahrt, du liebes deutsches *Ulm*, zum Himmel schickte. – Er wirds euch gewiß lohnen, was ihr mir armem herumirrenden Fremdling – und noch nach meinem Abschiede meiner Witwe und meinen Waisen Gutes getan habt! – Eine Witwe und Waisen haben – und eine so geliebte Witwe – so unschuldige liebe Waisen – noch bei seinen Lebzeiten haben; und nicht mehr auf wiegenden Knien hören, das süße Papagestammel: ουδε τι μεν παιδεσ ποτε γονασι παππαζεσιν.°

Weltrichter, hast du im Kelche der Leiden noch einen bitterern Tropfen als diesen? – ach, *diesen*, den du mir armem, unstetem Pilger zu schlürfen gabst? –

Da flog ich nun an der Seite meines Führers über beschneite Gefilde weg; – weg von Freunden, die ich viele dunkle Monde lang nicht mehr sehen sollte – mit dem Dolche der Ahndung in der Seele. Ich hatte Mühe, Tränen abzuhalten. »Es wird dir doch kein Unglück begegnen?« Das war alles

---

° »Und keine Kinder brabbeln an seinen Knien ›Papa‹.«

was ich dachte, was mir wie ein geflügelter Feuerpfeil in
der Seele brannte. Mein Führer, ganz in seinen schwarzen
Entwurf versunken und vielleicht die Vorteile berechnend,
die ihm ein Fang dieser Art verschaffen konnte, sprach nur
sehr wenig; – und ich sonst so redseliger Pilger war zur
Bildsäule erstarrt. Zwei auf Gebirgen stehende zerstörte
Schlösser, dicht bei *Blaubeuren*, weckten meine Fantasie,
und ich streifte eben in den heroischen Zeiten des alten
Deutschlands herum, als der Schlitten hielt und ich von
meinem Begleiter in sein Zimmer geführt wurde. Der
erste Eintritt ins Zimmer weissagte schon nichts Gutes; da
war niemand, der mich bewillkommte, war alles so stille
wie in einem Leichenhause. Selbst mein Führer verließ
mich, und ich war nun bei einem Mädchen alleine, die
traurig an der Kunkel° saß und mir, so oft die Spindel auf
dem Boden kreiste, mit stillem Mitleid in die Augen sah.
Ich nahm ein Buch vom Gesimse – es war *Sebaldus Nothanker*, da fielen mir Chodowieckis Pfaffenphysiognomien
mit neuem widrigem Eindrucke ins Gesicht. – Und nun
öffnete sich plötzlich die Türe. Der Major von *Varenbühler*
trat an der Spitze des Grafen von *Sponeck*°°, des Blaubeurischen Oberamtmanns und meines – Führers herein
und kündigte mir auf Befehl seines Durchlauchtigsten
Herzogs Arrest an. Ich hielt es für Scherz, weil ich den
Herrn von Varenbühler noch von Ludwigsburg her sehr
genau kannte. Aber seine betroffene Miene und einige be-
stimmtere Ausdrücke bewiesen mir bald den vollen Ernst
seines Auftrags. »*Ich hoffe, der Herzog werde mich nicht
ungehört verdammen, noch weniger mich im Kerker ver-
faulen lassen.*« Das sagt' ich, mit einer Fassung, die für
einen so flüchtigen Menschen, wie ich war, nicht stärker
und männlicher sein konnte. Der Major zeigte viel unver-
stelltes Mitleiden im Antlitz. *Scholl* aber ging mit seinem

° Beim Spinnen benutzter Stab, an dem die Rohfaser befestigt ist.
°° Friedrich Ludwig Graf von Sponeck (1725–1792).

Weibe im Zimmer herum und wimmerte: »Mir ist's leid! Gott weiß, mir ist's leid!« Ob sein Mitleid unverstellt war, mag Gott entscheiden – der Seelenblicker. Das erwähnte Mädchen fuhr von der Kunkel auf und barg ihr tränendes Gesicht in die Schürze. Graf Sponeck blieb kalt, als Oberforstmeister war ihm ein Fang nichts Neues. – – – Des Mitleids ganzen, vollen Trost sprach das Angesicht des Blaubeurischen Oberamtmanns *Oetinger*°. Er drückte mir brüderlich die Hand, sprach mir Mut zu und gab mir seine Handschuhe auf die Reise mit einem Blicke, der von werdenden Zähren schimmerte. O welch ein Trost ist's, im Elende gute Menschen zu finden! – Er ist nun eingegangen in seine Ruhe, und dieser Rosmarinstengel duftet auf seinem Grabe.

Man erlaubte mir, an mein Weib zu schreiben, aber meine Hand war gelähmt. Ich aß nichts zu Mittag und stieg, wie ein Missetäter vom gaffenden Pöbel umflutet, in den Reisewagen. Der Major saß bei mir und war stummer als ich. »O mein Weib und meine Kinder!« Nur dies dacht' ich, seufzt' ich, stammelte ich. »Sie sind am Bettelstab,« sagt' ich zum Major, »ich habe ihnen kaum für ein paar Tage Bedürfnisse hinterlassen. Was werden sie sagen, wenn die Nachricht auf sie hindonnert: Dein Mann, euer Vater ist gefangen?« – Der Major tröstete mich und versprach mir, meine Familie dem Herzog aufs nachdrücklichste zu empfehlen. Er hat hernach Wort gehalten, und ich weiß, daß es ihm Gott lohnen wird. –

Die ganze Reise rauchte ich fast beständig Tabak, eine Gewohnheit, mit der ich oft manchen Kummer zu verdampfen suchte. Unser Nachtlager nahmen wir in Kirchheim, wo ich im Zimmer von ledernen Philistern bewacht wurde, die sich heimlich einander ins Ohr raunten: »Das ist der Schubart! der Malefizkerl! Man wird ihm 'nmal den Grind

---

° Richtig wäre: Johann Philipp Georgii.

»Pfaffenphysiognomien«. Die Verhörszene in Friedrich Nicolais Sebaldus Nothanker. *Kupferstich von Daniel Chodowiecki, 1773.*

»Ich nahm ein Buch vom Gesimse – es war *Sebaldus Nothanker*, da fielen mir Chodowiekis Pfaffenphysiognomien mit neuem widrigem Eindrucke ins Gesicht.« Der erste Kupferstich des Romans zeigt das Verhör des Titelhelden durch ein kirchliches Konsistorium. Nothanker, der die Ewigkeit der Höllenstrafen in Abrede stellt, wird wegen »Irrlehre« aus dem Pfarrdienst entlassen.[2]

Am Hohenasperg. Stahlstich, um 1840.

herunterfegen.« Das hört' ich und schlief kaum Minuten. Man schickte von da aus eine Stafette an den *Herzog*, um seine weiteren Befehle zu erwarten. Er war anfangs entschlossen, mich auf die Festung *Hohentwiel* zu setzen; aber Gott lenkte sein Herz anders, und gleich mit dem grauenden Morgen des 24sten Jenners wurde mir angezeigt: daß ich auf den *Asperg* in sehr enge Verwahrung genommen werden sollte. Ich war verstockt und fühlte nichts mehr. Den Mittag speiste ich in Cannstatt mit einigem Appetit

und zitterte zwei Zeilen an Millern in Ulm aufs Papier.
»Nimm dich meines Weibes und meiner Kinder an! ich
kann es nicht mehr, denn ich bin gefangen.« Das war alles,
was ich schrieb; der Brief kam aber nicht an seine Behörde.
Nichts hat mich auf der ganzen Reise so innig gerührt als
ein Schulmeister zu *Cannstatt*, der mich von Ludwigsburg aus kannte. Er hatte kaum gehört, daß ich angelangt
wäre, als er zu mir kam und mit Tränen im Auge mein
Schicksal beklagte. Aufs demütigste bat er den Major, ob

er mir nicht eine Flasche Wein bringen dürfte; er hätte sogar einen guten, einen roten und möchte mich gerne zu guter Letzt damit erquicken. Der Major schlug es ihm ab, weil wir zu trinken genug hatten. Und nun trat mein guter Schulmeister wehmütig vor mich hin, und alle Fülle seiner Trostsprüche quoll aus seinem Munde! »O der allmächtige Gott sei mit Ihnen! Er wird Sie nicht zu Grund gehen lassen, denn er ist gnädig, barmherzig, geduldig, von großer Treu' und Güte! Es hat kein Unglück je solang gewähret, es hat auch wieder aufgehöret!« So entquoll's seinem Herzen; er segnete mich und ging mit Wangen, die inniges Mitleiden troffen, hinweg. –

Schauer fuhr durch mein Gebein, als sich der Asperg vor mir aus seinem blauen Schleier enthüllte. »Was wird dich dort erwarten!« – so dacht' ich, als der Wagen bereits vor der Festung stille hielt. Der *Herzog* war selbst zugegen und bezeichnete den Kerker, in dem man mich verwahren sollte. – Wem man mit eiskalter Hand ins Herz greift und es ihm quetscht, daß blutige Tropfen in beiden Augenwinkeln hangen, dem ist's nicht bänger als mir. Der Kommandant *Rieger*, ein durch seine rasche Tätigkeit, süße und bittre Schicksale, gute und böse Gerüchte in Deutschland sehr bekannter Name, kam sogleich zu mir; ich empfahl mich seinem Mitleid; mein Führer nahm Abschied, und ich wurde in [den] *Turm* geführt, dicht am Zimmer vorbei, von dem der *Herzog* und seine *Gemahlin* herunterschauten. Ich empfahl dem Kommandanten mein Weib und meine Kinder aufs dringendste zur Fürsprache bei dem *Fürsten*; er ging, kam in wenigen Augenblicken wieder und brachte mir die fröhliche Kunde: »daß der *Herzog* meinem Weibe ein Jahrgehalt von zweihundert Gulden ausgemacht und meine Kinder in die Akademie zu Stuttgart aufgenommen hätte.«°Ha, welch ein Berg

---

° Der elfjährige Ludwig wurde in die Militärakademie, die achtjährige Julie in die École des Belles aufgenommen.

war da von mir gewälzt! Und um wieviel gestärkter konnt'
ich nun die züchtigenden Leiden tragen, die über mich
verhängt waren! –

Jetzt rasselte die Türe hinter mir zu, und ich war *allein* –
in einem grauen, düstern Felsenloche *allein*. – Ich stand
und starrte vor Entsetzen, wie einer, den die donnernde
Woge verschlang und dessen Seele nun im schaurigen
Scheol°erwacht. – Hier in dieser Schauergrotte, in diesem
Jammergeklüft sollt' ich dreihundertsiebenundsiebzig
Tage veräzchen! – Die Mandarins sagen: »es gibt nur eine
Hölle – *das Gefängnis.*« Diese Hölle schlug nun ihre Flügel
über mir zusammen; hüllte mich ein in ihre schreckliche
Nacht und geißelte mich mit ihren Flammen!«[3]

Eines der vielen Schubart-Gedichte, die auf dem Hohenasperg entstanden, ist »Die Forelle«. Man wird das autobio-
graphische Moment darin kaum überhören können. Die ab-
schließende Moralstrophe verdunkelt freilich diesen Bezug;
Franz Schubert hat sie bei seiner Liedvertonung weggelassen.

Die Forelle

In einem Bächlein helle,
Da schoß in froher Eil
Die launische Forelle
Vorüber wie ein Pfeil.
Ich stand an dem Gestade,
Und sah' in süßer Ruh
Des muntern Fisches Bade
Im klaren Bächlein zu.

Ein Fischer mit der Rute
Wohl an dem Ufer stand,

° Totenreich.

Und sah's mit kaltem Blute,
Wie sich das Fischlein wand.
Solang dem Wasser Helle,
so dacht' ich, nicht gebricht,
So fängt er die Forelle
Mit seiner Angel nicht.

Doch plötzlich war dem Diebe
Die Zeit zu lang. Er macht
Das Bächlein tückisch trübe,
Und eh ich es gedacht; –
So zuckte seine Rute,
Das Fischlein zappelt dran,
Und ich mit regem Blute
Sah die Betrogne an.

Die ihr am goldnen Quelle
Der sichern Jugend weilt,
Denkt doch an die Forelle;
Seht ihr Gefahr, so eilt!
Meist fehlt es nur aus Mangel
Der Klugheit. Mädchen seht
Verführer mit der Angel! –
Sonst blutet ihr zu spät.[4]

THEORIEN ÜBER EINE VERSCHWÖRUNG

Es ist im achtzehnten Jahrhundert nichts Seltenes, daß Journalisten von ihren Landesherren eingekerkert werden. Aber die über zehnjährige Festungshaft Schubarts ist denn doch ein Extremfall. Die Empörung darüber wird sein Nachlebenselixier werden – und einen unsterblichen Schatten auf Karl Eugen werfen. Im Laufe des neunzehnten Jahrhunderts wird Schubart, der Gefangene des Herzogs, für deutsche Demokraten zu einer Identifikationsfigur. Und dies nicht nur,

»Die Forelle« in Schubarts Originalsatz.

wie man es häufig lesen kann, in schaudernder Erinnerung an einstige absolutistische Willkür, sondern weil die konstitutionellen Monarchien des neunzehnten Jahrhunderts auf Oppositionsbewegungen mit einer exzessiven Einkerkerungspolitik reagierten und die Schubarts immer mehr wurden: Der Volksmund taufte den Hohenasperg »Demokratenbuckel«.

Was Schubart von den Journalisten und Politikern unterscheidet, die im neunzehnten Jahrhundert in den Kerkern des Asperg saßen, ist neben seiner langen Kerkerzeit das Fehlen jeder Anklage und jedes Urteils. Schubart erfährt nicht einmal die Gründe seiner Verhaftung: Absolute Macht argumentiert handgreiflich und stumm. Das einzige schriftliche Zeugnis, das etwas über Karl Eugens Motive aussagt, ist der Geheimbefehl, den er an den zum Entführer ausersehenen Scholl schickt – ein Befehl, der an die königlichen *lettres de cachet* erinnert, mit denen in Frankreich unliebsame Personen, vor allem regierungskritische Autoren, in die Bastille verfügt wurden. In diesem Befehl heißt es:

> Dem Klosters Oberamtmann Scholl zu Blaubeuren wird nicht unbewußt sein, wie vor einigen Jahren der in Ludwigsburg angestellt gewesene Stadtorganist *Schubart* teils um seiner schlechten und ärgerlichen Aufführung willen, teils wegen seiner sehr bösen und sogar gotteslästerlichen Schreibart, auf untertänigsten Antrag des Herzoglichen Geheimen Rats und Consistorii seines Amts entsetzt und von dort weggejagt worden. Dieser sich nunmehr zu Ulm aufhaltende Mann fährt bekanntermaßen in seinem Geleise fort und hat es bereits in der Unverschämtheit so weit gebracht, daß fast kein gekröntes Haupt und kein Fürst auf dem Erdboden ist, so nicht von ihm in seinen herausgegebenen Schriften auf das freventlichste angetastet worden, welches Seine Herzogliche Durchlaucht schon seit geraumer Zeit auf den Entschluß gebracht, dessen habhaft zu werden, um durch sichere Verwahrung seiner Person die menschliche Gesellschaft von diesem unwürdigen und ansteckenden Gliede zu reinigen.[5]

Bis heute versuchen Schubart-Forscher diese sehr allgemein gehaltenen Verhaftungsgründe zu konkretisieren, ohne dabei zu einem übereinstimmenden Ergebnis zu kommen. Zudem ist man sich uneinig, ob Karl Eugen selbst die Initiative zur Gefangennahme ergriff oder ob der Herzog als Erfüllungsgehilfe des Wiener Hofs tätig wurde. Schubart selbst vertritt in seinen Erinnerungen die letztere Version, wobei sich nicht klären läßt, wieviel hier Wissen und wieviel (bewußte oder unbewußte) Rücksicht auf seinen Zwingherrn ist. Als eigentliche Ursache seiner Verhaftung vermutet er, wie erwähnt, »Priesterhaß« aufgrund seiner Jesuiten- und Gaßnerpolemiken, als Auslöser einen persönlichen Zusammenstoß mit dem habsburgischen Gesandten Ried und eine Falschmeldung in der *Chronik* über den Tod von Kaiserin Maria Theresia:

> Der Kaiserliche Minister in Ulm, General *Ried*, ein stolzer, hochtrotzender Mann, war äußerst aufgebracht, weil ich einmal vor ihm den Flügel spielen sollte und es aus Mangel eines tauglichen Flügels nicht tat. Seine Religionsverwandten bliesen in dies Feuer, und er lauerte nur noch auf Gelegenheit, mich unter einem bessern Vorwande packen zu können. Als ich aus einem Wiener Briefe die Nachricht in die *Chronik* setzte: »Die Kaiserin sei plötzlich vom Schlage gerührt worden«, so glaubte er Anlaß genug zu haben, mich aufheben und nach Ungarn in ewige Gefangenschaft führen lassen zu können. Aber Gott, der schon seinen Plan mit mir gemacht hatte, mißbilligte diesen. Der Minister offenbarte seinen Entschluß dem *Herzog* von *Württemberg*, der sogleich dem Gesandten versprach, mich in Verwahrung zu nehmen, weil er selbst nicht wenig an mir auszusetzen fände.[6]

Eine solche kaiserlich-katholische Verschwörung vermutet nicht nur Schubart. Friedrich Nicolai schreibt in seinem Reisebericht von 1781, man habe ihm in Stuttgart »als ein großes Geheimnis anvertraut, daß Schubart eigentlich nicht auf eigenes Verlangen des Herzogs ins Gefängnis gesetzt war, ja daß der Herzog schon willens gewesen, ihn loszugeben, daß es aber von dem kaiserlichen Hofe, auf dessen Verlangen die Gefangennehmung geschehen, noch nicht wäre genehmigt

Herzog Karl Eugen von Württemberg (1728–1793),
Ölgemälde um 1760.

worden.«[7] Es kann jedoch gut sein, daß man sich am Stuttgarter Hof nur hinausredete; die Suche nach Dokumenten,
welche ein Wiener Eingreifen bestätigen, blieb jedenfalls
bisher erfolglos.

Was die Motive angeht, die Karl Eugen zur Gefangensetzung Schubarts gebracht haben könnten, kursieren zahlreiche Mutmaßungen. Eine der frühesten Konjekturen spricht
Schubart in seinen Erinnerungen von 1779 selbst an: »Nur
dies muß ich zu meiner Rechtfertigung noch sagen, daß das
hernach ausgestreute Gerücht: als hätt' ich ein verfängliches
Gedicht auf eine dem *Herzog* sehr schätzbare Person verfer-

Herzogin Franziska von Württemberg (1748–1811),
Ölgemälde von Jakob Friedrich Weckherlin um 1790.

tigt, gänzlich falsch und ungegründet sei.«[5] Die Rede ist hier
offensichtlich von Franziska von Hohenheim, damals Mätresse
und später Ehefrau des Herzogs. Schubartsche Verse auf sie
sind in der Tat nicht überliefert, wohl aber ein Brief Schubarts an Balthasar Haug in Stuttgart, in dem es heißt: »Ihr
Herzog ist hier durchpassiert und war ungemein gnädig. Er
hat einen hiesigen Patriziersohn in die Sklavenplantage° auf
der Solitude aufgenommen. Seine Donna Schmergalina saß

° Die Hohe Karlsschule.

neben ihm wie Marianne an Achmets Seite. Aller Fürsten-
glanz ist in meinen Augen nicht mehr als – das Glimmen
einer Lichtputze – es glimmt und stinkt.«[9] Das schwäbische
»Schmergeln« bedeutet »nach ranzigem Fett riechen«.[10] Daß
die als freundlich bekannte Franziska, deren mäßigender Einfluß auf Karl Eugen immer wieder gerühmt wird, sich offenbar
nicht für den gefangenen Schubart verwandte, ja abfällig über
ihn geredet haben soll,[11] könnte damit erklärt werden, daß ihr
zumindest die Bezeichnung »Donna Schmergalina« zu Ohren
gekommen war.

Das Thema »Sklavenplantage« behandelt auch ein Spott-
gedicht, das Schubart zugeschrieben wird. David Friedrich
Strauß zitiert es in einer Fassung, die offenbar aus einer mündlichen Überlieferung stammt:

> Als Dionys von Syrakus
>
> Aufhören muß
>
> Tyrann zu sein,
>
> Da ward er ein Schulmeisterlein.[12]

Eine erste gedruckte Version des Spruchs erscheint 1775 in
einem *Taschenbuch für Dichter und Dichterfreunde*:

> Als Dionysius Tyrann zu sein
>
> Aufhören mußte, ward er ein
>
> Schulmeisterlein![13]

Hinzugefügt ist der Hinweis: »Das Original ist in S.«. Damit
wird alles klar. Das »S.« steht für »Stuttgart«, das Aufhören-
müssen als Tyrann spielt auf den sogenannten Erbvergleich
mit den Landständen an, der Karl Eugen 1770 nach einem
Steuerstreit abgezwungen wurde, und das Schulmeister-Wer-
den auf die ebenfalls 1770 erfolgte Gründung der Karlsschule.
Der Preußische Legationsrat von Madeweiss, der sich 1786
im Auftrag Friedrich Wilhelms II. in Stuttgart um Schubarts
Freilassung bemühte, stellt in einem Brief an seinen König

diesen Dreizeiler als Ursache für Schubarts Haft dar: Der Herzog, so berichtet er, habe ihn in einem Journal entdeckt, sich geärgert und nach dem Autor gefragt; »des gens offizieux et mal intentionnés contre Schubart« hätten diesen als Autor angegeben, worauf Karl Eugen seine Verhaftung angeordnet habe.[14] Von Madeweiss' Darstellung ist zumindest in einem Punkt unplausibel: Der Autor des Epigramms ist in jenem »Taschenbuch« angegeben: Es ist mit »Göckingk« unterzeichnet – offensichtlich handelt es sich um den damals bekannten Schriftsteller Leopold Friedrich Günther von Goeckingk.[15] Doch gewiß kann es so gewesen sein, wie Michael Myers vermutet: daß Schubart die Verse in Ulmer Gasthäusern zum besten gab, als ihr Urheber angenommen und beim Herzog angeschwärzt wurde.[16]

Möglich ist auch, daß Schubart den Herzog nicht nur mit einigen Spöttereien verärgert hat, sondern durch Berichte in der *Chronik* seiner Politik ganz konkret in die Quere gekommen ist. Zu denken ist dabei besonders an Schubarts Kritik am Soldatenhandel deutscher Fürsten, an dem Karl Eugen sich rege beteiligte: In den fünfziger Jahren hatte er mit Truppenverkäufen drei Millionen Gulden verdient. Am 28. März 1776 rückt Schubart folgende Meldung in die *Chronik* ein:

> **Eine Sage.**
> Der Herzog von Würtemberg soll 3000. Mann an Engeland überlassen, und dieß soll die Ursache seines gegenwärtigen Aufenthalts in London seyn. ☞ —— ! ! !

Und Schubart insistiert: Am 8. und am 25. April 1776 meldet die *Chronik*, daß die Gerüchte über diese Verkaufspläne nicht aufhören wollten. Zu Recht. Seit Herbst 1775 laufen entsprechende Verhandlungen zwischen Stuttgart und London; Karl Eugen bietet den Briten für ihren Amerikafeldzug einige tausend Soldaten an. Im Winter 1776/1777 ist ein Vertragsabschluß in greifbarer Nähe. Am 19. Januar 1777 offeriert der württembergische Agent in London offiziell 3000 württembergische Söldner, die sich im März in Heilbronn sammeln sollten.[17] Der herzogliche Verhaftungsbefehl für Schubart datiert vom 18. Januar. Natürlich kann diese Koinzidenz zufällig sein, doch man kann sich durchaus fragen, ob Karl Eugen Schubart vielleicht stillegen ließ, um weitere unliebsame Berichte über seine unpopulären Verschiffungspläne zu unterbinden.[18] Gescheitert sind diese Pläne dann ohnehin, freilich nicht an württembergischen, sondern an britischen Bedenken: Die Besteller treten wegen des schlechten Zustands und der schlechten Ausrüstung der herzoglichen Soldaten vom Vertrag zurück.[19]

Wie immer man die einzelnen Gründe für Schubarts Verhaftung gewichten und worin immer man den letzten Anstoß dafür sehen will: Es geht allemal gegen Meinungsfreiheiten, die sich Schubart herausgenommen hat, und darüber hinaus gegen das Prinzip Meinungsfreiheit, das die *Chronik* zu praktizieren und durchzusetzen sucht. Der Hinweis auf die »schlechte und ärgerliche Aufführung« Schubarts in Ludwigsburg, der den Haftbefehl einleitet, sollte nicht als Beleg dafür genommen werden, daß der Lebenswandel Schubarts Anlaß zur Verhaftung gewesen sein könnte, zumal aus seiner Ulmer Zeit keine Klagen bekanntgeworden sind. Dieser Hinweis, ein Appell an den inneren Schäferhund im Oberamtmann Scholl, sollte besser in die lange Tradition der Presseschelte eingeordnet werden: Er folgt der verbreiteten Neigung, die Zeitungsschreiber per se als unfeine Ausplauderer, als »Schmierfinken«, als »Muckrakers« anzusehen. Schubart, das kann kaum bezweifelt werden, kommt nicht seiner unbürgerlichen Exzesse wegen in Haft, sondern als politischer Journalist.

> Vor Fürsten, auch wenn sie Bösewichter sind, den Fuchsschwanz streichen, kühle Galatage, Jagden, Musterungen, jedes gnädige Kopfnicken und matte Zeichen des Menschengefühls mit einer Doppelzunge austrompeten,

jedem Hofhunde einen Bückling machen, den Parteigeist desjenigen Orts, wo man schreibt, nie beleidigen, den Kaffeehäusern was zum Lachen und dem Pöbel was zu räsonieren geben; – auf der andern Seite die Parteien des Parnassus genau kennen, und da entweder im trägen Gleichgewichte bleiben oder mutig mitkämpfen: – das waren Gesetze, die für mich zu hoch und rund waren und für die ich weder Geduld noch Klugheit hatte. Ich stieß daher tausendmal gegen sie an. Daher hat auch die *Chronik* mir und dem Verleger unermeßbaren Verdruß und endlich mir selber das harte Gefängnis zugezogen, in dem ich so manches Jahr reiche Gelegenheit hatte, meine Torheiten zu beweinen.[20]

MITLEID, HÄME – KEIN PROTEST

Eine neuere landesgeschichtliche Studie nennt Schubarts Verhaftung »eine herzogliche Willkürtat, die bedeutende Intellektuelle in ganz Deutschland auf den Plan rief und zu Gnadenersuchen veranlaßte.«[21] Das ist im Zeitraffer geschrieben. Erst nach Jahren der Haft häufen sich die Interventionen zugunsten des Gefangenen. Zunächst aber rührt sich wenig. Das ist kein Wunder, denn die meisten deutschen Zeitungen wagen es nicht, über den Fall Schubart, der ja ein Fall Karl Eugen ist, auch nur zu berichten. Wo er sich herumspricht, löst er viel Kopfschütteln und manche Empörung aus, doch ganz selten wagt sich die Fürsprache in die Öffentlichkeit oder direkt vor den Herzog. Viele fragen sich, ob die begründungslose Haft vielleicht doch ihre guten Gründe hat – die früheren Eskapaden Schubarts, die Ludwigsburger Ehebruchs-Anklage vor allem, sind noch in Erinnerung. Und schließlich gibt es da die Schubart-Verächter und Schubart-Feinde, die seine Inhaftierung begrüßen, ja bejubeln.

Um seine Freilassung bemüht sich zunächst nur Helena Schubart, die Ehefrau. Daß sie, die stille, bescheidene Hausfrau, sich nicht alles gefallen läßt, hat ihr Ehemann zu spüren bekommen, als sie den Tunichtgut der Ludwigsburger Jahre zweimal verließ. Nun engagiert sie sich energisch dafür, ihn aus der Haft zurückzubekommen. Am 24. Januar 1777, einen Tag nach der Festnahme, schreibt sie einen Brandbrief an ihren Schwager Konrad Schubart, den Stadtschreiber von Aalen. Ihre ganze Wut entlädt sich dabei auf den Entführer, den Oberamtmann Scholl: »Welch ein Erstaunen, denken Sie, ein Teufel in menschlicher Gestalt hat mir meinen Mann gestohlen, vielleicht auf ewig gestohlen. O Erbarmung für eine ganze Familie, die mit der Verzweiflung ringt. Fluch dem Verderber, ich kann ihn fast nicht nennen, ein OberAmtmann von Blaubeuren namens Scholl [...]. Was mein Mann getan hat, weiß ich und kein Mensch hier, kann mir auch nichts einfallen lassen, wenn ich mich zu Tod denke«.[22]

In den Aalener Archivalien fand sich bisher kein Hinweis, daß Schubarts Vaterstadt daraufhin für ihn aktiv geworden wäre. Am 26. oder 27. Januar schickt Helena Schubart einen Bittbrief an den Rat der Stadt Ulm, er möge sich doch beim Herzog um Schubarts Freilassung bemühen. Dieser schlägt ihr Gesuch ab und empfiehlt ihr, sie möge sich doch selbst an Karl Eugen wenden – und dabei nicht vergessen, sich für die 200 Gulden Jahresrente und die Aufnahme ihrer Kinder in herzogliche Schulen zu bedanken.[23] Daß der Ulmer Rat nichts für Schubart unternimmt, könnte mit diplomatischen Rücksichten erklärt werden, aber auch damit zu tun haben, daß der Entführte kein Ulmer Bürgerrecht besitzt. Zudem sollte man nicht vergessen, daß Ulm dem *Chronik*-Schreiber gerade erst, seines Spotts über die »französischen Galanteriedegen« wegen, ein Ultimatum gestellt hatte. Eine – wohl ratsherrliche – Notiz, die in das Schubart-Gutachten der Pressekommission eingefügt ist, lautet ganz ähnlich wie Karl Eugens Haftbegründung in seinem Befehl an Scholl. In diesem wird Schubart angelastet, »daß fast kein gekröntes Haupt und kein Fürst auf dem Erdboden ist, so nicht von ihm in seinen herausgegebenen Schriften auf das freventlichste angetastet worden«. Die Ulmer Notiz lautet: »Verdient es wohl der Geiz des Druckers und die Ausgelassenheit des Verfassers, daß so viel Schubartisches Gift gegen Religion und Sitten, ja beinahe gegen alle hohe Häupter, allhier in der Presse so lange geduldet werde!«[24]

Gleichwohl: Eine Ulmer Mitwirkung oder auch nur Mitwisserschaft bei Schubarts Entführung kann nicht unterstellt werden, wohl aber, daß es im Rat Erleichterung darüber gab, den unregierbaren, immer wieder Ärger mit auswärtigen Mächten provozierenden Journalisten los zu sein.

Über die Reaktionen von Ulmer Bürgern, von Schubarts Freunden, Kollegen und Lesern auf die Verhaftung hat man nicht allzu viele Nachrichten. Starke Empörung schlägt anscheinend dem Blaubeurener Oberamtmann Scholl entgegen. Jedenfalls bittet dieser in einem Brief an Herzog Karl Eugen um »kräftigen gnädigen Schutz und *Protektion*«: »Die Anhänger des Schubart, und besonders die in Ulm befindlichen preußischen *Offiziere*, sollen mir den Tod geschworen haben, wo sie mich erhaschen könnten.« Auch in herzoglichen Landen sei er »Gegenstand des Fluchs und der heftigsten Drohungen«.[25] Überdies gibt es wohl ein breites Befremden über Schubarts Haftbedingungen, über die nicht nur mündlich einiges durchsickert, sondern zumindest in einer deutschen Zeitung Andeutungen gemacht werden: Matthias Claudius schreibt am 2. Februar 1777 an Schubarts Freund Miller nach Ulm, einer Frankfurter Zeitung nach sei Schubart in ein »sehr enges Gefängnis« gebracht worden. Über den Haftgrund rätselt Claudius nicht: »Er wird also wohl in der Chronik zu viel oder zu wenig von Württemberg oder Rußland gesagt haben.«[26] Das in Stuttgart erscheinende *Schwäbische Magazin von gelehrten Sachen*, herausgegeben von Schubarts früherem Mentor Balthasar Haug, sieht sich veranlaßt, den Gerüchten über eine schlechte Behandlung des Gefangenen entgegenzutreten. Es meldet Ende Februar 1777, wahrscheinlich auf amtlichen Wink hin, »daß der Verfasser der teutschen Chronik zwar auf dem Asperg in Verwahrung ist, aber sehr gutes Traktament genießt, auch die Seinigen auf das beste versorgt sind.«[27] Im Junistück des Magazins wird diese Darstellung bekräftigt und ergänzt: Schubart, heißt es da, »genießt neben einem sehr annehmlichen Traktament nicht nur ganz besondere Pflege für seine Gesundheit, sondern auch zu seiner weitern Fassung und Seelensorge werden alle möglichen Anstalten gemacht.«[28]

Schubarts Bruder und sein Schwager Böckh wissen es offensichtlich besser. In einem Brief an den Herzog bitten sie diesen um Hafterleichterungen, genauer gesagt: sie wagen allerhöflichst die Hoffnung auszusprechen, daß »Höchstderselbe auf die Erhaltung seiner Seelen- und Leibeskräfte mildeste Rücksicht zu nehmen und den Arrestanten einigen freien Genuß der Luft zu erlauben gnädigst geruhen werden.« Dieses Vorbringen ist jedoch eingebettet in untertänigsten Beifall für die Inhaftnahme als solche: »Es ist die vorzüglichste, Gott ähnliche und nur noch dem Großen Carl von Württemberg gewöhnliche Absicht, mit einem Gedanken der selige Retter eines ausschweifenden, von schändlichem Leichtsinn und gefährlicher Unbedachtsamkeit fortgerissenen Menschen zu sein und auf eine durch den natürlichen Vater gestürzten Familie Sich väterlich herabzulassen und diese für allezeit zu beglücken.«[29]

Die Meinung, daß es nicht um eine politische Bestrafung, sondern nur um eine sittliche Besserung Schubarts gehe, wird dessen ganze Haftzeit begleiten. Viele glauben daran, daß diese Gefangenschaft nicht Herrscherrache sei, sondern einer landesväterlichen Erziehungsabsicht folge – eine untertänige Auslegung, so könnte man sagen, des Spottverses über den zum Schulmeister gewordenen Tyrannen. Ganz anders sieht das Schubarts Schwiegervater, der Mann, mit dem er in seinen ersten Ehejahren aufs heftigste zusammengestoßen war. Der Oberzoller Bühler, als Geislinger kein württembergischer Untertan, sondern Ulmer Bürger, redet in einem Brief an Schubarts Bruder Konrad nicht über Pädagogik, sondern darüber, wovon er als alter Beamter etwas versteht: über Recht und Gesetz.

Herr Bruder sitzt nun über ein halb Jahr, so viel mir bekannt ist ohne Verhör und Verantwortung, mithin ohne Urteil und Recht, gefangen, die Ursache ist geheim und gibt allerdinge zu verstehen, daß solche von keiner allzugroßen unverantwortlichen Wichtigkeit sein müsse; kann man gleichgültig sein und ihn noch länger ohne möglichsten Beistand im Elend schmachten und zu Tod martern lassen? Wenn er als Bürger von Ludwigsburg und Württembergischer Untertan betrachtet wird, so läuft die *Prozedur*, wie ich glaube, wider die Württembergischen Rechte. Wird er als Fremdling angesehen, so ist die Frag, was den Herzog berechtigt, auf solche harte Weise mit ihm zu verfahren.[30]

Er wird es nicht als einziger so gesehen haben. Aber Proteste, gar Anzeigen gegen den Herzog gab es nicht. Ein süddeutscher Publizist immerhin wagt es, bei Karl Eugen um Schubarts Freilassung nachzusuchen[31] und dessen Gefangennahme auch öffentlich zu beklagen: sein Verleger Stage. Am 26. Juni 1777 kündigt er in der *Teutschen Chronik*, die nach Schubarts Verhaftung von wechselnden Redakteuren – zunächst von Martin Miller – mühsam weitergeführt wird, das Erscheinen von Schubarts *Vorlesungen über die schöne Wissenschaften für Unstudierte* an. Er flicht darin geschickt ein Memento ein: »Nimm das Büchelchen, lies es, 's wird dir behagen, und dem Freunde, der's herausgab, wirstu's herzlich verdanken. Um 24 Kr. gibt's dir *Stage* und *Wohler*. – Du wirst im Lesen über dieses Mannes Schicksal – seufzen? ach! weinen. Sein Porträt, das Stage um 8 Kr. seinen Freunden gibt, kann bequem angebunden werden.«[32]

In Augsburg, wo Stage dies schreibt, wird freilich Schubarts Schicksal nicht von allen bedauert. Dort kursiert zur selben Zeit eine Flugschrift »Ecce! Schubart von Ala°, der Erzvogel im Mausen auf dem Asperg Im Herzogthum Würtenberg«. Ein

---

° Aalen.

*Ein Schubartbild für die Chronik-Leser. Kupferstich von Johann
Michael Söckler nach einem Porträt von Christoph Nikolaus
Kleemann, 1777.*

Das Porträt lag im Mai 1777 der von Martin Miller fortgeführten
Chronik bei. Der Verleger Stage schreibt dazu: »Weil er's seinen Lesern
versprochen, daß sie sein Bildnis in diesem Jahrgange als eine Beilage
zur *Chronik* erhalten sollen; so ließ er sich von unserem Kleemann
abmalen, und der Verleger dieses Blatts ließ diesen Kupferstich durch
Söckler machen. Er weiß es nicht, daß sein Versprechen erfüllt wird!
O wüßt' er's! Könnt er dir selbst dies Geschenk machen! Er kann nicht!
Nimm es als einen Dank von dem Verleger an, den er dir für die gütige
Aufnahme dieser *Chronik* schuldig zu sein glaubt.«[33]

ebenso gehässiges wie aufschlußreiches Dokument, da dessen
Verfasser keinerlei Zweifel daran hegt, daß Schubart nicht
wegen schlechter Führung, sondern wegen seines kritischen
Journalismus im Gefängnis sitzt. Hier ein Auszug des dia-
lektgefärbten Pamphlets, welches nicht zuletzt dokumentiert,
wie genau man in Schwaben über die Umstände von Schubarts
Verhaftung Bescheid wußte:

> Arglistig, g'scheit und schlau muß man die Vögel fangen,
> Man wirft nicht gleich darein mit Prügel und mit Stangen,
> Man streuet Futter aus und läßt die Locker singen,
> Dann kann man sie mit Lust in Schlag und Garne bringen.
> Blaubeurer Vogeltenn! – klug machtest deine Sache,
> So arg der Vogel war, so fein war deine Sprache.
> Den Vogel locktest ein zu einem fetten Schmause,
> Zu dem war er geschickt und allezeit zu Hause.
> Mit Freuden schwang er sich nach schon bemelten° Tenne,
> Die Jungen ließ er z'Haus bei seiner lieben Henne.
> Da er den Kragen voll gefüllt nach sein Vergnügen,
> Wusch er den Schnabel ab und wollt nach Hause fliegen.
> Allein! – es war umsonst; – gewixte Jäger kamen,
> Und diesen Vogel fest bei seinen Flügeln nahmen.
> Er sperrte sich – mit Dank bei seinem Freund fürs Speisen,
> Der ihn so freundlich hat gespielt ins Loch und Eisen.
> Sie haben ihn getreu bis in das Nest begleitet,
> So man ihm kurz zuvor hat herrlich zubereitet.
> Asperg, Erhabner Berg! – Asperg, verdammter Hügel,
> Auf dem kein Pegasus ausbreitet seine Flügel.
> Asperg ist jener Ort, wo dieser Vogel nistet,
> Den es von Jugend auf nach Satirs-Gift gelüstet. […]
> Der seinen Schnabel hat an Fischerring gewetzet,
> Und andre Vögel mehr zum Schimpfen angehetzet. […]
> Papist! Papist! Papist! das war sein liebstes Schreien.

° Bemeldet, erwähnt.

Nicht nur allein Papist! – er schnauzte alle Stände,
Er packte alles an und sinnt, wie er sie schände.
Was ist das für ein Vogel? wie soll man ihn nennen?
Trabuhcs – Trabuhcs Trabuhcs, den alle Teufel kennen.
So lockte er g'wiß gut? – dieweil er ihre Stelle
Sehr gut vertreten hat, ihn lobt die ganze Hölle.
Was gab sie ihm zum Lohn? O Lohn! er ist zum Grausen,
In einem engen Loch muß sich der Vogel mausen.
In einem Loch! – wo er muß solche Grillen fangen,
Die manchem schon verzehrt die trommelfetten Wangen.
In einem Loch, wo er mit keinem Mensch kann sprechen,
O Loch für einen Schimpf! den alle Götter rächen.
Er wird sich nackend, bloß in alles müssen geben,
Was immer er gestift' in Flüchten seines Lebens.
So, wie sich dieser maust, soll sich ein jeder schrecken
Den Schmucke eines Haupts satirisch zu beflecken.[34]

Der Autor der Flugschrift ist wohlinformiert: Er weiß, daß Schubart in einem »Loch« sitzt, daß das Gefängnispersonal angehalten ist, sich nicht mit ihm zu unterhalten, daß er sich »nackend, blos in alles geben muß.« Die Mär vom »sehr guten Traktament« zu erzählen wäre dem Zweck der Schrift nur abträglich: Sie zielt auf Abschreckung. Todesdrohungen gegen den Inhaftierten und seine Geistesverwandten sind darin eingeschlossen. Der Autor prahlt mit der Wiblinger Hinrichtung von Joseph Nickel. »Ein Jüngling wurde schon verbrannt zu Staub und Asche,/So Gott verleugnet hat in derlei Vogelsmasche.«
Die Botschaft heißt:

Ihr Zeitungsschreiber merkt's – von diesem Vogel lernet!
Parteilichkeit und Schimpf sei weit von euch entfernet.[35]

Titelblatt der Flugschrift »Ecce! Schubart von Ala«, Augsburg 1777.

Unten der schreibende Schubart, dem ein satyrhafter Teufel das
Tintenfaß hält, darüber der eingesperrte Schubart, der um Hilfe zu
rufen scheint.

DER SCHEINTOTE REBELL

BRECHUNGSVERSUCHE

Spaziergänger vor einem steilen Berg. Dort oben, in einsamer Höhe, sitzt Schubart gefangen. Das Phantasiebild trügt und trifft. Der Hohenasperg ist ein flacher Hügel, der sich keine hundert Meter über die Neckarebene bei Ludwigsburg erhebt, und er ist kein stilles Felsennest, sondern eine belebte Garnison: 1779 hat sie 1057, 1783 gar 1224 Bewohner, die meisten davon Offiziere und Soldaten mit ihren Familien. Hinzu kommen 35 Kettensträflinge sowie sechs »Staats- und Familienarrestanten« – einige davon sitzen wegen Schulden ein.[36] Aber zugleich ist der Hohenasperg, wie der Volksmund sagt, der höchste Berg in Württemberg – weil man Monate, manchmal Jahre brauche, um wieder herunterzukommen. Und sehr einsam kann man dort auch sein: Über ein Jahr lang sitzt Schubart in einer dunklen Turmzelle, wo er nur eine Handbreit Himmel sieht, keinen Ausgang hat, keine Besuche empfangen und lange Zeit mit niemandem außer dem Festungskommandanten sprechen darf.

Dieser Kommandant, General Philipp Friedrich von Rieger, hat sich für seinen Posten auf ganz besondere Weise qualifiziert. Er hatte Karl Eugen im Siebenjährigen Krieg als Oberst gedient und sich durch besonders brutale Truppenaushebungen hervorgetan. Durch eine Intrige des Grafen Montmartin wurde er 1762 zum Verräter in preußischen Diensten gestempelt und vier Jahre lang auf dem Hohentwiel eingesperrt – sechzehn Monate davon in völliger Isolation, in einem lichtlosen Verlies, das er als Befehlshaber über die Staatsgefängnisse selbst eingerichtet hatte – und in den Händen eines Kommandeurs, den er selbst einst übel behandelt hatte.[37] Man ließ ihm, wie er Schubart erzählt, Bart und Nägel wachsen, er hatte weder Stuhl noch Tisch, nicht einmal einen Nachtstuhl gab man ihm, nur eine Bibel.[38] 1766 wurde er

Titelkupfer von Schubarts Gedichte aus dem Kerker, *Zürich 1785.*

Ein Landmann macht ein bürgerliches Paar, sprich: das lesende Publikum, auf den Hohenasperg aufmerksam, wo Schubart gefangensitzt.

freigelassen, 1775 nahm ihn der Herzog wieder in seinen Dienst. Ein Jahr später wurde er Truppenkommandant auf dem Hohenasperg und damit auch Kerkermeister der dort einsitzenden Häftlinge. Friedrich Schiller, einem Patensohn von Rieger, dienten diese Irrungen und Wirrungen als Vorlage zu seiner Erzählung »Spiel des Schicksals«.

Seit seiner Haft, so heißt es, habe Rieger mit Bibelsprüchen nur so um sich geworfen und, sobald der Name Christus genannt wurde, den Hut gezogen; seine alte Heftigkeit und Härte habe er jedoch beibehalten.[39] Dieser Offizier und Prediger ist vier Jahre lang Schubarts wichtigste Bezugsperson. Der 54jährige wird für den 37jährigen Schubart zur väterlichen Autorität. Er straft und belohnt, schimpft und tröstet:

Mein Vorsteher erquickte mich bald leiblich, durch Speise, Trank, Arznei, Pflege, bald geistlich, durch sanfte und harte Bestrafungen, durch Beugen und Niederschmettern meines noch hoch auffahrenden Geistes, durch starke, der Offenbarung entschöpfte Trostgründe, und sonderlich durch Mitteilung von Büchern, die im Geiste des Christentums geschrieben waren. […]. Sie haben Schiffbruch gelitten, sagte mein Kommandant, und nur noch *ein* Brett ist für sie übrig – die Religion.[40]

In seinen Erinnerungen, die er als Riegers Gefangener diktiert, betont Schubart dessen positive Züge, »seine helle Laune, seine weisen Gespräche«, und dankbar erwähnt er die »leiblichen Erquickungen«, womit er ihn gestärkt habe – was den Herausgeber Ludwig Schubart zu einer Fußnote veranlaßt: »Diese folgten, nach dem *mündlichen* Zeugnis meines Vaters, gemeiniglich nur alsdann, wenn ein wichtiger Brief für den Herrn General zu konzipieren oder ein empfehlendes Gelegenheitsgedicht zu machen war.«[41] Zuweilen erfährt man in der Autobiographie jedoch auch von Riegers anderen Seiten: »Mein Kommandant warf in der Anwandlung seines so häufigen üblen Humors wie eine Ungnade auf mich, weil ich ihm in der Kirche nicht andächtig und eifrig genug schien.«[42] Nach Riegers Tod im Jahr 1782 zieht Schubart in einem Brief an seine Frau eine vorwiegend kritische Bilanz: »Ich habe bei dem vorigen Kommandanten viel schwere Leiden ausgestanden. Er behandelte die Menschen nicht selten wie Bestien. Doch lenkte Gott zu Zeiten sein Herz, daß er mir Gutes tat.«[43]

Rieger, pietistisch und jähzornig, Offizier und Beichtvater, verkörpert idealtypisch den Übergang vom strafenden zum straferziehenden, vom despotischen zum aufgeklärten Gefängnis, ein Projekt, das im späten achtzehnten Jahrhundert debattiert und zum Teil auch realisiert wird. 1775 erscheint in London Jonas Hanways Schrift *The Defects of Police the Cause of Immorality*, welche eine Umwandlung der Zuchthäuser in Buß- und Besserungshäuser vorstellt.[44] 1787 wird Heinrich Balthasar Wagnitz seine Schrift *Über die moralische Verbesserung der Zuchthaus-Gefangenen* herausbringen, die auf seiner Arbeit als Gefängnisprediger in Halle an der Saale aufbaut.

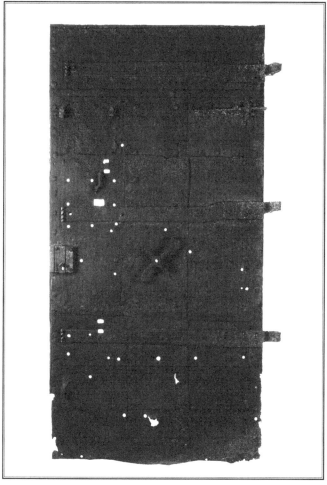

Die Tür zum »Schubartloch«, in dem der Gefangene ein Jahr lang eingesperrt war.

Die Zuchthäuser, so propagiert Wagnitz, sollen Erziehungshäuser werden, der Zuchthausprediger vom »Bußprediger« zum »Freund« der Insassen: Er müsse dabei versuchen, »so viel wie möglich die Denkart, die Prinzipien etc. des Gefangenen kennenzulernen«.[45] Eine Reformprogrammatik also, wie sie Michel Foucault in *Überwachen und Strafen* analysiert hat: Es wird weniger auf die Fesselung und Züchtigung des Körpers als auf das Eindringen in die Psyche des Gefangenen gesetzt; die eingebleute Disziplin, die nicht immer nachhaltig ist, soll durch geistige Disziplinierung und schließlich durch Selbstdisziplin ergänzt oder ersetzt werden.

Schubarts Arrestierung war ein despotischer Akt, seine Versenkung in ein Turmverlies – unter den Augen des Herzogs – ist terroristische Machtausübung, doch die erwähnte Presseverlautbarung, daß »zu seiner weiteren Fassung und Seelsorge alle möglichen Anstalten gemacht« würden,[46] ist keine bloße Lüge. Das war bei anderen Prominenten, die der Herzog jahrelang ohne Gerichtsurteil gefangenhielt, offensichtlich anders. Die bekannte Sängerin Marianne Pirker, ihr Mann und ihr Friseur, Georg Mattheus Reich, wurden von 1754 bis 1762 auf dem Hohenasperg eingesperrt, weil sie Karl Eugens Ehefrau Friederike über dessen Seitensprünge informiert hatten. Da die Haft geheimgehalten wurde, war noch nicht einmal das Vorschützen einer Erziehungsmaßnahme notwendig. Und Johann Jacob Moser, Rechtsberater der württembergischen Landstände, wurde von 1759 bis 1764 aus dem Verkehr gezogen, da er den Herzog des Machtmißbrauchs geziehen hatte. Wie bei Schubarts Verhaftung wurde der Presse gegenüber etwas von einem »gefährlichen Glied« der Gesellschaft gesprochen, das keinen weiteren Schaden stiften dürfe.[47] Ein Umerziehungsprogramm gab es bei Moser nicht; er sollte lediglich bei seiner Freilassung ein Reuebekenntnis unterzeichnen – was er verweigerte.[48]

Schubart jedoch wird einem geistigen, genauer: geistlichen Korrektionsprogramm unterzogen. Es war, so schreibt sein Sohn Ludwig später, »ausdrücklich darauf abgesehen, ihn zum wahren Christentume zurückzubringen (denn Seine Durchlaucht sahen in ihm einen deutschen Voltaire!).«[49] Rieger, der dabei Regie führt, hält neben der Bibel den pietistischen Protestantismus für das beste Remedium. Er versorgt Schubart mit entsprechender Literatur aus seiner eigenen Bibliothek: mit Schriften von Georg Konrad Rieger, seinem Vater, von

Jakob Böhme, Johann Arndt, Johann Albrecht Bengel, Emanuel Swedenborg, Friedrich Christoph Oetinger und Philipp Matthäus Hahn.[50] Weltliche Literatur ist Schubart verboten – ebenso wie Feder und Tinte. Seine heimlichen Schreibversuche werden entdeckt und von Rieger unterbunden:

> Ich machte anfangs Entwürfe zu Romanen, Gedichten und andern Büchern und versuchte es zuweilen, ob ich nicht, wie *Moser*, mit der Lichtputze° schreiben könnte. Es gelang mir, und ich verfertigte auf diese Art manches geistliche Lied, auch andere Gedichte, wovon einige wohl verdient hätten, gedruckt zu werden. Aber man merkte es bald und feilte die Spitze an der Lichtschere ab, wodurch ich auf einmal um meinen süßen Zeitvertrieb kam. Die verfertigten Gedichte wurden mir abgenommen und sind hernach verloren gegangen. Ich bedaure darunter: *Die Freiheit*, ein Gedicht an *Klopstock*; eins an *Miller*; und einen Entwurf: *der verlorene Sohn*. Ich versucht' es aber mit dem Dorn meiner Knieschnalle und machte wieder Verschiedenes. Aber diese wurde mir entwendet. Endlich behielt ich eine Gabel: aber man entdeckte auch dies und drohte mir mit der Kette. – Und nun ließ ich alles fahren und warf mich ganz in geistliche Übungen hinein.[51]

Schubarts einzige Gesprächspartner sind in dieser ersten Zeit Rieger selbst, der ihn ständig ins Gebet nimmt, sowie die Garnisonsprediger Payer und Faber. Dazu wird Philipp Matthäus Hahn, damals Pfarrer im nahen Kornwestheim, als »Funktionär der moralischen Orthopädie« (Foucault) eingesetzt. Am 26. Juni 1778 sucht er Schubart mit herzoglicher Erlaubnis zum ersten, am 13. März 1779 zum zweiten Mal auf.[52] Schubart ist hocherfreut über Hahns Besuch, er fühlt sich sofort zu dem gleichaltrigen Mann hingezogen und bleibt

---

° Dochtschere.

ihm zeitlebens verbunden. In seinem Nachruf auf ihn wird er 1790 in der *Chronik* schreiben: »Er war mein Lehrer, der mich stärkte im Geklüfte meines Gefängnisses; mein auserkorenster Freund, in dessen Umgang ich die seligsten Geistesstunden verlebte.«[53]

Die Einzelhaft, die beständige Bibellektüre, die geistlichen Berater tun ihr Werk: Schubart beginnt, seine Haft als göttliche Bestrafung für ein sündiges Leben zu verstehen und zu akzeptieren:

> Das erste, was Gott in meiner Seele tat, war, daß er mir zeigte, wie entsetzlich mich die Sünde verwüstet hatte. Ich lag mit der ganzen vollen Aufmerksamkeit über der Bibel, und sooft ein Frevler gebrandmarkt wurde, sooft der Richter dem Sünder aus Gewittern drohte, sooft er die Hölle vor ihm auflodern ließ, so sprach mein innerer lauter strenger Zeuge: ›das bist du! das geht dich an! dahin gehörst du!‹ – Im zweiten Kapitel des andern Briefs Petri verglichen mit dem Briefe des Judas fand ich mich so treffend gezeichnet, daß ich diese Stellen unzähligemal mit Bangigkeiten des Herzens las, die kein Ausdruck schildert. – Der leichtsinnige, wilde, hochtrabende Lästerer Gottes und seines Sohnes bist du! *die* wasserleere vom Sturm getriebene Wolke! *der* Majestätsschänder bist du!
> [...]
> Mein Weib hatte die Gewohnheit, Sprüche der Bibel auf kleine Zettelchen zu schreiben und sie an Örter zu legen, wo ich sie finden mußte. Ich schien sie zu verachten, behielt sie aber all' im Herzen, und im Kerker fielen sie mir wie Feuerflocken auf die Seele ... Schlug ich die Bibel auf, so sprachen Donner daraus. Schlief ich, so schwangen schreckliche Träume die Schlangenpeitsche. Bald sah ich meinen Vater, der mir sein geschwollenes Bein aufs Herz legte, daß ich keuchend unter seiner wachsenden Schwere mit einem Jammerschrei erwachte; bald Feuerfiguren, die zu wimmern schienen: ›Dein Religionsspott hat uns vergif-

tet; wir sündigten – starben! weh über dich!!« – Ich riß mich
vom Lager, fiel auf den Ziegelboden meines Kerkers, rang
die Hände, sah mit dem starren Blicke der Verzweiflung
durchs melancholische Eisengitter gen Himmel, heulte,
schlug mich an [den] Schädel, rannte gegen die Wand
und war einmal fest entschlossen, mir beim Mittagessen
das Brotmesser ins Herz zu stoßen. Denn ich dachte wie
Judas –

»Nein, sie kann nach dem Tod nicht fürchterlicher mich
fassen

diese namlose Qual – – «

Ich habe diese Monologe aus der Messiade in meinem
Kerker oft mit so viel Natur deklamiert, daß, wenn ich
Zuschauer gehabt hätte, sie den höchsten Ausdruck die-
ser Stellen gefühlt und gesehen haben würden … Aber
Gottes Engel, dessen Nähe mir in solchen entscheidenden
Augenblicken am fühlbarsten war, schützte mich vor dem
Selbstmord. Der Gedanke an Weib, Kinder, Mutter – nicht
der Gedank' an mein ewiges Verderben hielt mich zurück.
Ich verglich mich oft mit andern Menschen, um mich in
etwas aufzurichten: aber ich entdeckte an all' diesen Men-
schen, selbst an denen, die mit mir gesündigt hatten, noch
immer so viel Gutes, an mir hingegen so viel Finsteres und
Zurückstoßendes, daß ich vollkommen überzeugt war, ich
sei – ein Ungeheuer in der Welt. […]

Diese erwachende, würgende Selbsterkenntnis brachte
mich bald dahin, daß ich ohne Rücksicht auf politische
Ursachen mich vollkommen dieser und einer noch viel
strengern Kerkerstrafe würdig hielt. Ja, wenn man mich
verbrannt hätte, so würde ich's vom Holzstoße herabbe-
kannt haben, daß jede einzelne Sünde, noch mehr, jede
Ausschweifung der Wollust, jeder ausgeschäumte Unsinn
gegen die heiligsten Wahrheiten, selbst jede Beleidigung
des Menschen (denn jede Sünde ist Beleidigung der
Bruderpflicht) einer so strengen Ahndung gar wohl wert
wäre.[54]

Doch der Gefangene schildert nicht nur Sünden- und Reuebewußtsein, sondern auch heftige Rückfälle:

> Ich fing nun an, mich stracks an die Bibel zu halten und mein Leben darnach einzurichten. Und – o Gott! welche Kämpfe mußt' ich da bestreiten! Ich war allein – aber mein Ich, mein ärgster Feind war bei mir. Schäumende Lust, Rachsucht gegen meine Feinde, brausendes Freiheitsungestüm, tobende Ungeduld, Murren gegen die strenge christliche Moral, bald Aberglaube, bald Unglaube in schnellen geflügelten Übergängen; bald Hoffnung, bald Verzweiflung, bald Weltlust, bald heißer Wunsch des Todes – warfen mich armen eingekerkerten Mann in meiner Grotte hin und her, so daß ich oft den Zustand *eines Christen* für den elendesten unter allen Zuständen hielt.[55]

Offenherzig, wie er ist, berichtet Schubart seinen geistlichen Beratern von wiederkehrenden Glaubenszweifeln. Von ihnen erfährt auch der Vorgesetzte der Asperger Garnisonsprediger – niemand anders als Schubarts alter Gegner, der Ludwigsburger Dekan Zilling, der ihn 1773 exkommuniziert hat. Zilling berichtet, dem Garnisonsprediger Faber zufolge habe Schubart eines Tages gesagt, er wolle das Abendmahl einnehmen, dann aber »selber angefangen, einige Zweifel contra Divinitatem Christi zu proponieren«, worauf Rieger entgegnete, wie er denn bei solchen Zweifeln das Abendmahl verlangen könne.[56] Als Payer, der andere Gefängnisgeistliche, Zilling im Januar 1778 mitteilt, Schubart zeige alle Zeichen des Glaubens und der Reue, bleibt dieser argwöhnisch. Er ist der Meinung, daß Schubart sich erst dann ändere, wenn er nicht »sich selber anstinke, physice & moraliter«. »Wenn ein Mensch solche Callos° und Brandmale, wie der *Schubart*, in seinem Gewissen hat, so gehört doch auch einige Zeit dazu, bis

---

° Schwielen.

selbige nur weich – will noch nicht sagen ausgeheilt – werden; folglich hat man bei ihm mit dem heiligen Abendmahl eben nicht so sehr zu eilen; es möchte sonsten nur eine Palliativ-Kur werden.« Zilling empfiehlt weitere Prüfung, ob Schubart tatsächlich aus Sündenbewußtsein nach dem Abendmahl verlange oder damit »nur fleischliche Absichten« wie Haft-erleichterung, schnellere Begnadigung oder »wohl gar etliche Rechtfertigung vor dem Publico« verfolge.[57] Am 13. März 1778, nach seiner Umquartierung aus dem Turmverlies in ein Zimmer mit Stuhl und Tisch, darf Schubart dann auch wieder am »Tisch des Herrn« Platz nehmen.

Auch manche Schubart-Verehrer haben die Frömmigkeits-bekundungen des Gefangenen mit Skepsis betrachtet – freilich nicht mit argwöhnischen, sondern mit hoffnungsvollen Zweifeln: Hermann Hesse etwa, der bei Schubart eine »ver-dächtige Zerknirschungsreligiosität«[58] wirken sah. Doch es spricht vieles für die Aufrichtigkeit von Schubarts religiöser Gesinnung, die ihm auch sein Sohn Ludwig attestiert[59] – ein glaubwürdiger Zeuge nicht zuletzt deshalb, weil er selbst dem Kirchenglauben ziemlich fern steht. Was Ludwig Schubart allerdings zurechtrückt, ist das von seinem Vater gezeich-nete Bild einer Bekehrung vom Unglauben zum Glauben. In der Tat: Wenn Schubart bekennt, er habe schon früh an den Wundererzählungen der Bibel gezweifelt und Jesus »für keinen Gott, sondern für einen Mittler, wie *Moses*, und für einen frommen Lehrer«[60] gehalten, belegt dies keinen Abfall vom Christentum, sondern Glaubenszweifel, die er immer wieder zu bekämpfen sucht. Und was das »Lasterleben« be-trifft, das er sich im Gefängnis so bitter vorwirft, so waren seine vielberedeten »Ausschweifungen« ja schon immer von Selbstanklagen, von Sündenbewußtsein, von Höllenängsten begleitet.

Die Reuebekundungen und Reuerituale der Kerkerzeit wiederholen die früheren Krisen *ostinato* und *fortissimo*. Man-che Schubart-Biographen verhehlen nicht, daß sie sich von diesen Exzessen der Selbstdemütigung abgestoßen fühlen –

allen voran David Friedrich Strauß, der Schubarts Verhalten gut verstehen, aber nicht verzeihen kann:

> Von jeher war ja Schubart ein Held des moralischen Katzenjammers gewesen. Und zwar nahm diese bei ihm regelmäßig die religiöse Färbung an, weil er den Kirchenglauben wohl bisweilen verhöhnt, aber niemals gründlich in sich überwunden hatte. Ähnliche Buß- und Zerknirschungs-Krisen haben wir Schubart schon früher mehrere durchmachen sehen; nur daß sie von kürzerer Dauer waren, weil die andringenden Lockungen des Lebens ihm nicht Zeit ließen, denselben nachzuhängen. Nun aber denke man sich einen Mann, der gewohnt gewesen war, sich täglich im dicksten Gedränge der Geselligkeit umzutreiben, auf einmal in die menschenleere Öde einer Kerkerzelle versetzt; dem Mitteilungslustigen jede Möglichkeit des Gesprächs abgeschnitten; den an weitschichtige, wechselnde Lektüre Gewöhnten auf Riegers asketische Bibliothek, mit Arndts und Bengels, Oetingers und Hahns Schriften, beschränkt; die Hungerkost zu zwölf Kreuzern täglich nicht zu vergessen, da das väterliche Regiment auch die körperlichen Säfte des üppigen Dichters durch Diät verbessern wollte – und diesen Zustand Jahr und Tag in seiner ganzen Strenge, in langsam sich mildernden Abstufungen Jahre lang fortdauernd: so ergibt sich das weitere von selbst. Aus der bunten Außenwelt, in der er sich bisher verloren hatte, an sich selbst zurückgewiesen, vom Wein aufs Wasser gesetzt, findet er in sich keine sittliche Kraft, dem Unglück Widerstand zu leisten: herz- und magenschwach wirft er sich dem Kirchenglauben in die Arme, kriecht zum Kreuz, bettelt um den Genuß des Abendmahls, küßt des Spezial Zillings Brief und bittet ihm die früheren Kränkungen ab.[61]

Aus Straußens geistreich getarnter Strenge spricht wohl auch die Enttäuschung, mit Schubarts Bekehrungserlebnissen einen Verbündeten verloren zu haben: Er selbst hat ja einige Jahre zuvor die Jesus-Frage, die Schubart so beschäftigte, ebenfalls ins Zentrum seines Denkens gestellt und in *Das Leben Jesu* den historischen Jesus vom geglaubten Christus unterschieden; er hat der kirchlichen Empörung über seine Thesen aber nicht nachgegeben, sondern sich im Gegenteil vom Christentum immer mehr gelöst. Man versteht also die Beimischung von Verachtung, mit der er den »zum Kreuze kriechenden« Schubart betrachtet. Etwas Entscheidendes blendet seine Darstellung jedoch aus: Die tiefe Zerknirschung, die der Gefangene in seinen Erinnerungen seitenlang bekundet, bezieht sich ausschließlich auf Fragen christlichen Glaubens und christlichen Lebens. Wenn Schubart sich »Empörer« und »Majestätsschänder« nennt, so geht es nur um sein Verhältnis zu Gott. Seine demütige Bekundung, daß er sich der Kerkerstrafe für würdig hielt, enthält die explizite Hinzufügung. »ohne Rücksicht auf politische Ursachen«. Schubart bereut, aber er bereut, was *er* will, und nicht, was den Herzog an ihm geärgert hat. Er deutet seine Haft um in eine göttliche Bestrafung, ohne ihren politischen Zweck zu akzeptieren. Woraus sich lernen läßt, daß die psychologische, auf Selbstdisziplinierung und Selbstbestrafung zielende Gefangenenbehandlung nicht einfach eine innere Landnahme der Staatsmacht bedeutet, sondern mit eigensinnigen Deutungen und unvorhergesehenen Effekten der Einflußnahme rechnen muß.

ALLVERSÖHNUNG

Auch die Frömmigkeit, die Schubart in seinen Erinnerungen an die erste Aspergzeit zum Ausdruck bringt, verdient unter diesem Aspekt eine nähere Betrachtung. Es ist ja nicht, wie Strauß sagt, der »Kirchenglauben«, dem sich Schubart in die Arme wirft, sondern der damalige Pietismus. Und dieser weist manche Züge auf, die ihm keine Kehrt-

Philipp Matthäus Hahn.

Philipp Matthäus Hahn (1739–1790).

Der pietistische Theologe und Erfinder Hahn wurde im ersten Haftjahr zu Schubarts geistlichem Berater.

wende abverlangen, sondern ihm auf den Leib geschrieben sind: die Auflehnung gegen alles Scholastische, die Betonung von Empfindungs- und Einbildungskraft, die Nonchalance gegenüber weltlichen und kirchlichen Hierarchien und vor allem die grenzüberschreitende Philanthropie, die niemanden ausschließende Liebe. Es klingt glaubhaft, wenn Schubart in seinen Erinnerungen von seinen schon älteren Sympathien für diese Glaubensrichtung schreibt:

> Damals gab es auch in Ludwigsburg eine schöne Anzahl eifriger Christen, die man als Bengelianer, Kopfhänger, Mucker – oder Pietisten verschrie. So himmelweit ich von diesen Leuten entfernt war, so konnt' ich sie doch ihres Widerstandes gegen den Weltstrom und der Einfalt ihrer Sitten wegen ungemein wohl leiden.[62]

»Düstern Ernst«, wie ihn der heutige Pietismus für viele Beobachter ausstrahlt, findet Schubart bei der evangelischen Orthodoxie, den »Geist der Liebe und Verträglichkeit«, den er bei dieser vermißt, bei den Pietisten.[63] Philipp Matthäus Hahn, der Gründervater des schwäbischen Radikalen Pietismus, ist die geeignete Erscheinung, dieses Bild zu bestätigen. Übereinstimmend bescheinigen Zeitgenossen ihm ausgesprochene Liebenswürdigkeit im Umgang, eine »Einfalt ohne Anmaßung«[64] und eine Bereitschaft zur Verzeihung und Versöhnung, die niemanden ausschließen mochte. Es erregte Aufsehen in seinen Pfarrgemeinden, daß er auch Alkoholiker und Ehebrecher zur »Stunde«, der gemeinsamen Hausandacht, zuließ.[65] Und wenngleich er Schubart für besserungsbedürftig erklärt (»Wegen meines Gnadenstandes ließ er mich noch immer im Zweifel«,[66] schreibt dieser über Hahns zweiten Besuch), vertritt er ihm gegenüber doch keineswegs den Gehorsamsanspruch der Amtskirche. Wie könnte er auch: »Er erzählte mir, daß seine Schriften vom *Königreich Jesu* verfolgt würden. – ›Ging es *dem* besser‹, sagte ich, ›der diese Lehre zuerst gepredigt hat?‹«[67]

Aber Schubart ist Hahns Meinungen und Mahnungen gegenüber nicht gänzlich willfährig. Das gilt vor allem für eine Frage, die Schubart auf dem Asperg besonders umtreibt: das Gebot der »täglichen Ertötung des Fleisches«.[68] Schubart bemüht sich verzweifelt, den protestantischen Asketismus nun endlich zu akzeptieren. »O Wollust«, ruft er aus, »wie hast du mein Herz verschlammt, meinen Verstand gelähmt, meine Fantasie vergiftet, meinen Körper zerstört, meine Seele abgespannt!«[69] Er bemüht sich einzusehen, daß »nicht nur der Ehebruch, sondern schon jeder wollüstige Blick [...], nicht nur die Zote, sondern selbst der feinere Schwank« verdammenswert seien.[70] Aber er bekennt gleichzeitig, daß er seine Enthaltsamkeitsschwüre nicht immer einhalten kann: »Wälz dich, wie der heilige *Benedikt* auf Nesseln und Dornen; iß Wurzeln und trink Pfützenwasser; es kommen doch Stunden, wo sich Mädchengestalten in deine Fantasie stehlen und es dich fühlen lehren, daß Naturtriebe unmöglich auszuwurzeln sind.«[71]

Es ist offensichtlich: Das große Thema der protestantischen Körperlehre und Körpererziehung im späten achtzehnten Jahrhundert, die »Krankheit Onania«,[72] beschäftigt auch Schubart und seinen Mentor Hahn. Hahn setzt für Schubart eine Verhaltenslehre auf (»Gedanken, wie Herr Schubart seine Zeit in seiner Gefangenschaft am nützlichsten anwenden könnte«). In dieser wird nicht nur allgemein von »bösen Gewohnheiten« gesprochen, »die schon einen festen Sitz in den Gliedern und in den verschiedenen Organen bekommen haben«,[73] sondern ganz konkret befohlen: »Und ohne ernstliches Gebet und Unterredung mit Gott sollte man nicht zu Bette gehen: im Bette aber sich vor Gottes Gegenwart fürchten und auch vor der Sünde der Selbstbefleckung sich hüten und dagegen beten und streiten.«[74]

1782 verfaßt Schubart ein Gedicht mit dem Titel »Aderlässe«: Das heiße, ungebärdige Blut, von dem es handelt, mag auch für andere Körpersäfte stehen.

Aderlässe

Des Lebens Purpurstrahl
Fährt schäumend aus der kleinen Ritze;
O Schöpfer! wann verfliegt einmal
Dies Blut, das ich in fauler Rast verspritze!

Soll alle meine Kraft
Im Feuer banger Qualen schmelzen?
Gebricht's nicht bald an neuem Saft,
Die Kügelchen des Blutes fortzuwälzen?

Du bist so heiß, o Blut!
Was sprudelst du in dieser irdnen Schale?
Hast du noch Glut, noch Sonnenglut?
Zückt Freiheit noch in deinem roten Strahle?

O Arzt, so binde du
Nur schnell, nur schnell mit deiner Binde
Die offne Ader wieder zu:
Denn Freiheit ist des Deutschen größte Sünde!

Doch willst du nimmer heiß,
O Blut! aus deinen Röhren schießen,
Willst frostig, wie zerschmolznes Eis
Vom nackten Fels in kalten Tropfen fließen:

So fließe, fließe nur –
Kein Fürst wird deine Kälte strafen;
Denn kalte, frostige Natur
Schickt sich allein für arme deutsche Sklaven.[75]

Schubart sucht nach Auswegen, nach Kompromissen, und er findet christliche Verbündete, die ihm zumindest ein Stück weit entgegenkommen. Befriedigt notiert er über die Epistelpredigten Friedrich Georg Oetingers, die Hahn ihm ins Gefängnis mitgebracht hat: »Seine Sittenlehre ist nicht so ängstlich, so furchtbarstrenge, wie Hahns seine; sondern frei, gemildert, durch tausend Kunstgriffe des Geistes erleichtert und so ganz der Natur des Menschen angemessen.«[76] Jesus selbst, so entnimmt er dem Neuen Testament, sei ja kein Feind der Sinnlichkeit gewesen: »Christus verbot die eh'lichen Freuden nicht, aber Hurerei und Ehebruch verbot er. Er verbot das freundschaftliche Mahl und den herzerfreuenden Wein nicht, denn er bediente sich hierin selbst aller anständigen Freiheit; aber Schwelgerei und Besoffenheit verbot er.«[77]

Auch in der Lehre von der Auferstehung des Leibes sieht er sein Bedürfnis nach körperlichen Freuden bestätigt. In seinem Gedicht »Bußklage« aus der Haftzeit bekennt er:

> Auch mischt sich so viel Sinnlichkeit
> Ins Bild der künftgen Seligkeit,
> Ich schaffte mir ein Himmelreich
> Des Herzens liebsten Wünschen gleich.

Seine Frau Helena bedichtet er 1778 mit den Versen:

> Wie seufzt mein Geist nach jenem Tage,
> Wo du dich aus dem Grabe schwingst,
> Und frei von jeder Lebensplage,
> Die Rosenarme um mich schlingst.[78]

Sicher ist er sich aber nicht, ob sich dieser Wunsch zu den christlichen Hoffnungen zählen läßt. In seinen Erinnerungen kommt er einmal darauf zu sprechen, wie tief der Gedanke auf ihn wirke, daß der Unterschied der Geschlechter im Himmel aufhören werde. Herausgeber Ludwig Schubart zieht bei diesem Glaubenssatz die Notbremse: »Da sei Gott vor!« schreibt er in einer Fußnote. »›Möchte nicht in Himmel kommen‹, sagte der große *Albrecht Dürer*, ›wenn keine Weiber drin wären!‹«[79] (Unter dieser Fußnote wiederum steht in meiner Werkausgabe von 1839 eine Bleistiftnotiz: »ganz der Herr Papa!«)

Entschiedener noch als beim Thema »Wollust« widerspricht Schubart der christlichen Orthodoxie in der Frage der Hölle. Nicht, daß er deren Existenz bestreitet, im Gegenteil: Höllenangst ist ein wesentliches Moment der Todesängste, die ihn immer wieder überkommen. Typisch die Briefbemerkung an einen Freund, kurz nach seinem 36. Geburtstag: »Bruder, 's Vorrücken ans Grab und was Jenseits ist, hat so was Feierliches, so was fürchterlich Abschreckendes, daß ich's nicht begreife, wie's *graue* Sünder geben kann.«[80] Was er aber mit aller Energie ablehnt, ist die Lehre von der Ewigkeit der Höllenstrafen. Für den auf unabsehbare Zeit Eingesperrten gewinnt der Kampf gegen diese Vorstellung größte Bedeutung:

> Außer und in meinem Kerker fiel mir kein Satz der christlichen Theologie abscheulicher auf als der von der Unendlichkeit der Höllenstrafen. Unverstand und Grausamkeit haben diesen Satz ausgeheckt, welcher der christlichen Religion weit schädlicher geworden [ist] als alle Angriffe der Atheisten, Deisten, Naturalisten, Freigeister und Witzlinge. Wer Gott an seiner Liebe antastet, nimmt ihm sein Wesen und ist mehr Gottesläugner, als Spinoza gewesen *sein soll*. Gott schafft nichts, was ganz unverbesserlich werden könnte, sonst wär' er nicht die ewige Weisheit. Alle Finsternis muß Licht, alle Mißtöne müssen Wohllaut, alle physischen und moralischen Gebrechen müssen Gesundheit, Grab, Tod und Hölle muß ausgerottet und alle Sünden müssen, wenn sie ihre Strafen nach scharfgemessenem schrecklichem Maße ausgestanden haben, wieder begnadigt werden – denn Gott ist die Liebe![81]

Ein Außenseiter ist er mit diesem ebenso egoistischen wie philanthropischen Anliegen nicht: Im Zeitalter der Empfindsamkeit denken viele liberale Christen ähnlich. In Klopstocks *Messias* zum Beispiel, Schubarts Lieblingswerk, wird ebenfalls von der Endlichkeit der Sündenstrafen erzählt, und im vorletzten Gesang wird sogar der Unterteufel Abbadona – nach langen Zweifeln Klopstocks, ob er das publizieren könne – wieder in den Gnadenstand aufgenommen. Schubart geht diesen Weg weiter: Luzifer selbst, so meint er, sollte begnadigt, werden. Ludwig berichtet, daß sein Vater ein Gedicht »Satans Wiederkehr« geplant und ihm dessen Pointe einmal vorgetragen habe.

Mit verwüstendem Fuß verläßt Satan sein schwarzes
Gebiet und fliegt empor in die Himmel der Himmel.
Vor der Ankunft des großen Gefallenen stehen die ersten
Erschaffnen von ihren Stühlen auf und staunen seinem
Vorüberflug nach. Er naht sich dem Throne Jehovas. Zum
ersten Mal seit seiner Erschaffung beugt er sein ehernes
Knie und ruft, daß es die Himmel hören: »Gnade, Welt-
richter! Du Erster, du Letzter, Vater des Alls! *Allmächti-
ger! Gnade!* Fürchterlich bin ich gefallen – – Unendlicher,
richte mich auf!« Und – Gnade! wird wie Ätherluft von
den Lippen des Allvaters säuseln. Seinem Throne wird er
selbst entsteigen und den Fliehenden aufrichten … Die
ganze Schöpfung wird es durchtönen: »Gnade dem ersten
Gefallenen! Gnade dem größten Geiste nach Gott!!« – –
»Stelle dir das Fest vor, Sohn, wenn keine Sünde, kein
Tod mehr ist; kein Mißlaut mehr den millionenstimmigen
Preisgesang stört; wenn dieser Riesengeist sich an die
Spitze der Geisterwelt stellt und mit der Stimme des Don-
ners ruft: Ehre dem Ersten, dem Letzten! Ehre dem Wel-
tenvater – der einigen *Liebe* allein!!«[82]

Hermann Kurz hat in seinem Buch *Schillers Heimatjahre*
Ludwig Schubarts Bericht zu einer Asperg-Szene mit Schubart, Rieger und Hahn verarbeitet, in welcher das Begnadi-
gungs-Motiv seine mehr als religiöse Bedeutung offenbart:
»Schubart teilte den Plan zu einem großartigen Gedicht mit,
welches die Wiederkehr des ersten aller aufrührerischen
Geister schildern sollte. […] Der Kommandant widersetzte
sich mit großer Heftigkeit der von Schubart beabsichtigten
Begnadigung des Teufels und rief den Pfarrer zu Hilfe, der
jedoch nicht undeutlich merken ließ, daß er unter der ›Wiederbringung aller Dinge‹ auch etwas ähnliches verstehe.«[83]

Schubarts Satans-Epos ist, wie so viele andere seiner
Schreibpläne, nicht ausgeführt worden. Aber ein anderer hat,
noch zu Schubarts Haftzeit, die Idee der Allversöhnung in
einem glanzvollen Manifest gefeiert. Schillers 1786 veröffent-

lichte »Ode an die Freude« gipfelt in der – später leider ge-
strichenen – Schlußstrophe:

> Rettung von Tyrannenketten,
> Großmut auch dem Bösewicht,
> Hoffnung auf den Sterbebetten,
> Gnade auf dem Hochgericht!
> Auch die Toten sollen leben!
> Brüder, trinkt und stimmet ein:
> Allen Sündern soll vergeben,
> Und die Hölle nicht mehr sein.

Schubart hat Schillers Ode sogleich nach ihrem Erscheinen
vertont.[84]

SKLAVENDIENSTE

Nach 377 Tagen im Turmverlies wird Schubart, der kaum
mehr gehfähig ist, ein trockeneres und helleres Zimmer zu-
gewiesen. Die Umquartierung eröffnet ihm eine neue Chance, das weiterhin bestehende Schreibverbot zu umgehen. Er
wird nun der Zimmernachbar eines Herrn von Scheidlin,
der damals schon seit zwanzig Jahren inhaftiert ist (offenbar
aufgrund eines Zerwürfnisses mit seinen Brüdern – Schiller
hat den Fall in die *Räuber* eingebaut). Scheidlin gelingt es,
einen Quader in der Zwischenwand loszumachen. Abends,
nach der Visite des Feldwebels, wird das Wandloch geöffnet,
Schubart legt sich, mit einer Pfeife und einer Portion Bier
versorgt, neben dem Loch auf seine Matratze. So diktiert er
Scheidlin, der auf der anderen Seite auf dem Boden sitzt
und einen Stuhl als Schreibunterlage benutzt, seine Lebens-
geschichte.[85]

Aus seinem neuen Zimmer kann Schubart in den Innenhof
hinuntersehen. Er genießt die »Aussicht auf meine lieben
Menschen«[86] und findet darin »Stoff zur nützlichsten Betrach-

Das »Schubartzimmer«

Der lange Zeit für das »Schubartzimmer« gehaltene Raum liegt über dem »Schubartloch«. Er ist aber nicht das Zimmer, in das Schubart aus dem Turmverlies heraufverlegt wurde. Der Eisenring neben dem Ofen

tung«.[87] In seinen Erinnerungen entwirft er eine Szenerie, die an Brueghels »Sprichwörter« erinnert:

> Da wird ein Soldat durch die Spießruten gejagt, weil er seinem Kameraden einen Siebzehner stahl; – und du zürnst auf *Gott*, wenn er Kleinigkeiten zu ahnden droht? die

diente den Besuchern als Illustration zu Schubarts Bericht, der Kommandant Rieger habe ihm bei Ungehorsam mit Ankettung gedroht.

Flamme, die schon oft Städte verwüstete, war zuerst ein kleiner Funken. Weh dem Gesetzgeber, der Funken für nichts achtet! – Ein Galliot [Kettensträfling] läuft einem Mädchen in einen Winkel nach: – so gibt's denn auch Frevler, die die Kette nicht bändigt? Ein armer Schulmeister schickt mir aus Liebe, mit Vergünstigung des Komman-

danten, Erfrischungen und nickt mir von der Gasse herauf
Mitleiden und Trost zu: – ich weine! denn eben nicht die
Größe der Wohltat, sondern die Herzlichkeit, womit man
sie erteilt, rührt mein Innerstes bis zu Tränen. –

Der Pfeifer bläst unter der Linde einen deutschen Tanz,
und alles wird Pantomime. Das Kind hüpft auf den Armen
der Mutter, der Knabe ist ganz Pantin° – vom Dreiachtel-
takt, wie vom Faden gezogen, zuckt er rechts und links,
das Mädchen nimmt ihn in Arm und wirbelt mit ihm
herum. – Sollte der Tanz verwerflich sein, da der doch
unsrer Natur so angemessen ist? Nicht doch! auch das
Tanzen hat seine Zeit.

Eine gaffende Menge von Fremden, die zu den Gittern
der Gefangnen hinaufstarren und nach der Ursache ihrer
Gefangenschaft fragen. – – Gott segne euch, ihr lieben
Freunde, wenn ihr Mitleid mit uns Armen habt und hier
von unsern Gittern gen Himmel schwört: »Daß ihr zeitli-
chen und ewigen Banden durch die genauste Befolgung
eurer Pflichten zu entfliehen trachten wollt!«

Ein Bauer führt abends seine Pferde ermüdet in den Stall,
der gerad unter mir liegt ... Auch dieser müde alte Gaul
wird einst Teil an den Freuden des Menschen nehmen,°°
da er jetzt seinen Fluch tragen hilft. – Weine nicht, *Irokese*,
traure nicht, *Araber*, du wirst deinen treuen Hund und du
dein gutes Pferd wiederfinden.

Einige Soldaten singen das Abendlied: »Nun sich der
Tag geendet hat.« Der zärtlich-schmachtende rührende
A-moll-Ton, die andächtigen Empfindungen des Liedes
öffnen mein Herz und ein Vorgefühl der Wonne durch-
zittert mich: wenn ich einst mit harmonischen Freunden
in meiner Lauberhütte sitze und ein Lied des Himmels –
herzlicher, einfältiger anstimme, als der Nachtgesang war,

° Marionette.
°° In den Himmel kommen.

den Pater Ceva die Hirten vor dem Stalle des Kindes
Jesu singen läßt.[88]

Das »herzliche, einfältige« Hirtenlied, das Schubart hier
vorschwebt, hat er noch im Gefängnis auf dem Hohenasperg
gedichtet.

Der Hirten Lied am Krippelein

Schlaf wohl, du Himmelsknabe du,
Schlaf wohl, du süßes Kind!
Dich fächeln Engelein in Ruh
Mit sanftem Himmelswind.
Wir arme Hirten singen dir
Ein herzigs Wiegenliedlein für.
Schlafe!
Himmelssöhnchen, schlafe!

Maria hat mit Mutterblick
Dich leise zugedeckt;
Und Joseph hält den Hauch zurück,
Daß er dich nicht erweckt.
Die Schäflein, die im Stalle sind,
Verstummen vor dir Himmelskind.
Schlafe!
Himmelssöhnchen, schlafe!

Bald wirst du groß, dann fließt dein Blut
Von Golgatha herab;
Ans Kreuz schlägt dich der Menschen Wut,
Dann legt man dich ins Grab.
Hab' immer deine Äuglein zu,
Denn du bedarfst der süßen Ruh.
Schlafe!
Himmelssöhnchen, schlafe!

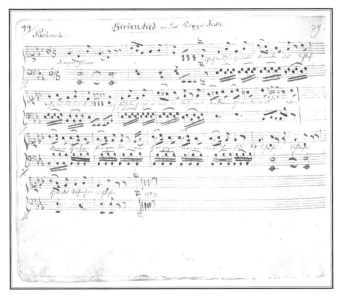

Schubarts Hirtenlied in der Stuttgarter Handschrift (»Sang und Spiel von C. F. D. Schubart für C. L. von Budlar«).

So schlummert in der Mutter Schoß
Noch manches Kindlein ein;
Doch wird das arme Kindlein groß,
So hat es Angst und Pein.
O Jesulein, durch deine Huld,
Hilfs ihnen tragen mit Geduld.
Schlafe!
Himmelssöhnchen, schlafe![89]

Nach über zwei Jahren Haft, am 3. April 1779, darf Schubart das erste Mal ins Freie. Ein Osterspaziergang mit Rieger führt ihn hinaus auf den Wall.[90] Er erhält nun die sogenannte »Festungsfreiheit«: die Erlaubnis, sich innerhalb der Anlage frei zu bewegen. Er darf in der Garnisonskirche die Orgel spielen und hat Zugang zu einem Klavier. »Wie krank war meine

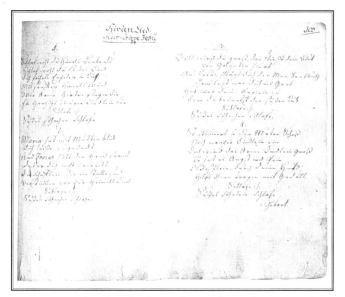

Die mit »Pastorale« überschriebene Klaviereinleitung beginnt wie das Hauptthema des Finales von Beethovens Sechster Symphonie. Heute singt man das Lied üblicherweise in der Vertonung von Karl Borromäus Neuner (1778–1830).

Fantasie!« schreibt er über seine ersten Improvisationen, »wie gelähmt meine Faust!° Und doch erhielt ich großen Beifall. – Ich weiß nicht, warum ich unruhig wurde, als ich wieder in meine Zelle zurückkam. Der *Geist Jesu* schien mich zu bestrafen, daß die Eitelkeit Reiz genug hatte, meine Seele nur auf Augenblicke ins Äußere zu jagen«.[91] Doch diese Skrupel sind nicht langlebig. Rieger selbst sorgt dafür, daß Schubarts künstlerische Fähigkeiten wieder zum Tragen kommen. Er ist schließlich nicht nur ein missionarischer Glaubenswächter, er ist vor allem Offizier und als solcher bemüht, der beständigen Desertionssucht der Soldaten entgegenzutreten – mit geschlossenen Festungstoren und abschreckenden Strafen, aber auch

---

° Spielhand.

mit einem Unterhaltungsangebot. Rieger rekrutiert Schubart zur Truppenbetreuung. In einem leerstehenden Fruchtkasten wird ein kleines Theater eingerichtet, Offiziere und Soldaten stellen die Schauspieler, und Schubart übernimmt, wie erzählt wird, die Rolle des Alleskönners: Er betätigt sich als Autor, Regisseur, Souffleur, Komponist, Instrumentalist und Sänger. Ein damals auf dem Asperg stationierter Soldat, Johann Steininger, hat sechzig Jahre später eine anschauliche Schilderung des Theaterbetriebs geliefert:

> Nun verfaßte Schubart kleine Lustspiele mit eingelegter Musik, ja mit kleinen Balletten, zog verständige und talentvolle Burschen hervor, teilte die Rollen aus, hielt Proben, deklamierte vor und machte bei den Vorstellungen auch den Souffleur. Dieses letztere hochwichtige Amt besorgte er zuerst hinter den Kulissen, bald aber ließ man ihm einen ordentlichen, gewöhnlichen Souffleurkasten verfertigen, in den er sich hinuntersetzte und, wie natürlich, sehr laut soufflierte. Fiel die Musik ein, so legte er das Buch weg, griff zur Violine und accompagnierte von seinem Kasten aus, kam der Gesang an die Reihe, so leitete er ihn aus der Tiefe herauf durch seinen kräftigen Baß. So war Schubart alles in allem, und es bildete sich eine lustige Gesellschaft von größtenteils aufgeweckten, verständigen Burschen, deren Seele er war. Wir hingen an ihm, und er liebte uns wie seine Kinder.[92]

Schubarts Festungstheater erregt Aufmerksamkeit über den Asperg hinaus: Die Theaterstücke, die zweimal in der Woche aufgeführt werden, locken zahlreiche Gäste aus der Umgebung an; auch Herzog Karl Eugen besucht die Vorstellungen öfters. Der vielapplaudierte Intendant, so vermerkt Ludwig Schubart, »blieb aber nach wie vor der arme unglückliche Arrestant, der sich beim geringsten Versehen, selbst während der Aufführung, die kränkendsten und pöbelhaftesten Ausdrücke seines Vorgesetzten gefallen lassen und jede seiner

Sultanslaunen ertragen mußte. ›Er hat Talente wie ein Engel, hieß es, aber zur Freiheit ist er noch nicht reif.‹«[93]

Doch plötzlich, im Mai 1782, stirbt Rieger. Wie erzählt wird, erleidet er den Tod eines jähzornigen Vorgesetzten: Ein Soldat, den er halb totgeprügelt hat, soll ihm im Lazarett den nackten Hintern gezeigt haben, worauf den Kommandanten der Schlag traf.[94] Sein Nachfolger ist General Jakob von Scheler, ein renommierter Architekt und Maler, der Schubart ungleich freundlicher behandelt. Er erlaubt ihm das Schreiben und den Briefverkehr. Das Festungstheater führt der neue Befehlshaber nicht weiter; er setzt Schubarts Fähigkeiten an anderer Stelle ein und beschäftigt den Gefangenen als unbezahlten Hofmeister. »Mein Kommandant ist sehr gnädig gegen mich«, schreibt Schubart im April 1783 an seine Frau. »Ich hab noch kein böses Wort von ihm bekommen. Fast alle Tage speis' ich bei ihm. Freilich muß ich vieles für sein Haus tun. Ich muß seinen ältern Sohn für die Universität zubereiten und die andern Söhne im Klavier und Briefschreiben informieren.«[95] Da er aus den Briefen seiner Frau immer wieder den Verdacht herausliest, er sitze auf dem Hohenasperg die meiste Zeit faul herum und lasse sich gehen, schickt er ihr einmal einen genauen Tageslauf:

Kurze Geschichte eines meiner Tage

Um halb sieben Uhr stand ich auf und seufzte zu Gott.
Um 7 Uhr kam der Anspacher-Scheler und lernte Briefschreiben.
Um 8 Uhr von Beulwitz° im Horaz, Virgil, Geschichte etc. Unterricht bis 10 Uhr.
Von 10 Uhr bis ½ 1 Uhr Eugenius von Scheler°° im Tacitus und Cicero. – Aß darauf zwei Bissen.
Von 1 bis 2 Hauptmann Frei Tochter im Klavier.

° Sohn eines Garnisonsoffiziers.
°° Sohn des Kommandanten von Scheler.

Schubarts Epitaph für General Rieger.

Nach dem Tod des Festungskommandanten Rieger schreibt Schubart seiner Frau Helena:

»Von dem liegenden Feinde fliegt mein Groll wie ein Adler gen Himmel.«[96] Er verfaßt die Inschrift für Riegers Grabdenkmal in der Asperger Michaelskirche. Darin heißt es: »Hier harret Philip Friedrich von Rieger, / Ritter des Karls Orden, / General, Innhaber eines Bataillon, / Comendant Veste Asperg. / Er war ein Man deutscher Kraft, / Herzogs Karl treuer Knecht, des Vaterlands / warmer Freund, der Soldaten / Vater, der Witwe Arm, des Waisen / Pfleger, der Armen Erquikung, / Der Gefangenen / Trost, ein Christ voll Salbung, / Im bittersten Leiden geübt. [...] Die Welt wurd ihm zu enge; er flog, / Vom Schlage getroffen, wie im Sturme / Gen Himel. Geb d 1 Oct / 1722, starb d 15 May / An(no) 1782, Haleluiah, Haleluiah.«[97]

Von 2 bis 3 Leutnant Scheler im Klavier.

Von 3 bis 4. von Beulwitz im Briefschreiben und Justin.

Von 4 bis ½ 6. Uhr. Eugenius von Scheler Griechisch –
Dann hab ich Ruh bis 7ben Uhr, wenn keine Fremden
hier sind.

Von 7 bis ½ 10.Uhr. Eugenius von Scheler in der Enzyklopädie.

Dann leg ich mich müde von Geschäften, die weder mir
noch meiner Familie nutzen, ins Bett und Nacht und Stille
und Schwermut lagert sich dicht um mich herum. Urteil,
meine Freundin, ob ich nicht auch dies Leben mir zur Last
mache? – Und das ist noch nicht alles; denn *der* will Verse,
der Lieder, *der* Briefe, *der* dies, *der* jenes von mir.
Wie tief – wie tief lieg ich versunken!![98]

In der Tat entfaltet Schubart seit Frühjahr 1782 eine immer
regere Tätigkeit. Er komponiert Lieder und Klaviersonaten,
er schreibt Gedicht um Gedicht. 221 Titel umfaßt Siegfried
Nestriepkes Werkverzeichnis für die Zeit der Gefangenschaft;
vieles davon entsteht 1782 und 1783, darunter berühmt gewordene Texte wie »Die Forelle«, »Schwäbisches Bauernlied«,
»Liesels Brautlied«, »Der Gefangene«, »An den Mond«, »An
die Tonkunst«, »Fluch des Vatermörders«, »Der Bettelsoldat«, »Die Linde«. Einem Sohn Schelers diktiert Schubart
die *Ideen zu einer Ästhetik der Tonkunst.* Immer mehr Of-
fizierssöhnen und -töchtern erteilt er Sprach-, Literatur- und
Musikunterricht. Zudem kommen Lehrer aus dem Umland
auf den Asperg und bitten Schubart um musikalische Unter-
weisung. Als Honorar bringen sie Obst und Wein (»wovon er
aber«, so versichert Ludwig Schubart, »weit mehr unter seine
Mitgefangenen austeilte als selbst genoß«[99]). Der Gefangene
unterrichtet sie im Orgelspiel und Gesang und schreibt für
sie Abhandlungen über Choral und Kirchenmusik.[100] Mit
nachhaltigem Effekt, wie es scheint: Jedenfalls urteilt die *All-*
gemeine Musikalische Zeitung 1799, daß sich die musikalische
Kultur in Württemberg erstaunlich verbessert habe, »wozu

der menschenfreundliche Schubart, zu welchem aus der Nähe und Ferne bei 100 wallfahrteten und denen er Lehrer und Kapellmeister war, die erste Impulsion gab«.[101] Einige von Schubarts Klavierschülern, so berichtet Ludwig Schubart, seien später bekannte Virtuosen geworden. Belegt ist dies für Regina Vossler, die als Sechzehnjährige bei Schubart mit dem Klavierunterricht begann. Dieser widmet ihr mehrere Gedichte. Eines davon, »Sanftes Klavier! Welche Entzückungen schaffst du mir«, wurde später von Franz Schubert vertont.

In einem Brief vom September 1783 gesteht Schubart seiner Frau, daß seine Klavierschülerin – eben Vossler – und er eine Zeitlang ineinander verliebt gewesen seien: »So unschuldig meine Liebe war – denn ich habe sie kaum einigemale geküßt – so viele Vorwürfe macht' ich mir hierüber wegen deiner. – Und siehe da! ich überwand und du bliebst Siegerin in meinem Herzen.«[102] Ähnliches wiederholt sich mit seiner Schülerin Ludovika Reichenbach, der 24jährigen Tochter eines Militärarzts, die später unter dem Namen Simanovitz eine bekannte Zeichnerin wurde.[103] Liebeleien, die nicht nur anzeigen, daß Schubart weiterhin Büßer und Sünder zugleich, sondern auch, daß er trotz der psychischen und physischen Strapazen der Einzelhaft ein attraktiver Mann geblieben ist. Mitbewohner und Besucher bestätigen, daß der virtuose, wirkmächtige Schubart, der sofort zum Mittelpunkt einer Gesellschaft wird, noch lebt. Im Juli 1781 berichtet der Stuttgarter Schriftsteller Gotthold Friedrich Stäudlin in einem Brief an Lavater von einem Aspergbesuch: »Wie Schubarts Feuerseele bei diesem Zusammenkommen aufflammte, können Sie leicht denken. Noch haben Sklaverei und Kerker keinen Funken der himmlischen Flamme in ihm löschen können.«[104] Drei Jahre später klingt es nicht anders: »Sein Gespräch ist lauter Feuer, lauter Metapher und Gleichnis«, berichtet Schillers Schwager W. F. H. Reinwald über den Gefangenen. »Sein Klavierspiel geht über alles, was ich je hörte und hören werde. Schweitzer kommt ihm weder an Fertigkeit noch an Glut im Spielen und Singen bei, und wenn er nur das kleinste

Liedchen singt, fühlt man sich neugeschaffen. Ein solcher
Mann, alle drei Wochen besucht, sollte einem wohl ziemlich
den Hypochonder vertreiben.«[105] Auch Schubarts Liebe zum
Wein und zu derben Sprüchen ist offenbar ungebrochen. Bei
manchen vornehmeren Tischgenossen erregt dies Mißfallen.
»Er trinkt zuviel«, schreibt Carl E. von Scheler, einer von
Schubarts Schülern, »und benebelt ihn der Rebensaft, so sind
seine Gespräche so schweinisch, bäurisch und gotteslästerlich,
daß er zum Ekel wird.«[106] Wie man sich diese Fauxpas in
etwa vorzustellen hat, demonstriert die Schilderung eines auf
dem Asperg stationierten Offiziers namens Lindquist: »Der
Kerl [Schubart] sauft wie der Schlauch der Danaiden, und
mitten in dem ernsthaftesten Gespräch von Religion und
dem Unendlichen wünscht er wieder, daß die Menschheit ein
einziges A– – haben möchte, um sie aus Liebe im A– l– zu
können.«[107]

Gefeit vor solchem Degout ist Schubart bei den unteren
Militärchargen auf der Festung. So wie ihn früher die Stamm-
tische der Handwerker, Dienstboten und Bauern anzogen, so
sind es nun die Trinkstuben der Soldaten. Begeistert erinnert
sich Johann Steininger an die Nächte nach den von Schubart
geleiteten Theateraufführungen: »War das Theater vorbei, so
hatte Schubart die Erlaubnis, mit seiner Gesellschaft in die
uns zugewiesenen Schulzimmer zu ziehen, wo er ungestört bis
spät in die Nacht mit uns zechen und fröhlich sein durfte. Hier
lehrte er uns eine Menge meist lustiger Schelmen-Lieder, von
denen ich mehrere bis auf den heutigen Tag mit Melodie und
Text in meinem Gedächtnis habe. Schubart dichtete diese
Lieder und komponierte auch zugleich eine Melodie dazu. So
sangen und tranken wir mit Schubart, und wenn wir tanzten
und er eine kleine Weile seine durstige Kehle feiern lassen
wollte, nahm er dem ersten besten Musiker die Geige weg und
spielte uns lustige Tänze auf.« (Anmerkung des Steininger-
Herausgebers Diezel: »Am Schlusse des Werkchens habe ich
einige dieser Lieder angehängt; leider mußte ich mehrere
ihres allzuschlüpfrigen Inhalts halber unterdrücken.«[108])

Das klingt ein wenig nach »fidelem Gefängnis«, und sicherlich nutzte Schubart die Möglichkeiten zur Geselligkeit, zur Abwechslung und Ablenkung, die ihm die Garnison und ihre Subkulturen boten. Aber es ging eben nicht um einige Tage Karzer im Kreis von Kommilitonen, sondern um eine nun schon jahrelange Haft, deren Ende immer noch nicht abzusehen war, und Schubarts Selbstzeugnisse zeigen denn auch keine mit den Hafterleichterungen einhergehende Stimmungsbesserung. Zwar gibt es hie und da beruhigende Äußerungen an seine Frau mit dem Tenor, eigentlich fehle ihm nichts außer seiner Freiheit. Eher aber läßt sich aus seinen Briefen und seinen Gedichten die Botschaft herauslesen, daß ohne die Freiheit alles nichts sei. Die vielfältigen Aufgaben, die ihm Scheler zuteilt, begrüßt er zwar, da er so »nicht ganz unnütz für die Welt« [109] sei, doch er sieht sie zugleich als Sklavenarbeit an, was hier in der Tat keine bloße unmutige Metapher ist, sondern die präzise Bezeichnung für unbezahlte und unbefristete Dienste. Seinem Sohn klagt er: »Daß ich dir so wenig schreibe, mußt du mir verzeihen, denn ich bin Schulmeister, Organist, Flügelspieler, Poet und Gesellschafter auf dem Hügel meines Jammers, mit einem jährlichen Gehalte von 1 Dutzend Flaschen Wein, etlichen Pfunden Laußwenzel, [Tabaksorte] vielen Zentnern Undank und einer ganzen Gebirgslast von Kummer.« [110] Der freundliche Umgang, den Scheler und andere Offiziere mit ihm pflegen, kann ihn nicht darüber hinwegtäuschen, daß sie die willigen Vollstrecker herrscherlichen Unrechts sind. Als Helena Schubart ihn wieder einmal mahnt, es seinem Kommandanten gegenüber nicht an Dienstfertigkeit fehlen zu lassen, antwortet er: »Keine Tugend ist mir jemals leichter geworden als diese. Fast täglich dien' ich meinen Feinden.« [111]

In einem Brief an seine Mutter nach Aalen wehrt er sich gegen das Gerücht, er habe sich mit den Umständen arrangiert: »Wie können Sie glauben, daß mich der Umgang mit dem sklavischen Soldatenvolk reizen könne, den Trieb nach Freiheit zu ersticken?« [112] Und seiner Frau schreibt er: »O

wie laut will ich's in meinem Lebenslaufe predigen, daß Ge-
fangenschaften nicht bessern, sondern die besten Köpfe nach
Leib und Geist zugrunde richten; denn *Sklaverei ist der Seele
Tod*.«[113] Oft berichtet er ihr von verzweifelten Stimmungen
und mehrmals von schweren Krankheitsanfällen. Diese äng-
stigen ihn nicht zuletzt deshalb, weil er sich davor schämte, in
Gefangenschaft zu sterben. Manchmal wiederum bekundet
er seiner Frau gegenüber statt Todesangst Todessehnsucht bis
hin zu Selbstmordgedanken.[114]

In mehreren großen Gedichten hat Schubart der *conditio
inhumana* des Gefangenseins einen gültigen Ausdruck gegeben: so in dem einst oft zitierten »Der Gefangene« (»Gefangener Mann, ein armer Mann«) oder in dem Lied »An den
Mond«, welches in einigen Zeilen an »Hyperions Schicksals-
lied« (»Ihr wandelt droben im Licht«) von Hölderlin erinnert:

> Gibt's dann, du Nachtgefährte,
> Bei dir auch so viel Qual,
> Wie hier auf unsrer Erde
> Im Totenschädeltal?
>
> Ach nein! nur uns Betrübte
> Trifft Kerkerqual und Tod.
> Dort wandeln Gottgeliebte
> Vom Elend unbedroht.[115]

In »Die Aussicht« wird der Blick vom Hohenasperg ins
Neckartal zum Blick vom Berg Nebo ins Gelobte Land und
Schubart zum Moses, der es nie erreichen wird:

> Die Aussicht
>
> Schön ist's, von des Tränenberges Höhen
> Gott auf seiner Erde wandeln sehen,
> Wo sein Odem die Geschöpfe küßt.
> Auen sehen, drauf Natur, die Treue,

Eingekleidet in des Himmels Bläue,
Schreitet, und wo Milch und Honig fließt!

Schön ist's in des Tränenberges Lüften
Bäume sehn, in silberweißen Düften,
Die der Käfer wonnesummend trinkt;
Und die Straße sehn im weiten Lande,
Menschenwimmelnd, wie vom Silbersande
Sie, der Milchstraß' gleich, am Himmel blinkt.

Und der Neckar blau vorüberziehend,
In dem Gold der Abendsonne glühend,
Ist dem Späherblicke Himmelslust;
Und den Wein, des siechen Wandrers Leben,
Wachsen sehn an mütterlichen Reben,
Ist Entzücken für des Dichters Brust.

Aber, armer Mann, du bist gefangen;
Kannst du trunken an der Schönheit hangen?
Nichts auf dieser schönen Welt ist dein!
Alles, alles ist in tiefer Trauer
Auf der weiten Erde; denn die Mauer
Meiner Feste schließt mich Armen ein!

Doch herab von meinem Tränenberge
Seh ich dort den Moderplatz der Särge;
Hinter einer Kirche streckt er sich
Grüner als die andern Plätze alle: –
Ach! herab von meinem hohen Walle
Seh ich keinen schönern Platz für mich![116]

Warum aber, so fragt man sich und so fragte man Schubart, warum in all den Jahren kein einziger Fluchtversuch? Sehr schwierig war das Entweichen aus der Bergfestung nicht, unzufriedenen Soldaten gelang es immer wieder. Fluchtgedanken, ja Fluchtpläne hatte Schubart durchaus. In einem Brief an Helena Schubart von Anfang September 1783 liest man: »Ich wage doch etwas – *kühnes, starkes,* das mich entweder ganz verderben oder aus meinem Elend plötzlich reißen muß. Länger ertrag ich mein Schicksal nimmer – *Freiheit* oder *Tod!* – ist meine Losung.«[117] Und drei Wochen später wieder: »Ich bin gesonnen, einen Streich zu wagen.«[118] Ludwig Schubart berichtet später von zwei konkreten Ausbruchsplänen, die jedesmal Hilfe von außen einschlossen. In einem Fall habe sich ein fremder Theatergast erboten, Schubart nach der Vorstellung in seiner Kutsche zu verstecken und in die Reichsstadt Heilbronn zu bringen. Doch der verwirft die Offerten.[119] Vielleicht, so wurde vermutet, wollte er seinem Aufseher Scheler keine Probleme bereiten; vielleicht nahm er Rücksicht auf seine Frau, die ja vom Herzog alimentiert wurde, oder auf seine an herzoglichen Schulen lernenden Kinder. Der Sohn Ludwig ist anderer Meinung: Er führt seines Vaters Fluchtverzicht auf dessen Ängstlichkeit zurück, spricht gar von dessen »kindlicher Ergebung«,[120] und Schubart widerspricht dieser Auffassung nicht: Als er 1788 ausgerechnet die Memoiren Franz von der Trencks herausgibt,[121] des berühmten preußischen Offiziers und Ausbrecherkönigs, zeigt er sich des Charakterunterschieds von Herausgeber und Autor wohl bewußt: »Hoch und laut schlug mein Herz dem Mann entgegen, dessen herkulisches Ringen nach Freiheit weit über mein weiches Hinschmachten, selbst über die stille Ergebung in mein Schicksal hinausreichte.«[122]

Womöglich ist Schubarts Furcht vor den Fluchtrisiken nicht zuletzt einer Tragödie der württembergischen Geistesgeschichte geschuldet, die ihm nur zu gut bekannt war: dem Schicksal des Tübinger Humanisten Nikodemus Frischlin. Auch dieser reüssierte als *poeta laureatus* des Kaisers, auch er attackierte derb und witzig den ausbeuterischen Adel und gravitätisch daherkommende Universitätskollegen. Und die Parallelen gehen weiter: Frischlin mußte Württemberg verlassen, zog als freier Autor von Stadt und Stadt, wurde schließlich auf Befehl des württembergischen Herzogs in Mainz aufgespürt, entführt und auf der Festung Hohenurach eingesperrt. Nach acht Monaten Haft versuchte er, sich aus einem Fenster abzuseilen, und stürzte dabei zu Tode. In der Aspergzeit verfaßt Schubart das Gedicht »Frischlin«, in dem es heißt:

Wo liegt Frischlin, der Bruder meines Geistes,
Wo scharrten sie des Edeln Asche hin?
Wo ist sein Grab mit stillem Moos bewachsen?
Wo liegt Frischlin?

Er schlummert nun – vielleicht auf einem Anger!
Denn Fürstenhaß lag auf ihm hügelschwer.
Und Pfaffen brüllten über seiner Leiche:
Verdammt ist er! […]

Als Römer schriebst du; aber deine Seele
Voll Vaterland, liebt deutschen Biederton.
Du sprachst den stolzen purpurnen Tyrannen
Ins Antlitz hohn.

Da schlug Gewalttat dich in Eisenfessel.
Sie ging voll Hohn um deine Gruft herum,
Und brüllte: Ha, da fault er nun, der Hasser,
Auf ewig stumm.

Du aber schnellst mit wutbeflammten Händen
Die dichtgeringte Eisenlast entzwei.
Entreißt dich mutig durch des Kerkers Quader
Der Sklaverei.

Doch ach! an eines grauen Felsen Wurzel
Fand er, der Edle, seinen Märtrertod.
Ein Winzer sah den Dichter blutig liegen
Im Morgenrot.[123]

NIEDERGEZÜRNT

Rachsüchtige Pfaffen, Fürstenhaß: Sind es bloße Erinnerungen an sein einstiges Rebellentum, die Schubart in
seinem Frischlin-Gedicht noch einmal ausgräbt, oder hält der
Gefangene Schubart in seiner Aspergzeit an den politischen
Positionen des *Chronik*-Schreibers Schubart fest? Eine Antwort auf diese Frage muß zunächst einmal einkalkulieren, daß
diese Positionen schon vor der Haftzeit manche Widersprüche
enthielten: daß Fanfarenstöße mitunter in Harfenklänge über-
gingen, daß die Grenze zwischen taktischer Anpassung und re-
gierungsfrommen Überzeugungen des öfteren verschwamm.
Nicht anders ist es in den zehn Aspergjahren. Aber zu keinem
Zeitpunkt läßt sich eine Revision seiner Kritik am weltlichen
und geistlichen Absolutismus beobachten.

Am 21. April 1779, am Ende der ersten, von teils rüden, teils
anschmiegsamen Korrektionsversuchen geprägten Asperg-
jahre, diktiert Schubart seinem Zellennachbarn das Schluß-
wort seiner Erinnerungen – und bekräftigt darin, daß seine
tiefe christliche Reue keinen Kniefall vor den Feudalherren
einschließt:

»O *Vaterland*, Gott weiß, ich habe dich geliebt! Noch sind
sie nicht alle tot, deine freien edlen Biederseelen; aber sie
ächzen in den Fesseln des Despotismus«.[124]

Und als sich die Hoffnung, daß die gnädige Wiederauf-
nahme des offenbar Geläuterten in die evangelische Kirche
die Begnadigung durch den Herzog nach sich ziehen werde,
immer wieder zerschlägt; als gar der Termin verstreicht, zu
dem Karl Eugen die Freilassung zugesagt hatte, verfaßt er
sein aggressivstes und wirkungsvollstes antifeudales Manifest:
Wahrscheinlich Ende 1779/Anfang 1780 entsteht das Gedicht
»Die Fürstengruft«. Schon Jahre vorher, erzählt der Sohn,
habe sich sein Vater mit diesem Sujet beschäftigt. Nun, in
höchster Wut über das gebrochene Versprechen, habe er das
Gedicht eines Abends »niedergezürnt«:

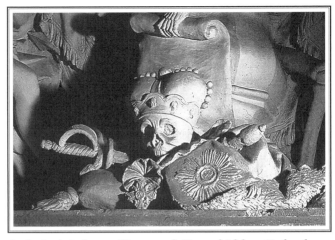

*In der Ludwigsburger Fürstengruft. Totenschädel am Grabmal
Herzog Karl Alexanders von Württemberg (1684–1737), des Vaters
von Herzog Karl Eugen.*

Die Fürstengruft

Da liegen sie, die stolzen Fürstentrümmer,
Ehmals die Götzen ihrer Welt!
Da liegen sie, vom fürchterlichen Schimmer
Des blassen Tags erhellt!

Die alten Särge leuchten in der dunklen
Verwesungsgruft, wie faules Holz,
Wie matt die großen Silberschilde funkeln,
Der Fürsten letzter Stolz.

Entsetzen packt den Wandrer hier am Haare,
Geußt Schauer über seine Haut,
Wo Eitelkeit, gelehnt an eine Bahre,
Aus hohlen Augen schaut.

Wie fürchterlich ist hier des Nachhalls Stimme!
Ein Zehentritt stört seine Ruh;

Kein Wetter Gottes spricht mit lautrem Grimme;
O Mensch, wie klein bist du!

Denn ach! hier liegt der edle Fürst! der Gute!
Zum Völkersegen einst gesandt,
Wie der, den Gott zur Nationenrute
Im Zorn zusammenband.

An ihren Urnen weinen Marmorgeister,
Doch kalte Tränen nur von Stein;
Und lachend grub – vielleicht ein welscher Meister
Sie einst dem Marmor ein.

Da liegen Schädel mit verloschnen Blicken,
Die ehmals hoch herabgedroht –
Der Menschheit Schrecken! – Denn an ihrem Nicken
Hing Leben oder Tod.

Nun ist die Hand herabgefault zum Knochen,
Die oft mit kaltem Federzug
Den Weisen, der am Thron zu laut gesprochen,
In harte Fesseln schlug.

Zum Totenbein ist nun die Brust geworden,
Einst eingehüllt in Goldgewand,
Daran ein Stern und ein entweihter Orden,
Wie zwei Kometen stand.

Vertrocknet und verschrumpft sind die Kanäle,
Drin geiles Blut wie Feuer floß,
Das schäumend Gift der Unschuld in die Seele,
Wie in den Körper goß.

Sprecht, Höflinge, mit Ehrfurcht auf der Lippe,
Nun Schmeichelein ins taube Ohr! –
Beräuchert das durchlauchtige Gerippe
Mit Weihrauch, wie zuvor!

Er steht nicht auf, euch Beifall zuzulächeln,
Und wiehert keine Zoten mehr,
Damit geschminkte Zofen ihn befächeln,
Schamlos und geil wie er.

Sie liegen nun den eisern Schlaf zu schlafen,
Die Menschengeißeln, unbetraurt!
Im Felsengrab, verächtlicher als Sklaven,
In Kerker eingemaurt.

Sie, die im ehrnen Busen niemals fühlten
Die Schrecken der Religion,
Und Gottgeschaffne, bessre Menschen hielten
Für Vieh, bestimmt zur Fron;

Die das Gewissen, jenem mächt'gen Kläger,
Der alle Schulden niederschreibt,
Durch Trommelschlag, durch welsche Trillerschläger
Und Jagdlärm übertäubt:

Die Hunde nur und Pferd' und fremde Dirnen
Mit Gnade lohnten und Genie
Und Weisheit darben ließen; denn das Zürnen
Der Geister schreckte sie.

Die liegen nun in dieser Schauergrotte,
Mit Staub und Würmern zugedeckt,
So stumm! so ruhmlos! – Noch von keinem Gotte
Ins Leben aufgeweckt.

Weckt sie nur nicht mit euerm bangen Ächzen,
Ihr Scharen, die sie arm gemacht,
Verscheucht die Raben, daß von ihrem Krächzen
Kein Wütrich hier erwacht!

Hier klatsche nicht des armen Landmanns Peitsche,
Die nachts das Wild vom Acker scheucht!
An diesem Gitter weile nicht der Deutsche,
Der sich vorüberkeucht!

Hier heule nicht der bleiche Waisenknabe,
Dem ein Tyrann den Vater nahm;
Nie fluche hier der Krüppel an dem Stabe,
Von fremdem Solde lahm.

Damit die Quäler nicht zu früh erwachen;
Seid menschlicher, erweckt sie nicht.
Ha! früh genug wird über ihnen krachen,
Der Donner am Gericht.

Wo Todesengel nach Tyrannen greifen,
Wenn sie im Grimm der Richter weckt,
Und ihre Greu'l zu einem Berge häufen,
Der flammend sie bedeckt.

Bis hierher, so Ludwig Schubart, habe sein Vater das Gedicht an jenem Abend einem Essensträger in die Feder diktiert. Erst später hat er demnach dem Fluch auf die Tyrannen die vier Strophen mit dem Lob der »besseren Fürsten« angefügt:

Ihr aber, beßre Fürsten, schlummert süße
Im Nachtgewölbe dieser Gruft!
Schon wandelt euer Geist im Paradiese,
Gehüllt in Blütenduft.

Jauchzt nur entgegen jenem großen Tage,
Der aller Fürsten Taten wiegt,
Wie Sternenklang tönt euch des Richters Waage,
Drauf eure Tugend liegt.

Ach! unterm Lispel eurer frohen Brüder –
Ihr habt sie satt und froh gemacht –
Wird eure volle Schale sinken nieder,
Wenn ihr zum Lohn erwacht.

Wie wirds euch sein, wenn ihr vom Sonnenthrone
Des Richters wandeln hört:
»Ihr Brüder! nehmt auf ewig hin die Krone,
Ihr seid zu herrschen wert.«[125]

»Die Fürstengruft« ist die radikalisierte Version des Schubart-Gedichts »An der Leiche eines Regenten«, das in seinen *Todesgesängen* von 1767 enthalten war. Ihr Grundgedanke ist nicht allzu originell: Daß auch Fürsten das Jüngste Gericht fürchten müßten, das hatte bereits Klopstocks *Messias* verkündet. Der Ton jedoch, den Schubart anschlägt, ist aufsehenerregend: die Atemlosigkeit, in der hier die Anklagepunkte aufeinanderfolgen – Ausbeutung durch Frondienste, Jagdexzesse auf dem Rücken der Bauern, Menschenhandel mit wehrfähigen Männern, Unterdrückung der Meinungsfreiheit, Förderung der Prostitution –, vor allem aber die fast sadistische Genugtuung, mit der die Verwesung der gekrönten Häupter ausgemalt wird. Religiöse und politische Sprache sind in der Anklage untrennbar miteinander verbunden, die Drohung mit dem Jüngsten Gericht kommt einer Revolutionsdrohung nahe.

Die in der Angst vor der eigenen Courage angehängten Schlußstrophen nehmen dem Gedicht nur wenig von seiner Aggressivität. Das Bild der »beßren Fürsten« – nicht: »guten Fürsten« – bleibt blaß; zudem ist auch ihre Uhr abgelaufen: Sie schlummern süß, aber sie schlummern.[126]

Das Gedicht wird – von wem, ist unbekannt – aus der Festung herausgeschmuggelt. Es kursiert zunächst offenbar in Abschriften. Andreas Streicher, der Schiller im September 1782 auf seiner Flucht vor Herzog Karl Eugen von Stuttgart nach Mannheim begleitete, berichtet, Schiller habe bei einem Zwischenhalt in einem Wirtshaus »ein Heft ungedruckter Gedichte von Schubart« herausgezogen und daraus vorgetragen: »Das Merkwürdigste darunter war die *Fürstengruft*«.[127] Der junge Schiller bewundert Schubart; er hat ihn in seiner Karlsschul-Zeit mehrmals auf dem Asperg besucht. Sein 1782 erschienenes Gedicht »Die schlimmen Monarchen« zeigt deutliche Anklänge an die »Fürstengruft«: Es schildert einen Gang zu den Würmern, welche die Monarchenleichen zerfressen, der bei Schiller aber nicht versöhnlich endet. Den lebenden Tyrannen wird mit Rache, wenn auch nur mit den Rachepfeilen der Dichtkunst gedroht.

Die erste Begegnung der »Rebellen« Schubart und Schiller war lange im kollektiven Gedächtnis der Schwaben verankert. Einen Bericht über dieses Zusammentreffen gibt ein Freund Schillers, der Mediziner Friedrich von Hoven. Bei einem Besuch auf dem Asperg habe ihn der Festungskommandant Rieger gebeten, doch einmal den Schiller mitzubringen; er wolle den Verfasser der Räuber persönlich kennenlernen. Nach Schillers Zusage, so Hoven, veranlaßt Rieger Schubart, eine Rezension der *Räuber* zu verfassen. Schiller wird dann dem Gefangenen, der ihn noch nie getroffen hat, »unter dem Namen eines Doktor Fischer vorgestellt, und sobald die erste Begrüßung vorbei war, von dem General das Gespräch auf die *Räuber* geführt. […] *Schubart* holte sein Manuskript, las, ohne zu ahnen, daß der Verfasser der *Räuber* vor ihm stehe, die Rezension vor, und als er am Schlusse der Rezension den Wunsch äußerte, daß er den großen Dichter persönlich kennen möchte, sagte ihm *Rieger*, indem er ihm auf die Schulter klopfte. ›Ihr Wunsch ist erfüllt, hier steht er vor Ihnen.‹ – ›Ist es möglich?‹ rief *Schubart* frohlockend aus, ›das ist also der Verfasser der *Räuber*!‹ Dies gesagt, fiel er Schiller um den Hals,

küßte ihn, und Freudentränen glänzten in seinen Augen. […]
Schiller und ich verließen vergnügt die Festung und gedachten
in der Folge noch oft dieser Szene.«[128]

Schubarts außerordentliche Wertschätzung des jungen
Schiller hält an: 1782 verfaßt er eine Ode »An Schiller«. Er
lobt darin den damals 23jährigen, weil »er mutig zürnt/Dem
gekrönten Laster«, mahnt ihn aber auch, »den Ätherstrahl
des Genius zu brauchen/Für Gott!«[129] 1784 besucht Reinwald den Gefangenen in Begleitung von Schillers Mutter.
Schubart verabschiedet diese mit dem Segensspruch aus dem
Mariengebet: »Gebenedeit bist Du unter den Weibern und
gebenedeit ist die Frucht Deines Leibes!«[130]

Zum Zeitpunkt von Schillers Flucht aus Württemberg kursiert »Die Fürstengruft« bereits in gedruckter Form: 1781
findet sie sich unter Schubarts Namen im Frankfurter und
im Leipziger Musenalmanach. Es ist der erste in der Haftzeit
entstandene Schubart-Text, der gedruckt wird. Herzog Karl
Eugen, so Ludwig Schubart, erfährt von der Publikation und
läßt sich das Gedicht vorlesen. Das hat Folgen. Am 4. April
1783 schreibt Helena Schubart ihrem Mann: »Seit ungefähr
drei Wochen drückte mich der Jammer fast zu Boden, denn
ich wurde in einem Briefe gefragt, ob es wahr sei, daß du
neuerdings in so große Ungnade gefallen wärest; man sage,
die Fürstengruft wäre öffentlich im Druck erschienen, dieses
hätte den Herzog so aufgebracht, daß Er dich in dein erstes
Gefängnis hätte bringen lassen, auch habe Er geschworen, solange Er lebe, solltest du das Tageslicht nicht mehr sehen.«[131]
Eine Zurückverbannung in den Turm gab es nicht; der herzogliche Bestrafungswille aber scheint durch die Invektiven
der »Fürstengruft« in der Tat neu entfacht worden zu sein.
Ludwig Schubart jedenfalls bezeugt, er wisse mit Sicherheit,
daß der Gedichtvortrag bei Hofe vieles zur Verlängerung des
Arrests beigetragen habe.[132]

Eine Anklage gegen den Absolutismus, die der »Fürstengruft« an Schärfe gleichkäme, hat Schubart danach nicht mehr
verfaßt. Zwischen 1782 und 1785 meldet er sich sogar bei

mehreren Gelegenheiten mit Huldigungversen an den Herzog zu Wort. Als einige dieser Dichtungen 1786 publiziert werden, erhebt sich sogleich öffentliche Verwunderung. Ludwig Schubart berichtet zum Beispiel von einem Rezensenten, der »sein Erstaunen darüber geäußert, in dem Buche eines Dichters ausschweifendes Lob auf ebenden Fürsten zu finden, der ihm zehn Jahre lang das höchste Gut dieser Erde – seine Freiheit! entrissen hatte.«[133] Der Sohn mag diese Verwunderung nicht teilen: »Der angeführte Umstand, dünkt uns, klärt das Rätsel schon einigermaßen auf«. In der Tat: Der Gefangene lobt den Herzog ja nicht dafür, daß er ihn gefangenhält, sondern damit er ihn freilassen soll. Der Berufssoldat und Berufsdeserteur Johann Steininger, der vielen Herren Treue geschworen, den Rücken gekehrt und dann wieder Reue bezeugt hat, wird Zeuge eines Schubartschen Kniefalls bei einem herzoglichen Besuch auf dem Asperg und interpretiert ihn kurz und treffend: »Schubart hatte zu dem Ende eine lange Rede über den Herzog Carl verfertigt, die ein Soldat aus Preußen auswendig lernte und vor dem Herzog vortrug. Soweit ich mich ihres Inhalts noch erinnern kann, war der eigentliche Zweck derselben ein Lob auf den Herzog und eine Bitte um Gnade.«[134]

Schubart selbst, erzählt sein Sohn, soll seine Elogen auf Karl Eugen mit den Worten verteidigt haben: »Ich lobe nicht, was er *ist,* sondern was er sein *sollte*.«[135] In der Tat: Ähnlich, wie es bei Schubarts frühen Fürstenoden der Fall war, liefern die Hymnen auf den Volksbeglücker, Tugendwächter, Waisentröster, Musenfreund Karl Eugen nicht nur ein idealisierendes Spiegelbild, an dem sich der Geehrte ergötzen konnte, sondern auch ein Idealbild, an dem er sich orientieren sollte. Das Publikum darf sich bei Schubarts Epilog zum Herzogsgeburtstag 1782 durchaus fragen, ob die glückverheißende Weissagung an Karls Wiege bereits eingetreten ist, von der »Hulda, Schauerin der Zukunft« erzählt:

Der Engel, der vor seiner Wiege stand,

Berührte mit dem Silberfinger,

Von Himmelsmaientropfen naß,

Das Auge mir;

Da riß der Vorhang auf,

Der vor der Zukunft hängt.

Ich sah:

(Gesang)

Carl, den Volksbeglücker,

Der dem Unterdrücker

Freier Menschen flucht!

Der dem Herrn der Nationen

Im Bestrafen, im Belohnen

Nachzuahmen sucht![136]

Daß neben dem Panegyriker Schubart der Fürstenkritiker weiterexistiert, zeigen die Briefe des Gefangenen an seine Frau. Wie diesen zu entnehmen ist, predigt ihm Helena immer wieder Geduld, Gottergebung und Vertrauen in des Herzogs Gnade. (Was nicht heißt, daß sie nichts für seine Befreiung unternimmt: Nicht weniger als sieben Mal macht sie sich in den Haftjahren auf den Weg nach Stuttgart, um sich dem Herzog zu Füßen zu werfen.) Doch Schubart läßt sich seine Empörung über Karl Eugen nicht ausreden. Zur gleichen Zeit, in der er seine Hymnen für Geburts- und Namenstagsfeste Karl Eugens verfaßt, bekundet er brieflich seine Rachegedanken:

An Helena Schubart, 11. Oktober 1783:

Wenn der Herzog ins Strafen kommt, so kann er nimmer aufhören. Schrecklich ist's, wenn Gott ihm mißt, wie er gemessen hat. Baumann, der einen sehr verzeihlichen Fehler beging, ist nun auf dem Hohentwiele rasend.° […]

° Der Hofkaplan Baumann war mit einer Opernsängerin aus Stuttgart geflohen, gefaßt und auf dem Hohentwiel eingekerkert worden.

Hinter der Wetternacht säumt die Rache nur; aber sie bleibt nicht aus. Ich schweige und bete Gott an.[137]

An den Aspergkommandanten, Oberst von Seeger, 28. Oktober 1783:

> Euer Hochwohlgeboren übersende [ich] hiemit den durch Herrn Haller bestellten Prologen aufs Höchste Herzogliche Namensfest. Da ich ihn *con amore* verfertiget habe, so würde es die größte Belohnung für mich sein, wenn er Euer Hochwohlgeboren vortrefflichen Geschmack befriedigen und mit Nachdruck deklamiert werden würde. Ich bin nicht so kühn, hierzu meine Tochter vorzuschlagen, da ich leider! schon sieben Jahre keine Gelegenheit hatte, ihre Kräfte zu wägen.[138]

An Helena Schubart, 21. Oktober 1784:

> Der Herzog handelt wie ein Teufel gegen mich – Gott verzeih's ihm!![139]

Aus dem Prolog »Carls Name, gefeiert von der deutschen Schaubühne zu Stuttgart. Am 4. November 1784«:

> So nimm dann hin der Künste Tränendank
> Für deinen Schutz!
> Nicht dir, Apoll, nein, deinem Lieblinge CARL,
> Donnert der Päan des Dichters![140]

Umschmeichlung in den Theaterprologen, Beschimpfung in den Briefen: Auf den ersten Blick steht hier einfach eine erpreßte gegen eine ehrliche Aussage. Diese Deutung ist nicht falsch, aber sie greift zu kurz. Aus den privaten Äußerungen lassen sich ebenfalls Zwischentöne heraushören. Man findet dort nicht nur Anklage, sondern auch das Leiden an Verkennung und Verstoßung: »Wenn mich der Herzog kennte, so würde er weinen, daß er mich so beleidigt.«[141] – »Schrecklich ist's, daß uns der Herzog so ganz und gar verkennt und für eine verdächtige Zigeunerbande anzusehen scheint.«[142]

Diese Sätze erinnern an Klagen, welche der junge Schubart früher gegen seinen Vater und vor allem seinen Schwiegervater erhoben hat, die von seiner Ungebärdigkeit befremdet waren: »Ein Sohn wird vom Vater verfolgt! – Dieses Schicksal scheinet besonders für mich aufgehoben zu sein.«[143] Schubart erlebt sein Verhältnis zu Karl Eugen auch als eine unglückliche Vater-Sohn-Beziehung. Das hat keineswegs nur individual-psychische Gründe. Die Landesfürsten der frühen Neuzeit bezeichneten und sahen sich als Landesväter, als liebende und strafende Eltern ihrer Untertanen, und Karl Eugen betonte diese Rolle in ganz besonderer Weise. In seiner als »Reue-bekenntnis« bekannten Proklamation von 1778, die er zu seinem fünfzigsten Geburtstag öffentlich verlesen läßt, heißt es: »Württembergs Glückseligkeit soll von nun an auf immer auf der Beobachtung der echtesten Pflichten des getreuen Landesvaters gegen seine Untertanen und auf dem zärtlichsten Gehorsam der Diener und Untertanen gegen ihren Gesalbten beruhen. Wir hoffen, jeder Untertan wird nun getrost leben, da er in seinem Landesherrn einen sorgenden, getreuen Vater verehren kann.«[144]

Schubart hat diese Landesvater-Vorstellung internalisiert und bezahlt das mit inneren Kämpfen. Den Sohn eines liebenden, aber auch herrischen, mitunter gewalttätigen Vaters haben Auseinandersetzungen zwischen Vätern und Söhnen zeitlebens beschäftigt. In seinen zahlreichen Texten zu diesem Thema (etwa in »Zur Geschichte des menschlichen Herzens«, »Marx, der Strahlebue«, »Der unwürdige Sohn« oder »Fluch des Vatermörders«) tun bezeichnenderweise nie die Väter den Söhnen, sondern immer nur die Söhne den Vätern unrecht. Das häufigste Handlungsmodell ist das des »Verlorenen Sohns«, in dem der Vater dem Sohn seine Auflehnung oder seine Verirrungen schließlich verzeiht. Die väterliche Autorität, die väterliche Züchtigung werden akzeptiert, aber zugleich wird doch ein Anspruch auf verzeihende Vaterliebe erhoben, dessen Erfüllung frühere Verletzungen vergessen macht und nun auch die uneingeschränkte Sohnesliebe ermöglicht. So laufen in Schubarts Werken die Vater-Sohn-Geschichten ab.

Deshalb ist es zwar überraschend, aber nicht unerklärlich, was Schubart seinem Sohn Ludwig mitteilt, nachdem der Herzog ihn 1787 endlich doch freigelassen und zum Stuttgarter Theaterdirektor ernannt hat: »In meiner letzten Audienz versprach mir der Herzog – *väterlich* für mich zu sorgen – und nur *dies Wort* hauchte allen Groll gegen ihn aus meinem Herzen weg.«[145]

FESTUNGSFREIHEITEN

SCHIMMERNDES ELEND: DER TRUPPENUNTERHALTER

Der *Chronik*-Herausgeber Schubart war, wie schon gesehen, einer der entschiedensten Kritiker des absolutistischen Soldatenwerbens und Soldatenhandels; daß er Karl Eugens Plan ins Blatt rückte, den Briten Truppen für deren Amerikakrieg zu verkaufen, könnte zu seiner Verhaftung beigetragen haben. Und in seinen 1779 abgeschlossenen Erinnerungen spricht Schubart vom »schimmernden Elend« des Soldatenstandes, »seinen Leiden und Wehen, seinem geistabwürgenden Zwang«. Soldat zu werden sei »das letzte Verzweiflungsmittel eines vom Schicksal gejagten Menschen«[146]. Nun, seit er Festungsfreiheit hat, lebt er mit den Angehörigen der Garnison zusammen, trinkt und singt mit ihnen, schreibt ihnen Lieder. Einige Offiziere werden zu seinen Freunden, und er ist häufiger Tischgast bei dem Festungskommandanten General Jakob von Scheler und, nach dessen Tod 1784, bei General Johann

Andreas von Hügel – den er mit einem Huldigungsgedicht begrüßt. Hat Schubarts kritische Sicht auf das Militärwesen sich unter solchen Umständen verändert? Ein von ihm gedichtetes »Soldatenlied«, das 1782 erscheint, sieht ganz danach aus:

> Vivat der Soldatenstand,
> Dieser Stand der Ehre!
> Was wär' unser Vaterland,
> Wenn nicht dieser wäre?
> Hopsassa, trallala!
> Vivant die Soldaten!

> Wenn in unsers Landes Schoß
> Nicht Soldaten wären,
> Würden Türken und Franzos
> Stadt und Dorf verheeren.
> Hopsassa, usw.

> Hurra, lustig, Kamerad,
> Marsch ins Feld von neuem!
> Wer ein gut Gewissen hat,
> Darf den Tod nicht scheuen.
> Hopsassa, usw.

> Leb' ich nach Soldatenpflicht
> Und mit festem Mute,
> Fürchte ich die Feinde nicht,
> Noch der Strafe Rute.
> Hopsassa, usw.

> Laßt uns für das Vaterland
> Nicht das Leben schonen!
> Wir sind ja in Gottes Hand,
> Er wird uns belohnen!
> Hopsassa, trallala
> Vivant die Soldaten![147]

Man meint, sich die Szene ausmalen zu können: Schubart in einem der Festungswirtshäuser, umringt von Soldaten, wird um ein Lied gebeten. Er verknüpft seine Fähigkeit zur Empathie mit seiner Bereitschaft zur Schmeichelei; er ermuntert die Kameraden zu Stolz und zu Zuversicht – dies freilich so laut, daß man das Ganze für überschriene Zweifel halten könnte. Es ist einer der sicher nicht seltenen Momente, in denen Schubart den »Garnisonsclown«[148] macht.

Doch die Kumpanei mit den Soldaten bringt auch andere Töne hervor. Aus dem Munde von Johann Steininger ist ein »Soldatenlied« überliefert »von Schubart mit zwei Studenten, die Herzog Carl ohne weiteres ausheben ließ, gedichtet«.

Seine erste Strophe lautet:

> O wunderbares Glück!
> Denk nur einmal zurück!
> Was hilft mich mein Studieren,
> Viel' Schulen absolvieren?
> Ich bin ein Kriegesknecht,
> O Himmel, ist das recht?

Bei zwei Soldatengedichten, die 1784 im *Schwäbischen Musenalmanach* veröffentlicht werden, ist dann jedes Einverständnis und jeder Galgenhumor gestrichen. Das eine, »Warnung an die Mädels« überschrieben, läßt einen galanten Offizier als verarmten Krüppel enden und seine Witwe ausrufen:

> Ihr Mädels – alles in der Welt,
> Nehmt Männer, wie es euch gefällt,
> Nur einen Kriegsmann nicht![149]

Das andere Gedicht ist »Der Bettelsoldat«. Auch hierbei handelt es sich um Schubartsche Rollenpoesie. Drastischer, als man das aus der Kriegslyrik der Zeit gewohnt ist, malt ein Veteran die Realität vor, bei und nach der Schlacht. »Der

Bettelsoldat« wird zu einem der populärsten antimilitärischen Lieder. Der beste Beleg dafür ist, daß es in Dutzenden von Fassungen existiert. Wolfgang Steinitz, der Erforscher des »demokratischen Volkslieds«, kennt es in nicht weniger als sechzig Versionen, wovon er fünfzig der Volksüberlieferung zuordnet.[150]

Der Bettelsoldat

Mit jammervollem Blicke,
Von tausend Sorgen schwer,
Hink ich an meiner Krücke
In weiter Welt umher.

Gott weiß, hab viel gelitten,
Ich hab so manchen Kampf
In mancher Schlacht gestritten,
Gehüllt in Pulverdampf.

Sah manchen Kameraden
An meiner Seite tot,
Und mußt' im Blute waten,
Wenn es mein Herr gebot.

Mir drohten oft Geschütze
Den fürchterlichsten Tod,
Oft trank ich aus der Pfütze,
Oft aß ich schimmlig Brot.

Ich stand in Sturm und Regen
In grauser Mitternacht,
Bei Blitz und Donnerschlägen
Oft einsam auf der Wacht.

Und nun nach mancher Schonung,
Noch fern von meinem Grab,

Empfang' ich die Belohnung –
Mit diesem Bettelstab.

Bedeckt mit dreizehn Wunden,
An meine Krück' gelehnt,
Hab ich in manchen Stunden
Mich nach dem Tod gesehnt.

Ich bettle vor den Türen,
Ich armer lahmer Mann!
Doch ach! wen kann ich rühren?
Wer nimmt sich meiner an?

War einst ein braver Krieger,
Sang manch Soldatenlied
Im Reihen froher Sieger;
Nun bin ich Invalid.

Ihr Söhne, bei der Krücke,
An der mein Leib sich beugt,
Bei diesem Tränenblicke,
Der sich zum Grabe neigt,

Beschwör' ich euch – ihr Söhne!
O flieht der Trommel Ton!
Und Kriegstrompetentöne,
Sonst kriegt ihr meinen Lohn.[151]

Die beiden »agitatorischen« Strophen am Schluß sind nur in vierundzwanzig der sechzig überlieferten Liedfassungen enthalten. Da war gewiß Zensur, aber auch Selbstzensur am Werk; man weiß schließlich, daß das deutsche Volkslied es meist bei der resignierten Klage bewenden läßt und selten zur Rebellion ruft.

Dieser Selbstbeschränkung ist auch das berühmteste Soldatenlied Schubarts unterworfen, das er im letzten Jahr seiner

Gefangenschaft verfaßt und vertont: das »Kaplied«. Es handelt sich, wie bei den *Todesgesängen* zwanzig Jahre davor, um Gebrauchslyrik zu traurigem Anlaß, nur daß die Gemeinde nun aus Soldaten besteht und diese nicht einen Kameraden, sondern sich selbst betrauern. Das Lied ist für den Ausmarsch einer Söldnertruppe geschrieben, die Karl Eugen angeworben und an die Holländische Ostindien-Kompanie verkauft hat; sie soll am Kap von Afrika eingesetzt werden. Die Söldner haben sich auf fünf Jahre Dienst verpflichtet – gerechnet ab der Ankunft in Kapstadt. Bei der Werbung war, anderslautenden Ankündigungen zum Trotz, nicht nur auf Freiwilligkeit gesetzt worden. Es sollen sogar Dörfer umstellt und die jungen Männer zur Unterschrift gezwungen worden sein.[152] Um genügend Männer aufbieten zu können, hatte der Herzog die Holländer dazu überredet, daß auch siebzehnjährige Söldner geliefert werden durften; die Altersgrenze lag gemeinhin bei achtzehn Jahren, er selbst hätte sie gerne auf sechzehn Jahre herabgesetzt.

Am 27. Februar 1787 marschiert das erste Afrikabataillon, 898 Mann stark, von Ludwigsburg in Richtung Vlissingen ab, von wo aus die Truppen verschifft werden sollen; am 2. September 1787 folgt ein zweites Aufgebot. In den Jahren darauf werden immer wieder Soldaten nachgeliefert. Den herzoglich-württembergischen Gewinn schätzt Johannes Prinz, der die Geschichte der Kapsoldaten am genauesten verfolgt hat, auf etwa 450 000 Gulden bis zum Jahr 1793 und auf etwa das Doppelte bis 1808, dem Schlußjahr des Unternehmens.[153]

Zwei Wochen vor dem ersten Ausrücktermin läßt Schubart ein Flugblatt mit zwei Kapliedern drucken. Zur Abschiedsparade eilen die Verwandten der Soldaten herbei; viele haben Schubarts Flugblatt in der Hand, und als die Truppe aus der Stadt marschiert, stimmt die Menge das Abschiedslied an:

> Auf, auf! ihr Brüder, und seid stark!!
> Der Abschiedstag ist da.
> Schwer liegt er auf der Seele, schwer!

Wir sollen über Land und Meer
Ins heiße Afrika.

Ein dichter Kreis von Lieben steht,
O Brüder, um uns her.
Uns knüpft so manches teure Band
An unser teutsches Vaterland,
Drum fällt der Abschied schwer.

Dem bieten graue Eltern noch
Zum letzten Mal die Hand.
Den kosen Bruder, Schwester, Freund,
Und alles schweigt und alles weint,
Todblaß von uns gewandt.

Und wie ein Geist schlingt um den Hals
Das Liebchen sich herum.
Willst mich verlassen, liebes Herz,
Auf ewig? – und der bittre Schmerz
Macht's arme Liebchen stumm.

Ist hart! – drum wirble du Tambour
Den Generalmarsch drein.
Der Abschied macht uns sonst zu weich.
Wir weinten kleinen Kindern gleich;
Es muß geschieden sein.

Lebt wohl! ihr Freunde, sehn wir uns
Vielleicht zum letzten Mal,
So denkt: nicht für die kurze Zeit,
Freundschaft ist für die Ewigkeit,
Und GOtt ist überall.

An Teutschlands Grenzen füllen wir
Mit Erden unsre Hand,
Und küssen sie, das sei der Dank

Erstes Kaplied.

Auf, auf ihr Brü = der und seid stark der Ab = schieds=
tag ist da. Schwer liegt es auf der
See = le schwer, wir sol = len ü = ber Land und Meer ins
hei = ße Af = ri = ka, ins hei = ße Af = ri = ka.

Für deine Pflege, Speis und Trank,
Du liebes Vaterland!

Wenn dann des Meeres Woge sich
An unsern Schiffen bricht,
So segeln wir gelassen fort;
Denn GOtt ist hier, und GOtt ist dort,
Und der verläßt uns nicht.

Und ha, wenn sich der Tafelberg
Aus blauen Düften hebt,
So strecken wir empor die Hand

Und jauchzen: Land, ihr Brüder, Land!
Daß unser Schiff erbebt.

Und wenn Soldat und Offizier
Gesund ans Ufer springt,
Dann jubeln wir: hurra! hurra!
Nun sind wir ja in Afrika,
Und alles dankt und singt.

Wir leben drauf in fernem Land
Als Teutsche, brav und gut,
Und sagen soll man weit und breit:
Die Teutschen sind doch brave Leut,
Sie haben Geist und Mut.

Und trinken auf dem Hoffnungs-Kap
Wir seinen Götter-Wein,
So denken wir von Sehnsucht weich,
Ihr fernen Freunde dann an Euch,
Und Tränen fließen drein.[154]

Wie bei einer gut-protestantischen Sonntagspredigt folgt
auf die Schilderung des irdischen Jammers die tröstende
Botschaft: das »Hoffnungs-Kap« mit seinem »Götter-Wein«
nimmt dabei die Stelle des himmlischen Paradieses ein. Daß
hier schöngeredet wird – worin das zweite Kaplied, »An den
Trupp«, noch weiter geht –, war Schubart selbst völlig klar. Er
schreibt an den Berliner Buchhändler Himburg: »Künftigen
Montag geht das aufs Vorgebirg der guten Hoffnung bestimm-
te württembergische Regiment ab. Der Abzug wird einem
Leichenkondukte gleichen, denn Eltern, Ehemänner, Lieb-
haber, Geschwister, Freunde verlieren ihre Söhne, Weiber,
Liebchen, Brüder, Freunde – wahrscheinlich auf immer. Ich
hab' ein paar Klagelieder auf diese Gelegenheit verfertigt, um
Trost und Mut in manches zagende Herz auszugießen. Der
Zweck der Dichtkunst ist, nicht mit Geniezügen zu prahlen,

sondern ihre himmlische Kraft zum Besten der Menschheit zu gebrauchen.«[155]

Daß Schubart sich nicht auf Todesahnungen beschränkt, sondern Rettung, sogar irdische, verheißt, erklärt sich gewiß auch damit, daß er etliche der Ausmarschierenden, zumal einige Offiziere, zu seinen Freunden zählt. Zudem kann er es schwerlich wagen, das Kap-Unternehmen im Stil seiner *Deutschen Chronik* als neuerlichen absolutistischen Menschenhandel zu geißeln: Gerade jetzt, Anfang 1787, werden aussichtsreiche Bemühungen um seine Freilassung unternommen. So entscheidet er sich also für ein einfühlsames Lied aus der Sicht der Betroffenen, in dem schwermütige Gedanken vorherrschen, Rhythmus und Melodie jedoch von Anfang an Energie ausstrahlen. Eine mehrdeutige, widersprüchliche Melange, die für Assoziationen und Ambivalenzen der Sänger und Hörer viel Spielraum läßt. Der Unteroffizier Franz August Treffz schickt das Lied bei seinem Abmarsch im August 1787 an seine Eltern und äußert in einem Begleitbrief die Hoffnung, »als tüchtiges militärisches Subjekt ins Vaterland zurückzukehren«.[156] Anders der Soldat Johann Steininger, der nach seiner Zeit auf dem Hohenasperg desertiert, verhaftet und dann begnadigt worden ist, weil er sich für das Kapregiment verpflichtet hat: Er zieht, »das schöne Abschiedslied Schubarts singend, vergnügt nach Ludwigsburg«,[157] träumt oder alpträumt dabei aber nicht von Afrika, sondern denkt nur daran, wo er sich am besten in die Büsche schlagen kann. Er geht von der Fahne, nachdem die Truppe Frankreich erreicht hat.

Später löst sich das Kaplied von seinem Anlaß und wird nicht nur bei militärischen Abschiedssituationen gesungen; unter anderem wird es ein beliebtes Auswandererlied. Es erscheint in zahlreichen Liederbüchern und Fliegenden Blättern. Achim von Arnim, der es 1805 von »Hofgesinde und Dorfleuten« singen hörte, die zu ihren Regimentern aufbrachen, nimmt es in *Des Knaben Wunderhorn* auf. Seiner Melodie werden auch immer wieder andere Texte unterlegt: Max Schenkendorfs »Kriegslied« ebenso wie »Herr Heinrich saß am Vogelherd«.[158] Und es wird, bester Beweis für seine Popularität, gerne parodiert. Der junge Hölderlin sang es 1787, während seiner Seminarzeit in Maulbronn, in dieser Abwandlung:

> Auf, auf ihr Brüder und seid stark
> Der Gläubiger ist da
> Die Schulden nehmen täglich zu
> Wir haben weder Rast noch Ruh
> Drum fort nach Afrika –[159]

Natürlich zieht das Kaplied nach Afrika mit, doch es geht dabei ähnlich zu wie in Haydns *Abschiedssymphonie*. Manche Soldaten sterben, erkältet und erschöpft, schon nach den ersten Marschtagen. Nach dem Passieren der badischen Grenze häufen sich die Desertionen, vor allem beim zweiten Kontingent im Sommer. Durlacher und Pforzheimer Bürger öffnen beim Durchmarsch der Württemberger die Haustüren, zahlreiche Soldaten verschwinden. In Frankreich erhöhen sich die Desertionen in der ersten Marschwoche auf zwanzig Prozent der Truppe. Die monatelange Schiffsreise zum Kap dezimiert die Mannschaft weiter: Auf einem der Segler, so berichtet Franz August Treffz nach Hause, sterben 38 von 212 Männern;[160] insgesamt fordern die Überfahrten unter den 2042 Soldaten 143 Opfer.[161] Am Kap gibt es für die Mannschaft zwar keinen »Götterwein«, doch immerhin zwei Jahre lang keine weiteren Strapazen. Dann jedoch kommt es auf Celebes zu einem Aufstand gegen die Holländische Ostindien-Kompanie. Die Württemberger werden 1791 nach Java und Ceylon verschifft – vergeblich verlangt ihr Kommandeur von Karl Eugen, gegen die vertragswidrige Weiterverschickung einzuschreiten. Bei einer holländischen Gesandtschaftsreise nach Peking, so wird erzählt, hätten Württemberger die Leibwache gestellt und dem Kaiser von China »Auf, auf, ihr Brüder!« vorgesungen.[162] Ein großer Chor war es nicht. Die nach Asien verfrachtete Truppe war längst zerstreut, viele Soldaten waren

Tropenkrankheiten zum Opfer gefallen. Von den etwa 2000 im Jahr 1787 und den etwa 1200 später verkauften Söldnern kommen etwa 2300 Soldaten um; nur etwa hundert kehren nach Württemberg zurück.[163]

»WENN ICH NICHT SCHUBART WÄRE«: EINE AUFERSTEHUNG

Die höhnische »Fürstengruft« neben Huldigungsgedichten an Karl Eugen; der Verweigerungsaufruf des »Bettelsoldaten« neben dem nur mitleidsvollen »Kaplied«, das hinter dem Bewußtsein vieler, zur Desertion entschlossener Soldaten zurückbleibt: Das sind Widersprüche, die sich aus Schubarts Lage ergeben. Eine Wandlung des Gefangenen vom Rebellen zum Untertan, wie die Haft sie erzwingen sollte, läßt sich mit seinen Gedichten ebensowenig belegen wie mit seinen Briefen und aus den Erzählungen von Zeitzeugen. Was die Schocktherapie der begründungslosen Einkerkerung und der langen Einzelhaft bewirkt, ist – wie dargestellt – lediglich eine Unterwerfung unter Gott, ist ein gebirgsschweres Sünden- und ein geschrumpftes Selbstbewußtsein. Der religiöse Schub der ersten Haftzeit hat nachhaltige Wirkungen: eine bleibende Hochschätzung pietistischer Denker wie Oetinger oder Hahn mitsamt der Erwartung einer nahenden Apokalypse, laute und feurige Bekenntnisse zum Christentum[164] – die spätere *Chronik* ist voll davon. Aber nur begrenzte Zeit überläßt sich der Gefangene den hemmungslosen Selbstanklagen, der Zerknirschung ob seines »verwüsteten« Charakters und seiner »ausschweifenden« Lebensführung. Ein Brief vom 30. Mai 1783 an seine Frau dokumentiert einen Schubart, der sich nach seinem tiefen Kniefall wieder aufrichtet:

> Der Auditor Hahn sagt mir, daß du mit ihm gesprochen und zu ihm gesagt hättest: man hätte dir hinterbracht, du solltest meine Freiheit nicht betreiben, denn ich wäre

noch immer *der alte Schubart*. Erlaube mir, mein Kind, ein wenig stolz zu sein. In vielen Stücken wär's schade, wenn ich nicht der *alte Schubart* bliebe. Verlangst du vom *neuen Schubart*: abgestorbenes Herz, kalte Liebe, kühle Klugheit, gefrornes Blut, ersticktes Feuer, Fühllosigkeit gegen Schönheit und Größe, heuchlerisches Zurückhalten, steife Gravität, Drachenökonomie, Modeschwäche; – so laß mich, laß mich, du mein ehmaliges Weib, da wo ich bin – ich will sterben als der *alte Schubart*. Meinst du aber *Trinklust, Wollust, Religionszweifel*: so muß ich dir sagen, daß ich gern ein Glas Wein trinke, wenn ich's habe; daß ich noch so viel Wollust besitze, mir zu wünschen, alle Nacht in *deinen* Armen zu schlafen, und daß ich, so gut wie Paulus, weiß, an *wen* ich glaube. Ich bete *Gott, durch Christum, im heiligen Geist* an. – Weib, wenn man verklagt wird, so darf man schon, seiner Unschuld bewußt, ein wenig *den Kopf hoch halten*.[165]

Einige Zeit darauf berichtet Schubart von einer Auferstehung seines journalistischen Selbstbewußtseins. Man hat ihm die Gelegenheit gegeben, seine *Deutsche Chronik* wiederzulesen, und die Lektüre ermutigt ihn zu einer offensiven Verteidigungsrede: Belohnung, nicht Strafe habe er verdient! Mangels eines Gerichts, vor dem er plädieren könnte, findet die Apologie ihren Platz in einem Brief an seine Frau:

Ich habe diese Woche all meine *Chroniken* wieder durchgelesen, um die Stellen zu finden, die mir mein Schicksal zugezogen haben sollen. Aber – Gott sei Dank – ich fand überall den grundehrlichen Kerl, der *Gott* und sein *Vaterland* liebt, die Wahrheit *derb* sagt, den guten Geschmack mit Eifer verbreitet – und Feuer ausspeit gegen jeden *Dümmling* und Schurken. Auch bei meinen jetzigen verbesserten Gesinnungen würd' ich nur wenig ausstreichen. Ich habe also *Belohnung* und nicht *Strafe* verdient. – Weib, die du anfangs selbst meinen Anklägern recht gabst, steh

»In Fesseln frei«. Nach dem Kupferstich von Kirschner (1771/1772) gezeichnet von Joseph Freiherr von Goez, Stich von Johann Elias Haid, 1783.

Im Frühjahr 1784 erscheint das Porträt mit der von Schubart selbst veranlaßten Eingravierung »In Fesseln frei«. In einem Brief an Helena Schubart verweist er dazu auf Johannes 8, 36: »Wenn nun der Sohn euch frei macht, werdet ihr wirklich frei sein.«[166] Die innere Unabhängigkeit, die Schubart hier kundtut, ist freilich keine bloße Glaubenssache: Das Porträt fällt in eine Zeit erneuerten Selbstbewußtseins, das sich aus einer zunehmenden öffentlichen Anerkennung speist.

auf und zeig mir die Stelle in meinen Schriften, womit ich dies Spitzbubenschicksal verdiente? – Stürmende Vaterlandsliebe, deutsche Offenherzigkeit, warmer Ton – Liebe für alle Menschen – unterhaltender Witz und eigentümliche Laune; wenn diese gebrandmarkt zu werden verdienen; so klag ich freilich nicht über mein Schicksal. – Aber nein, Weib, wenn ich sterbe, dir soll niemand den Vorwurf machen können, dein Mann – ach leider! dein ehemaliger Mann! – sei ein schlechter Kerl gewesen. Ich erkenn' es mit Tränen, daß ich an Gott und an dir am schwersten gesündigt habe; und nur diesem schreib ich die göttlichen Ahndungen zu; aber nicht meinen Schriften. Dem Herzog hab ich nie was zuleide getan – und der ist mein grimmigster Peiniger. Könnt' ich wohl jemals einem *solchen* Fürsten dienen?[167]

Von wiedergefundenem Selbstvertrauen, ja von einem neuen Stolz zeugt zudem eine Sprachveränderung in seinen Briefen: Seit Frühjahr 1784 spricht Schubart von sich häufig in der dritten Person. »Ach Weib«, heißt es in einem Brief vom 11. Mai 1784, »mit dir zu leben, mit dir in Himmel zu fliegen, mit dir zu leben ewiglich ist Schubarts brennender Wunsch.«[168] Oder, nun eindeutig als Ausdruck gestiegener Selbstachtung gebraucht: »Wenn ich nicht *Schubart* wäre, so könnt' ich wirklich nichts klagen. Aber einem Menschen von meinem Schlage die heilige Freiheit nehmen heißt ihm das Leben nehmen.«[169]

Nach etwa sechs Jahren Haft, noch lange vor der Freilassung, ist eine Zäsur erkennbar: Vor der äußeren vollzieht sich eine gewisse innere Befreiung. Das neue Selbstbewußtsein ist eng mit zunehmendem Interesse von außen und Sympathiebekundungen verbunden. So erscheint 1783 der Artikel des einstigen preußischen Offiziers von Archenholz, der auf dreizehn Seiten die Leistungen des Musikers, Lyrikers, Deklamators und Journalisten Schubart würdigt; er nennt ihn den »deutschen Linguet«: Gerade waren die *Mémoires sur la Bastille* von Simon Nicolas Henri Linguet erschienen, der von 1780 bis 1782 wegen seiner radikal regierungskritischen Publikationen in der Bastille eingekerkert war. Archenholz verwundert sich darüber, daß weder die Stadt Ulm noch der Kurfürst von der Pfalz, der Schubarts Blatt doch so gerne gelesen habe, sich für ihn verwendet hätten, und kommt nach etlichen Leseproben aus der *Deutschen Chronik* zu dem Schluß: »Wer wird Sprachkenntnis, Stärke im Ausdruck, blühende Phantasie und Beredsamkeit verkennen und nicht bedauern, daß solche Talente im Kerker vermauert sind.«[170] Neben der publizistischen Fürsprache stärkt Schubart der Zuspruch von einheimischen und durchreisenden Aspergbesuchern. Schon seit längerem war es ihm erlaubt, Gäste zu empfangen. Schiller wurde erwähnt. 1781 hat ihn auch Friedrich Nicolai aufgesucht; in seinem Reisebericht erzählt dieser ausführlich von der Begegnung (wobei er sich allerdings vom Kommandanten Rieger noch mehr angetan zeigt als von Schubart).[171] Aber nun stellen sich immer mehr Besucher ein, die Deutschlands berühmtesten Gefangenen sehen und sprechen wollen. Der Hohenasperg wird zu einem Wallfahrtsort, Schubart zum öffentlichen Häftling. Stolz berichtet er im Oktober 1783 seiner Mutter über »Besuche von Prinzen, Ministers, Grafen, großen Damen und einer Menge berühmter Männer, womit ich bisher bechrt wurde.«[172] Im April 1784 schreibt er seiner Frau, daß ihn dreißig Akademisten, also Mitglieder der Stuttgarter Karlsschule, besucht hätten.[173] Auch Karl Eugens wohlbehütete Eliteschüler bekennen sich damit als Schubart-Verehrer.

Das wachsende öffentliche Interesse an seiner Person stimuliert Schubarts literarische und musikalische Produktion. »Gott und meinem Vaterland zu dienen ist die Achse, um welche sich alle meine Wünsche drehen«, schreibt er im Herbst 1783. »Auch bin ich bisher nicht müßig gewesen. Ich habe Bücher geschrieben, Musiken komponiert, die mit der Zeit der Welt mitgeteilt werden sollen [...].«[174] Einige seiner neuen Gesangs- und Klavierkompositionen sind zu dieser Zeit bereits erschienen.[175] Nun kommt ihm noch der Geldbedarf des Herzogs zu Hilfe: Festungskommandant Seeger schlägt Karl Eugen vor, eine Veröffentlichung von Schubarts Gedichten in der »Buchdruckerei der Herzoglichen Hohen Carlsschule« zu genehmigen; damit könne er gewiß ein gutes Geschäft machen. Der Herzog stimmt zu und erlaubt auch die Ver-

»Mein Porträt ist gut geraten; es hat so viel Arrestantenmäßiges.«[176]
Kupferstich von Christian Jakob Schlotterbeck, 1785.

öffentlichung von Schubartschen Kompositionen in seiner Druckerei. Aus Schubarts Gefängniszelle wird, wie Otto Borst treffend bemerkt, eine Redaktionsstube.[177] Er arbeitet unter Hochdruck, redigiert, liest Korrektur, kümmert sich um die Werbung von Subskribenten für die Gedichtsammlung. Er ist überanstrengt und glücklich; ein Brief an seine Frau vom Juni 1785 berichtet von einem Schlaganfall und um so größerem Arbeitseifer:

Ich fühl's, daß ich schnell sterben werde, daher ist's mein täglicher Seufzer: Nur selig, obgleich plötzlich. Freilich wünscht ich vorher folgendes in Ordnung zu bringen:

1. Die Herausgabe meiner Gedichte.
2. Ein paar Bände prosaischer Aufsätze, wenigstens einen, denn ich habe noch vieles zu sagen.
3. Die Ästhetik der Tonkunst.
4. Eine Sammlung meiner Lieder fürs Klavier – und
5. Meinen Lebenslauf.[178]

Die Ankündigung der Gedichtsammlung findet ein großes Echo: 3000 Vorbestellungen treffen ein, vierzehn davon von deutschen Regenten. Die Stadt mit den meisten Subskribenten ist Augsburg, von wo er zehn Jahre vorher vertrieben wurde. 1785 erscheint der erste Gedichtband in der Akademie-Druckerei, 1786 folgt der zweite. Die Edition enthält auch »Die Fürstengruft«, doch Karl Eugen ist's zufrieden: Von den etwa 3000 Gulden Einnahmen streicht er 2000 ein, Schubart 1000. Der Erlös der »Musikalischen Rhapsodien«, die 1786 in zwei Heften erscheinen, wird ebenfalls zwischen dem merkwürdigen Duo geteilt.

DAS PREUSSISCHE BOMBARDEMENT

Schubart macht nur einmal in seinen Briefen eine Andeutung über die Geschäftstüchtigkeit des Herzogs. Mehrmals bekundet er gegenüber seiner Familie, wie dankbar er diesem für die gewährten Publikationsmöglichkeiten sei. Nicht weniger honoriert er, daß der Herzog ihm im Juli 1785 endlich ein Wiedersehen mit seiner Frau und seinen Kindern gestattet hat; sechs Tage darf die Familie auf dem Asperg zusammensein. All dies erscheint Schubart als Vorspiel zu einer baldigen Freilassung. »Vielleicht daß in kurzem unsers Fürsten Herz bricht und er den Götterausspruch hinstürmt: *Dein Vater frei!!!*[179]« schreibt er am 30. Juli 1785 seiner Tochter

Julie. Eine Woche später muß er jedoch die ernüchternde Nachricht weitergeben, »daß wegen meiner Erlösung in Stuttgart alles wieder ganz stille sei. Wie der Herzog die Leute bei der Nase herumführt!«[180] Die Befürchtungen bestätigen sich: Zwar mehren sich die Petitionen für Schubart: der Kurfürst von Pfalzbayern, die Herzoge von Zweibrücken, von Gotha und von Weimar werden bei Karl Eugen vorstellig.[181] In einem aufsehenerregenden Akt bittet die Universität Heidelberg anläßlich des Herzogsbesuchs zu ihrem 400. Geburtstag um die Begnadigung Schubart. Alles hilft nichts. In einem Brief an Gleim faßt Schubart die Fehlschläge zusammen: »Jedermann staunt über die Unbeugsamkeit des Fürsten. Die Fürbitten ganzer Akademien, wie kürzlich Heidelbergs an seinem Jubiläum, großer Fürsten – wie ihres Königs –, der Königin Juliana von Dänemark, der Großfürstin*, Prinzess Elisabeth**, der Herzoge von Gotha und Weimar, des Kurfürsten von Pfalzbayern, des Markgrafen von Durlach und vieler Prinzen: – die herzschneidendsten Briefe der besten Köpfe Deutschlands in Prose und Versen, die Fußfälle meiner grauen Mutter und meiner Gattin – ja selbst Drohungen und der strengste Tadel seines grausamen Betragens gegen mich in gedruckten und ungedruckten Schriften – vermochten ihn nicht, mir meine Freiheit zu geben.«[182]

Es bedarf der höchsten irdischen Macht in Deutschland, um die Festung Hohenasperg zur Herausgabe ihres Gefangenen zu bewegen. Schon im Dezember 1783 hat Schubart seinem Sohn berichtet: »Ich arbeite wirklich an einem Gedicht auf Friederich, den Großen! den Einzigen!! – Ludwig, das ist eine Menschenmasse, ein Colossusbild, dessen Leben, nur trocken erzählt, schon Epopée ist.«[183] Im zweiten Band der Gedichtsammlung, die 1786 herauskommt, ist der in freien Rhythmen gefaßte Hymnus »Friederich der Große« enthalten. Seine ersten Strophen lauten:

---

* Sophie Dorothee, Nichte von Karl Eugen, Ehefrau des russischen Thronfolgers Paul.
** Elisabeth Wilhelmine Louise von Württemberg.

Als ich ein Knabe noch war
Und Friedrichs Tatenruf
Über den Erdkreis scholl,
Da weint' ich vor Freude über die Größe des Mannes,
Und die schimmernde Träne galt für Gesang.

Als ich ein Jüngling ward
Und Friedrichs Tatenruf
Über den Erdkreis immer mächtiger scholl,
Da nahm ich ungestüm die goldne Harfe,
Dreinzustürmen Friedrichs Lob.

Doch herunter vom Sonnenberge
Hört' ich seiner Barden Gesang.
Hörte Kleist, der für Friedrich
Mit der Harf' ins Blut stürzte;
Hörte Gleim, den Kühnen,
Der des Liedes Feuerpfeil
Wie die Grenade° schwingt.
Hörte Ramlern, der mit Flakkus°° Geist
Deutschen Biedersinn einigt.
Auch hört' ich Willamov, der Friedrichs Namen
Im Dithyrambensturme wirbelt.
Dich hört' ich auch, o Karschin, deren Gesang
Wie Honig von den Lippen der Natur
Träuft; – da verstummt' ich,
Und mein Verstummen galt für Gesang.
Aber soll ich immer verstummen?
Soll die Bewunderung und der Liebe Wogendrang
Den Busen mir sprengen? – Nein, ich wag's!
Ergreife die Harf' und singe Friedrichs Lob. –

° Granate.
°° Horaz.

Von meines Berges Donnerhöhe
Ström' auf gesteintem Rücken hinunter
Du, meines Hymnus Feuerstrom! [...][184]

Das Gedicht ist – wie man wohl sagen kann, zu Recht – vergessen.° Damals wurde es zu einem öffentlichen Ereignis.
Dabei spielt der Umstand mit, daß Friedrich II. am 17. August
1786 stirbt: Der Berliner Buchhändler Himburg erkennt, wie
gut sich die Hymne zum Nachruf eignet, und druckt sofort
10000 Exemplare. 7000 werden allein an einem Tag gratis
ausgeteilt. Himburg muß sich, wie das *Journal von und für
Deutschland* berichtet, »eine Wache für das Haus erbitten,
um seine Leute nicht erdrücken zu lassen.«[185] Eine Amne-
stiebewegung setzt ein. Von den fünf preußischen »Barden«,
die Schubarts Friedrich-Hymnus preist, sind zwei (Ewald
von Kleist und Johann Gottlieb Willamov) nicht mehr am
Leben, die anderen drei reagieren prompt: Karl Wilhelm
Ramler schreibt eine Ode auf Schubart, Anna Louisa Karsch
einen Bittbrief an Franziska von Hohenheim, Gleim erbietet
sich, beim preußischen und beim württembergischen Hof
für den »Preußen Schubart« vorstellig zu werden.[186] Und die
Regierung Friedrich Wilhelms II., der Friedrich II. auf dem
Thron gefolgt ist, übt nun tatsächlich Druck auf Stuttgart aus.
Der einflußreichste Politiker Preußens, Staatsminister Ewald
Friedrich Graf von Herzberg, nimmt sich der Sache an und
informiert darüber auch Schubart selbst. Anfang Dezember
1786 läßt er ihm mitteilen: »Er habe den *Herzog (Karl) von
Württemberg* bereits durch den Preußischen Gesandten von
Madeweiß zu Stuttgart nachdrücklich und im Namen des
Königs um seine Befreiung angehen lassen und versehe sich
des günstigsten Erfolgs. Die *Prinzessin Friederike* habe in
ebendieser Angelegenheit an die Herzogin geschrieben und

° Ebenso ein zweiter Hymnus auf Friedrich II., den Schubart 1786 publizieren läßt:
»Friedrichs Tod.« (Siehe Gustav Hauff (Hg.): Schubart. Gedichte. Leipzig 1880,
S. 170–177.

hinzugesetzt: *Ihr Vater° wisse um diesen Brief.* Es sei daher nur noch eine kurze Zeit zu tun, so werde er den Freiheitspäan anstimmen können.«[187]

Schubart schreibt sofort halb triumphierend, halb skeptisch an seine Frau: »Wie das preußische Bombardement auf meine Freiheit wirken wird, das bin ich begierig. – Wenn der Herzog wieder unbeweglich bleibt, was ist *dann* zu tun?«[188] Seine erfahrungsgesättigten Bedenken sind nicht unangebracht: Der Herzog ziert sich weiterhin, doch schließlich beugt er sich. Nach einer letzten schikanösen Wartephase läßt er Schubart am 11. Mai 1787 frei und bietet ihm zugleich den Direktorposten am Stuttgarter Hoftheater an. Schubart akzeptiert.

Schubart, der »deutsche Linguet«, verläßt nach über zehn Jahren Haft seine Bastille. Im württembergischen, im deutschen Bürgertum erhebt sich lauter Jubel. Aber es ist nicht die öffentliche Meinung, es ist keine Bürgerbewegung, die Herzog Karl Eugen zum Einlenken gebracht hat, sondern lediglich ein mächtigerer Monarch: der König von Preußen, der sich damit für ein Herrscherlob revanchiert. Schubarts wiedergewonnene Freiheit signalisiert keinen Durchbruch der Meinungsfreiheit. Der historische Zufall schafft dafür ein schlagendes, ein niederschlagendes Symbol: Am selben Tag, an dem Schubart freikommt, wird Wilhelm Ludwig Wekhrlin auf Befehl des Fürsten von Öttingen-Wallerstein verhaftet. Der zweite große kritische Journalist, den Süddeutschland in jener Zeit hervorgebracht hat, bleibt fünf Jahre in Gefangenschaft und stirbt am 24. November 1792.

° Friedrich Wilhelm II. von Preußen.

DIE LETZTEN JAHRE

DAS ARRANGEMENT

WILLKOMMEN UND ABSCHIED

Der Befreite wird in Stuttgart begeistert empfangen. Bei seiner Ankunft am 18. Mai 1787 laufen ihm die Schauspieler, Musiker und Tänzer des Stuttgarter Theaters entgegen. Der Strom der Glückwünsche und Gratulationsbesuche reißt über Wochen nicht ab. Im Herbst unternimmt Schubart eine Rundreise zu Verwandten, Freunden, Anhängern; sie wird zur Huldigungstour.

Stuttgart, den 18ten November 1787

Ich hätte dir, liebster Sohn, lange schon geschrieben, wenn ich nicht erst eine kleine Exkursion zu meinen Freunden in Geislingen, Ulm, Aalen hätte machen wollen, um dann meinem Briefe mehr Interesse geben zu können. Diese Exkursion ist vorüber und gewährte mir Tage, deren Erinnerung die dunkelste Wolke meines Lebens vergülden könnte.

Meine Gefährten waren die Mutter, das Julchen und Kaufmann°, der nun als ein Teil unsrer Familie zu betrachten ist. Wir machten die Reise durchgängig mit der Extrapost und überall trat ich so auf, daß der Kontrast zwischen dem ehmals gefangnen und nun freien Schubart desto schärfer auffiel. Wie neugeboren schwamm ich dahin und oft hätt' ich weinen mögen – aber Tränen des Danks und

---

° Julie Schubarts Verlobter.

Allegorie des befreiten Schubart. Tuschzeichnung eines unbekannten Künstlers.

der Freude, daß mir Gott nach so langwierigem Elende die Wonne des Wiedersehens meiner so unaussprechlich geliebten Freunde aufbehielt. In Geislingen war die ganze Stadt im Aufruhr, als mein Wagen am Zollhause still hielt. Unser guter Ahnherr° stand in der Verklärung der Freude mit Silberlocken umflossen am Kutschenschlage, und die Ahnfrau zitterte unter der Haustür, vom Gewichte des Muttergefühls belastet. Bald umrauschten mich die jüngern Freunde alle mit ihren Weibern und Kindern, und ich griff da nach einer Hand, ließ dort eine sinken, um der andern ausgestreckte liebebebende Hände auch zu fassen. Drei Tage blieb ich in Geislingen und schlief da wenig Stunden, um wachend all die Lieb' und Freundschaft zu genießen, die man mir da so reich und mit so unnachahmbarer schwäbischer Treuherzigkeit erwies. Herr Obervogt von Schad, Visier Wagner und sonderlich der Stadtschreiber, von dessen Fenster aus ich aufs neue alle Reize der romanesken Gegend einzog, bewirteten mich

---

° Helena Schubarts Vater.

mit großem Aufwande. Die Zollstube war öfters so voll, daß man kaum stehen konnte, und vor den Fenstern drängten sich andre Scharen zusammen, um mich zu sehen und zu hören; denn ich und das Julchen sangen da Volkslieder und Choräle, mit des alten Kantors Flügel begleitet. Eine rührende Szene war's, als sich im Ochsen meine ehemaligen Schüler um mich her stellten und mir mit Tränen für den ehmals genossenen Unterricht dankten. Ich lege dir hier, um der Seltenheit wegen, die Abschrift eines Briefes bei, den mir ein Bürger beim Abschied zuschickte. Dein Name, Herzenssohn, wurde da oft genannt, und beim lautschallenden Mahle deiner Gesundheit getrunken. Dem Altvater schimmerte immer der Blick, wenn er den Namen *Ludwig* aussprach. – Der Abschied war trüb und traurig; denn wahrscheinlich sah ich den redlichen Alten und seine sorgliche Hausmutter zum letztenmal in diesem Leben. Doch rissen wir uns los und der Wagen rollte nach Ulm. Unterwegs speisten wir mit dem Amtmanne Kiderlen in Luzhausen, der im 74ten Jahre seines Alters noch so viele Züge seines hellen Witzes und seiner redseligen Laune beibehielt. Zu Ulm stieg ich beim Greifenwirt Schuler ab, und siehe da! – mein alter Freund *Capoll* stand vor mir und – lächelte weinend. Alsbald kamen der Edlen mehr – *Miller*, diese zart, tief und hoch fühlende Seele, und *Martin*, dessen Herz harmonischer klingt als sein Saitenspiel, und *Kern*, der Aufklärer, und Stüber, mein ehmaliger Schüler, und hundert andre aus dem Wirbel gemeiner Bekanntschaften. Vier Tage blieb ich in Ulm, gab ein Konzert, dem Leute aus allen Ständen zuströmten, speiste bei Millern, wurde von dem Ersten der Stadt, dem Bürgermeister von Besserer, stattlich bewirtet, besuchte den philosophischen Pflugwirt, der unterm Strudel von Leinwebern und Metzgern – *Mendelssohns Morgenstunden*° liest, und war

---

° Moses Mendelssohn: Morgenstunden oder Vorlesungen über das Daseyn Gottes.

unbeschreiblich vergnügt. Auch floß da im stillen eine dankende Zähre in Becher der Freude, daß mich Gott nach einem fürchterlichen Jahrzehnt die Stadt wiedersehen ließ, aus der mich ein tückischlächelnder Schurke in die Sklaverei lockte. – Schwer ging's von Ulm; denn in dieser Stadt herrscht eine Traulichkeit, die so ganz an den Brudersinn der Christusjünger grenzt. Das Wort *Bruder* und *Schwester* träuft von allen Lippen und die Grenzlinien der verschiedenen Stände schlingen sich im herzigen *Du* wie Efeu und Rebenranken zusammen. Aber – die Scheidestunde kam, und unter beständigem Regen und auf grundlosen Wegen kamen wir nach Aalen, der Stadt, die die Grundlinien meiner Bildung zog, wo mein Vater, der feste, deutsche Mann, der Urständ harrt und ihm zur Seite vier meiner Geschwister, und Katharine, meine erste Liebe, und so manche liebe Seele, mit der ich aufwuchs. Ruhiges Moos wächst schon auf ihren Gräbern und die Inschrift auf ihren Totenkreuzen stäubte der Regen weg. – Hochschallend empfing mich mein Bruder und auf der ersten Treppe der Kanzlei harrte meiner – eine 73jährige Mutter, beinahe vor Entzücken zusammensinkend, ihren schon hin geschätzten, tausendmal beweinten *ersten* Sohn wieder in den Armen zu haben. »O lieber Christian, daß ich dich nur wieder sehe! – O nun will ich gerne sterben!« sagte die ehrwürdige Alte in einem Tone, drin das einfältigste, zarteste Mutterherz widerhallte. Ich schwieg; doch was ich empfand, und wie schnell, stark, gedrängt, tiefgreifend und himmelanspritzend ich all dies empfand, das sage dir dein eignes edles Herz, o Ludwig, mein Sohn!! – Meine Schwester, die Stadtpfarrerin, legt' ihre Hände kreuzweis auf ihren hochschwangern Leib und schrie schneidend wie Zinkenton: Jesus Christus, mein Bruder! – und da weinten sie alle, daß ich so viel ausgestanden hatte. Meine Mutter schlich um mich herum und küßte, was sie von mir erhaschen konnte. – O Liebe, Liebe, in dir erkenn' ich allein meinen himmlischen Ursprung: In jedes Liebenden

Antlitz flimmt° ein Strahl vom Vaterherzen Gottes, der
alle guten Seelen schon jetzt – und einst alle Gefallenen,
Abgewichenen, Irrenden wieder mit den goldnen Strahlen
der Liebe an sein Urvaterherz knüpft, durch dieses unzer-
störbare Band dann in allen denkenden Wesen zittert und
so Licht und entzückende Freude in unendlich wogenden
Fluten durchs Unermessliche verbreitet!! – – In Aalen
widerfuhr mir die höchste Ehre, die sich da denken läßt:
der Magistrat bewirtete mich köstlich in der Post, wo ich
und Julchen sangen und Kaufmann auf dem Violoncello
spielte. Das Posthaus war gedrängt voll, auch auf der
Straße war Menschengewimmel. – Da lebt ich denn so
ganz nach meines Herzens Lust unter Menschen, die sich
auf dem Wipfel ihrer Eichen stark wiegten, die aus der
Katarakte der Natur den Hut füllen und Mannkraft saufen,
deren Selbstheit so fest gewurzelt ist wie die Berge, die sie
umgürten, und die so laut sprechen, als wenn sie den Donner überschreien müßten. Ich trank mit dem Senat und
der Geistlichkeit – nicht kärglich aus dem Wonnebecher,
sondern reichlich, wie es Gott gab, und unter Hörner- und
Trompetenschall stieß der 80jährige Bürgermeister Simon
an meinen und ein Dutzend andre Pokale und sprach mit
der Stimme Josuas – nicht alternd, nicht wankend, sondern
fest, dick, anhaltend wie der festliche Orgelpunkt: Es lebe
Schubart in Berlin!!°° –

> Brausend scholl's durch den Saal hin
> und die Flamme der Kerzen weht von der Rufer
> Gewaltigem Hauche. – –

Man beschenkte mich sogar und führte mich die erste
Station auf Kosten der Stadt. Der Abschied von meiner
Mutter war – das Zerreißen zweier ineinander gewachse-
ner Herzen – Blut fließt dort und Blut fließt hier. Aber ich

° Glänzt.
°° Gemeint ist Ludwig Schubart, der seit Frühjahr 1787 in Berlin als preußischer Lega-
tionssekretär arbeitete.

bin ein Christ und Abschied und Tod schärft nur mein Verlangen nach einer Welt, wo die Abschiedsträne nicht fließt,
wo der Tod nicht mehr röchelt. – So kamen wir gesund
und innerlich staunend über Gottes Wunder wieder in
Stuttgart an, wo die ernste Pflicht und ein schwerer Beruf
wieder meiner harren.[1]

Ein Triumphzug, aber kein strahlender Sieger. Schubart feiert seine Rückkehr ins Leben, aber trauert zugleich darüber,
wieviel davon er unwiderruflich versäumt hat. Er schildert, wie
Versöhnungen gefeiert und alte Bündnisse erneuert werden,
aber die Toaste auf die Zukunft, von denen er berichtet, gelten
nicht ihm, sondern seinem Sohn.

»Gebrochen«, wie man öfters lesen kann, ist er von seiner
Haftzeit nicht heimgekehrt, aber eine gewisse Müdigkeit ist
unverkennbar. Häufig fühlt er sich krank. In die Aufbruchs-
mischt sich Endzeitstimmung, von Tatendrang, gar Kampfes-
lust spürt man wenig. Schubart, so ließe sich sagen, hat seine
Revolutions- und Kriegsjahre hinter sich. Er ist in seiner Bie-
dermeier-Periode angekommen und lebt nun in Familie und
Freundeskreis das gemütlich-gesellige Leben, das er so lange
entbehrt hat. Doch auch diese persönliche Biedermeierzeit
ist zugleich ein Vormärz. Zwei Jahre nach Schubarts Befreiung vom Hohenasperg wird die Bastille in Paris gestürmt. *Ex
occidente lux:* In die Abenddämmerung des Schubartschen
Lebens fällt das Morgenlicht der Französischen Revolution.

MIT BEHAGLICHKEIT:
DER STUTTGARTER ALLTAG

In den letzten Aspergwochen hatte Schubart noch erwogen,
sich nach seiner Freilassung in Berlin niederzulassen. Dies jedoch nur, so schrieb er an seinen dortigen Verleger Himbach,
wenn ihn der Herzog »ohne Versorgung« freilasse.[2] Nun hat

der Herzog diese Versorgung gewährleistet – vielleicht in der Furcht, daß ihm ein von Berlin aus schreibender Schubart unangenehm werden könnte –, und der Familienvater Schubart hat der materiellen Sicherung zuliebe den Wechsel vom Gefangenen zum Bediensteten Karl Eugens vollzogen. Als Direktor des Stuttgarter Theaters mit seinen Sparten Oper und Schauspiel sind ihm 600 Gulden im Jahr gewiß. Zudem wird ihm gestattet, durch die Wiedergründung seiner *Chronik* etliches hinzuzuverdienen – eine Gnade, die sich auch für den Herzog rechnet, weil die Zeitung, wie vorher Schubarts Gedichtsammlung, in der herzoglichen Druckerei hergestellt wird. Und da die verkaufte Auflage des – nun *Schubarts Vaterländische Chronik* betitelten – Blattes[3] bald steigt – anfangs sind es etwa 700, nach einem Jahr bereits über 2000 Exemplare –, kann Schubart in seiner großzügigen Wohnung an der heutigen Königsstraße, nahe dem Schloß und dem Theater, das Leben eines gutsituierten Hauptstadtbürgers leben.

In einem Brief an seinen Sohn demonstriert er, wie wohlgeordnet und wohltemperiert sein Berufs- und Familienleben inzwischen abläuft:

> Morgens 7ben Uhr muß der sonst so träge Schlummrer auf dem Theater sein und lesen, deklamieren, Gebärdenspiele vormachen, tadeln und loben […] Um 10 Uhr geh ich nach Haus, lese Bücher, Zeitungen, Journale, Briefe in Menge – oder dichte und schreibe. Mittags ess' ich mit Appetit und trinke meine Flasche Wein an der Mutter und Julchens Seite – oft in Gesellschaft eines Freundes – mit Behaglichkeit. Dann geb ich, wie ein großer Herr, Audienz, und abends diktier ich – meine *vaterländische Chronik*.[4]

Morgens 7ben Uhr auf dem Theater sein …

Fünf halbe Vormittage in der Woche leitet Schubart Theaterproben und hält an der Theaterschule Vorlesungen über Deklamation, Aktion und Mimik.[5] Ihm obliegen auch die

Spielpläne und die Besetzung von Schauspiel und Oper. Über Engagements entscheidet nicht er, sondern der Intendant, ein Obrist von Seeger, und dieser hat dabei keinen großen Spielraum: Karl Eugen, der sich nur noch wenig für sein Hoftheater interessiert und selten dort zu Gast ist, hat einen Sparkurs auferlegt. »Die Schauspieler und Schauspielerinnen«, berichtet Schubart, »fand ich meist *schlecht*, den Tanz gut [...], und die Musik sehr gut (noch nicht ganz vortrefflich) bestellt.«[6] Schubart wirft sich ins Zeug. Im August 1787 konstatiert er erfreuliche Fortschritte im Darstellungsniveau.[7] Doch nach einiger Zeit erlahmt sein Amtseifer. Im Juli 1788 meldet er dem Sohn: »Das Theater beschäftigt mich die Woche durch nur einige Stunden, weil die einmal aufgezogene Uhr ihren Gang von selbst fortgeht.«[8]

Bei den Opernaufführungen setzt Schubart einen deutlichen Neuakzent: Er beläßt zwar mehrere italienische und einige französische Werke, die sich als beliebt erwiesen haben, auf dem Spielplan, sucht aber verstärkt nach deutschen Komponisten. Dabei gibt er zum einen württembergischen Künstlern wie den Hofmusikern Christian Ludwig Dieter und Jakob Friedrich Gauß eine Chance, zum andern macht er das Stuttgarter Publikum mit den Meisterwerken der neuen deutschsprachigen Oper bekannt, darunter Mozarts *Entführung aus dem Serail* (1789) und *Die Hochzeit des Figaro* (1790) sowie Singspiele von Karl Ditter von Dittersdorf (wobei dessen *Doktor und Apotheker* offenbar besser ankommt als der *Figaro*, der originalgetreu in italienischer Sprache gegeben wurde).[9] Weniger Kompetenz wird Schubart bei der Programmplanung des Schauspielbetriebs nachgesagt. In der Schubart-Biographik wird insbesondere bemängelt, daß er Shakespeare und Molière ebensowenig auf die Bühne brachte wie die große zeitgenössische Dramatik: Lessing nicht, Goethe nicht, von Schiller nur eine purgierte Fassung der *Räuber*.[10] Setzt man das Mannheimer Nationaltheater als Maßstab, das Schubart anfangs als sein Vorbild ansah, so ist die Bilanz in der Tat negativ. Doch Schubart leistet etwas anderes: Sein Repertoire

ist durchaus nicht beliebig und auch keineswegs altmodisch-
behäbig; es ist vielmehr konsequent populär und offeriert dem
Publikum die neuesten »bürgerlichen Schauspiele«, Lustspie-
le und Schwänke. Laut Rudolf Krauß, der Schubarts Theater-
arbeit penibel recherchiert hat, nimmt er 31 größere und acht
bis neun kleinere Novitäten ins Programm auf. Darunter sind
zahlreiche Rührstücke und Komödien von Iffland, Schikane-
der, Friedrich Ludwig Schröder – Autoren, mit denen auch
der Weimarer Theaterdirektor Goethe den Saal füllt. Schnell
reagiert Schubart auf den Aufstieg August von Kotzebues zum
beliebtesten deutschen Unterhaltungsdramatiker. Dessen
Stück *Die Indianer in England*, im Februar 1789 uraufgeführt,
bringt er im Mai 1790 auf die Bühne, das Drama *Menschenhaß
und Reue*, das im Juni 1789 Premiere hatte, im August 1790.[11]
Und er nutzt seine erprobten Fähigkeiten als journalistischer
Volksbildner: Er schreibt kommentierte Vorankündigungen
für den *Schwäbischen Merkur* und veröffentlicht in seiner
Chronik Besprechungen von ihm selbst aufgeführter Stücke;
manche davon fallen recht kritisch aus. All dies ohne heißes
Bemühen, mit der linken Hand und doch in Schubartscher
Handschrift: als fortgesetzter Versuch, Erziehung zur Kunst
und Popularisierung von Kunst zu verbinden.

   *… lese Bücher, Zeitungen, Journale, Briefe in Menge – oder
dichte und schreibe.*

   In der Musik beschränkt sich Schubart auf den Familien-
kreis. Am Konzertleben scheint er nicht mehr teilgenommen
zu haben; auch von Kompositionen ist aus der Stuttgarter Zeit
nichts bekannt.[12] Um so lebhafter engagiert er sich auf dem
Gebiet der Literatur. Während der Haftzeit hat er die »literarische Revolution« der achtziger Jahre, den Aufschwung der
deutschen Literaturproduktion und den Aufstieg einer neuen
Dichtergeneration, nur sehr selektiv zur Kenntnis nehmen
können. Nun liest und kauft er, was ihm fehlt – das Geld dafür
ist jetzt da. »Ich orientiere mich immer mehr in der Literatur,

um das Versäumte nachzuholen«.[13] »Goethe, Schiller, Herder, Heinse und Klinger sind jetzt meine Lieblinge.«[14] Er selbst schreibt in den Jahren 1787 bis 1791 über 200 Gedichte; das sind etwa ebenso viele wie während der ganzen Zeit auf dem Hohenasperg. Zu den wenigen darunter, die länger nachgewirkt haben, gehören »Die Wucherer«, worin sich zwölf heulende Geister, die ein Dorf heimsuchen, als ehemalige Mitbürger erweisen, die wegen ihres Korn- und Weinwuchers keinen Frieden finden. Das Gedicht glänzt durch die Abwesenheit des notorischen »Kornjuden«; die Wucherer sind christliche Bauern samt ihrem Schultheiß.

… an der Mutter und Julchens Seite

Auf dem Asperg hatte Schubart, als seine Frau zum ersten Mal einige Tage mit ihm verbringen durfte, das Gedicht »Der glückliche Ehemann« verfaßt. Einen Dank für häusliches Glück, verstanden als Geliebt-, Getröstet- und Genährtwerden von der Ehefrau.

> Ich bin so glücklich, bin so froh;
> Ein Weiblein darf ich lieben,
> Ganz wie der König Salomo
> Sein liebstes Weib beschrieben. […]

Der Wunsch nach Häuslichkeit, nach Familienglück hat die Gefängniszeit überlebt. Schubart arbeitet viel in der Wohnung, ißt mittags zu Hause, unternimmt Spaziergänge und Ausflüge mit seiner Frau, mit Tochter und Schwiegersohn und bald auch dem Enkel Christian. Mit dem »Herzenssohn« Ludwig tauscht er beständig liebevolle Briefe aus:

> In Cannstatt war ich vergnügt wie ein Gott. Der Himmel war immer so schön und der Neckar wallte und schäumte so traulich an meinem Fenster vorüber, das Julchen und deine Mutter waren so froh an meiner Seite, auch schelm-

äugelte der Neckarwein so reizend im Glase und Fisch und Krebs und Kirschen, [Hi]mbeer und Johannesträubchen schmeckten mir so köstlich, daß ich oft wähnte, an Trimalgions Tafel° zu sitzen.[15]

Zwei Jahre später meldet er Ludwig: »Ich lebe mit deiner Mutter äußerst zufrieden und erhalte täglich Besuche von dem runden Julchen.«[16] Nach wie vor denkt er strikt patriarchalisch, aber neben herablassendem Lob für Helena gibt es Bekundungen der Hochschätzung. Die Entschiedenheit, mit der sie sich für ihn eingesetzt, die Energie, mit der sie ihren Quasi-Witwenstand gemeistert hat, haben ihn beeindruckt.

... dann geb ich, wie ein großer Herr, Audienz

Das Streben nach Häuslichkeit, nach Behaglichkeit ist jedoch nicht mit einem Rückzug in abgeschottete Wohnräume und stille Gartenecken gleichzusetzen. Wie andere Stadtbürger jener Epoche führen die Schubarts ein offenes Haus. Einheimische wie Durchreisende geben sich bei dem Dichter mit der abenteuerlichen Vita die Klinke in die Hand. Oft sind zum Mittagessen Freunde geladen, am Nachmittag wird gewöhnlich Audienz gehalten, aber auch zu anderen Zeiten klopfen Besucher an die Tür. Schubart genießt das Interesse an seiner Person, selbst wenn er seinem Freund Ernst Ludwig Posselt, dem Karlsruher Historiker, klagt: »Ich [werde] vom Menschengedränge so gedrückt und gestoßen, daß ich kaum mehr zu Odem kommen kann. Ich werde mich künftig in die Einsamkeit meines Studierzimmers zurückziehen und mich nicht jedem Zeitdiebe preisgeben.«[17] Es bleibt beim Vorsatz. Oft sind es junge Intellektuelle, die Schubart, den Märtyrer des freien Worts, persönlich erleben wollen. Zu ihnen gehört auch der damals neunzehnjährige Hölderlin, der seiner

---

° Anspielung auf »Das Gastmahl des Trimalchion« aus dem Satiricon von Petronius Arbiter.

*Schubart mit 49 Jahren. Zeichnung von Philipp Gottfried Lohbauer,
Stich von Anton Karcher, 1788.*

Wilhelm von Humboldt schreibt 1789 über Schubarts Aussehen: »Ausdruck ist sehr wenig in seinem gesichte, nur ein paar züge über den
augen verraten die heftigkeit seines charakters.«[18]

Mutter Ende April 1789 schreibt: »Daß ich bei Schubart war,
und daß er mich so freundschaftlich, mit solcher väterlichen
Zärtlichkeit, aufnahm, werden Sie schon wissen. […] O es wär
eine Freude, so eines Mannes Freund zu sein. Einen ganzen
Vormittag bracht ich bei ihm zu.«[19]

Ein anderer Gast, der 21jährige Wilhelm von Humboldt,
honorierte die freizügigen Empfangssitten bei Schubarts weniger: »Wie ich mich bei ihm melden ließ, sagte mir die frau,
er sei eben mit einem gedichte beschäftigt. Ich versicherte,

daß ich gar nicht gemeint wäre, ihn in diesen stunden der weihe zu stören; allein sie meldete mich dennoch, und ich wurde angenommen. Die stube, wo ich ihn fand, war, wie sein anzug, unreinlich und im höchsten grade unordentlich. Ein großer dicker mann, mit einem breiten, fetten gesichte, über dem linken auge ein ziemlich großes fleischgewächs, dabei dickes, ungekämmtes haar, ein schmutziger schlafrock und ein paar alte pantoffeln.«[20] Gewiß, Humboldt erwischt ihn in einem ungünstigen Moment, aber man muß zugeben: Schubart hat kein Benehmen, das sich als zweite Haut über die eigene zieht, er hat keine Fähigkeit und kein Bedürfnis, distinguiert aufzutreten. Von Besuchen des Stuttgarter Salonlebens, von Mitgliedschaften in literarischen Zirkeln oder Lesegesellschaften ist nichts bekannt. Die Teilnahme an der High Society der Residenzstadt wäre dem Direktor des herzoglichen Hoftheaters sicherlich nicht verwehrt worden, aber er sucht sie nicht.[21] Wenn er abends ausgeht, dann – wie einst in Geislingen, wie in Augsburg und Ulm – am liebsten ins Wirtshaus.

… und abends diktier ich – meine vaterländische Chronik

Schubarts bevorzugtes Lokal ist der »Adler« am Stuttgarter Marktplatz. Dort, so heißt es, entstanden auch zumeist die Artikel seiner zweimal wöchentlich erscheinenden *Chronik*.[22] Das Publikum des »Adler« besteht, wie zeitgenössische Stammgäste festgehalten haben, aus Lehrern, Schriftstellern, Künstlern, Anwälten, Ärzten, Kaufleuten, Offizieren, Handwerkern, Studenten. Eine breite soziale Palette also, aber doch mit gutbürgerlichem Schwerpunkt. Allerdings ergibt sich die Atmosphäre eines Wirtshauses nicht aus der mitgebrachten Kultur ihrer Gäste, sondern sie hat ihre eigenen Gesetze. Ein Indiz dafür ist, daß im »Adler« neben Schubart ein alter Handwerksmeister, der Schieferdecker Leopold Baur, den Ton angibt – ein Koloß von drei Zentnern, wie erzählt wird, der seinen Wein grundsätzlich aus der Flasche trinkt, bekannt für seine oft unflätigen, aber schlagfertigen Sprüche, gerühmt wegen seiner Freigebigkeit – er bezahlt Studenten mitunter nicht nur die Zeche, sondern ihr ganzes Studium – und ein wenig auch geheimnisumwittert: Manche behaupten, er sei ein unehelicher Sohn des Erzbischofs von Trier. Schubart und sein Doppelgänger Baur – fast doppelt so dick und doppelt so grob – sorgen immer wieder dafür, daß man sich im »Adler« kannibalisch wohl fühlen kann, und zitieren die dazugehörigen Säue herbei. Schubart reimt:

> Der Schieferdecker Baur kam vor die Himmelspforte,
> Da sprach St. Petrus diese Worte:
> »Geh fort von hier, du epikurisch Schwein,
> Werd' erst ein Mensch, dann laß ich dich herein.«[23]

Baur retourniert:

> »Am passendsten trifft dieser Ausdruck dich,
> Denn ach, ein langer Sau-Strom war dein Leben,
> In dem du bis zum Kerker-Ufer schwammst
> Und deiner Taten Lohn empfangst.
>
> Kaum bist du dieser Kerker-Kluft entflogen,
> So wirfst du wieder dich
> In deines Säustroms Wogen …«[24]

Doch das war nicht der Dauerton. Man kann das einer »Adler«-Szene entnehmen, die der Haller Theologe und Aufklärer Karl Friedrich Bahrdt bei einem Stuttgartbesuch im Februar 1791 festgehalten hat: »Baur bat nun Schubart. daß er seine Chronik deklamieren möchte, ganz höflich. Schubart las sie mit seiner gewöhnlichen Stärke vor. B. glänzte vor Wonne. Im ganzen Zimmer herrschte feierliche Stille, die nur Baur zu Zeiten durch ein: ›Paß auf, das hast du gut gemacht, ein verfluchter Gedanke!‹ […] mit innigem Beifall unterbrach.«[25]

GEHÖRIGE MODERATION:
DIE *CHRONIK* 1787 UND 1788

Herzoglicher Bediensteter und freier Journalist – eine schwierige Personalunion. Gleich in der ersten Ausgabe seiner *Vaterländischen Chronik* versucht sich Schubart als Entfesselungskünstler. Er unterbreitet Karl Eugen eine in unterwürfigen Dank verpackte Forderung: »Mit der Freiheit ist auch mein Mut wieder erwacht; und wie sollte der nicht erwachen, da mein *gnädigster Fürst* mir vollkommene *Zensurfreiheit*[26] verstattete!!« Doch schon einige Tage später wird ihm klargemacht, daß mit dieser gnädigen Erlaubnis die Zumutung einer gehörigen Selbstzensur verknüpft ist. Der Geheime Rat moniert an der ersten *Chronik*-Nummer »einige sehr auffallende und anstößige Ausdrücke«; man habe erwarten können, daß Schubart von der Zensurfreiheit »einen vorsichtigeren und bescheideneren Gebrauch machen würde«. Karl Eugen läßt Schubart daraufhin wissen, daß er »mit gehöriger Moderation und Behutsamkeit« zu Werke gehen müsse, sonst werde ihm die herzogliche Gnade wieder entzogen.[27]

Schubart laviert fortan, das heißt: Um trotz Gegenwind voranzukommen, segelt er sein Blatt im Zickzack. Er demonstriert seine Loyalität gegenüber dem Herzog, indem er die Huldigungsverse, die er als Hoftheaterdirektor zu den Geburts- und Namenstagen des Herzogs verfaßt, auch in seiner *Chronik* abdruckt. Zudem enthält er sich jeder Kritik an der herzoglichen Politik. Zum Auszug des zweiten Kapregiments am 2. September 1787 schreibt er einen harmonistischen Abschiedsartikel, der den Gemeinen Mut und Freude attestiert und die Offiziere »ein Selekt der bravsten und gebildetsten Männer« nennt, »die unter jeder Himmelszone *Carls*[28] Wahl rechtfertigen werden«. Im November 1787 nimmt er gegen die Flugschrift eines Augenzeugen Stellung, welche die vielfachen Querelen – u. a. die zahlreichen Desertionen – auf dem Marsch der Kapsoldaten nach Holland schildert, und erklärt sie zu einer Beleidigung der beteiligten Offiziere.[29] Kritik an dem fortgesetzten Soldatenhandel wagt er nicht zu äußern, von den Toten und Desertierten ist nicht die Rede. Generell wird der Absolutismus in der neuen *Chronik* weniger attackiert als in der alten. Ab und zu finden sich aber Reprisen der antiaristokratischen Fabeln und Anekdoten, die man aus der *Deutschen Chronik* kennt – so wie diese Anspielung auf fremdverschuldete Unmündigkeit, auf feudalistischen Obskurantismus:

> Ein angesehener Fürst, von Religiosen° wie mit einem Nimbus umgeben, hat kürzlich unter andern schätzbaren Reliquien ein Stück ägyptischer Finsternis in einer Flasche käuflich an sich gebracht.[30]

Man hat vermutet, aber nicht beweisen können, daß dieser Scherz zum Verbot der *Chronik* in Bayern beitrug. Belegt ist jedoch, wie empfindlich die Staatsgewalt in den Fällen reagierte, in denen Schubart eine mit der genauen Hausnummer versehene Obrigkeitskritik zu veröffentlichen wagte. Das zeigt zum Beispiel die Affäre um eine Notiz, in der Schubart Nürnberg eine »durch Aristokraten niedergebeugte – in Schulden, Mutlosigkeit und verächtliche Stille versunkene Stadt« nennt. Der Nürnberger Magistrat verlangt bei Herzog Karl Eugen Genugtuung. Dessen Geheimer Rat pflichtet bei und legt noch nach: Schubart erlaube sich »je und je nicht nur gegen reichsstädtische Magistrate, sondern auch gegen höhere Herrschaften und Regenten ganz unziemliche Äußerungen und Urteile.«[31] Dieser findet einen Weg, die ihm abverlangte Berichtigung zu liefern, ohne eine Kehrtwendung zu vollziehen. Er malt Nürnberg in den schönsten Farben, deklariert das Gemälde aber als bloßen Wunschtraum.[32]

Ein halbes Jahr später kommentiert Schubart unter der Überschrift »Oligarchengift« einen Konflikt zwischen Magi-

---

° Ordensmitglieder.

strat und Bürgerschaft der Reichsstadt Worms; er wettert
dabei gegen »die ungeheuren Anmaßungen und Gewaltmiß-
bräuche des Dreizehner-Rats« und dessen »unausstehliches
Erb- und Familienregiment«.[33] Der Wormser Magistrat inter-
veniert in Stuttgart, der Herzog verlangt von Schubart eine
Entschuldigung und droht, bei weiteren Ungehörigkeiten
werde ihm die Zensurfreiheit entzogen. Schubart leistet nach
längerer Gegenwehr den geforderten Widerruf. Er stellt aber
klar, daß er erzwungen worden sei, und läßt ihn in besonders
kleinen Lettern setzen:

> Auf Höchsten Befehl soll ich den im 57ten Stücke meiner
> Chronik eingeschalteten Artikel, den Zwist des Wormser
> Magistrats mit der Bürgerschaft betreffend, selbst rügen,
> und hiemit öffentlich erklären, daß ich wirklich hierin
> zu weit gegangen und dem Ansehen des Magistrates zu
> Worms zu nahe getreten sei. Ich will daher jenen ganzen
> Artikel hiemit zurückgenommen haben.[34]

An seinen Freund Posselt schreibt Schubart eine Woche
später: »Der häßliche Widerruf stinkt nun aus meiner Chronik
wie Teufelsdreck. Ich will mich aber mit einem *Volksliede*[35] an
den hundsföttischen Oligarchen rächen.«[36]

Daß die *Vaterländische Chronik* sich politisch mehr zurück-
hält als die *Deutsche Chronik*[37], hat vor allem mit Schubarts
Stuttgarter Lage zu tun. Ein anderer Unterschied ist einem
inneren Wandel geschuldet: die häufigen Plädoyers für den
»altchristlichen« Glauben, die Philippiken gegen »Frivolität,
fröstelnde Philosophie, Witzelei, Spottgeist, mißverstandne
Gewissensfreiheit«.

Toleranz

Der dicke Franz nahm eine Hur ins Haus.
Sein Nachbar Melcher sprach:
Ei Franz, jag doch das Mensch hinaus;

Im ganzen Dorf red't man dir übels nach.

Hm, sprach der aufgeklärte Franz,

'S ist dummes Volk, weiß nichts von Toleranz.[38]

Der Kampf gegen den innerkirchlichen Aberglauben, für den Schubarts *Chronik* einst berühmt und berüchtigt war, wird nun durch einen Kampf gegen den Unglauben ergänzt und übertönt. So begrüßt Schubart zum Beispiel das Preußische oder Wöllnersche Religionsedikt vom Juli 1788, das einerseits die Duldung der Hauptreligionen, aber auch von Freikirchen wie den Herrnhutern oder Mennoniten festschrieb, andererseits aber protestantische und katholische Pfarrer und Lehrer bei Strafe der Amtsenthebung dazu verpflichtete, an der kanonisierten Kirchenlehre festzuhalten. Er zieht sich dadurch geharnischte Kritik zu. Der *Chronik*-Autor, früher Zielscheibe jesuitischer Flugschriften, muß sich ein 77seitiges Pamphlet namens *Sendschreiben an Herrn Schubart* gefallen lassen, das ihn im Namen der Aufklärung attackiert. Der anonyme Verfasser, vielleicht der Ulmer Buchhändler Konrad Friedrich Köhler,[39] wird sehr persönlich. Er vergleicht Schubart mit gewissen Frauenzimmern, die im Alter aus Todes- und Straffurcht zu Betschwestern wurden.[40] Dessen Naherwartung der Apokalypse deutet er ebenfalls biographisch: Schubart bilde sich ein, es gehe dem Abend der Welt zu, weil es bei ihm dem Abend des Lebens zugehe. Das ist unfreundlich, aber nicht unsinnig, ebenso wie der Vorwurf einer »kindischen Furcht vor dem gänzlichen Umsturz der Religion Jesu«, da Schubart in der Tat verkündet, daß man in »glaublosen Zeiten«[41] lebe und die Verteidiger Christi und der Bibel nur noch verspottet würden. Einäugig ist jedoch die Bezichtigung, Schubart betreibe »Freigeister- und Ketzer-Riecherei«:[42] Bei allem Glaubenseifer, den er nun an den Tag legt, wird er doch nicht zum Verfolger, sondern bleibt im Zweifelsfall der philanthropische Schubart. Ein Beispiel dafür ist ein *Chronik*-Artikel über den schon erwähnten Karl Friedrich Bahrdt, der über ein Jahr in Haft war, weil er das Wöllnersche Edikt in einer Satire »Das Religionsedikt« verspottet hatte. »Ohne an seinen oft schriftwidrigen Meinungen Anteil zu nehmen […], so bin ich doch ganz überzeugt, daß *Bahrdt* ein gutes Herz habe, voll Ehrfurcht gegen Gott und Wohlwillen gegen die Menschen. Seine dogmatischen Irrtümer wird ihm der Allgute im Himmel verzeihen; da doch der *Glaube, wie das Genie, nicht jedermanns Sache* ist.«[43]

Was die Flugschrift völlig ausspart, ist der sozialpraktische Gehalt des von Schubart gepredigten »Jesusglaubens«. Dessen Kernstück ist für ihn, wie in den 1770er Jahren, die Reklamation universeller, Rassen und Religionen vereinender Menschenrechte. In diesem Sinne begrüßt auch die späte *Chronik* jeden Schritt zur Gleichberechtigung der Juden[44] und zur Befreiung der Sklaven.

> Quäker.
>
> Diese verschrieenen Religiosen, um die noch immer der sanfte menschenfreundliche Geist Penn's säuselt, verherrlichen sich in der Geschichte der Menschheit durch die wohltätigsten Anstalten. Sie haben den Negern in *Pennsylvanien*, deren Rücken die Geißel der Christen so unmenschlich zerfleischt, in völlige Freiheit gesetzt und ihnen den Gehalt und Lohn ihrer europäischen Bedienten bestimmt. Auch für die Bildung ihrer Seele haben die Edlen gesorgt und deswegen eine Schule für die Kinder der Schwarzen anlegen lassen, wo sie sonderlich auf den Unterricht in der christlichen Religion dringen. Herrlicher Anblick, wenn der Schwarze neben dem Weißen steht und sie beide mit gefaltnen Händen hinaufblicken zum Allvater, dem der Neger und der Weiße und der Mulatte alle gleich sind! denn sie sind all seine Geschöpfe.[45]

Das *Sendschreiben an Herrn Schubart* moniert nicht nur dessen religiösen Eifer. Es nimmt sich auch andere »Steckenpferde« vor, die Schubart bei jeder Gelegenheit reite – allen voran die Deutschtümelei: »Lassen Sie jeder Nation Gerech-

tigkeit widerfahren«, fordert der ungenannte Kritiker.[46] Und
listet seitenlang »Widersprüche und Inkonsequenzen« auf,
so etwa Schubarts in der Tat recht wechselnde Urteile über
andere Völker wie Franzosen, Türken, Polen, Engländer. Ganz
besonders ist es die Sprache der *Vaterländischen Chronik*, die
dem Rezensenten mißfällt. Damit ist er nicht allein. Ludwig
Schubart berichtet, daß einige Korrespondenten seines Vaters
und befreundete Schriftsteller sich ebenfalls kritisch über den
Stil der späten *Chronik* geäußert hätten. Der Hauptvorwurf,
dem sich der Sohn anschließt, zielt auf »Bombast«, auf »poeti-
sierenden Wulst«: Ludwig zitiert Gottfried August Bürger, der
Schubart bei einem Besuch im Jahre 1790 gesagt habe, »seine
Chronik komme ihm oft so strotzend und aufgedunsen vor wie
sein Gesicht.« Sein Vater habe erwidert: »Ich will's glauben;
der Asperg gähnt daraus hervor«.[47]

Die Stilkritik im »Sendschreiben« weist in eine ähnliche
Richtung, wenn sie Schubart einen »Schwall leerer nichts-
sagender Worte« oder die Monotonie immer wiederkehrender
Allegorien ankreidet.[48] Doch vor allem wendet sie sich gegen
Schubarts »Kraftphrasen und Kraftworte« und damit genau
gegen das, was Schubarts späte *Chronik*-Jahrgänge ebenso
wie die früheren auszeichnet: die Verbindung von Originalität
und Popularität des Ausdrucks. In der Absicht, Schubarts Ver-
stöße gegen den guten Geschmack bloßzustellen, liefert das
»Sendschreiben« ein Lexikon von sprachbereichernden Neo-
logismen, von griffigen Kürzeln und phantasievollen Bildern:
»Blitzauge«, »Gewaltschritt«, »Goldpunkt«; »tatengärend«,
»felsenherzig«; »herauszürnen«, »äugeln«; »die Stinktrompe-
te der Fama«, »die Krätze der Neugierde«, »der besoffne
Patriotismus«.[49] Was den Rezensenten an Schubartschen
Wörtern und Wendungen besonders abstößt, sind Sinnlichkeit – bei »geistspritzend« ruft er aus: »wie ekelhaft und wie
materiell!«[50] – aber auch Alltags- und Dialektnähe. Er zitiert
den Satz »Die ganze stolze Britannia würde zum verächtlichen
Bettelmensch nach einem solchen Bankerott herunterlum-
pen« und kommentiert: »Was soll man zu dergleichen *Ele-*

gantiis sagen? Entweder ist Ihr Geschmack noch sehr gemein, ungeläutert und ungebildet, oder Sie gehen nur mit Leuten von der niedrigsten Hefe des Pöbels um, von denen Sie dergleichen Schönheiten lernen und in Ihre Schriften übertragen.«[51] »Unelegant« und »pöbelhaft« sind Leitbegriffe des »Sendschreibens«. Was Archenholz 1783 als Lob meinte: daß Schubart den »wahren Volkston« getroffen habe und Bauern »sich an seiner Laune ergötzt«[52] hätten, wird im Sendschreiben von 1789 zum Verdammungsurteil.

Vielleicht spricht hier nur eine andere Fraktion – man könnte sie die »Klassik-Fraktion« nennen, denn 1798 schreibt Goethe an Schiller, das Schubartsche Blatt habe »weder Geschmack noch Würde«[53] gehabt. Vielleicht aber repräsentiert das »Sendschreiben« auch eine Entwicklungstendenz: ein wachsendes Selbstbewußtsein im deutschen Bildungsbürgertum, mit dem sich auch das Bemühen um kulturelle Distinktion verstärkt.

DIE REVOLUTION

»MEIN PATRIOTISMUS HAT DAS SCHWINDFIEBER«

Die Verve der frühen *Chronik*-Jahrgänge war eng mit der Besetzung bestimmter Themen verbunden, die eine Art Kampagnencharakter zeigte: mit dem wiederholten Eingreifen in die Affäre um den Exorzisten Gaßner, mit der engagierten Begleitung des amerikanischen Kampfs um Unabhängigkeit. Für seine jetzige Zeitung fehlen Schubart lange Zeit solche Leitthemen und Leitmotive. Doch dann kommt ihr das Ausland zu Hilfe: Die Französische Revolution ist der Kraftstoff, der das Blatt vom Frühjahr 1789 bis zu Schubarts Tod im Oktober 1791 befeuert. Der müde gewordene Mann, der die Posaunen des Jüngsten Gerichts und nicht die Trompetensignale einer Revolution erwartet hat, wird zu einem mitreißenden Berichterstatter des französischen Aufbruchs. Und seine Leser ziehen mit: Die Auflage der »Vaterlandschronik« liegt 1788 bei 2000, im August 1789 steigt sie auf 2400 und 1791 gar auf 4000 Exemplare.

Aufmerksam registriert Schubart schon die ersten Regungen bürgerlicher Opposition in Frankreich: die Resistenz der *Parlements* gegen königliche Steuerforderungen, die zunehmende Verbreitung absolutismuskritischer Literatur. Bei Schubart beginnt ein Stereotypenbeben:

> Kürzlich erschien zu Paris eine Schrift: *Wachstum des Despotismus in Frankreich* betitelt; mit der feurigsten Kühnheit geschrieben, und von allen Franzosen mit lechzendem Durste aufgeschlürft. – Man sieht auch aus diesem Umstande, daß der Geist der Franzmänner noch nicht so ganz in die Fesseln der Mode, der Kleinheit und Eitelkeit verstrickt sei; daß er vielmehr noch alten Mut habe, seine Freiheiten und Volkswürde, nah am Throne, standhaft zu behaupten.[54]

Im Juni 1789, als sich die Vertreter des Dritten Standes in Paris zur Nationalversammlung erklären und der König diese anerkennt, applaudiert Schubart begeistert: »Wie groß ist ein Volk, das Eintracht beseelt! – Des Kriegers Schwert stumpft an ihm, und vor ihm bücken sich Könige und Königinnen.«[55] Deutscher Patriotismus, so verkündet er, heißt nun: von Frankreich lernen.

> Ich war sonst, mit vielen meiner Landsleute, gewaltig entrüstet gegen die Franzosen, schalt ihren Kleinigkeitssinn, ihr Modegift, womit sie wie mit *aqua tofana*° ganze Provin-

---

° Mixtur, die öfters bei Giftmorden benutzt wurde.

zen voll Krüppel und Geistessiechlinge machten; aber nun
küß ich dem französischen Genius die Hand, denn er ist ein
Geist der Freiheit und Größe, und Wahrheit ist in seinem
Gefolge. Hieher ihr Windköpfe, die ihr mit den Docken°
Frankreichs spielt, von deutscher Freiheit sprecht und
euch bückt, wenn der Jagdhund eures Gebieters vorüber-
geht, oder wie jener sklavische sogenannte freie Reichs-
bürger vor der Perückenschachtel des Bürgermeisters
den Hut zieht; hieher, und lernet von den Franzosen, was
Gefühl von Menschenwürde, was Freiheitsgeist sei![56]

Die Freiheit, die in Paris gerade errungen wurde, ist eine
Freiheit in der Monarchie, keine Befreiung von der Monarchie. Und Schubart, der Versöhnler, ist tief befriedigt darüber, daß die neuen Volksrechte in Frankreich den väterlichen
Segen haben, daß sie vom König gebilligt werden. Als die
Harmoniehoffnungen enttäuscht werden und es zum offenen
Aufruhr kommt, reagiert die *Chronik*[57] zunächst erschrocken.
Den Bastillesturm schildert ein von Schubart ins Blatt genom-
mener Augenzeugenbericht zunächst als Untat: »Der kleine
wie der große Verbrecher wurde in Freiheit gesetzt und vermehrt nun mit brüllender Wut den allgemeinen Greuel.« Als
der Pariser Korrespondent jedoch bald darauf vom Einlenken
des Königs berichtet, vom Abzug seiner Truppen aus Paris
und vom Abriß der Bastille, »dieses verhaßten Denkmals des
Despotismus«,[58] sagt ihm Schubart »lauten Dank« für diese
Nachrichten und stimmt ihm lebhaft bei. Für ihn, den ehemaligen Asperghäftling, hat die restlose Zertrümmerung der
Bastille eine ganz besondere Bedeutung. Das ist auch anderen
bewußt. Ein Zeuge der Pariser Ereignisse sichert sich ein
Stück Kerkertür und läßt es per Post an Schubart schicken.
Dieser bedankt sich dafür in der Chronik mit einem Gedicht –
»Auf eine Bastilltrümmer von der Kerkertüre Voltaire's«.

° Puppen.

Allerdings wird bald deutlich, daß die Volkswut mit dem Sieg am 14. Juli eher angefacht als beruhigt wurde. An den Pariser Straßenlaternen werden die ersten Aristokraten aufgehängt. Am 22. Juli 1789 lyncht man den Finanzminister Foulon und den Intendanten von Paris, Berthier de Sauvigny. In diesem Moment, und nicht erst angesichts der Jakobinerherrschaft, beginnen die Diskussionen über die fehlende Freiheitsreife der Massen.

Auch Schubart erschrickt. Er rückt ein Rügegedicht in seine *Chronik* ein, dessen Warnung vor anarchischen Volksbewegungen sich derselben Topoi bedient, denen wir zehn Jahre später in Schillers »Lied von der Glocke« begegnen. Was bei Schiller heißt: »Wenn sich die Völker selbst befrein, / Da kann die Wohlfahrt nicht gedeihn«, heißt bei Schubart: »Wie wenig weiß ein Volk die Freiheit zu gebrauchen«. Und wenn Schiller dichtet: »Noch zuckend, mit des Panthers Zähnen, / Zerreißen sie des Feindes Herz«, so wird bei Schubart »der Peiniger mit Tigergrimm zerfleischt«:

> Wie wenig weiß ein Volk die Freiheit zu gebrauchen!
> Es wähnt, wenn nur vom Blut die Mörderfäuste rauchen,
> Wenn es den Peiniger mit Tigergrimm zerfleischt;
> So sei es frei. O Volk! du hast dich selbst getäuscht.
> Die Freiheit, die du suchst, ist Wut, ist Mordgetümmel,
> Sie wird verflucht von Gott, verflucht vom ganzen Himmel.
> Ein Volk, bespritzt mit Blut, verdient nicht frei zu sein.
> In härtre Sklaverei stürzt es sich selbst hinein.[59]

Doch das ist nicht Schubarts letztes Wort. Schon in der nächsten *Chronik*-Ausgabe wagt er den Gedanken, daß die Ermordung Foulons und Berthiers vielleicht doch ein gerechter Racheakt gewesen sei: »Ob die rasende Menge recht hat? dies mag der Allrichter entscheiden; nur so viel sei mir zu stammeln erlaubt: die Greu'l des Despotismus werden über kurz oder lang fürchterlich gerochen, und wie Sallust sagt: jede neue Staatsgeburt wird mit Schmerzen geboren. Blut färbte die

Mauern Roms; Blut spritzte an die Throne seiner Alleinherr-
scher, und im Blute ging die Völkerbesiegerin unter.«[60]

Entschiedener als in seinem Blatt zeigt sich Schubart in einem Brief an seinen Sohn: »Mein Gott, was für eine armselige
Figur machen wir krumme und sehr gebückte Deutsche jetzt
gegen die Franzosen! – Ihre Beredsamkeit ist ein Donner-
sturm, ihr Geist der Handlung ein Wetter, vor dem die Throne
zittern. Mein Patriotismus hat seit einiger Zeit das Schwindfieber.«[61] Und einige Wochen später schreibt er an Ludwig:
»Heil mir, daß ich die Zeit erlebte, wo man das schändliche
Bücken und Beugen und Krümmen vor den Feudegöttern,
die sowohl wie unsereins auf den Nachtstuhl müssen, für
Idololatrie hält.«[62]

Sein Antiaristokratismus ist dabei durchaus kein bloßer
Fernsthaß. Einen Korrespondentenbericht aus Frankreich
kommentiert er mit den Worten: »Was er vom Gerichte über
die deutschen Aristokraten spricht; ist ganz wahr. Die Sturmglocke wird seiner Zeit auch ihnen zum Schrecken hallen.«[63]
Im Bekanntenkreis soll er sich noch drastischer geäußert haben. »In einer animierten Gesellschaft«, berichtet anno 1900
der Stuttgarter Amtsrichter Paul Beck, habe der Hofdichter
den »echt Schubartschen Ausspruch« getan, »welche Lust es
ihm wäre, in so einer Revolution auf einem Hengste auf lauter
Aristokratenschädeln herumzugaloppieren«.[64]

Das ist, schon Schubarts unzureichender Reitkünste wegen,
geprahlt. In der *Chronik* findet man solche Drohungen nicht,
hier warnt Schubart im Gegenteil immer wieder vor einem
Übergreifen der Revolution auf Deutschland. So lobt er zum
Beispiel am 28. August 1789 die Mahnpredigt eines Pfaffen-
hofener Pfarrers Schaller. Er würde diese Schrift gerne, so
schreibt er, »in unsern stürmenden Zeiten, wo jeder Tollkopf
berechtigt zu sein glaubt, die Rechte der Obrigkeit mit Füßen
zu treten, sehr vielen in die Hände spielen, die an der Rebelli-
onsseuche krank liegen. Der würdige Prediger zeigt in dieser
Rede die Torheit und Ungerechtigkeit und dann die traurigen
Folgen des bürgerlichen Aufruhrs in einem Staate.«[65] Hier

spricht wahrscheinlich nicht nur des Herzogs Theaterdirektor, sondern auch der um seine Altersruhe besorgte Familienvater und Stammtischgast. In fernerer Zukunft freilich, so bekundet er in derselben *Chronik*-Ausgabe, dürfen und werden die Verhältnisse in Deutschland ebenfalls ins Tanzen kommen:

> In allen großen und kleinern Staaten bemerkt man eine Gärung, die immer gewaltiger wird, so, daß die Reifen unsrer bisherigen Verfassung schon da und dort zu springen beginnen, wie ein Fass, in dem brausender Most rumort. – In weniger als einem Jahrhundert wird Europa eine ganz andre Gestalt haben, dies weissagte der große *Friedrich* noch kurz vor seinem Tode. *Traun!* [fürwahr!] die Alleinherrscher haben die Saiten so gewaltig gespannt, daß sie brechen müssen.
>
> Ein Mann hohen Geistes sprach jüngst zu mir: Irreligiosität und Sittenverderb hat die meisten Großen angesteckt; sie müssen endlich ein Raub der niedern Stände werden, wo noch so viel körperliche und sittliche Kraft ist.[66]

Die positive Berichterstattung über den französischen Umbruch hält in den folgenden Monaten an. Dazu trägt nicht zuletzt Schubarts wichtigster Frankreich-Korrespondent bei, der Jakobiner Andreas Meyer, der regelmäßig über den Fortgang der Revolution in Straßburg informiert. In seinen Kommentaren zeigt Schubart sich überzeugt, daß die schwersten Kämpfe überstanden seien, er applaudiert den Reformbeschlüssen der Nationalversammlung und prophezeit: »Wenn die Franzmänner so fortfahren, wenn sie mit beständigem Aufblicke auf Gott, den Nationenvater und Freiheitsgeber, ihre neue Konstitution gründen […], so wird sich ihr Freiheitstempel in kurzem erheben – ein Gebäude, das noch stehen wird, wenn der Gerichtsengel über den Erdkreis hinruft: Hinfort ist keine Zeit!«[67] Begeistert zeigt er sich von der Nachricht aus Straßburg, daß beim dortigen Föderationsfest am 13. Juni 1790 die Kirchenglocken läuteten, eine Messe gehalten wurde und ein evangelischer Pfarrer auftrat, der »von der Größe, Würde und Heiligkeit des Tages« sprach.[68]

In der zweiten Hälfte des Jahrs beginnt er wieder zu schwanken: Die Wirtschaftsmisere in Frankreich stimmt ihn pessimistisch, zudem warnt er vor einer heraufziehenden Anarchie. Auf die Nachricht hin, daß sächsische Bauern versucht hätten, ihre Edelleute zu verjagen, mahnt er zum Verzicht auf solche »Selbsthilfe« und zur Legalität: »Kein Land in der Welt hat bessere Fürsten, mildere Obrigkeiten (ich sag es mit Überzeugung, und nicht als kriechender Schmeichler) als Deutschland. Sie werden also eure Klagen hören, wenn sie gerecht sind.«[69] Ganz anders beurteilt er den Sklavenaufstand im fernen Martinique – auch dieser ein Echo der Ereignisse in Frankreich:

> Auf der Insel *Martinique* zu *St. Pierre* haben die Sklaven ihre Ketten zerbrochen und erwürgen nun die Weißen, ihre Peiniger, zu Hunderten. Das Fort *Royal* liegt verwüstet, und weit umher rast Graus und Zerstörung. Der Racheschrei der von unchristlichen Christen so lange schon gefesselten Neger wurde vom Throne des Völkerherrschers gehört, und Gott wird bald mit den Sklavenmachern aus schwarzen Wettern reden.[70]

1791 nehmen Schubarts Sympathiebekundungen für die französischen Revolutionäre wieder zu, wobei womöglich ein Motiv die Sorge über einen Einmarsch Preußens und Österreichs in Frankreich ist.[71] Daß Ludwig XVI. nach seinem vereitelten Versuch, ins Ausland zu fliehen, als Gefangener seiner Untertanen zurück nach Paris gebracht wird, kommentiert er mit ungläubigem Staunen. Doch bei allem Mitleid mit dem tief Gestürzten betrachtet er seine Festnahme als legitim: »Da lies, Leser, und fasse mit heiligem Schauer die Lehre, daß der Könige und Fürsten Gericht oft schon hier beginne«,[72] schreibt er über den schmählichen Einzug des eingefangenen Flüchtlings in Paris. Und als bald darauf die Frage der Anklagbarkeit eines Königs diskutiert wird, urteilt er: »Ein König, der seine Pflicht tut, ist unantastbar – Das königliche Blut schreit noch um Rache über die Briten, welches 1649 den 30. Januar zu London vom Henkerbeile troff.° Wenn aber ein König seine Pflicht nicht tut, wenn er seinen Eid bricht, wenn er gegen sein eigenes Volk streitet, so hat er die Krone seines Haupts selbst abgelegt.«[73] Für Schubart, dessen Herz zeitlebens für Väterherrschaft und Sohnestreue geschlagen hat, sind das ganz neue, unerhörte Töne.

Die Hinrichtung des Monarchen erlebt Schubart nicht mehr. Man kann sich kaum vorstellen, daß er sie gerechtfertigt hätte. Die *Chronik* macht es jedenfalls nicht: Schubarts journalistischer Nachfolger, Gotthold Friedrich Stäudlin, ist politisch zwar radikaler als Schubart, aber das Todesurteil gegen Ludwig XVI. kommentiert er mit Abscheu[74] – wie so viele Deutsche, ob Intellektuelle, Bürger oder liberale Aristokraten, deren Sympathien für die Revolution erloschen, als der König seinen Kopf unters Fallbeil legen mußte.

»ER SCHREIBT IN STRASSBURG UND ICH IN STUTTGART«

Die Ausführlichkeit, mit der Schubart über Frankreich informiert, die entschiedene Parteilichkeit, mit der insbesondere sein Straßburger Korrespondent Andreas Meyer berichtet, die große emotionale Anteilnahme am Revolutionsgeschehen, die aus Schubarts Fußnoten und Leitartikeln spricht, heben die *Chronik* aus den zeitgenössischen deutschen Gazetten heraus. In der politischen Programmatik jedoch entfernt sich Schubart nicht weit von der Mehrheitsmeinung der württembergischen und der deutschen Intelligenz. Diese begrüßt die Stärkung des Dritten Stands und die Beschneidung fürstlicher und könig-

---

° Die Hinrichtung von Charles I.

licher Rechte, sieht aber im eigenen Land keinen Anlaß für einen Umsturz; man plädiert lediglich für Verfassungsreformen und irgendeine Art von konstitutioneller Monarchie. Die Sympathieerklärungen für die französischen Umwälzungen schließen dabei Ergebenheitsadressen an die eigenen Fürsten nicht aus. Franzosen und Deutsche, die in Frankreich leben und die Revolution unterstützen, melden sich mit Kritik an dieser Kautelenpolitik. Auch Schubart erhält solche Leserpost und setzt sich, als guter Journalist, in seinem Blatt mit ihr auseinander. Im November 1790 berichtet er von einer Zuschrift aus dem Elsaß: »Ein edler Franke […] hält mich für einen Unchristen, weil ich nicht in allen Zeitungen Fränkische Freiheitspäane anstimme« – und verteidigt sich: Wenngleich er den Franzosen und der ganzen Menschheit ihre Freiheit innig gönne, müsse er als Herausgeber auch die Gegenstimmen, die »bedenklichen Seufzer«[75] zu Wort kommen lassen. Im Juni 1791 wiederholt sich der Vorgang: Die *Straßburger Zeitung* zeiht Schubart mangelnder Revolutionsbegeisterung. Dieser verteidigt sich entrüstet:

Epilog im Harnisch

Der Verfasser der Straßburger Zeitung, ein weidlicher° Mann, holt schon ein paarmal aus, um mich zu beohrfeigen, wie es ziemt – dem deutschen Sklavenvieh. Aber die Ohrfeige traf den Unrechten. Wem ist Frankreichs Freiheit heiliger als mir? Wer pries wie ich die edlen Männer in Straßburg, die im altdeutschen Sinne auftraten und zeigten, daß sie von Despotenhudelei noch unverkrüppelt waren? Diese Sympathie, diese Freude über der Freien Glück hat mir schon Verdruß und Verantwortung zugezogen. Und doch geht mein Straßburger her, nennt mich einen Sklaven, Schmeichler der Großen und Ent-

---

° Tüchtiger.

weiher der Würde eines Volkslehrers. Wär' ich dies alles,
so hätt ich das Pfui! verdient, das der Straßburger verächt-
lich auf mich spritzt. Aber wer mich halb kennt, wer mich
schreiben, sprechen, handeln sieht und hört, der wird
mir das Zeugnis geben, daß auch beinahe elfjährige Gefangenschaft den Drang nach wohlverstandener Freiheit,
nach einer Freiheit, die in jedem gesitteten Staate, die vorzüglich im Himmel gilt, nicht aus meinem Herzen tilgen
konnte. Daher segnete ich die freien Franken, ohne das
Mitleid gegen die Flüchtlinge ihres Volkes zu verlieren.
Sie zogen scharenweise vor meinem Fenster vorbei, viele
von ihnen, worunter einige herrliche Menschen waren,
besuchten mich; daher mein Mitleid und der geheime
Wunsch, daß sie sich bald aussöhnen möchten mit ihrem
entfesselten Vaterlande.° – Was denkt also der Straßburger
Stiefbruder, der immer den Palläster°° gespannt hat und
ihn abdrückt auf jeden, an dem er eine Aristokratennase
entdecken will, daß er auch auf mich seine Pfeile schießt,
ohne meine Lage in Betracht zu ziehen!? Er schreibt in
Straßburg und ich in Stuttgart. – – Schande ihm, nicht
mir!!«[76]

»Er schreibt in *Straßburg* und ich in *Stuttgart*«: Ungeniert
weist Schubarts Zeigefinger auf die Freiheitsgrenzen der hei-
mischen Presse, welche gemeinhin schamhaft verschwiegen
wird. Die zuvor relativ liberale Pressepolitik Herzog Karl
Eugens hat sich schon bald nach Beginn der Französischen
Revolution zu wandeln begonnen. Im September 1789 wird
der *Schwäbische Merkur*, bis dahin zensurbefreit, unter Ku-
ratel gestellt. Amtliche Presserügen häufen sich. Im Mai 1790
empfiehlt der württembergische Geheime Rat dem Herzog,
ein Verbot der Schubartschen *Chronik* zu prüfen, da diese
trotz mehrerer Demarchen immer wieder »anstößige und be-

° Vor der Revolution geflohene französische Adlige kamen auch nach Stuttgart.
°° Balläster: Armbrust.

leidigende Artikel« veröffentliche.[77] Karl Eugen entscheidet, es zunächst bei einer Mahnung zu belassen – vielleicht denkt er an die Einnahmen seiner Druckerei, vielleicht will er an Schubart etwas gutmachen. Im Dezember 1790 unternimmt der Rat einen zweiten Vorstoß: In einem Bericht an den Herzog wirft er Schubart vor, »die Insurrektion der Untertanen gegen ihre rechtmäßigen Regenten« zu billigen, »zumal in einer schwülstigen und heftigen Sprache«. Das könne bei Zeitungen, die »so häufig von allen Volksklassen gelesen und öfters mißverstanden werden, mit der Zeit von sehr nachteiligen Folgen sein«.[78] Der Rat empfiehlt, allen württembergischen Zeitungen jedes eigene oder aus anderen Blättern entlehnte Urteil über die Vorgänge in Frankreich zu verbieten und nur neutrale Nachrichten zu erlauben. Die herzogliche Regierung stimmt zu. Mit der Durchsetzung dieser Anordnung unzufrieden, hebt sie am 7. Mai 1791 die bis dahin geltende partielle Zensurfreiheit auf. Nun wird auch Schubarts *Chronik* wieder behördlich vorgeprüft. Die damit beauftragten Zensoren, drei Stuttgarter Professoren, sind Karl Eugen jedoch zu lax. Im September 1791 läßt der Geheime Rat deshalb ein Gutachten über die *Chronik* erstellen. Es stellt dem Journalisten Schubart eines jener schlechten Zeugnisse aus, welche sich im nachhinein als glänzende Empfehlungsschreiben erweisen:

Gleich das erste Blatt verkündigte die Absicht dieses Mannes, durch eine überstiegene und zugleich freie Schreibart seiner Chronik einen neuen Wert zu geben, und gehorsamst Subsignierte sind eben dadurch damalen schon zu einer untertänigsten Anzeige an Eure Herzogliche Durchlaucht veranlaßt worden, worauf auch Höchstdieselbe, sowie in der Folge auf diesseitige wiederholte untertänigste Bemerkungen mehrmalen geschehen, ihn zu mehrerer Bescheidenheit und Mäßigung anweisen lassen. Allein sein Ton gefiel dem *Publico*, und jene Erinnerungen machten wenig Wirkung auf ihn. Sein Beispiel und dann der durch die Französische Revolution

unter den Straßburger Zeitungsschreibern entstandene
Wetteifer, alle Grenzen einer anständigen Schreibart und
ihres eigentlichen Berufs zu übertreten, hat auch auf den
Ton der übrigen hiesigen Zeitungen den größten Einfluß
gehabt […] Die Zeitungsschreiber suchen […] nicht nur
den Ton der ungesitteten Französischen Redakteurs in
Ansehung des Königs von Frankreich und der französischen Prinzen durch Weglassung aller ihnen gebührenden
Titulaturen nachzuahmen, sondern auch *in fraudem legis*°
und unter allerhand Gestalten Grundsätze zu verbreiten,
die besonders bei dem unaufgeklärten Teil des Volks, der
gewöhnlich die Sachen nur von *einer* Seite betrachtet, die
schädlichsten Folgen nach sich ziehen können.[79]

»VIVE LA LIBERTÉ«:
TUMULTE UND MASKERADEN

Die dringlicher werdenden Warnungen des Geheimen
Rats sind verständlich. 1789 hatte Karl Eugen, wie viele
andere deutsche Fürsten, die Pariser Ereignisse noch ab-
wartend beurteilt. Die inneren Unruhen versprachen eine
Schwächung des mächtigen Nachbarn, woran Württemberg
angesichts seiner linksrheinischen Besitzungen Mömpelgard
(Montbéliard) und Reichenweier besonders interessiert war.
Doch allmählich regt sich die Angst vor einem Funkenflug
über den Rhein, durchaus nicht ohne Grund. Es geht dabei
nicht nur um ein ziemlich fernes Wetterleuchten wie die Er-
hebung der Hallauer Bauern gegen ihre Schaffhausener Herren im Frühjahr 1790 und den sächsischen Bauernaufstand
im Herbst 1790. Bei den badischen Nachbarn kam es schon
im Sommer 1789 zu mehreren kollektiven »Widersetzlich-
keiten«. Im September 1789 – in Frankreich sind soeben

° In Umgehung des Gesetzes.

die Feudalrechte beschnitten worden – verlangten zahlreiche Bürger im württembergischen Freudenstadt mehr Holzrechte und weniger Bürgersteuern; dreißig vom Herzog geschickte Husaren beendeten den »Tumult« – so heißt ein neuer Straftatbestand, den die württembergischen Behörden in diesem Jahr einführten.[80] Zur selben Zeit lehnten die Einwohner von Diefenbach die Frondienste beim Kloster Maulbronn ab und erzwangen die Freilassung von sechs Verweigerern, die der Oberamtmann inhaftiert hat; hier sorgten fünfzig Infanteristen für die Wiederherstellung der Ordnung. 1791 kommt es in den Gemeinden Botnang, Knittlingen, Neckarhausen, Oetlingen und Tailfingen zur Auflehnung gegen die örtliche Obrigkeit; man verhaftet jeweils mehrere Bürger und bringt sie ins Zucht- und Arbeitshaus Ludwigsburg.[81]

In Stuttgart selbst sind spätestens seit Anfang 1791 »revolutionäre Umtriebe« zu verzeichnen. Bei einem Maskenball am 31. Januar 1791 – zwei Tage vorher waren französische Exilanten eingetroffen – fand ein gespielter Zwischenfall statt: Zwei in die Trikolore gekleidete Karlsschüler entreißen einem als Adligen auftretenden Freund den Stammbaum, den er mit sich trug.[82] Am 2. Februar tritt im Schauspielhaus, dessen Direktor Schubart ja noch immer ist, eine Ballettänzerin in den Revolutionsfarben auf.[83] Am 7. März erscheint auf einem Maskenball der Karlsschule ein Mann mit Saturnmaske, stellt eine Urne mit Flugblättern auf und verschwindet wieder. Die *Straßburgische Zeitung*, die am 17. März 1791 über den Vorfall berichtet, zitiert aus dem verteilten Text:

> Das achtzehnte Jahrhundert ist das Grab der Vorurteile, und also auch des Erbadels. Frankreichs hohes Beispiel wird bald alle Nationen zu einer freien Familie machen. Keine Ausländer. Keine Edelgebornen und mit ihnen keine Aristokraten! Offiziere, feile Sklaven; ihr verachtet den Bürger, und werdet selbst dadurch verächtlich. Die Deutschen werden endlich einsehen lernen, daß nicht sie frei sind, weil ihre Fürsten es sind! Völker, streift die

Empfang am Stuttgarter Hof. Pinselzeichnung von Joseph Anton Koch, 1793.

Die Schüler der Hohen Karlsschule sind für Herzog Karl Eugen (rechts) angetreten. Ihm gegenüber Oberst von Seeger, Intendant der Karlsschule und des Hoftheaters –Schubarts Vorgesetzter. Einige der Schüler grinsen hinter Seegers Rücken.

Fesseln des Despotismus ab und gehorcht ferner nur dem Gesetz. Schon bekennen Fürsten, sie seien wegen der Nation da, aber sie tun das Gegenteil!

Die Saturnmaske sollen Johann Heinrich Dannecker, Professor an der Karlsschule, und deren Student Joseph Anton Koch angefertigt haben.[84] Der Historiker Axel Kuhn, der über die »Revolutionsbegeisterung an der Hohen Carlsschule« ein eigenes Buch geschrieben hat, nennt die Stuttgarter Aktion »einmalig«: An keiner anderen deutschen Universität sei damals eine solche Provokation gewagt worden.[85] Und er nimmt an, daß die Frankreichberichte der Schubartschen *Chronik* eine wichtige Informationsquelle der Karlsschüler gewesen seien.[86] Die zahlreichen und ausführlichen Meldungen aus dem nahen Straßburg dürften zu einer nicht nur geistigen Mobilisierung ermutigt haben: Von mehreren Angehörigen der Karlsschule und von Stuttgarter Intellektuellen weiß man, daß sie der Revolution wegen nach Straßburg gezogen sind. Zu den ersten gehört ein guter Bekannter Schubarts, Karl Eugens früherer Hofprediger Eulogius Schneider. Er schließt sich in Straßburg den Jakobinern an. (Bald darauf übersetzt er als erster die »Marseillaise« ins Deutsche und gibt ihr dabei die Melodie von Schubarts »Kaplied«). Am 19. Juli 1791 meldet die *Chronik*: »Auch *Eulogius Schneider* ist nun ein geschworner Franke, er, der längst in seinem Herzen ein Sohn der Freiheit war. […] Mehrere deutsche Gelehrte gedenken sich jetzt in *Straßburg* niederzulassen.«[87] Schubart weiß, wovon er redet. Sein Stammlokal »Adler« ist in dieser Zeit ein Treffpunkt revolutionsbegeisterter Schüler und Professoren der Karlsschule.[88] Mehrere von ihnen übersiedeln in diesen Monaten nach Frankreich. Im Mai 1791 geht der Student Johann Georg Kerner – Bruder des Dichters und »Geistersehers« Justinus Kerner, später Armenarzt in Hamburg – nach Straßburg; seine Kommilitonen Joseph Anton Koch und Karl Gottlieb Schweikert folgen im November 1791 und März 1792.[89] Der Stuttgarter Journalist Christoph Friedrich Cotta emigriert nach herzoglichen Verwarnungen im Juli 1791 nach Straßburg, wo er das jakobinisch gesinnte *Straßburgische politische Journal* herausgibt.[90] Im Herbst 1791 folgt ihm Jean-Charles Laveaux, Professor für französische Sprache und Literatur an der Karlsschule. Laveaux schreibt später, daß er gegenüber seinen Studenten beständig für die Revolutionsideale eingetreten und der Saturn mit den Flugblättern gewesen sei.[91] Er wurde am 10. Oktober 1791 – nicht zuletzt wegen »unruhiger und unzufriedener Denkungsart«[92] – vom Herzog entlassen. »Am Abend vor meiner Abreise«, erzählt Laveaux später, »stiegen die Studenten der Akademie nächtens über die Mauern der Anstalt, um mir ein Ständchen zu bringen. Sie schickten mir eine Deputation, um mir zur Rückkehr in das Land der Freiheit zu gratulieren. Sie riefen unter meinen Fenstern, sie und ihre Freunde: Vive la liberté! Vive la nation française! Vive Laveaux.«[93]

Schubart, der nur einige Straßen von der Karlsschule entfernt wohnt, ist der Gelegenheit enthoben, über diese Ereignisse zu schreiben – und auch der Verlegenheit, darüber im Zweifelsfall schweigen zu müssen. Er ist bald nach Herbstbeginn schwer erkrankt. Die ärztliche Diagnose lautet auf »Schleimfieber«, was akute Bronchitis, aber auch Lungentuberkulose oder Typhus heißen kann. Der Sohn Ludwig, aus Nürnberg herbeigerufen, berichtet von seinen letzten Gesprächen mit dem Vater: »Er sprach abends mit mir oft ganze Stunden über Literatur und Frankreichs große Revolution, in seiner gewöhnlichen, starken und bildlichen Sprache; – bejammerte es, daß er die Katastrophe° der letztern nicht mehr erlebe«.[94]

Auch in der *Chronik* dominiert bis zuletzt das Thema Frankreich. Einer der letzten politischen Artikel, die Schubart veröffentlicht, stellt sich die Aufgabe, eine gemeinverständliche Definition der »Modewörter Aristokraten und Demokraten« zu geben. Es wäre effekthascherisch, diesen Text Schubarts politisches Testament zu nennen; als ein Manifest aber darf man ihn, wenngleich er sich als bloßes Referat gibt, sehr wohl bezeichnen.

> Die eigentlichen Grundsätze der zertrümmerten französischen Monarchie waren:
>
> »Der König ist die einzige Quelle der Gesetze und hat von der Ausübung seiner Macht Gott alle Rechenschaft zu geben.«
>
> »Das Volk hat die unbedingte Schuldigkeit, alles *für ihn zu tun* und alles *von ihm zu leiden.*«
>
> »Unter Anhängern dieses Systems und denen, welche Wiedereinführung der vormaligen Monarchie verlangen, verstehen wir Aristokraten.«
>
> Das gegenseitige°° System, zu dem sich die Demokraten bekennen, ist dieses:

° Ausgang des Dramas.
°° Entgegengesetzte.

»Fürsten sind um des Volks willen, das Volk nicht um des
Fürsten willen. Die Nation ist es, welche – sie sei nun
versammelt oder gesetzmäßig durch Vertreter oder Ver-
weser vorgestellt – die Befugnis hat, die Anordnungen und
Gesetze zu machen, unter welchen sie leben will. Gegen
diese darf das Oberhaupt, es sei gewählt oder erblich,
nichts einwenden: obgleich Klugheit und das Gemeine-
wohl anraten, die Erfahrungen der Regenten anzuhören,
zu erwägen und das Brauchbare daraus zu behalten. Die
Fürsten sollen jene Anordnungen bloß vollstrecken und
zum Besten des Ganzen handhaben.«

»Dies seien ewigfeste, der reinen Vernunft einleuchtende
Grundsätze, die alleinige Basis einer guten Verfassung, das
Bollwerk der Freiheit. Auch hat sie der König unter den
jetztlebenden Königen, *Stanislaus Augustus*, vor Augen
gehabt; selbst die *Friedriche* und *Joseph II.* haben sie (wo
nicht befolgt, doch) der Welt gelehrt, indem sie sich bloß
die ersten Staatsdiener laut und öffentlich genannt haben.
Und was setzt nun denn ein Beamter, ein Diener voraus? –
Doch einen Herrn? Und wer kann der Herr sein? Doch
niemand anders als die Nation, deren *allgemeiner Wille*,
der Natur der Sache nach, allein Gesetz ist?«

»Dies System scheint fürchterlich: es ist aber das Mensch-
liche, das Naturgemäße, also das Alleinwahre. Ohne es
zu befolgen wird die Natur in ihrem großen Gang auf-
gehalten, ihr letztes Ziel, *Veredlung der Menschheit*, nicht
schleunig genug erreicht. Doch getrost! Die Veredlung
der Menschheit ist ihr (wie *Tieftrunk*° sagt) durch ihren
unbedingten Charakter, durch die ihr wesentliche *Ver-
nunfttätigkeit*, so unausweichlich aufgegeben, daß sie sich,
hier früh, dort spät, hier langsam, dort schnell, hier mit
beständigen Rückfällen, dort in geraden Schritten, aber
doch allmählich nähern *muß*. Der edle Keim mensch-

° Johann Heinrich Tieftrunk (1759–1837), Philosoph.

licher Hoheit, der hin und wieder in Europa so vortrefflich gediehen ist und so glänzende Früchte trägt, wird in den übrigen Teilen der Erde auch gewiß erwachen, und die Vorsehung wird hierzu Mittel finden und Wege zeichnen, die jetzt freilich noch im Rate des Unerforschlichen verborgen sind.«[95]

Am Schluß des Artikels schlägt Schubart vor, den »Sektennamen« Demokrat doch durch den Begriff Volksfreund zu ersetzen. Ihm selbst, der kein lupenreiner Demokrat war, paßt dieser Name wie angegossen.

DAS ERBE UND DIE ERBEN
EINE SKIZZE

Schubart stirbt mit 52 Jahren am 10. Oktober 1791. Er wird auf dem Stuttgarter Hoppenlaufriedhof beerdigt. Gotthold Friedrich Stäudlin hält die Grabrede. Er zitiert die Worte, mit denen sich Helena Schubart über den Gestorbenen gebeugt habe: »Gott lohne dir dein Vertrauen auf ihn! Deine Liebe! Denn du warst Liebe, ganz Liebe!« Und sorgt gut aufklärerisch dafür, daß die Gottes- und Gattenliebe Schubarts zur allgemeinen Menschenliebe erweitert wird: »So ruhe denn sanft, unvergeßlicher Mann! von so vielen Leiden, die teils eine Mitgift der Natur für jeden Mann von Genie und tiefer Empfindung auf dieser Welt sind, teils von dem Schicksale auf deine Schultern gelegt wurden! Dein Geist, dessen mächtiges Feuer deine irdische Hülle so frühe verzehrte, fühlt sich nun selig und frei in der Vereinigung mit all den Unsterblichen, die gleich dir Lehrer und Wohltäter der Menschheit waren!«[96] Daß diese Wohltaten keineswegs nur ideeller Natur waren, zeigt sich beim Leichenzug, von dem Ludwig Schubart berichtet: »Ich erblickte, als ich seine Leiche begleitete, viele Arme am Wege, die ihm Tränen des Danks und des herzlichsten Mitleids nachweinten.«[97] In der Tat kommt die Anteilnahme aus weiten Kreisen der Gesellschaft, so als habe sich sein Leitspruch »Stark und allgemein auf sein Volk wirken« erfüllt. Das gilt zumindest für seine engere Heimat. Ein Stadtschreiber in Aalen notiert, die Todesnachricht habe die ganze Stadt in Trauer versetzt: »Selbst die, welche diesen berühmten deutschen Mann verkannten oder verkennen wollten, seufzen jetzt in einer Tour: Er ist zu früh gestorben!«[98] Man plant sofort ein Schubart-Denkmal;[99] erhalten ist ein klassizistisches

Modell für eine solche Skulptur, eine trauernde Muse, angefertigt wahrscheinlich von Johann Heinrich Dannecker, dem
bekanntesten württembergischen Bildhauer jener Zeit.[100]
Überdies ist es ausgemachte Sache, daß Schubarts bedeutend-
stes Lebenswerk, die *Chronik*, fortgesetzt werden soll. Auch
hierfür findet sich einer der besten Köpfe, die Württemberg
aufweisen konnte: eben Gotthold Friedrich Stäudlin, der als
Advokat und Schriftsteller in Stuttgart lebt.

Doch diese Versuche, Schubarts Nachleben zu sichern,
überdauern ihn nicht lange. Das geplante Denkmal kommt
nicht zustande; erst hundert Jahre später wird in Aalen eine
Schubart-Büste aufgestellt. Die *Fortgesetzte Schubart'sche
Chronik*, die noch entschiedener als Schubart für die Franzö-
sische Revolution Partei ergreift, muß nach heftigen Kämpfen
mit der herzoglichen Zensurbehörde am 27. März 1793 ihr
Erscheinen einstellen. In den folgenden Jahren bemüht sich
Ludwig Schubart im Alleingang darum, das Werk seines Vaters
für die Nachwelt zu sichern: 1793 publiziert er den zweiten
Teil von Schubarts *Leben und Gesinnungen*, 1798 sein Porträt *Schubarts Karakter*, 1806 die *Ideen zu einer Ästhetik der
Tonkunst*. 1810 faßt er den Plan, gesammelte Schriften seines
Vaters in sechs Bänden herauszugeben. Nur zwei davon kann
er vorbereiten.[101] Er stirbt, 46jährig, im Dezember 1811 in
Stuttgart. (Seine Schwester Julie ist schon 1801 gestorben;
seine Mutter Helena lebt noch bis 1819, zeitweise in Tübingen, zuletzt im Stuttgarter Pfleghaus für Hofdiener.[102]) Erst
zu Schubarts hundertstem Geburtstag erscheint eine größere,
achtbändige Werkauswahl.[103] Eine Gesamtausgabe gibt es bis
heute nicht.

DER SCHAUERROMAN

Im populären Gedächtnis bleiben neben einigen Liedern
Schubarts vor allem seine Leiden lebendig. Bezeichnend dafür
ist das bald nach seinem Tod umgehende Gerücht, er sei

lebend begraben worden, der so lange Inhaftierte sei also auch noch Gefangener seines Sargs geworden. Die freundlichste Version lautet, Schubart habe den Sargdeckel aufgestoßen und über die bigotte Trauergemeinde gelacht.[104] Eine andere will davon wissen, daß ein Totengräber abends ein Getöse hörte und nachsah; da habe man Schubarts Sarg offen und Schubarts Leichnam mit blutig gekratzten Fingernägeln vorgefunden.[105] David Friedrich Strauß, der in seiner Schubart-Biographie von diesen Horrorgeschichten berichtet, sucht den Leser durch plausible Argumente für deren Unglaubwürdigkeit zu beruhigen.[106]

Das hat nicht verhindert, daß ihnen auch später geglaubt wurde. Ein prominentes Beispiel dafür ist Heiner Müller, der in einem Gespräch mit Alexander Kluge erwähnt, daß Brecht testamentarisch einen Herzstich angeordnet habe. Die Angst vor dem Scheintod, meint Müller, sei »offenbar eine große Angst deutscher Dichter seit Schubart«: »Du weißt, Schubart saß, ich weiß nicht wieviel Jahre, zwölf oder so, auf dem Hohenasperg, oder sogar länger. Als man sehr viel später den Friedhof abgeräumt hat, hat man entdeckt, daß der Sarg von innen völlig zerkratzt war, der Sarg von Schubart, das ist schon makaber, nach zwölf Jahren Knast auch noch scheintot zu enden.«[107]

Die Schubart-Literatur der letzten Jahrzehnte behandelt die Geschichte vom Scheintod allerdings in aller Regel als Fiktion – oder spart sie aus, wie Utta Kepplers Schubartroman *Botschaft eines trunkenen Lebens* von 1972 und Kurt Honolkas große Schubart-Biographie von 1985. Das Schweigen über die schrille Sage ist eher bedauerlich. Zum einen, weil die Angst, im Grab wieder zum Leben zu erwachen, im achtzehnten und frühen neunzehnten Jahrhundert weit verbreitet war und also eine kulturpsychologische Analyse verdient hätte. Auch Schubart hat die Gefahr des Scheintods in seiner *Chronik* wiederholt erwähnt und ausgemalt.[108] Zum andern verraten die Legenden über seinen Tod einiges über das populäre Schubart-Bild: Man sieht ihn als unbezähmbaren Rebellen, der noch am eigenen Sarg rüttelt, aber zugleich als Unglücksmenschen, der zuerst auf dem Asperg lebendig begraben wurde und dessen letzter Freiheitskampf ebenfalls vergeblich war.

Gewiß haben die Schubart-Romane, die ab der Mitte des neunzehnten Jahrhunderts geschrieben wurden, auch den heiteren, trinkenden, singenden und spielenden, den vielliebenden und vielgeliebten, den künstlerisch und journalistisch erfolgreichen Schubart dargestellt. Im kollektiven Gedächtnis aber, in dem Schubart in Süddeutschland lange Zeit aufgehoben war, ist sein Leben vor allem als Schauergeschichte gegenwärtig. Anlaß dazu gab es genug: zunächst ein ruheloses Leben – dreimal wurde er aus seinem Zuhause vertrieben –, dann das stillgestellte Leben einer über zehnjährigen Willkürhaft, in der Freiheit nur noch eine Frist von vier Jahren. Bei Schubart denkt man an den Hohenasperg, beim Hohenasperg an Schubart. Man besichtigt dort oben den »Schubartturm« und das »Schubartloch«. Zum Grusel kommt bei den einen Empörung, bei den anderen Mitleid, und manche benutzen die Gelegenheit, vor den Folgen des Rebellionsgeists zu warnen. Wie schreibt doch ein A. Bertsch – vermutlich der Ludwigsburger Pfarrer a. D. Albert Bertsch – 1939 im *Schwäbischen Merkur*: »Wir müssen es uns selber und andern immer wieder sagen, daß er nicht so sehr ein Opfer tyrannischer Laune als ein Opfer seines eigenen, schrankenlosen, die staatliche Autorität mißachtenden, über seine eigensten Lebensinteressen und die seiner armen Familie sich hinwegsetzenden Leichtsinns geworden ist.«[109]

POLITISCHE KONJUNKTUREN

Die Wiederentdeckung Schubarts in der deutschen Literatur vollzieht sich in den Jahren des Vormärz. Die politischen Bezüge sind unübersehbar. Die achtbändige Werkausgabe von 1839/1840 trägt den Titel *C. F. D. Schubart's, des Patrioten, gesammelte Schriften und Schicksale*, als Motto wählten die

»Schubart in der Fürstengruft«. Lithographie von Bonaventura Weiß (1866).

Herausgeber Klopstocks »O Freiheit! Silberton dem Ohre«. 1843 erscheint in der Franck'schen Verlagsbuchhandlung der Roman *Schillers Heimatjahre* von Hermann Kurz, der neben Schillers auch Schubarts Kampf »in tyrannos« darstellt. Der Verleger Georg von Cotta hat das Manuskript abgelehnt: Er müsse, so ließ er verlauten, Rücksicht auf den Stuttgarter Hof nehmen.[110] 1850 wird Kurz als republikanischer Agitator für acht Wochen auf dem Hohenasperg einsitzen. Die erste ausführliche Schubart-Biographie stammt ebenfalls aus jenen Jahren: 1849 publiziert der Theologe David Friedrich Strauß die beiden Bände *Christian Friedrich Daniel Schubart's Leben in seinen Briefen*. In der Vorrede erinnert Strauß, ein liberal-konservativer 48er, an die vielen Oppositionellen, die im Vormärz wie Schubart eingekerkert wurden,[111] und auch er rechnet mit dem früheren württembergischen Herrscher ab: »Für Württembergs Herzog Carl ist jedes neuentdeckte Aktenstück über Schillers Jugend und Schubarts Schicksal eine Auferstehung zum Gericht.«[112] 1855 bringt Adolf Weisser in Hamburg den Roman *Schubarts Wanderjahre oder Dichter und Pfaff* heraus. (Der »Pfaff« ist der Exorzist Gaßner.) Adolf Weisser war wie Hermann Kurz in den Revolutionsjahren Redakteur des *Beobachters*: Die beiden für das einflußreichste republikanische Blatt in Württemberg Verantwortlichen sind also die ersten Schubart-Romanciers. Ein 48er ist auch Albert Emil Brachvogel, der 1864 den Roman *Schubart und seine Zeitgenossen* veröffentlicht. Brachvogel, der unter anderem revolutionsbegeisterte Dramen verfaßte, verliert wegen dieser Veröffentlichung seinen Redakteursposten bei einem Berliner Blatt des Johanniterordens.[113] Die von Schubart handelnde Belletristik dieser Jahrzehnte trägt die Farben Schwarz-Rot-Gold.

Nun war der Patriot Schubart, wie gezeigt, nicht nur ein Volksfreund, sondern auch ein Deutschtümler. Es kann deshalb nicht überraschen, daß sich im späten neunzehnten und frühen zwanzigsten Jahrhundert nationalistische und völkische Schubart-Verehrer zu Wort melden. Die historische Situation, in der er schrieb, und die inneren Widersprüche seines Nationalgefühls werden dabei kaum zur Kenntnis genommen. Ein besonders krasses Beispiel hierfür bietet ausgerechnet die bis dahin ausführlichste, genaueste, heute noch oft zitierte Biographie von Karl Maria Klob: *Schubart. Ein deutsches Dichter- und Kulturbild* aus dem Jahre 1908. Klob erklärt den Journalisten und Politiker Schubart zum Verbündeten im protestantisch-preußischen Kulturkampf gegen die »schwarze Internationale«, da auch er »gegen die Verdummung des Volkes durch den römischen Klerikalismus« gekämpft habe,[114] und er findet Schubarts »geraden« Ton nur noch in der deutschnationalen Presse wieder.[115] Er kreidet ihm allerdings eine gravierende Schwäche an: Beim Thema der Judenemanzipation sei er »ganz in den Toleranzideen seiner Zeit befangen. […] Schubart urteilte in der Judenfrage ganz im Sinne des Aufklärungsjahrhunderts, daher vollständig vom Standpunkte der *Religions*freiheit. Würde er heute leben und könnte er all die Schäden überblicken, die durch das allzu mächtige Anwachsen des Judentums auf *sozialem* Gebiete entstanden sind, es würde ihm wohl klarwerden, daß nicht der religiöse, sondern einzig und allein der Rassenantisemitismus seine Berechtigung hat.«[116] Andere völkische Schubartianer sind weniger direkt: Sie gehen über Schubarts Plädoyer für die Juden einfach wortlos hinweg, ebenso wie über seine Verteidigung der Menschenrechte kolonialisierter Völker.

Auch nationalsozialistische Autoren verschonen Schubart nicht mit ihrer Zuneigung. Der Romancier Fritz Meichner reklamiert Schubart 1943 in seinem Buch *Das flammende Wort* für den Faschismus. (Mein Exemplar dieses Romans war, wie einem Einklebeblatt zu entnehmen ist, ein Geschenk der Ortskommandantur Otwock zum »5. Kriegsweihnachtfest« an einen »getreuen Mitarbeiter«.) Das politische Testament, das Meichner dem sterbenden Schubart 1943 in den Mund legt, lautet: »Auch du wirst nur eine Brücke sein nach der fernen Zukunft, in der eines großen Mannes Kampfruf derselbe sein wird wie die Stimme des hinter ihm stehenden geeinten Volkes gegen fremde Völker, erzene Stimme im bellenden Chor neidischer Nachbarn.« Heinrich Lilienfein, als hitlertreuer Schriftsteller hoch dekoriert, schreibt den Schubartroman *In Fesseln frei*, der von 1938 bis 1949 sieben Auflagen erlebt. Mit dem Vortrag »Schubart, der Deutsche« tritt Lilienfein bei einer Veranstaltung der Stadt Aalen zu Schubarts 200. Geburtstag auf. Zum selben Anlaß findet im Juli 1939 eine Schubartfeier des »Liederkranzes Asperg« auf dem Hohenasperg statt.[117] Von den politischen Gefangenen, die während des Dritten Reiches auf der Festung einsaßen – etwa dem bürgerlichen Demokraten Eugen Bolz, der 1933 hinaufgeschafft wurde –, war dabei wohl nicht die Rede. (Bolz wurde nach dem 20. Juli 1944 hingerichtet.) Allerdings darf man die Schubartfeiern im Nationalsozialismus nicht einfach mit NS-Schubartfeiern gleichsetzen. Bei der Asperg-Veranstaltung von 1939 standen neben seinem nationalstolzen *Chronik*-Artikel »Deutschland« auch christliche Lieder Schubarts und seine »Fürstengruft« auf dem Programm. Was haben sich die Zuhörer gedacht, als der »Rezitator a. D. Karl Lachenmann« Schubarts Fluch auf die absoluten Herrscher vortrug, »an deren Nicken Leben oder Tod hing«? Und wie ist der Geburtstagsartikel des *Schwäbischen Merkur* vom 26. März 1939 zu verstehen, in dem es über Schubart heißt: »Trotz seiner Bewunderung für die französischen Revolutionshelden bleibt er ein deutscher Patriot, und weithin schauend malte er sich prophetisch aus, wie Deutschland, zu gebieterischer Machtfülle gelangend, die ›Zentralsonne‹ würde, ›von der die politischen Strahlen ausgehen‹. Freilich, das Deutschland, das ihm vorschwebt, ist ein Reich, in dem die *Freiheit* heimisch ist: O Freiheit! Ohne dich ist das Vaterland / Ein eitler Wahn, ein leerer Name, / Traum nur und Traum von des Rauches Schatten.«[118]

In der Nachkriegszeit wird das von Nazi-Lorbeeren zerkratzte Schubart-Bild alsbald restauriert. Es sind Verlage der DDR, die Schubart zuerst durch Neuauflagen seiner Werke würdigen. 1951 gibt Reclam Leipzig seine Autobiographie *Leben und Gesinnungen* heraus. 1956 veröffentlicht der Aufbau-Verlag ein kleines Schubart-Brevier, *Einigkeit der Freiheit Amme sei …*, und 1959 erscheint im Volksverlag Weimar die erste größere Schubart-Anthologie nach 1945; *Schubarts Werke in einem Band*, herausgegeben von Ursula Wertheim und Hans Böhm, erreicht vier Auflagen. Die Einführung charakterisiert Schubart als aufklärerischen »Volksschriftsteller und Volkserzieher«,[119] als unerbittlichen Gegner des Absolutismus, als Förderer der Judenemanzipation und als Ankläger des Kolonialismus. Von Nationalismus und Ausländerfeindlichkeit wird er freigesprochen: Die Kritik an Frankreich, so heißt es, sei bei ihm stets nur eine Kritik am Absolutismus und an der höfischen Dekadenz gewesen.[120] 1963 wird Schubart sogar zum Helden eines ostdeutschen Kinderbuchs, *Der Gefangene des Herzogs* von Gerhard Jäckel (der später Drehbücher für die Fernsehserie »Polizeiruf 110« schrieb). Die Erzählung, die bis 1965 drei Auflagen erlebt, schildert Schubart als »den Mann, der so mutige Worte gegen die Dumpfheit und Enge der Zeit gefunden hatte wie kaum einer vor ihm«.[121] Der Reprint der *Chronik*-Jahrgänge 1774 bis 1777 erscheint 1975 in der Bundesrepublik,[122] aber der bis heute einzige Wiederdruck von Schubarts Autobiographie wird 1980 in Leipzig besorgt; das fulminante, schubart-begeisterte Nachwort schreibt der prominente Literaturwissenschaftler Claus Träger.[123] Auch die erste Sammeledition von Schubart-Briefen nach 1945 ist ein DDR-Produkt: Sie erscheint 1984 in Leipzig und als Lizenzausgabe in München.[124] Die Editoren sind wiederum Ursula Wertheim und Hans Böhm, die Schubart auch diesmal ohne größere Abstriche als »fortschrittlichen, antifeudalen, demokratischen Journalisten« schildern, der »einen würdigen Platz in der Erberezeption beanspruchen« könne.[125]

Aber auch in Westdeutschland wird, vor allem seit 1968, der »fortschrittliche« Schubart entdeckt. Allerdings werden die Akzente etwas anders gesetzt als in der DDR. Schubart erscheint hier nicht so sehr als populärer Journalist und Volkserzieher denn als Querdenker und Querläufer, als einsamer Rebell. Peter Härtling, der 1968 Gedichte von Schubart herausgibt, findet den Dichter »modern«, weil ihn eine »Neigung zur Anarchie«, eine »Rage gegen alle Konventionen« ausgezeichnet habe.[126] Wilfried F. Schoeller schreibt 1979 für den Wagenbach-Verlag das Taschenbuch *Schubart. Leben und Meinungen eines schwäbischen Rebellen*. Auch er rückt seinen Protagonisten in die Nähe der antiautoritären Bewegung. Er zeichnet ihn als sinnenfroh, frech, aufsässig, als »Rebell und Staatsfeind« und attackiert das Schubartbild von »Pfarrern und bibelfesten Heimatforschern«: »Sie entwarfen einen moralisch Verkommenen, wo sie hätten einen Rebellen entdecken können.«[127] Für Werner Dürrson, 1980 mit dem Schubart-Literaturpreis der Stadt Aalen ausgezeichnet, ist Schubart gar ein »Früh-Anarchist mit einer schier terroristischen Wut

Schubart? Kreidezeichnung; Künstler und Entstehungsjahr sind unbekannt.

gegen jederlei Konvention«.[128] Sinnbildlich für solche Schu-
bart-Deutung bei der Neuen Linken steht das Umschlagbild,
das sowohl für Schoellers wie für Dürrsons Schubartbuch
gewählt wurde: ein Porträt von unbekannter Hand und unbekannten Datums, von dem ungewiß ist, ob es wirklich Schubart
darstellt. Das Bild des jungen Mannes mit offenem Hemd-
kragen und langem, zerzaustem Haar verträgt sich gut mit
den zeitgenössischen Vorstellungen von einem »Rebellen und
Staatsfeind«. Die Reproduktionen verschärfen die Schatten-
zeichnung des Originals, als säße Schubart in einem kahlen,
dunklen Raum, beleuchtet von einer einzigen Lichtquelle: ein
politischer Gefangener in seiner Zelle.

DER UNBÜRGERLICHE BÜRGER

Einem Urteilswandel war auch Schubarts künstlerisches und journalistisches Erbe unterworfen. Auffällig aber sind hier vor allem die Konstanten. Geschätzt wurden meist der Musiker, vor allem der Liederkomponist, auch der fortschrittliche Journalist. Die geringste Anerkennung beim Publikum wie bei den Experten fanden gerade seine in Stil und Thema ambitionierten Dichtungen, die *Todesgesänge*, die Oden und Hymnen. Noch am ehesten gelobt wurde hier seine sprachschöpferische Kraft. In älteren und neueren, bürgerlichen und marxistischen Würdigungen wird Schubart vor allem als literarische Übergangsgestalt behandelt, als Anreger, Vorläufer, Wegbereiter der deutschen Klassik. Brachvogels Schubart-Roman treibt dies Motiv auf die Spitze: In der Schlußszene begeben sich Schiller und Goethe mit einem Eichenkranz zum Stuttgarter Friedhof: »Goethe und Schiller an Schubarts Grabe – vereint! Ein Händedruck, eine Zähre, ein Seufzer, – der Bruderbund der Dichterfürsten ist geschlossen!«[129]

Seit der Mitte des neunzehnten Jahrhunderts profitiert Schubart vom wachsenden deutschen Schillerkult. Vor allem bei schwäbischen Autoren verschmelzen »Schubart und Schiller« mitunter zu Dioskuren; ihre Begegnung auf dem Hohenasperg wird zur gern auch bildlich dargestellten Verbrüderung idealisiert.

Neben dem Vorläufer Schubart ist immer auch der Querläufer Schubart apostrophiert worden. Das zielte vor allem auf seinen Charakter, auf seine Lebensführung oder genauer gesagt auf deren Verweigerung. In der Tat war Schubart mit den bürgerlichen Verhaltensstandards gleich mehrfach über Kreuz: Zurückhaltung der Affekte, stabiles Über-Ich, Langsicht über den Augenblick hinaus, Arbeitsethos – in all diesen Meßeinheiten für Bürgerlichkeit ist er ein Versager. Im neunzehnten Jahrhundert, als das Wegfallen eindeutiger Standesgrenzen die Distinktion per Habitus immer wichtiger machte, ist Schubart diese Normenverfehlung böse angekrei-

Populäre Schubart-Verehrung im 19. Jahrhundert: Dies »lebende Bild« bei der Aalener Schubartfeier von 1891 zeigt die Begegnung von Schubart und Schiller auf dem Hohenasperg.

det worden. Als »ungebärdig und planlos«, ohne »Fleiß und Beharrlichkeit« tadelt ihn David Friedrich Strauß;[130] und da er seine Leidenschaften nicht habe bändigen können, sei er in vielem unaufgeklärt, nämlich gläubig geblieben: »Seine sittliche Unfreiheit hielt ihn auch in geistiger Knechtschaft fest. Er war sich bewußt, daß das Tier in ihm noch der Peitsche, der Zucht von außen, der Bedrohung mit den Strafen der Hölle, bedurfte.«[131] Noch gnadenloser exekutiert Robert Prutz an Schubart den bürgerlichen Verhaltenskodex: Begabt, witzig, ehrlich sei er zweifellos gewesen, aber ohne gediegene Bildung, sitten- und haltungslos: »Schubart hat es nie, zu keiner Zeit über sich gewinnen können, dem Tier in sich zu gebieten und die Anforderungen seiner Sinnlichkeit mit den Geboten der Vernunft, der Sitte, der Wohlanständigkeit in Einklang zu bringen; er hat es nie über sich gewinnen können, die Arbeit um ihrer selbst willen zu lieben und wegen der sittlichen Stärkung, die sie mit sich führt; selbst nicht, wenn diese Arbeit seinem Talent und seiner Persönlichkeit vollkommen gemäß war. In jedem Becher Wein, in jedem Weiberantlitz, ja in jedem Geldstück, wie sauer erworben es ihm war, lauerte für ihn ein Dämon, eine zwingende, teuflische Gewalt, der er sinnlos sich selbst, seine Ehre, seine Würde zum Opfer brachte.«[132]

Natürlich gab es immer auch Leser von Schubart oder von Schubartromanen, die sich gerade von diesen angeblich dunklen Seiten angezogen fühlten und mit Schubarts »Unbehagen in der Kultur« identifizieren konnten. Allen voran die antiautoritären Schubart-Bewunderer nach 1968. Jedoch: Rebellen gegen die bürgerliche Moral gab und gibt es viele. Eine nachhaltige Bedeutung Schubarts läßt sich nicht aus seinem querläufigen Habitus, wohl aber aus dessen Manifestationen in seinem Lebenswerk ableiten. Hier findet sich sein Desinteresse an langfristiger »Planung« und am »Bohren dicker Bretter« als Reaktionsschnelle und Gerechtigkeitswille wieder. Daß er selten bemüht war, Würde zu bewahren, korrespondiert mit einer um Stilreinheit unbekümmerten Schreibweise, die sich, doppelt unorthodox, sowohl für die Alltagssprache als auch für phantasievolle Neuschöpfungen öffnete. Vor allem aber findet seine vielzitierte Neigung zum »Plebejischen« und zu den »Plebejern« ihren Ausdruck in einem lyrischen und publizistischen Werk, das über das Bildungsbürgertum hinaus zu wirken imstande war: Schubart war ein Parteigänger des Bürgertums, das seine Freiheitsrechte als allgemeines Menschenrecht formulierte, aber kein Vertreter von distinktiver Bürgerlichkeit. Ein unbürgerlicher Bürger, der ins nachbürgerliche Zeitalter herübergrüßt. Wir sollten diesen Gruß erwidern.

ANHANG

ANMERKUNGEN

VORWORT / HELLAUF

[1] Ludwig Schubart: Schubarts Karakter. Erlangen 1798, S. 158–160.

[2] Hermann Hesse in: Ders./ Karl Isenberg (Hg.): Schubart. Dokumente seines Lebens. Berlin o. J. (1926), S. 183.

[3] Ludwig Schubart: 1798, S. 118 f.

[4] Ebd., S. 159.

[5] Ebd., S. 30.

[6] Christian Friedrich Daniel Schubart: Vorlesungen über die schöne Wissenschaften für Unstudierte. Augsburg 1777a, S. 101.

[7] David Friedrich Strauß: Christian Friedrich Daniel Schubart's Leben in seinen Briefen. 2 Bde., Berlin 1849; hier Bd. 1, S. 299 f.

[8] Hesse (1926), S. 182.

[9] Rudolf Krauß: Zur Geschichte der Schubartschen Chronik. (Beschwerden und Widerrufe, Zensurfreiheit und Zensur.) In: Württembergische Vierteljahreshefte für Landesgeschichte. N. F., 12. Jg. 1903, S. 78–94; hier S. 92.

[10] Gotthold Friedrich Stäudlin: Schubart. In: Chronik, 14.10.1791, S. 671–677; hier S. 673.

[11] Friedrich Schiller: Über Bürgers Gedichte. In: Ders.: Erzählungen. Theoretische Schriften. Hg. von Wolfgang Riedel. München, Wien 2004, S. 970–991; hier S. 976.

[12] Ludwig Schubart 1798, S. 116.

[13] Karl Heinrich Jördens (Hg.): Lexikon deutscher Dichter und Prosaisten. Bd. 4, Leipzig 1809, S. 648.

[14] Christian Friedrich Daniel Schubart: Leben und Gesinnungen. Teil 1, Stuttgart 1791, S. 3–6.

[15] Vgl. Ludwig Schubart 1798; siehe auch Ders.: Mein Großvater. In: Der Freimüthige, 6. Jg. 1809, S. 977–979, S. 982–988, S. 990 f., S. 995–999.

[16] Schubart 1791, S. 8.

[17] Ebd., S. 9 f.

[18] Ebd., S. 11–13.

[19] Ebd., S. 28.

[20] Ebd., S. 28 und S. 31.

[21] Vgl. Bernd Breitenbruch: Christian Friedrich Daniel Schubart bis zu seiner Gefangensetzung 1777. Ulm 1989, S. 20.

[22] Schubart 1791, S. 34.

[23] Ebd., S. 46.

[24] Ebd., S. 48.

[25] Ebd., S. 52.

[26] Vgl. Kurt Honolka: Schubart. Dichter und Musiker, Journalist und Rebell. Sein Leben, sein Werk. Stuttgart 1985, S. 30.

[27] Schubart 1791, S. 54.

[28] Vgl. Breitenbruch 1989, S. 15 f.

[29] Ebd., S. 18 f.

[30] Zit. nach Karl Geiger: Zu Schubarts Leben und Schriften. In: Literarische Beilage des Staats-Anzeigers für Württemberg, Stuttgart 1885, S. 244–252, 278–288, 298–302; hier S. 281.

[31] Christian Friedrich Daniel Schubart: Sämmtliche Gedichte.

Bd. 2, Stuttgart 1786, Vorbericht
(unpag.).
[32] Schubart 1791, S. 163.

DER LEHRER

[1] Volkmedizinisches Heil-
verfahren, bei dem schädliche
Körpersäfte durch das Setzen einer
Fontanelle (»Springbrunnen«), das
heißt einen Hauteinschnitt oder
ein Reizpflaster, ausgeleitet werden
sollen.
[2] Deutsche Chronik, 2.10.1775,
S. 629 f.
[3] Brief vom 19.4.1767. In:
Christian Friedrich Daniel Schubart: Briefwechsel. Hg. von Bernd
Breitenbruch. Konstanz 2006, Bd. 1
(1753–1777), S. 106.
[4] Vgl. Schubart 1791, S. 56.
[5] Vgl. Friedrich Pressel: Schubart
in Ulm. Ulm 1861, S. 5 f.
[6] Vgl. Eugen Nägele: Aus Schubarts Leben und Wirken. Tübingen
1921, S. 26.
[7] Vgl. ebd., S. 172.
[8] Vgl. Brief an Böckh vom
22.11.1767. In: Schubart 2006,
Bd. 1, S. 129.
[9] Brief an Balthasar Haug vom
15.7.1763. In: Schubart 2006, Bd. 1,
S. 27.
[10] Brief von Christoph Martin
Wieland an Schubart vom 18.6.1766.
In: Ebd., S. 79.
[11] Brief an Haug vom 19.3.1769.
In: Ebd., S. 161.
[12] Christian Garve's Vertraute
Briefe an eine Freundin. Leipzig
1801, S. 61 f. Der Brief ist mit Juli
1767 datiert.
[13] Brief an Böckh vom 14.5.1767.
In: Schubart 2006, Bd. 1, S. 115.
[14] Schubart 1791, S. 91.
[15] Schubart 1791, S. 91 f.
[16] Brief an Böckh vom 1. u.

2.6.1768. In: Schubart 2006, Bd. 1,
S. 141.
[17] Christian Friedrich Daniel
Schubart: Zaubereien. Ulm 1766.
[18] Im 2. Stück des 1. Bands von
1767, S. 152.
[19] Schubart 1791, S. 98.
[20] Brief an Böckh von Ende
November/Anfang Dezember 1766.
In: Schubart 2006, Bd. 1, S. 98.
[21] Vgl. Wirtembergisches Gesangbuch, zum Gebrauch für Kirchen
und Schulen von dem Herzoglichen
Synodus nach dem Bedürfniß der
gegenwärtigen Zeit eingerichtet.
Stuttgart (1792), S. 111 f.
[22] Brief an Böckh von Ende
November/Anfang Dezember 1766.
In: Schubart 2006, Bd. 1, S. 98.
[23] Ebd.
[24] Vgl. Breitenbruch 1989, S. 60.
[25] Schubart 1791, S. 83.
[26] Vgl. desgl. vom 6.6.1766. In:
Schubart 2006, Bd. 1, S. 74.
[27] Vgl. desgl. vom 3.8.1763. In:
Schubart 2006, Bd. 1, S. 32.
[28] Vgl. Konrad Gaiser: Christian Friedrich Daniel Schubart.
Schicksal/Zeitbild. Stuttgart 1929,
S. 113. Der Ausspruch war in Schubarts Werken nicht auffindbar.
[29] Zit. nach Nägele 1921, S. 88.
[30] Vgl. Christian Friedrich Daniel
Schubart: Geislinger Schuldiktate.
Hg. Günther Currle und Hartmut
Gruber. Geislingen o. J. (1993),
S. 91.
[31] Otto Borst: Christian Friedrich
Daniel Schubart. In: Ders.: Die
heimlichen Rebellen. Schwabenköpfe aus fünf Jahrhunderten.
Stuttgart 1980, S. 51–69; hier S. 58.
[32] Hermann Bausinger: Tanzende
Donnerworte. In: Ders.: Ein
bißchen unsterblich. Schwäbische
Profile. Tübingen 1996, S. 13–22.
[33] Brief an Johann Jakob Schubart
vom 1.3.1768. In: Schubart 2006,

S. 136. Die Publikation kam nicht zustande.

[34] Strauß 1849, Bd. 2, S. 458.

[35] Schubart (1993), S. 15.

[36] Vgl. ebd., S. 11.

[37] Ebd., S. 19.

[38] Ebd., S. 41.

[39] Zit. nach Nägele 1921, S. 409.

[40] Schubart 1777a, S. 86.

[41] Schwäbisches Magazin von gelehrten Sachen auf das Jahr 1775. Erstes Stück. Stuttgart 1775, S. 30–38. (Ohne Autorangabe.) Das Fragment einer ausführlicheren Version erschien unter dem Titel »Beitrag zur Geschichte des menschlichen Herzens« im *Ulmischen Intelligenzblatt*, 9.3., 16.3., 23.3., 30.3., 13.4. und 20.4. 1775 (unpag.). Die am 20.4. angekündigte Fortsetzung blieb aus.

[42] Vgl. Biographie des Doctor Friedrich Wilhelm von Hoven. Von ihm selbst geschrieben und wenige Tage vor seinem Tode noch beendigt. Hg. von einem seiner Freunde und Verehrer. Nürnberg 1840, S. 55.

[43] August Gottlieb Meißner: Skizzen. Bd. 1, Leipzig 1778, S. 128 f.

[44] Schubart 2006, Bd. 1, S. 100 f.

[45] Ebd., S. 102 f.

[46] Zit. nach Breitenbruch 1989, S. 75.

[47] Zit. nach Nägele 1921, S. 293.

[48] Brief an Böckh vom 23.9.1769. In: Schubart 2006, Bd. 1, S. 177.

DER MUSIKER

[1] Schubart 1791, S. 108–110.

[2] Brief von Helena Schubart an Balthasar Haug vom 27.6.1769. Zit. nach Breitenbruch 1989, S. 78 f.

[3] Vgl. Schubart 2006, S. 178.

[4] Vgl. Peter Lahnstein: Ludwigsburg. Aus der Geschichte einer europäischen Residenz. Stuttgart 1968, S. 50.

[5] Andrea Hahn: Ludwigsburg – Stationen einer Stadt. Ludwigsburg 2004, S. 48.

[6] Vgl. Schubart 1791, S. 146.

[7] Vgl. ebd., S. 138.

[8] Vgl. Schubart 1791, S. 121 f.

[9] Schubart 2006, Bd. 1, S. 173 f.

[10] Ebd., S. 211 f.

[11] Ebd., S. 214.

[12] Ebd., S. 221 f.

[13] Ebd., S. 222.

[14] Joseph Uriot (1713–1788), geb. in Nancy; Theaterautor, Hofbibliothekar, Lehrer an der Hohen Karlsschule.

[15] Offenbar geht es um Kurzsichtigkeit. Sie ist anderweitig nicht belegt.

[16] Ebd., S. 217–219.

[17] Lahnstein 1968, S. 40.

[18] Schubart 1791, S. 142.

[19] Ebd., S. 142 f.

[20] Kabale und Liebe, 2. Akt, 3. Szene.

[21] Schubart 2006, Bd. 1, S. 215.

[22] Schubart 1791, S. 132.

[23] Ludwig Schubart 1798, S. 121 f.

[24] Carl Burney's der Musik Doctors. Tagebuch seiner Musikalischen Reisen. Bd. 2, Hamburg 1773, S. 81 f.

[25] Ebd., S. 80 f.

[26] Johann Wolfgang von Goethe: Italienische Reise. Tag- und Jahreshefte. In: Ders.: Sämtliche Werke in 18 Bänden. Bd. 11, Zürich 1977, S. 480.

[27] Ernst Holzer: Schubartiana. In: Württembergische Vierteljahreshefte für Landesgeschichte, N. F., XV. Jg. 1906, S. 558–571; hier S. 564.

[28] Zit. nach Ernst Häußinger: »Schubart ist ein großer Klavierspieler«. Neue archivalische Funde zu Schubarts kompositorischer und konzertierender Tätigkeit. In:

Baden-Württemberg. Südwest-
deutsche Monatsschrift für Kultur,
Wirtschaft und Reisen, 1965, H. 4,
S. 18–20; hier S. 18.

[29] Ludwig Schubart 1798, S. 48.

[30] Vgl. Peter Schleuning: Das
18. Jahrhundert. Der Bürger erhebt
sich. Reinbek 1984, S. 524 f.

[31] Christian Friedrich Daniel
Schubart: Vorlesungen über
Mahlerey, Kupferstecherkunst, Bild-
hauerkunst, Steinschneidekunst und
Tanzkunst. Augsburg 1777b, S. 16.
Unter demselben Titel erschien
auch ein Vorlesungsband in Münster
(1777c).

[32] Schubart 1791, S. 61.

[33] Ludwig Schubart 1798, S. 47.

[34] Ebd., S. 113.

[35] Christian Friedrich Daniel
Schubart: Ideen zu einer Ästhetik
der Tonkunst. Hg. von Ludwig
Schubart. Wien 1806, S. 275 f.

[36] Vgl. Brief an Böckh vom
21.8.1770. In: Schubart 2006, Bd. 1,
S. 190.

[37] Vgl. Honolka 1985, S. 267.

[38] Zit. nach ebd.

[39] Schubart 1806, S. 377–380.

[40] Ludwig Schubart 1798, S. 31.

[41] Erich Schmidt: Klopstock. In:
Ders.: Charakteristiken. Berlin 1886,
S. 119–159; hier S. 137.

[42] Lahnstein 1968, S. 84. Schubart
selbst schreibt dazu: »In Ludwigsburg sind Handwerksleute, die den
Messias statt eines Erbauungsbuchs
brauchen und nach der Bibel – wie's
denn auch wahr ist – kein göttlichers
Buch kennen, als dies.« (Brief an
Klopstock vom 4.6.1776. In: Schubart 2006, Bd. 1, S. 284.)

[43] Teutsche Chronik, 17.10.1776,
S. 664.

[44] Schubart: Leben und Gesinnungen. T. 2. Stuttgart 1793, S. 38 f.

[45] Ludwig Schubart 1798,
S. 124–126.

[46] Brief an Böckh vom 17.4.1767.
In: Schubart 2006, Bd. 1, S. 104.

[47] Schubart 1777, S. 111.

[48] In dem von Elisabeth Höpker-
Herberg 1974 herausgegebenen
Messias-Text lautet diese Stelle:
»Da den Versöhner kommen er
hörte, / Sahe, da schwebt' in der
Wonn' hinaus in die Öde, da
eilte / Abdiel wieder zur Pforte der
Hölle …« (Klopstocks Werke, Bd. IV
2. Berlin, New York 1974, S. 188.)

[49] Teutsche Chronik, 7.11.1776,
S. 709 f.

[50] Ludwig Schubart 1798, S. 23.

[51] Ebd., S. 54.

[52] Ebd., S. 19 f.

[53] Ebd., S. 48.

[54] Ebd., S. 64–66.

[55] Ebd., S. 47.

[56] Ebd., S. 106.

[57] »Nachricht ans Publikum« vom
Mai 1785. Zit. nach Karl Maria Klob:
Schubart. Ein deutsches Dichter-
und Kulturbild. Ulm 1908, S. 323.

[58] Vgl. Ludwig Schubart 1798,
S. 129.

[59] Zit. nach Klob 1908, S. 321 f.

[60] Brief von Klaus-Rüdiger
Utschick an den Verfasser vom
7.9.2007.

[61] C. C. Gjöerwell in einem Brief
von 1808. Zit. nach Carl Michael
Bellman: Der Lieb zu gefallen. Eine
Auswahl seiner Lieder. München
1976, S. 160.

[62] G. Kreutzer: Ach Bellman,
Bellman. In: Maria und Peter Ulrich
Hein (Hg.): Freia und Bacchus.
Hommage an den schwedischen
Dichter Carl Michael Bellman. Köln
1996, S. 12–26; hier S. 13.

[63] Schubart 1791, S. 292.

[64] Ludwig Schubart 1798,
S. 152 f.

[65] Vgl. Breitenbruch 1989, S. 16.

[66] Vgl. Strauß 1849, Bd. 1, S. 138.

[67] Vgl. Breitenbruch 1989, S. 79 f.

[68] Brief an Böckh vom 17.1.1770. In: Schubart 2006, Bd. 1, S. 183.

[69] *Vgl. Wolfgang Bollacher: Georg Sebastian Zilling (1725–1799) – viel geschmähter Dekan und Stadtpfarrer in Ludwigsburg. In: Ludwigsburger Geschichtsblätter, H. 40, 1987, S. 93–114.*

[70] Vgl. Hoven 1840, S. 21.

[71] Justinus Kerner: Das Bilderbuch aus meiner Knabenzeit. Erinnerungen aus den Jahren 1786 bis 1804. Braunschweig 1849, S. 125.

[72] Ebd., S. 127.

[73] Schubart 1791, S. 163.

[74] Vgl. Hoven 1840, S. 21.

[75] Zit. nach Bollacher 1987, S. 103.

[76] Vgl. Breitenbruch 1989, S. 82.

[77] Deutsche Chronik, 25.5.1775, S. 335.

[78] Brief an Haug vom 19.9.1770. In: Schubart 2006, Bd. 1, S. 19.

[79] Vgl. Ludwig Schubart 1798, S. 6 f.

[80] Schubart 1791, S. 157.

[81] Schubart 2006, Bd. 1, S. 224.

[82] Ebd., S. 225 f.

[83] Ebd., S. 227 f.

[84] Ebd., S. 228–230.

[85] Schubart 1791, S. 158.

[86] Schubart 1791, S. 161 f.

[87] Brief von Haug an Schubart, ohne Datum (Mitte Dezember 1771?). In: Schubart 2006, Bd. 1, S. 222–224.

[88] Desgl., ohne Datum (Herbst 1772). In: Schubart 2006, Bd. 1, S. 236.

[89] Ebd., S. 168.

[90] Vgl. Kerner 1849, S. 125 f.

[91] Illustration zu Schubarts »Leben und Gesinnungen«, Bd. 1, Stuttgart 1791.

[92] Schubart 1791, S. 190.

[93] Ebd., S. 248.

[94] Ebd., S. 172.

[95] Ebd., S. 227.

[96] Ebd., S. 228 f.

[97] Ebd., S. 231 f.

[98] Ebd., S. 233.

[99] Ebd., S. 234.

[100] Ebd., S. 250.

[101] Ebd., S. 256.

[102] Ebd., S. 269.

[103] Ebd., S. 288.

[104] Ebd.

[105] Ebd., S. 289.

[106] Ebd., S. 291.

[107] Ebd., S. 219.

DER JOURNALIST

[1] Schubart 1793, S. 12 f.

[2] Vgl. ebd., S. 14.

[3] Vgl. Breitenbruch 1989, S. 118.

[4] Schubart 1793, S. 40–42.

[5] Brief an Friedrich Gottlieb Klopstock vom 4.6.1776. In: Schubart 2006, Bd. 1, S. 284.

[6] Schubart 1791, S. 269.

[7] Schubart 1793, S. 23.

[8] Schubart 1777a, 1777b und 1777c.

[9] Schubart 1793, S. 23.

[10] Schubart 1777a, S. (1)–(4).

[11] Vgl. Michael Myers: Für den Bürger. The Role of Christian Schubart's *Deutsche Chronik* in the Development of a Political Public Sphere. New York usw. 1990, S. 224.

[12] Deutsche Chronik, 16.2.1775, S. 107.

[13] Schubart 1793, S. 79.

[14] Vgl. ebd., S. 72.

[15] Vgl. Kurt Rothe: Das Finanzwesen der Reichsstadt Ulm im 18. Jahrhundert. Ulm 1991, S. 39.

[16] Schubart 1793, S. 81 f.

[17] Brief an Johann Christian Grießbach vom 13.7.1775. In: Schubart 2006, Bd. 1, S. 258.

[18] Hermann Kurz: Schillers Heimatjahre. Historischer Roman. 3. Aufl., Stuttgart o. J. (1899), Bd. 1, S. 98.

[19] Ulmer Festtag, an dem die Bürgerschaft den Eid auf ihre Verfassung ablegt und ausgiebig feiert.

[20] Zit. nach Häußinger 1965, S. 20.

[21] Vgl. Brief an Johann Konrad Schubart vom 13.2.1775. In: Schubart 2006, Bd. 1, S. 243 f.

[22] Schubart 1793, S. 121.

[23] Gemeint sein könnten die 1775 publizierten Versionen der Brüdergeschichte (»Zur Geschichte des menschlichen Herzens«) oder die damals ungedruckte Skizze »Marx, den Strahlebue« (Vgl. Christian Friedrich Daniel Schubart: Marx, der Strahlebue. Eine Geniegeschichte. In: Ders.: Gesammelte Schriften und Schicksale. Bd. 2, Stuttgart 1839, S. 109–119.)

[24] Ludwig Schubart 1798, S. 91 f.

[25] Ebd., S. 24 f.

[26] Schubart 1791, S. 152.

[27] Ludwig Schubart 1798, S. 150.

[28] Vgl. Hartmut Müller: Postgaul und Flügelroß. Der Journalist Christian Friedrich Daniel Schubart (1739–1791). Frankfurt/M. usw. 1985, S. 40.

[29] Schubart 1793, S. 131.

[30] Ebd., S. 24.

[31] Vgl. Deutsche Chronik, 21.12.1775, S. 816. Schubart beruft sich dabei auf eine sprachhistorische Studie von Friedrich Carl Fulda.

[32] Vgl. Müller 1985, S. 107.

[33] Brief an Johann Konrad Schubart vom 13.2.1775. In: Schubart 2006, Bd. 1, S. 243.

[34] Vgl. Erich Schön: Publikum und Roman im 18. Jahrhundert. In: Hans Wolf Jäger (Hg.): »Öffentlichkeit« im 18. Jahrhundert. Göttingen 1997, S. 295–326; hier S. 300. – Mit 10:1 rechnet übrigens auch Ludwig Schubart in einem Brief an den Buchhändler Göschen. (Vgl. Horst Adamietz: Christian Friedrich Da-

niel Schubarts Volksblatt »Deutsche Chronik«. Dissertation Berlin 1941. Weida o. J., S. 32.)

[35] Vgl. Wolfgang Schivelbusch: Das Paradies, der Geschmack und die Vernunft. Eine Geschichte der Genußmittel. Frankfurt/M. 1990, S. 67–72.

[36] Schubart 1793, S. 9.

[37] Ebd., S. 77.

[38] Andreas Gestrich: Absolutismus und Öffentlichkeit. Politische Kommunikation in Deutschland zu Beginn des 18. Jahrhunderts. Göttingen 1994, S. 131.

[39] Schubart 1793, S. 5 f.

[40] Die Memoiren des Ritters von Lang 1774–1835. Hg. von Hans Haussherr. Stuttgart 1957, S. 4.

[41] J. W. von Archenholz: Schubart. Ein Beytrag zur Litterär-Geschichte des achtzehnten Jahrhunderts. In: Zeitschrift für Litteratur und Völkerkunde, 1783, Bd. 2, S. 640–652; hier S. 641.

[42] Ebd., S. 640.

[43] Vgl. Reinhart Siegert: Zur Alphabetisierung in den deutschen Regionen am Ende des 18. Jahrhunderts. Methodische Überlegungen und inhaltliche Bausteine aus Quellenmaterial der Volksaufklärung. In: Hans Erich Bödeker / Ernst Hinrichs (Hg.): Alphabetisierung und Literalisierung in Deutschland in der Frühen Neuzeit. Tübingen 1999, S. 285–307.

[44] Vgl. Helmuth Kiesel / Paul Münch: Gesellschaft und Literatur im 18. Jahrhundert. Voraussetzungen und Entstehung des literarischen Markts in Deutschland. München 1977, S. 166.

[45] Schubart 1786, S. 360.

[46] Teutsche Chronik, 4.11.1776, S. 697.

[47] Vgl. Myers 1990, S. 134.

[48] Ludwig Schubart 1798, S. 39.

[49] Ebd.

[50] Archenholz 1783, S. 641.

[51] Vgl. Honolka 1985, S. 248.

[52] Deutsche Chronik, 25.4.1774, S. 61.

[53] Strauß 1849, Bd. 1, S. 49.

[54] Deutsche Chronik, 29.8.1774, S. 350 f.

[55] Ebd., 2.6.1774, S. 151 f.

[56] Ebd., 26.12.1774, S. 618.

[57] Vgl. Teutsche Chronik, 25.3.1776, S. 199 f.

[58] Vgl. Deutsche Chronik, 12.6.1775, S. 75.

[59] Ebd., 10.7.1775, S. 438 f.

[60] Ebd., 25.7. 1774, S. 270 f.

[61] Ebd., 4. und 5. Beilage vom November und Dezember 1774, S. 62–64.

[62] Vgl. Strauß 1849, Bd. 2, S. 455.

[63] Deutsche Chronik, 18.7.1774, S. 255 f.

[64] Ebd., 19.6.1775, S. 386 f.

[65] Ebd., Vorbericht, 2.7.1774, unpag.

[66] Vgl. Müller 1985, S. 53.

[67] Vgl. Deutsche Chronik, 13.3.1775, S. 162.

[68] Ebd., 2.11.1775, S. 697–699.

[69] Vgl. Myers 1990, S. 224.

[70] Vgl. Elmar Schmitt: Die Ulmer Bücherzensur. In: Börsenblatt für den Deutschen Buchhandel, Frankfurter Ausgabe, Nr. 24 vom 23.3.1984, S. B138–150; hier S. B148 f.

[71] Vgl. Honolka 1985, S. 130.

[72] Vgl. Teutsche Chronik, 28.11.1776, S. 753 f.

[73] Ernst Holzer: Schubartiana. In: Süddeutsche Monatshefte, 5. Jg. 1908, Bd. 2, S. 659–672; hier S. 664.

[74] Deutsche Chronik, 13.10.1774, S. 453.

[75] Ebd., 14.9.1775, S. 592.

[76] Ebd., 19.1.1775, S. 4.

[77] Vgl. Müller 1985, S. 81.

[78] Vgl. Marion Kintzinger: Wirts-hausgeschwätz. Traumerzählungen in der politischen Publizistik des 17. Jahrhunderts. In: Zeitschrift für historische Forschung, 29. Jg. 2002, S. 561–596.

[79] Gert Ueding: Sklavensprache im Dienst der Freiheit. Chr. F. D. Schubarts »Deutsche Chronik« und eine Auswahl seiner Werke. In: Frankfurter Allgemeine Zeitung, 10.7.1976.

[80] Deutsche Chronik, 18.9.1775, S. 593.

[81] Ebd., 16.10.1775, S. 664.

[82] Teutsche Chronik, 18.11.1776, S. 736.

[83] Deutsche Chronik, 28.12.1775, S. 825–827.

[84] Ebd., 4.7.1774, S. 217.

[85] Vgl. Myers 1790, S. 71.

[86] Vgl. Deutsche Chronik, 2.5.1774, S. 73.

[87] Vgl. Werner Volke/Ingrid Kussmaul/Brigitte Schillbach: »O Freyheit! Silberton dem Ohre…!« Französische Revolution und deut-sche Literatur 1789–1799. Marbach 1789, S. 10 und S. 40.

[88] Friedrich Gottlieb Klop-stock: Ode auf das Jubelfest der Souveränität in Dänemark. Später betitelt »Das neue Jahrhundert«. In: Klopstocks sämmtliche Werke, Bd. 4, Leipzig 1854, S. 134–138; hier S. 134.

[89] Deutsche Chronik, 6.7.1775, S. 425.

[90] Vgl. zu Schubarts Amerika-Be-richterstattung auch John A. Walz: Three Swabian Journalists and the American Revolution. III: Chr. Fr. D. Schubart. In: Americana Germanica. Bd. 5, 1903, S. 209–224, S. 257–274, S. 347–356, S. 406–419, S. 593–600.

[91] Deutsche Chronik, 5.5.1774, S. 82.

[92] Vgl. Horst Dippel: Germany

and the American Revolution 1770–1800. A Sociohistorical Investigation of Late Eighteenth-Century Political Thinking. Wiesbaden 1978, S. 147 f. und S. 220; siehe auch Ursula Wertheim: Der amerikanische Unabhängigkeitskampf im Spiegel der zeitgenössischen deutschen Literatur. In: Edith Braemer/Ursula Wertheim: Studien zur deutschen Klassik. Berlin/DDR 1960, S. 71–114.

[93] Vgl. Myers 1990, S. 183; siehe auch Herbert P. Gallinger: Die Haltung der deutschen Publizistik zu dem amerikanischen Unabhängigkeitskriege, 1775–1783. Leipzig 1900, S. 46.

[94] Vgl. Gallinger 1900, S. 18 f.

[95] Vgl. ebd., S. 16 und S. 20 f.

[96] Deutsche Chronik, 17.4.1775, S. 245 f.

[97] Ebd., 10.10.1774, S. 441 f.

[98] Vgl. zum Beispiel ebd., 15.6.1775, S. 377.

[99] Ebd., 14.8.1775, S. 515.

[100] Vgl. ebd., 10.11.1774, S. 516.

[101] Teutsche Chronik, 23.9.1776, S. 605.

[102] Deutsche Chronik, 10.8.1775, S. 507 f.

[103] Ebd.

[104] Ebd., 20.10.1774, S. 465.

[105] Ebd., 4.9.1775, S. 562–564.

[106] Teutsche Chronik, 4.4.1776, S. 219.

[107] Ebd., 13.6.1776, S. 380.

[108] Vgl. Deutsche Chronik, 27.7.1775, S. 475 f.

[109] Ebd., 26.10.1775, S. 68.

[110] Teutsche Chronik, 1.1.1776, S. 6.

[111] Ebd., 25.3.1776, S. 194.

[112] Ebd., 7.3.1776, S. 157.

[113] Ebd., 10.6.1776, S. 375.

[114] Deutsche Chronik 26.10.1775, S. 681.

[115] Teutsche Chronik, 18.4.1776, S. 251.

[116] Ebd., 2.5.1776, S. 283.

[117] Ebd., 20.5.1776, S. 322.

[118] Ebd., 20.5.1776, S. 324.

[119] Ebd., 9.9.1776, S. 570.

[120] Ebd., 7.11.1776, S. 706.

[121] Vgl. ebd., 28.11.1776, S. 756.

[122] Ebd., 19.8.1776, S. 524.

[123] Vgl. Deutsche Chronik, 14.8.1775, S. 515.

[124] Teutsche Chronik, 10.10.1776, S. 641.

[125] Ebd., 21.10.1776, S. 667 f.

[126] Ebd., 23.9.1776, S. 601–605.

[127] Vgl. Friedrich Schiller: Über Bürgers Gedichte. In: Ders.: Erzählungen. Theoretische Schriften. Hg. von Wolfgang Riedel. München, Wien 2004, S. 970–991; hier S. 976.

[128] Reproduktion aus: C. F. D. Schubart's, des Patrioten, gesammelte Schriften und Schicksale. 6. Bd., Stuttgart 1839, S. 132–138; hier S. 136. Zuerst wurde die »Kritische Skala« veröffentlicht in Ludwig Posselts »Archiv für ältere und neuere, vorzüglich Teutsche Geschichte, Staats-Klugheit und Erdkunde. Bd. 2, Memmingen 1792, S. 164–172.

[129] Deutsche Chronik, 5.12.1774, S. 574–576.

[130] Ebd., 16.3.1775, S. 176.

[131] Nachwort (von Claus Träger) zu: Christian Friedrich Daniel Schubart: Leben und Gesinnungen. Reproduktion der Ausgabe Stuttgart 1791 und 1793. Leipzig 1980, S. 28.

[132] Deutsche Chronik, 4.5.1775, S. 283.

[133] Anzeige von Johann Andrés Vertonung von Bürgers Gedicht »Lenore«. Ebd., 7.8.1775, S. 502.

[134] Deutsche Chronik, 21.7.1774, S. 264.

[135] Vgl. ebd., 28.7.1774, S. 279.

[136] Vgl. Arno Forchert: Johann Sebastian Bach und seine Zeit. Regensburg 2000, S. 251.

[137] Deutsche Chronik, 6.6.1774, S. 159 f.

[138] Vgl. ebd., 11.7.1774, S. 239.

[139] Hier gemeint: Cembalo.

[140] Kantaten für das Kirchenjahr.

[141] Schubart 1806, S. 99 f.

[142] Vgl. Karlheinz Schlager: Von Bach zu Mozart. Spuren in der Musikgeschichte des 18. Jahrhunderts. In: Paul Geyer (Hg.): Das 18. Jahrhundert: Aufklärung. Regensburg 1995, S. 215–226; hier S. 218–220.

[143] Vgl. Martin Geck: Bach. Leben und Werk. Reinbek 2000, S. 706.

[144] Zit. nach Rudolf Vierhaus: »Patriotismus« – Begriff und Realität einer moralisch-politischen Haltung. In: Ders.: Deutschland im 18. Jahrhundert. Politische Verfassung, soziales Gefüge, geistige Bewegungen. Göttingen 1987, S. 96–109; hier S. 98.

[145] Vgl. ebd., S. 101.

[146] Brief Lessings an Johann Wilhelm Ludwig Gleim vom 16.12.1758. In: Helmuth Kiesel (Hg.): Briefe von und an Lessing 1743–1770 (Gotthold Ephraim Lessing: Werke und Briefe in zwölf Bänden, hg. von Wilfried Barner u. a., Bd. 11/1). Frankfurt/M. 1987, S. 305.

[147] Deutsche Chronik, 14.7.1774, S. 241 f.

[148] Vgl. Ludwig Schubart 1798, S. 149.

[149] Teutsche Chronik, 12.2.1776, S. 97–101.

[150] Ebd., 23.5.1776, S. 329.

[151] Deutsche Chronik, 2.11.1775, S. 816.

[152] Ebd., 7.12.1775, S. 777.

[153] Schubart beschreibt das Instrument in seinen »Ideen zu einer Ästhetik der Tonkunst« (Schubart 1806, S. 291).

[154] Teutsche Chronik, 1.2.1776, S. 73 f.

[155] Ebd., S. 74. Gemeint ist der von Breitkopf entwickelte Notendruck.

[156] Vgl. Deutsche Chronik 27.3.1775, S. 193.

[157] Ebd.,, 27.3.1775, S. 193.

[158] Ebd., 6.11.1775, S. 708.

[159] Ebd., 7.12.1775, S. 777.

[160] Vgl. Schubart 1777a, S. 72, S. 86.

[161] Deutsche Chronik, 2.5.1774, S. 77.

[162] Vgl. Schleuning 1984, S. 309; siehe auch Schubart 1806, S. 318, S. 320, S. 328.

[163] Schubart 1806, S. 53.

[164] Ebd., S. 238.

[165] Teutsche Chronik, 25.3.1776, S. 198.

[166] Teutsche Chronik, 17.10.1776, S. 662.

[167] Vgl. Deutsche Chronik, 6.6.1774, S. 157.

[168] Vgl. dazu Jean Clédière: Ideal cosmopolite, vertus allemandes et image de la France dans la *Deutsche Chronik* de Schubart. In: Revue d'Allemagne, 18. Jg. 1986, S. 674–691.

[169] Vgl. Schubart 1791, S. 160.

[170] Brief an Helena Schubart vom 9.5.1783. In: Schubart 2006, Bd. 2, S. 62.

[171] Teutsche Chronik, 25.3.1776, S. 196–198.

[172] Deutsche Chronik, 19.9.1774, S. 394.

[173] Vgl. Thomas Nipperdey: Nationalidee und Nationaldenkmal in Deutschland im 19. Jahrhundert. In: Historische Zeitschrift, Bd. 206, 1968, S. 529–585; hier S. 552, Anm. 66. Siehe auch Theodor Heinsius: Barden-Hain für Deutschlands edle Söhne und Töchter. Berlin 1808.

[174] Deutsche Chronik, 29.9.1774, S. 417–420.

[175] Ebd., 5.10.1775, S. 639 f.

[176] Vgl. Honolka 1985, S. 143.

[177] Vgl. Elke Maar: Bildung durch

Unterhaltung: Die Entdeckung des Infotainment in der Aufklärung. Hallenser und Wiener Moralische Wochenschriften in der Blütezeit des Moraljournalismus, 1748–1782. Pfaffenweiler 1995, S. 188.

[178] Deutsche Chronik, 30.5.1774, S. 142 f.

[179] Vgl. etwa Johann Bernhard Basedow/Joachim Heinrich Campe: Pädagogische Unterhandlungen. Leipzig 1777, 12. Stück.

[180] Deutsche Chronik, 22.12.1774, S. 616.

[181] Schubart 1806, S. 296.

[182] Ebd., S. 169.

[183] Vgl. Schleuning 1984, S. 227.

[184] Deutsche Chronik, 29.9.1774, S. 424.

[185] Ebd., 6.4.1775, S. 221.

[186] Ludwig Schubart 1798, S. 160.

[187] Ebd., S. 140 f.

[188] Deutsche Chronik, 19.10.1775, S. 671 f.

[189] Teutsche Chronik, 4.1.1776, S. 9 f.

[190] Vgl. Wolfgang Martens: Die Botschaft der Tugend. Die Aufklärung im Spiegel der deutschen Moralischen Wochenschriften. Stuttgart 1968, S. 399–404.

[191] Ludwig Schubart 1798, S. 139.

[192] Deutsche Chronik 1774, 2. Beilage, Monat September, S. 24 f.

[193] Ebd., 11.7.1774, S. 234.

[194] Ebd., 1.5.1775, S. 273 f.

[195] Ebd., 14.9.1775, S. 585.

[196] Ebd., 3.8.1775, S. 493 f.

[197] Ebd., 23.11.1775, S. 746 f.

[198] Teutsche Chronik, 10.6.1776, S. 373.

[199] Ebd., 28.3.1776, S. 202 f.

[200] Vgl. Vaterländische Chronik, 22.9.1789, S. 652.

[201] Chronik, 2.4.1790, S. 229.

[202] Deutsche Chronik, 25.4.1774, S. 57–60.

[203] Ebd., 16.6.1774, S. 177 f.

[204] Ebd., 11.4.1774, S. 26 f.

[205] Ebd., 5.5.1774, S. 83 f.

[206] Ebd., 14.8.1775, S. 514.

[207] Teutsche Chronik, 16.12.1776, S. 800.

[208] Deutsche Chronik, 6.2.1775, S. 83 f.

[209] Vgl. Christian Delacampagne: Die Geschichte der Sklaverei. Düsseldorf, Zürich 2004, S. 201–203.

[210] Père Nicolson: Essai Sur L'Histoire Naturelle De L'Isle De Saint-Domingue. Paris 1776.

[211] Teutsche Chronik, 15.7.1776, S. 449–451.

[212] J. Hektor St. John (d. i. Michel Guillaume de Crèvecœur): Briefe eines amerikanischen Landmanns an den Ritter W. S. in den Jahren 1770 bis 1781. 3 Bde., Bd. 1, Leipzig 1788.

[213] Vgl. Delacampagne 2004, S. 210 f. und S. 218 f.

[214] Vaterlandschronik, 11.11.1788, S. 741–744.

[215] Schubart 1793, S. 131.

[216] Deutsche Chronik, 27.10.1774, S. 481.

[217] Vgl. Breitenbruch 1989, S. 121.

[218] Vgl. ebd., S. 51.

[219] Vgl. Deutsche Chronik, 24.11.1774, S. 547; 28.11.1774, S. 553–555.

[220] Schubart 1793, S. 50.

[221] Ebd., S. 50 f.

[222] Ebd., S. 38.

[223] Deutsche Chronik, 16.2.1775, S. 106.

[224] Schubart 1793, S. 53–57.

[225] Illustration zu Schubarts »Leben und Gesinnungen«, Bd. 2, Stuttgart 1793.

[226] Schubart 1793, S. 62–64.

[227] Schubart 1793, S. 18.

[228] Vgl. H. C. Eric Midelfort: Exorcism *and* Enlightenment. Johann Joseph Gassner and the Demons of

Eighteenth-Century Germany. New Haven, London 2005.

229 Vgl. ebd., S. 52. Siehe auch Konrad Gaiser: Schubart im Exorzistenstreit. In: Euphorion, 28. Jg. 1927, S. 564–595; hier S. 565.

230 Deutsche Chronik, 12.12.1774, S. 589.

231 Ebd., 23.2.1775, S. 124.

232 Wohl John Home (schottischer Dramatiker, 1722–1808), dessen *Grundsätze der Kritik* 1772 auf deutsch erschienen waren.

233 Ebd., 9.3.1775, S. 159.

234 Ebd., 8.5.1775, S. 292.

235 Ebd., S. 293.

236 Anonym (Johann Georg Zeiler): Hannswurst und Schubart. o. O. (Augsburg) 1775, S. 42 und S. 32.

237 Deutsche Chronik, 24.4.1775, S. 264.

238 Brief Lavaters an Schubart vom 8.4.1775. In: Schubart 2006, Bd. 1, S. 252 f.

239 Brief an Lavater vom 14.5.1775. In: Schubart 2006, Bd. 1, S. 254 f.

240 Deutsche Chronik, 22.6.1775, S. 394.

241 Vgl. Breitenbruch 1989, S. 138.

242 Vgl. ebd., S. 141.

243 Deutsche Chronik, 18.12.1775, S. 800–803.

244 Schubart 1793, S. 85.

245 Ebd., S. 95.

246 Ebd., S. 86.

247 Vgl. dazu Albrecht Weyermann: Neue historisch-biographisch-artistische Nachrichten von Gelehrten und Künstlern, auch alten und neuen adelichen und bürgerlichen Familien aus der vormaligen Reichsstadt Ulm. Ulm 1829, S. 366–373. Siehe auch Martina Oberndorfer: Wiblingen. Vom Ende eines Klosters. Ulm 2006, S. 225 f.

248 Vgl. Wolfgang Petz: Die letzte Hexe. Das Schicksal der Anna Maria Schwägelin. Frankfurt/M., New York 2007.

249 Vgl. Schubart 1793, S. 87.

250 Ebd.

251 Ebd., S. 130.

252 Vgl. ebd., S. 132.

253 Schubart 1791, S. 113 f.

DER GEFANGENE

1 Illustration zu Schubarts »Leben und Gesinnungen«, Bd. 2, Stuttgart 1793.

2 Vgl. Friedrich Nicolai: Das Leben und die Meinungen des Herrn Magisters Sebaldus Nothanker. Bd. 1, Berlin, Stettin 1773.

3 Schubart 1793, S. 132–145.

4 Schubart 1786, S. 139 f.

5 Zit. nach Strauß 1849, Bd. 1, S. 369 f.

6 Schubart 1793, S. 130 f.

7 Friedrich Nicolai: Beschreibung einer Reise durch Deutschland und die Schweiz im Jahre 1781. 10. Bd., Berlin, Stettin 1795, S. 164.

8 Schubart 1793, S. 131.

9 Brief Schubarts an Balthasar Haug vom 4.3.1775. In: Schubart 2006, Bd. 1, S. 252.

10 Die Prägung »Donna Schmergalina« hat Schubart Wielands Roman *Don Sylvio* entlehnt, wo eine Donna Mergelina von einem Diener »Schmergelina« genannt wird.

11 Honolka 1985, S. 235.

12 Strauß 1849, Bd. 1, S. 342.

13 Breitenbruch 1989, S. 175.

14 Vgl. ebd.

15 Vgl. Honolka 1985, S. 181.

16 Vgl. Myers 1990, S. 62.

17 Vgl. Friedrich Kapp: Der Soldatenhandel deutscher Fürsten nach Amerika. Ein Beitrag zur Kulturgeschichte des achtzehnten Jahrhunderts. Berlin 1864, S. 135.

18 Vgl. Myers 1990, S. 197.

[19] Vgl. Kapp 1864, S. 136–138.

[20] Schubart 1793, S. 11 f.

[21] Hahn 2004, S. 54.

[22] Zit. nach Strauß 1849, Bd. 1, S. 372 f.

[23] Holzer 1908, S. 670.

[24] Zit. nach ebd., S. 666.

[25] Zit. nach Strauß 1849, Bd. 1, S. 376. (Scholls Brief datiert vom 1.2.1777.)

[26] Matthias Claudius: Briefe an Freunde. Hg. von Hans Jessen. Berlin 1938, S. 208.

[27] Schwäbisches Magazin von gelehrten Sachen auf das Jahr 1777, 2. Stück, S. 152. Eine Datierung auf Ende Februar legt ein Bericht auf S. 149 des 2. Stücks nahe, der ein Ereignis vom 24. Februar erwähnt.

[28] Ebd., 6. Stück, S. 438.

[29] Brief von Johann Konrad Schubart und Christian Gottfried Böckh an Herzog Karl Eugen vom 5.6.1777 (Deutsches Literaturarchiv Marbach).

[30] Zit. nach Strauß 1849, Bd. 1, S. 387 f. Der Brief datiert vom 16.8.1777.

[31] Vgl. Dieter Sulzer/Werner Volke in Zusammenarbeit mit Heidi Westhoff: Wieland Schubart. Marbach 1980, S. 52.

[32] Teutsche Chronik, 26.6.1777, S. 408.

[33] Ebd., 19.5.1777, S. 320.

[34] Anonym: Ecce! Schubart von Ala, der Erzvogel im Mausen auf dem Asperg Im Herzogthum Würtenberg. o. O. (Augsburg) 1777, Bl. 2–4.

[35] Ebd., Bl. 5.

[36] Kirchlicher Visitationsbericht von 1783 (Archiv der Evangelischen Kirchengemeinde Asperg).

[37] Vgl. Karlheinz Wagner: Herzog Karl Eugen von Württemberg. Modernisierer zwischen Absolutismus und Aufklärung. Stuttgart, München 2001, S. 103 f.

[38] Schubart 1793, S. 155.

[39] Vgl. Klob 1908, S. 86.

[40] Schubart 1793, S. 157.

[41] Ebd., S. 232.

[42] Ebd., S. 297.

[43] Brief vom Juni 1782. In: Schubart 2006, Bd. 2, S. 32.

[44] Michel Foucault: Überwachen und Strafen. Die Geburt des Gefängnisses. Frankfurt/M. 1977, S. 154.

[45] H. B. Wagnitz: Ueber die moralische Verbesserung der Zuchthaus-Gefangenen. Halle 1787, S. 31.

[46] Vgl. Geiger 1885, S. 247.

[47] Vgl. Johann Jacob Moser: Lebens-Geschichte, von ihme selbst beschriben. 2. Teil, o. O. (Offenbach) 1768, S. 119 f.

[48] Vgl. ebd., S. 137–141.

[49] Ludwig Schubart 1798, S. 83.

[50] Vgl. ebd., S. 83 f.

[51] Schubart 1793, S. 191–193.

[52] Vgl. Lothar Bertsch: Freude am Denken und Wirken. Das Leben des Pfarrers und Mechanikers Philipp Matthäus Hahn. Metzingen 1990, S. 72.

[53] Chronik, 4.5.1790, S. 310 f.

[54] Schubart 1793, S. 158–163.

[55] Ebd., S. 170.

[56] Vgl. Klob 1908, S. 28.

[57] Brief Zillings an Payer vom 2.2.1778. In: Strauß 1849, Bd. 1, S. 398 f.

[58] Hesse (1926), S. 184.

[59] Vgl. Ludwig Schubart 1798, S. 82.

[60] Schubart 1791, S. 107.

[61] Strauß 1849, Bd. 1, S. 361 f.

[62] Schubart 1791, S. 163 f.

[63] Vgl. ebd., S. 164 f.

[64] Alfred Munz: Philipp Mätthäus Hahn. Pfarrer und Mechanikus. Betrachtungen zu Leben und Werk. Sigmaringen 1990, S. 13.

[65] Vgl. Bertsch 1990, S. 53.

[66] Schubart 1793, S. 287.

[67] Ebd.

[68] Ebd., S. 222.

[69] Ebd., S. 231.

[70] Vgl. ebd., S. 224.

[71] Ebd., S. 230.

[72] Vgl. Karl Braun: Die Krankheit Onania. Körperangst und die Anfänge moderner Sexualität im 18. Jahrhundert. Frankfurt/M. u.a. 1995.

[73] Schubart 1793, S. 277.

[74] Ebd., S. 282.

[75] Christian Friedrich Daniel Schubart: Sämmtliche Gedichte. Bd. 1, Stuttgart 1785, S. 84f.

[76] Schubart 1793, S. 289.

[77] Ebd., S. 227f.

[78] Schubart 1786, S. 220.

[79] Schubart 1793, S. 230.

[80] Brief an Friedrich Karl Schafeitel vom 24.4.1776. In: Schubart 2006, Bd. 1, S. 279.

[81] Schubart 1793, S. 172f.

[82] Ebd., S. 176f.

[83] Kurz (1899), S. 120. – Vgl. zum besonderen Stellenwert dieses Denkmotivs im württembergischen Protestantismus: Friedhelm Groth: Die »Wiederbringung aller Dinge« im württembergischen Pietismus. Theologiegeschichtliche Studien zum eschatologischen Heilsuniversalismus württembergischer Pietisten des 18. Jahrhunderts. Göttingen 1984.

[84] Schiller erwähnt die (inzwischen verschollene) Komposition in einem Brief an Christian Gottfried Körner vom 19.12.1787. Vgl. Schillers Werke, Nationalausgabe, Bd. 24, hg. von Karl Jürgen Skrodzki. Weimar 1989, S. 185.

[85] Vgl. Ludwig Schubart 1798, S. 77f.; siehe auch M. Immanuel Hoch: Geschichte der württembergischen Veste Hohenasperg und ihrer merkwürdigsten politischen und anderer Gefangenen. Stuttgart 1839, S. 44f.

[86] Schubart 1793, S. 286.

[87] Ebd., S. 314.

[88] Ebd., S. 314–316. Gemeint ist das Lied »Jesus Puer« des Jesuitenpaters Tommaso Ceva (1648–1737).

[89] Schubart 1786, S. 387f.

[90] Brief von Helena Schubart an Martin Miller vom 15.4.1779 (Deutsches Literaturarchiv Marbach).

[91] Schubart 1793, S. 304f.

[92] Gustav Diezel (Hg.): Leben und Abenteuer des Joh. Steininger. Stuttgart 1841, S. 44. Diezel war einige Wochen auf dem Hohenasperg in Arrest und traf dort auf den 1763 geborenen, inzwischen 79jährigen Johann Steininger, einen ehemaligen Soldaten. Dieser diktierte ihm seine Lebensgeschichte.

[93] Ludwig Schubart 1798, S. 70.

[94] Vgl. Honolka 1985, S. 221.

[95] Brief vom 5.4.1783. In: Schubart 2006, Bd. 2, S. 53.

[96] Brief vom Juni 1782. In: Schubart 2006, Bd. 2, S. 32.

[97] Zit. nach Gertrud Bolay/Karl Halbauer: Ein feste Burg ist unser Gott. 450 Jahre Michaelskirche Asperg 1557–2007. Asperg 2007, S. 124.

[98] Brief an Helena Schubart vom 22.9.1783. In: Schubart 2006, Bd. 2, S. 106.

[99] Ludwig Schubart 1798, S. 71.

[100] Vgl. ebd.

[101] Zit. nach Ernst Holzer: Schubart als Musiker. Stuttgart 1905, S. 63.

[102] Brief an Helena Schubart vom 25.9./30.9./1.10.1783. In: Schubart 2006, Bd. 2, S. 108.

[103] Vgl. Honolka 1985, S. 224.

[104] Brief vom 21.7.1781. In: Werner Volke (Hg.): »… Warlich ein herrlicher Mann …« Gotthold Friedrich Stäudlin. Lebensdokumente und Briefe. Stuttgart 1999, S. 107.

[105] Brief von Reinwald an Hofprediger Pfranger vom 15.7.1784. In: Wendelin von Maltzahn (Hg.): Schiller's Briefwechsel mit seiner Schwester Christophine und seinem Schwager Reinwald. Leipzig 1875, S. 275.

[106] Brief aus Stuttgart vom Mai 1783. In: Karl Ernst Friedrich von Scheller: Leben und Reisen des Baron von Scheller, ehemaligen Russisch-Kaiserlichen Lieutenants bei dem Großfürstlichen Leibkürassier-Regiment, von ihm selbst in Briefen verfaßt. 1. und 2. Theil. Frankfurt, Leipzig 1789, S. 111.

[107] Brief Lindquists (an Fr. Haug) vom 20.3.1782, zit. nach Strauß 1849, Bd. 2, S. 34.

[108] Diezel 1841, S. 44.

[109] Brief an Helena Schubart vom 5.4.1783. In: Schubart 2006, Bd. 2, S. 53.

[110] Brief an Ludwig Schubart vom Dezember 1783. In: Schubart 2006, Bd. 2, S. 133.

[111] Brief an Helena Schubart vom 22.10.1783. In: Schubart 2006, Bd. 2, S. 127.

[112] Brief an Anna Helena Juliana Schubart vom 2.10.1783. In: Schubart 2006, Bd. 2, S. 116.

[113] Brief an Helena Schubart vom 21./22.9.1783. In: Schubart 2006, Bd. 2, S. 105.

[114] Vgl. Brief an Helena Schubart vom 13.11 784. In: Schubart 2006, Bd. 2, S. 139.

[115] Schubart 1786, S. 100.

[116] Ebd., S. 97 f.

[117] Brief an Helena Schubart vom 2.9.1783. In: Schubart 2006, Bd. 2, S. 86.

[118] Desgl. vom 21./22.9.1783, S. 105.

[119] Vgl. Ludwig Schubart 1798, S. 161.

[120] Ebd.

[121] Franz von der Trenk, Pandurenoberst. Dargestellt von einem Unpartheiischen. Erstes Bändchen. Mit einer Vorrede und Familiengeschichte von Schubart. Stuttgart 1788.

[122] Ebd., S. II.

[123] Schubart 1786, S. 426–429.

[124] Schubart 1793, S. 319.

[125] Schubart 1786, S. 78–88.

[126] Vgl. Jürgen Schröder: Facit iracundia versum. In: Walter Hinck (Hg.): Gedichte im Gedicht. Texte und Interpretationen. Frankfurt/M. 1979, S. 62–73.

[127] Andreas Streicher: Schillers Flucht. 2. Aufl., Berlin o. J., S. 78.

[128] Hoven 1840, S. 116.

[129] Schubart 1786, S. 69 f.

[130] Brief von Reinwald an Hofprediger Pfranger vom 15.7.1784. In: Maltzahn (Hg.) 1875, S. 278.

[131] Schubart 2006, Bd. 2, S. 54.

[132] Vgl. Ludwig Schubart 1798, S. 40.

[133] Ebd., S. 35.

[134] Steininger in Diezel 1841, S. 45.

[135] Ludwig Schubart 1798, S. 35.

[136] Schubart 1786, S. 9.

[137] Schubart 2006, Bd. 2, S. 121.

[138] Ebd., S. 128.

[139] Ebd., S. 163.

[140] Schubart 1786, S. 31.

[141] Brief an Helena Schubart vom 15.1.1785. In: Schubart 2006, Bd. 2, S. 166.

[142] Desgl. vom 7.5.1783. In: Schubart 2006, Bd. 2, S. 60.

[143] In einem Brief an Böckh vom 23.9.1769, den Schwiegervater Bühler betreffend. In: Schubart 2006, Bd. 1, S. 177.

[144] Zit. nach Paul Münch: Die »Obrigkeit im Vaterstand«. Zu Definition und Kritik des »Landesvaters« während der Frühen Neuzeit. In: Daphnis, 11. Jg. 1982, S. 15–40; hier S. 35.

[145] Brief an Ludwig Schubart vom 13.6.1787. In: Schubart 2006, Bd. 2, S. 301.

[146] Schubart 1791, S. 173 f.

[147] Zit. nach Holzer 1905, S. 116.

[148] Peter Lahnstein: Schubarts Leben. In: Ders.: Bürger und Poet. Dichter aus Schwaben als Menschen ihrer Zeit. Stuttgart 1966, S. 9–53; hier S. 43.

[149] Schubart 1786, S. 178 f.

[150] Vgl. Wolfgang Steinitz: Deutsche Volkslieder demokratischen Charakters aus sechs Jahrhunderten, Bd. I., Berlin/DDR 1954, S. 455 f.

[151] Schubart 1786, S. 143–145.

[152] Vgl. Schoeller 1979, S. 110.

[153] Vgl. Prinz 1932, S. 295 f.

[154] Abschieds-Lied des nach dem Cap bestimmten Herzoglich Wirtembergischen Obrist von Hügelschen Regiments. Flugblatt, Stuttgart 1787.

[155] Brief an Christian Friedrich Himburg vom 22.2.1787. In: Schubart 2006, Bd. 2, S. 273.

[156] Prinz 1932, S. 315.

[157] Steininger in Diezel 1841, S. 55.

[158] Vgl. Reinhold Hammerstein: Christian Friedrich Daniel Schubart, ein schwäbisch-alemannischer Dichter der Goethezeit. Dissertation Freiburg 1940. o. O. 1943, S. 71.

[159] Friedrich Hölderlin: Sämtliche Werke. Hg. von Friedrich Beißner. Bd. 6, Stuttgart 1965, S. 8.

[160] Vgl. Wagner 2001, S. 212.

[161] Vgl. Prinz 1932, S. 78.

[162] Vgl. ebd., S. 336 f. Prinz hält es für möglich, daß die über diese Episode berichtende französische Quelle irrt und das Kaplied nicht dem chinesischen, sondern dem javanischen Kaiser in Djodjokarta (Djokjakarta) vorgesungen wurde. (Vgl. ebd., S. 337.)

[163] Vgl. ebd., S. 296 f.

[164] Vgl. Ludwig Schubart 1798, S. 84 f.

[165] Schubart 2006, Bd. 2, S. 66 f.

[166] Brief Schubarts an Helena Schubart vom 29.4.1784. In: Schubart 2006, Bd. 2, S. 150.

[167] Brief vom 22.8.1783. In: Schubart 2006, Bd. 2, S. 104.

[168] Schubart 2006, Bd. 2, S. 153.

[169] Brief Schubarts an Helena Schubart vom 29.5.1784. In: Schubart 2006, Bd. 2, S. 156.

[170] Archenholz 1783, S. 652.

[171] Vgl. Nicolai 1795, S. 161–171.

[172] Brief an Anna Helena Juliana Schubart vom 2.10.1783. In: Schubart 2006, Bd. 2, S. 116.

[173] Brief vom 20.4.1784. In: Schubart 2006, Bd. 2, S. 148.

[174] Brief an Anna Helena Juliana Schubart vom 2.10.1783. In: Schubart 2006, S. 116.

[175] Vgl. Schubart 2006, Bd. 2, S. 67 und S. 119.

[176] Brief von Schubart an Helena Schubart vom 30.9.1785. In: Schubart 2006, Bd. 2, S. 206.

[177] Vgl. Borst 1980, S. 51–69; hier S. 67.

[178] Brief vom 24.6.1785. In: Schubart 2006, Bd. 2, S. 173.

[179] Ebd., S. 187.

[180] Brief an Ludwig Schubart vom 5.8.1785. In: Schubart 2006, Bd. 2, S. 193.

[181] Vgl. den Brief Schubarts an Helena Schubart vom 10.11.1785. In: Schubart 2006, Bd. 2, S. 217.

[182] Brief vom 11./12.2.1787. In: Schubart 2006, Bd. 2, S. 271 f.

[183] Brief vom Dezember 1783. In: Schubart 2006, Bd. 2, S. 133.

[184] Schubart 1786, S. 398–400.

[185] Journal von und für Deutschland, 3. Jg. 1786, S. 165.

[186] Vgl. Brief von Johann Wilhelm Ludwig Gleim an Schubart vom

30.11.1786. In: Schubart 2006,
Bd. 2, S. 250.
[187] Brief von Ewald Friedrich Graf
von Hertzberg an Schubart vom
Dezember 1786. In: Schubart 2006,
Bd. 2, S. 252.
[188] Brief vom 8.12.1786. In: Schubart 2006, Bd. 2, S. 253.

DIE LETZTEN JAHRE /
DAS ERBE

[1] Schubart 2006, Bd. 2, S. 319–322.
[2] Brief vom 22.2.1787. In: Schubart 2006, Bd. 2, S. 274.
[3] 1788 und 1789 wird sie in
Vaterlandschronik umbenannt, von
1790 heißt sie nur noch *Chronik*
– Schubart begründet dies mit der
Zunahme von Auslandsberichten.
[4] Brief an Ludwig Schubart vom
7.7.1787. In: Schubart 2006, Bd. 2,
S. 303.
[5] Vgl. Rudolf Krauß: Schubart
als Stuttgarter Theaterdirektor.
In: Württembergische Viertelsjahreshefte für Landesgeschichte,
N. F., 10. Jg. 1901, S. 252–279; hier
S. 262.
[6] Brief an Leutnant Ringler vom
31.5.1787. In: Schubart 2006, Bd. 2,
S. 297.
[7] Vgl. Brief an Ludwig Schubart
vom 26.8.1787. In: Schubart 2006,
Bd. 2, S. 312.
[8] Desgl. vom 31.7.1788. In:
Schubart 2006, Bd. 2, S. 350.
[9] Vgl. Krauß 1901, S. 272 f.
[10] Vgl. Honolka 1985, S. 298 f.
[11] Vgl. Krauß 1901, S. 268.
[12] Vgl. Hartmut Schick (Hg.):
Christian Friedrich Daniel Schubart
(1739–1791): Sämtliche Lieder.
München 2000, S. XXI.
[13] Brief an Ludwig Schubart vom
31.7.1788. In: Schubart 2006, Bd. 2,
S. 350.

[14] Desgl. vom 26.8.1787. In:
Schubart 2006, Bd. 2, S. 313.
[15] Brief an Ludwig Schubart vom
31.7.1787. In: Schubart 2006, Bd. 2,
S. 349.
[16] Desgl. vom 8.4.1789. In: Schubart 2006, Bd. 2, S. 374.
[17] Brief vom 17.4.1790. In: Schubart 2006, Bd. 2, S. 393.
[18] Humboldts Tagebücher 1922,
S. 153.
[19] Hölderlin 1965, S. 49.
[20] Wilhelm von Humboldts Tagebücher. Hg. Albert Leitzmann.
Bd. 1, Berlin 1922, S. 153 (Ein-
tragung vom 26.9.1789).
[21] Vgl. Honolka 1985, S. 276.
[22] Vgl. Georg Holzwarth:
»Bei einem Wirte wundermild«.
Literarische Gasthäuser in Baden-
Württemberg. Stuttgart 1990, S. 64.
[23] Anonym (Karl Friedrich
Bahrdt): B ° ° r, der Schieferdecker.
Nicht Fallstaf, nicht Eulenspiegel,
sondern ganz Er. o. O. 1792, S. 88.
[24] Zit. nach Lahnstein 1966, S. 52.
[25] Anonym (Bahrdt) 1792, S. 10.
[26] Vaterländische Chronik,
1. Stück, Juli 1787, S. 8.
[27] Vgl. Krauß 1903, S. 79 f.
[28] Vaterländische Chronik,
19. Stück, September 1787, S. 150.
[29] Vgl. ebd., 45. Stück, Dezember
1787, S. 353 f.; vgl. auch Prinz 1932,
S. 37.
[30] Ebd., 31. Stück, Oktober 1787,
S. 244.
[31] Zit. nach Krauß 1903, S. 81.
[32] Ebd., 46. Stück, Dezember
1787, S. 362 f.
[33] Vaterlandschronik, 20.6.1788,
S. 403.
[34] Ebd., 12.9.1788, S. 610.
[35] Es ist nicht bekannt, welches
Lied gemeint bzw. ob überhaupt
eines entstanden ist.
[36] Brief vom 20.9.1788. In: Schubart 2006, Bd. 2, S. 354.

37 Vaterlandschronik, 1.8.1788,
S. 499 f.
38 Vaterländische Chronik,
8. Stück, Juli 1787, S. 64.
39 Vgl. den OPAC-Katalog der
Universitätsbibliothek Tübingen.
40 Vgl. Anonym (Konrad Friedrich
Köhler?) 1789: Sendschreiben an
Herrn Schubart … seine Vaterlandschronik betreffend. Eine nöthige
Beilage zu dieser Chronik. o. O.
(Ulm) 1789, S. 5.
41 Vgl. ebd.
42 Ebd., S. 4.
43 Chronik, 11.6.1790, S. 399.
44 Vgl. Vaterlandschronik,
4.3.1788, S. 152 f.; 22.9.1789, S. 652;
Chronik, 2.4.1790, S. 229.
45 Vaterlandschronik, 8.2.1788,
S. 95 f.
46 Anonym (Köhler?) 1789, S. 74.
47 Ludwig Schubart 1798, S. 23.
48 Vgl. Anonym (Köhler?) 1789,
S. 4 und S. 74 f.
49 Vgl. dazu Bausinger 1996.
50 Anonym (Köhler?) 1789, S. 61.
51 Ebd., S. 64.
52 Vgl. Archenholz 1783, S. 640 f.
53 Vgl. Johann Wolfgang von
Goethe: Sämtliche Werke, Briefe,
Tagebücher und Gespräche. Hg. von
Dieter Borchmeyer. Bd. 31, Frank-
furt/M. 1998, S. 477 f. (Brief vom
10.1.1798)
54 Vaterlandschronik, 20.5.1788,
S. 330.
55 Ebd., 7.7.1789, S. 444 f.
56 Ebd., 10.7.1789, S. 450.
57 Ebd., 24.7.1789, S. 485.
58 Ebd., 28.7.1789, S. 493.
59 Vaterlandschronik, 4.8.1789,
S. 508.
60 Ebd., 7.8.1789, S. 515 f.
61 Brief an Ludwig Schubart vom
15.8.1789. In: Schubart 2006, Bd. 2,
S. 378.
62 Desgl. vom 17.9.1789. In: Schubart 2006, Bd. 2, S. 381.

63 Vaterlandschronik, 31.7.1789,
S. 493.
64 Vgl. Amtsrichter a.D. Beck:
Eulogius Schneider und Schubart
in Stuttgart, ein Hofprediger und
Hofpoet. In: Diöcesanarchiv von
Schwaben. 18. Jg. 1900, Nr. 5,
S. 65–72; hier S. 65.
65 Vaterlandschronik, 28.8.1789,
S. 575.
66 Ebd., S. 569.
67 Chronik, 28.5.1790, S. 368.
68 Vgl. ebd., 15.6.1790, S. 402.
69 Ebd., 7.9.1790, S. 612 f.
70 Ebd., 28.1.1791, S. 40.
71 Vgl. Axel Kuhn u. a.: Revolutionsbegeisterung an der Hohen
Carlsschule. Stuttgart-Bad Cannstatt
1989, S. 103.
72 Chronik, 1.7.1791, S. 437.
73 Ebd., 29.7.1791, S. 497.
74 Vgl. ebd., 29.1.1793, S. 76, und
1.2.1793, S. 81–87.
75 Vgl. ebd., 9.11.1790, S. 766 f.
76 Ebd., 28.6.1791, S. 422 f.
77 Vgl. Krauß 1903, S. 84–86.
78 Zit. nach ebd., S. 87.
79 Ebd., S. 92 f.
80 Vgl. Ute Goelz: Zügelloses
Raisonnement und andere ernst-
hafte Übungen zu einer Revolution.
Freudenstadt 1789. In: Axel Kuhn
u. a.: Volksunruhen in Württemberg
1789–1801. Stuttgart-Bad Cannstatt
1991, S. 46–81.
81 Vgl. Axel Kuhn: Umständlicher
Bericht über die an verschiedenen
Orten Württembergs entstandenen
tumultuarischen Exzesse. In: Kuhn
u. a. 1991, S. 15–45.
82 Vgl. Axel Kuhn/Jörg
Schweigard: Freiheit oder Tod! Die
deutsche Studentenbewegung zur
Zeit der Französischen Revolution.
Köln usw. 2005, S. 111.
83 Vgl. Kuhn u. a. 1989, S. 38, und
Kuhn/Schweigard 2005, S. 111.
84 Vgl. Christoph Heinrich Pfaff:

Lebenserinnerungen. Kiel 1854, S. 47. – Pfaff und Koch sollen im Juni 1791 auch an mehreren Stuttgarter Plätzen Flugblätter angebracht haben, die sich satirisch mit der Flucht Ludwigs XVI. befaßten. (Vgl. ebd., S. 49.)

[85] Vgl. ebd., S. 34.

[86] Vgl. ebd., S. 100.

[87] Chronik, 19.7.1791, S. 476.

[88] Vgl. Kuhn/Schweigard 2005, S. 125–127.

[89] Vgl. ebd., S. 119.

[90] Vgl. ebd., S. 120, und Kuhn u. a. 1989, S. 143 f.

[91] Vgl. Kuhn u. a. 1989, S. 158.

[92] Vgl. ebd., S. 157.

[93] Vgl. ebd., S. 158.

[94] Vgl. Ludwig Schubart 1798, S. 15.

[95] Chronik, 23.9.1791, S. 643–645.

[96] Chronik, 14.10.1791, S. 674 und S. 676.

[97] Ludwig Schubart 1798, S. 140.

[98] Ernst Häußinger (ergänzt von Karlheinz Bauer): Zur Geschichte der Familie Schubart nach Aalener Quellen. In: Aalener Jahrbuch 1984, S. 135–189; hier S. 150.

[99] Vgl. ebd.

[100] Vgl. Christian von Holst: Johann Heinrich Dannecker. Der Bildhauer. Stuttgart 1987, S. 182 f.

[101] Christian Friedrich Daniel Schubart: Vermischte Schriften. 2 Bde., Zürich 1812.

[102] Vgl. Honolka 1985, S. 316.

[103] Christian Friedrich Daniel Schubart: Gesammelte Schriften und Schicksale. 8 Bde., Stuttgart 1839 und 1840.

[104] Vgl. Borst 1980, S. 69.

[105] Vgl. Strauß 1849, Bd. 2, S. 328.

[106] Vgl. ebd., S. 328 f.

[107] Alexander Kluge / Heiner Müller: »Ich bin ein Landvermesser«. Gespräche mit Heiner Müller. Neue Folge. Hamburg 1996, S. 86 f.

[108] Vgl. Teutsche Chronik, 22.1.1776, S. 52; desgl. Vaterlandschronik, 8.7.1788, S. 441 f.

[109] A. Bertsch: Die Hohenasperger Chronik. Bemerkungen zum Schubart-Jubiläum. In: Sonntagsbeilage zum Schwäbischen Merkur Stuttgart vom 26.3.1939.

[110] Vgl. Gregor Wittkopp: Hermann Kurz 1813–1873 – Eine Chronik zu Leben und Werk. In: Werner Ströbele (Red.): »Ich bin zwischen die Zeiten gefallen«. Hermann Kurz, Schriftsteller des Realismus, Redakteur der Revolution, Übersetzer und Literaturhistoriker. Reutlingen 1988, S. 83–189; hier S. 113.

[111] Vgl. Strauß 1849, Bd. 1, S. IX.

[112] Ebd., S. VII.

[113] Vgl. Ludwig Fränkel: Artikel »Brachvogel« in: Allgemeine Deutsche Biographie, 47. Bd., Leipzig 1903, S. 159–171; hier S. 161.

[114] Vgl. Klob 1908, S. 6.

[115] Vgl. ebd., S. 403.

[116] Vgl. ebd., S. 376–378.

[117] Die Programmzettel beider Feiern besitzt das Stadtarchiv Aalen.

[118] H. O. Roecker: Christian Friedrich Daniel Schubart. In: Sonntagsbeilage zum Schwäbischen Merkur Stuttgart, 26.3.1939.

[119] Ursula Wertheim/Hans Böhm: Einführung. In: Dies. (Hg.): Schubarts Werke in einem Band. Weimar 1959, S. (5).

[120] Vgl. ebd., S. (23).

[121] Gerhard Jäckel: Der Gefangene des Herzogs. Berlin/DDR o. J. (1963), S. 9.

[122] Die *Chronik*-Jahrgänge 1789 bis 1793 sind bisher nicht wieder aufgelegt worden.

[123] Vgl. Schubart 1980.

[124] Christian Friedrich Daniel Schubart: Briefe. Hg. von Ursula Wertheim und Hans Böhm. Leipzig 1984 sowie München 1984.

[125] Vgl. ebd., S. 389 und S. 411.

[126] Vgl. Peter Härtling (Hg.): Christian Friedrich Daniel Schubart. Gedichte. Frankfurt/M. 1968, S. 9f.

[127] Wilfried F. Schoeller: Schubart. Leben und Meinungen eines schwäbischen Rebellen. Berlin 1979, S. 8.

[128] Werner Dürrson: Schubart-Feier. Eine deutsche Moritat. Stuttgart 1980, S. 26.

[129] Albert Emil Brachvogel: Schubart und seine Zeitgenossen. Stuttgart-Bad Cannstatt 1926, Bd. 2, S. 392.

[130] Vgl. Strauß 1849, Bd. 1, S. 4.

[131] Ebd., S. 51.

[132] Robert Prutz: Menschen und Bücher. Biographische Beiträge zur deutschen Literatur- und Sittengeschichte des achtzehnten Jahrhunderts. Leipzig 1862. Darin: C. F. D. Schubart (1739–1791), S. 165–266; hier S. 188 und S. 237f.

LITERATURVERZEICHNIS

Zitierte Werkausgaben von
Christian Friedrich Daniel Schubart

Zaubereien. Ulm 1766.

Todesgesänge. Ulm 1767.

Empfindungen bey der Wahl des Hochwürdigsten Fürsten Antonius Ignatius, gefürsteten Probsten und Herrn zu Ellwangen, zum Fürsten und Bischoffe des hohen Bißthums Regenspurg. Ulm 1769.

Deutsche Chronik, Jgg. 1774 und 1775.

Zur Geschichte des menschlichen Herzens. In: Schwäbisches Magazin von gelehrten Sachen auf das Jahr 1775. Erstes Stück. Stuttgart 1775, S. 30–38.

Beitrag zur Geschichte des menschlichen Herzens. In: Ulmisches Intelligenzblatt, 9. 3., 16. 3., 23. 3., 30. 3., 13. 4. und 20. 4. 1775 (unpag.).

Teutsche Chronik, Jgg. 1776 und 1777.

Vorlesungen über die schöne Wissenschaften für Unstudierte. Augsburg 1777a.

Vorlesungen über Mahlerey, Kupferstecherkunst, Bildhauerkunst, Steinschneidekunst und Tanzkunst. Augsburg 1777b, Münster 1777c.

Sämmtliche Gedichte. 2 Bde., Stuttgart 1785 und 1786.

Abschieds-Lied des nach dem Cap bestimmten Herzoglich Wirtembergischen Obrist von Hügelschen Regiments. Stuttgart 1787.

Vaterländische Chronik, Jg. 1787.

Trenk, Franz von der: Pandurenoberst. Dargestellt von einem Unpartheiischen. Erstes Bändchen. Mit einer Vorrede und Familiengeschichte von Schubart. Stuttgart 1788.

Vaterlandschronik, Jgg. 1788 und 1789.

Kritische Skala der vorzüglichsten deutschen Dichter. In: Archiv für ältere und neuere, vorzüglich Teutsche Geschichte, Staats-Klugheit und Erdkunde. Bd. 2, Memmingen 1792, S. 164–172.

Chronik, Jgg. 1790–1793.

Leben und Gesinnungen. Stuttgart 1791 und 1793.

Ideen zu einer Ästhetik der Tonkunst. Hg. von Ludwig Schubart. Wien 1806.

Geislinger Schuldiktate. In: Günther Currle und Hartmut Gruber (Hg.). Geislingen o. J. (1993).

Sämtliche Lieder. Hg. von Hartmut Schick. München 2000.

Briefwechsel. Kommentierte Gesamtausgabe in drei Bänden. Hg. von Bernd Breitenbruch. 3 Bde., Konstanz 2006.

Ungedruckte Quellen

Brief von Johann Konrad Schubart und Christian Gottfried Böckh an Herzog Karl Eugen vom 5.6.1777 (Deutsches Literaturarchiv Marbach).

Brief von Helena Schubart an Martin Miller vom 15.4.1779 (Deutsches Literaturarchiv Marbach).

Kirchlicher Visitationsbericht von 1783 (Archiv der Evangelischen Kirchengemeinde Asperg).

Sang und Spiel von C. F. D. Schubart für C. L. von Budlar, sog. »Stuttgarter Handschrift« (Württembergische Landesbibliothek Stuttgart).

Sekundärliteratur

Adamietz, Horst: Christian Friedrich Daniel Schubarts Volksblatt »Deutsche Chronik«. Berlin 1941.

Anonym (Johann Georg Zeiler): Hannswurst und Schubart. o. O. (Augsburg) 1775.

Anonym: Poetische Gedanken über den schon aus drey ansehnlichen Städten verwiesenen Chronikschreiber Schubart. o. O. (Augsburg) 1776.

Anonym: Ecce! Schubart von Ala, der Erzvogel im Mausen auf dem Asperg Im Herzogthum Würtenberg. o. O. (Augsburg) 1777.

Anonym (Konrad Friedrich Köhler?): Sendschreiben an Herrn Schubart … seine Vaterlandschronik betreffend. Eine nöthige Beilage zu dieser Chronik. o. O. (Ulm) 1789.

Anonym (Karl Friedrich Bahrdt): B ° ° r, der Schieferdecker. Nicht Fallstaf, nicht Eulenspiegel, sondern ganz Er. o. O. 1792.

Archenholz, Johann Wilhelm von: Schubart. Ein Beytrag zur Litterär-Geschichte des achtzehnten Jahrhunderts. In: Zeitschrift für Litteratur- und Völkerkunde. Bd. 2, 1783, S. 640–652.

Basedow, Johann Bernhard / Campe, Joachim Heinrich: Pädagogische Unterhandlungen. 12. Stück, Leipzig 1777.

Bausinger, Hermann: Tanzende Donnerworte. In: Ders.: Ein bißchen unsterblich. Schwäbische Profile. Tübingen 1996, S. 13–22.

Beck, Amtsrichter a.D.: Eulogius Schneider und Schubart in Stuttgart, ein Hofprediger und Hofpoet. In: Diöcesanarchiv von Schwaben. 18. Jg. 1900, Nr. 5, S. 65–72.

Bellman, Carl Michael: Der Lieb zu gefallen. Eine Auswahl seiner Lieder. München 1976.

Bertsch, A.: Die Hohenasperger Chronik. Bemerkungen zum Schubart-Jubiläum. In: Sonntagsbeilage zum Schwäbischen Merkur Stuttgart vom 26.3.1939.

Bertsch, Lothar: Freude am Denken und Wirken. Das Leben des Pfarrers und Mechanikers Philipp Matthäus Hahn. Metzingen 1990.

Bolay, Gertrud / Halbauer, Karl: Ein feste Burg ist unser Gott. 450 Jahre Michaelskirche Asperg 1557–2007. Asperg 2007.

Bollacher, Wolfgang: Georg Sebastian Zilling (1725–1799) – viel geschmähter Dekan und Stadtpfarrer in Ludwigsburg. In: Ludwigsburger Geschichtsblätter, H. 40, 1987, S. 93–114.

Borst, Otto: Christian Friedrich Daniel Schubart. In: Ders.: Die heimlichen Rebellen. Schwabenköpfe aus fünf Jahrhunderten. Stuttgart 1980, S. 51–69.

Brachvogel, Albert Emil: Schubart und seine Zeitgenossen. 2 Bde., Stuttgart-Bad Cannstatt 1926.

Braun, Karl: Die Krankheit Onania. Körperangst und die Anfänge moderner Sexualität im 18. Jahrhundert. Frankfurt/M. usw. 1995.

Breitenbruch, Bernd: Christian Friedrich Daniel Schubart bis zu seiner Gefangensetzung 1777. Ulm 1989.

Burney, Carl: Tagebuch seiner Musikalischen Reisen. Bd. 2, Hamburg 1773.

Claudius, Matthias: Briefe an Freunde. Hg. von Hans Jessen. Berlin 1938.

Clédière, Jean: Ideal cosmopolite, vertus allemandes et image de la France dans la Deutsche Chronik de Schubart. In: Revue d'Allemagne, 18. Jg. 1986, S. 674–691.

Delacampagne, Christian: Die Geschichte der Sklaverei. Düsseldorf, Zürich 2004.

Diezel, Gustav (Hg.): Leben und Abenteuer des Joh. Steininger. Stuttgart 1841.

Dippel, Horst: Germany and the American Revolution 1770–1800. A Sociohistorical Investigation of Late Eighteenth-Century Political Thinking. Wiesbaden 1978.

Dürrson, Werner: Schubart-Feier. Eine deutsche Moritat. Stuttgart 1980.

Forchert, Arno: Johann Sebastian Bach und seine Zeit. Regensburg 2000.

Foucault, Michel: Überwachen und Strafen. Die Geburt des Gefängnisses. Frankfurt/M. 1977.

Fränkel, Ludwig: Artikel »Brachvogel« in: Allgemeine Deutsche Biographie, 47. Bd., Leipzig 1903, S. 159–171.

Gaiser, Konrad: Schubart im Exorzistenstreit. In: Euphorion, 28. Jg. 1927, S. 564–595.

Gaiser, Konrad: Christian Friedrich Daniel Schubart. Schicksal/Zeitbild. Stuttgart 1929.

Gallinger, Herbert P.: Die Haltung der deutschen Publizistik zu dem amerikanischen Unabhängigkeitskriege, 1775–1783. Leipzig 1900.

Garve, Christian: Vertraute Briefe an eine Freundin. Leipzig 1801.

Geck, Martin: Bach. Leben und Werk. Reinbek 2000.

Geiger, Karl: Zu Schubarts Leben und Schriften. In: Literarische Beilage des Staats-Anzeigers für Württemberg, Jg. 1885, S. 244–252, S. 278–288, S. 298–302.

Gestrich, Andreas: Absolutismus und Öffentlichkeit. Politische Kommunikation in Deutschland zu Beginn des 18. Jahrhunderts. Göttingen 1994.

Goethe, Johann Wolfgang von: Italienische Reise. Tag- und Jahreshefte. In: Ders.: Sämtliche Werke in 18 Bänden. Bd. 11, Zürich 1977.

Goethe, Johann Wolfgang von: Sämtliche Werke, Briefe, Tagebücher und Gespräche. Hg. von Dieter Borchmeyer. Bd. 31, Frankfurt/M. 1998.

Groth, Friedhelm: Die »Wiederbringung aller Dinge« im württembergischen Pietismus. Göttingen 1984.

Härtling, Peter (Hg.): Christian Friedrich Daniel Schubart. Gedichte. Frankfurt/M. 1968.

Häußinger, Ernst: »Schubart ist ein großer Klavierspieler«. Neue archivalische Funde zu Schubarts kompositorischer und konzertierender Tätigkeit. In: Baden-Württemberg, 1965, H. 4, S. 18–20.

Hahn, Andrea: Ludwigsburg – Stationen einer Stadt. Ludwigsburg 2004.

Hammerstein, Reinhold: Christian Friedrich Daniel Schubart, ein schwäbisch-alemannischer Dichter der Goethezeit. o. O. 1943.

Haussherr, Hans (Hg.): Die Memoiren des Ritters von Lang 1774–1835. Stuttgart 1957.

Häußinger, Ernst: Zur Geschichte der Familie Schubart nach Aalener Quellen. In: Aalener Jahrbuch 1984, S. 135–189.

Heinsius, Theodor: Barden-Hain für Deutschlands edle Söhne und Töchter. Berlin 1808.

Herder, Johann Gottfried: Briefe zur Beförderung der Humanität. Hg. von Hans Dietrich Irmscher. Frankfurt/M. 1991.

Hesse, Hermann / Isenberg, Karl (Hg.): Schubart. Dokumente seines Lebens. Berlin (1926).

Hoch, M. Immanuel: Geschichte der württembergischen Veste Hohenasperg und ihrer merkwürdigsten politischen und anderer Gefangenen. Stuttgart 1839.

Hölderlin, Friedrich: Sämtliche Werke. Hg. von Friedrich Beißner. Bd. 6, Stuttgart 1965.

Holst, Christian von: Johann Heinrich Dannecker. Der Bildhauer. Stuttgart 1987.

Holzer, Ernst: Schubart als Musiker. Stuttgart 1905.

Holzer, Ernst: Schubartiana. In: Württembergische Vierteljahreshefte für Landesgeschichte, N. F., XV. Jg. 1906, S. 558–571.

Holzer, Ernst: Schubartiana. In: Süddeutsche Monatshefte, 5. Jg. 1908, Bd. 2, S. 659–672.

Holzwarth, Georg: »Bei einem Wirte wundermild«. Literarische Gasthäuser in Baden-Württemberg. Stuttgart 1990.

Honolka, Kurt: Schubart. Dichter und Musiker, Journalist und Rebell. Sein Leben, sein Werk. Stuttgart 1985.

Hoven, Friedrich Wilhelm von: Biographie des Doctor Friedrich Wilhelm von Hoven. Hg. von einem seiner Freunde und Verehrer. Nürnberg 1840.

Jäckel, Gerhard: Der Gefangene des Herzogs. Berlin/DDR (1963).

Jördens, Karl Heinrich (Hg.): Lexikon deutscher Dichter und Prosaisten. Bd. 4, Leipzig 1809.

Journal von und für Deutschland, 3. Jg. 1786.

Kapp, Friedrich: Der Soldatenhandel deutscher Fürsten nach Amerika. Ein Beitrag zur Kulturgeschichte des achtzehnten Jahrhunderts. Berlin 1864.

Kerner, Justinus: Das Bilderbuch aus meiner Knabenzeit. Erinnerungen aus den Jahren 1786 bis 1804. Braunschweig 1849.

Kiesel, Helmuth (Hg.): Briefe von und an Lessing 1743–1770 (Gotthold Ephraim Lessing: Werke und Briefe in zwölf Bänden, hg. von Wilfried Barner u. a.). Frankfurt/M. 1987.

Kiesel, Helmuth/Münch, Paul: Gesellschaft und Literatur im 18. Jahrhundert. Voraussetzungen und Entstehung des literarischen Markts in Deutschland. München 1977,

Kintzinger, Marion: Wirtshausgeschwätz. Traumerzählungen in der politischen Publizistik des 17. Jahrhunderts. In: Zeitschrift für historische Forschung, 29. Jg. 2002, S. 561–596.

Klob, Karl Maria: Schubart. Ein deutsches Dichter- und Kulturbild. Ulm 1908.

Klopstock, Friedrich Gottlieb: Ode auf das Jubelfest der Souveränität in Dänemark. In: Klopstocks sämtliche Werke, Bd. 4, Leipzig 1854, S. 134–138.

Kluge, Alexander / Müller, Heiner: »Ich bin ein Landvermesser«. Gespräche mit Heiner Müller. Neue Folge. Hamburg 1996.

Krauß, Rudolf: Schubart als Stuttgarter Theaterdirektor. In: Württembergische Viertelsjahreshefte für Landesgeschichte, N. F., 10. Jg. 1901, S. 252–279.

Krauß, Rudolf: Zur Geschichte der Schubartschen Chronik. (Beschwerden und Widerrufe, Zensurfreiheit und Zensur.) In: Württembergische Vierteljahreshefte für Landesgeschichte. N. F., 12. Jg. 1903, S. 78–94.

Kreutzer, G.: Ach Bellman, Bellman. In: Maria und Peter Ulrich Hein (Hg.): Freia und Bacchus. Hommage an den schwedischen Dichter Carl Michael Bellman. Köln 1996, S. 12–26.

Kuhn, Axel, u. a.: Revolutionsbegeisterung an der Hohen Carlsschule. Stuttgart-Bad Cannstatt 1989.

Kuhn, Axel: Umständlicher Bericht über die an verschiedenen Orten Württembergs entstandenen tumultuarischen Exzesse. In: Axel Kuhn u.a.: Volksunruhen in Württemberg 1789–1801. Stuttgart 1991, S. 15–45.

Kuhn, Axel / Schweigard, Jörg: Freiheit oder Tod! Die deutsche Studentenbewegung zur Zeit der Französischen Revolution. Köln usw. 2005.

Kurz, Hermann: Schillers Heimatjahre. Historischer Roman. 3. Aufl., Stuttgart (1899).

Lahnstein, Peter: Schubarts Leben. In: Ders.: Bürger und Poet. Dichter aus Schwaben als Menschen ihrer Zeit. Stuttgart 1966, S. 9–53.

Lahnstein, Peter: Ludwigsburg. Aus der Geschichte einer europäischen Residenz. Stuttgart 1968.

Leitzmann, Albert (Hg.): Wilhelm von Humboldts Tagebücher. Bd. 1, Berlin 1922.

Maar, Elke: Bildung durch Unterhaltung: Die Entdeckung des Infotainment in der Aufklärung. Hallenser und Wiener Moralische Wochenschriften in der Blütezeit des Moraljournalismus, 1748–1782. Pfaffenweiler 1995.

Maltzahn, Wendelin von (Hg.): Schiller's Briefwechsel mit seiner Schwester Christophine und seinem Schwager Reinwald. Leipzig 1875.

Martens, Wolfgang: Die Botschaft der Tugend. Die Aufklärung im Spiegel der deutschen Moralischen Wochenschriften. Stuttgart 1968.

Meißner, August Gottlieb: Skizzen. Bd. 1, Leipzig 1778.

Midelfort, H. C. Eric: Exorcism and Enlightenment. Johann Joseph Gassner and the Demons of Eighteenth-Century Germany. New Haven, London 2005.

Moser, Johann Jacob: Lebens-Geschichte, von ihme selbst beschrieben. 2. Teil, o. O. (Offenbach) 1768.

Müller, Hartmut: Postgaul und Flügelroß. Der Journalist Christian Friedrich Daniel Schubart (1739–1791). Frankfurt/M. usw. 1985.

Müller, Winfried: Der Jesuitenorden und die Aufklärung im süddeutsch-österreichischen Raum. In: Harm Klueting (Hg.): Katholische Aufklärung – Aufklärung im katholischen Deutschland. Hamburg 1993, S. 225–245.

Münch, Paul: Die »Obrigkeit im Vaterstand«. Zu Definition und Kritik des »Landesvaters« während der Frühen Neuzeit. In: Daphnis, 11. Jg. 1982, S. 15–40.

Munz, Alfred: Philipp Matthäus Hahn. Pfarrer und Mechanikus. Betrachtungen zu Leben und Werk. Sigmaringen 1990.

Myers, Michael: Für den Bürger. The Role of Christian Schubart's Deutsche Chronik in the Development of a Political Public Sphere. New York usw. 1990.

Nägele, Eugen: Aus Schubarts Leben und Wirken. Tübingen 1921.

Nicolai, Friedrich: Das Leben und die Meinungen des Herrn Magisters Sebaldus Nothanker. Bd. 1, Berlin, Stettin 1773.

Nicolai, Friedrich: Beschreibung einer Reise durch Deutschland und die Schweiz im Jahre 1781. 10. Bd., Berlin, Stettin 1795.

Nicolson, Père: Essai Sur L'Histoire Naturelle De L'Isle De Saint-Domingue. Paris 1776.

Nipperdey, Thomas: Nationalidee und Nationaldenkmal in Deutschland im 19. Jahrhundert. In: Historische Zeitschrift, Bd. 206, 1968, S. 529–585.

Oberndorfer, Martina: Wiblingen. Vom Ende eines Klosters. Ulm 2006.

Petz, Wolfgang: Die letzte Hexe. Das Schicksal der Anna Maria Schwägelin. Frankfurt/M., New York 2007.

Pfaff, Christoph Heinrich: Lebenserinnerungen. Kiel 1854.

Pressel, Friedrich: Schubart in Ulm. Ulm 1861.

Prutz, Robert: C. F. D. Schubart (1739–1791). In: Ders.: Menschen und Bücher. Biographische Beiträge zur deutschen Literatur- und Sittengeschichte des achtzehnten Jahrhunderts. Leipzig 1862, S. 165–266.

Roecker, H. O.: Christian Friedrich Daniel Schubart. In: Sonntagsbeilage zum Schwäbischen Merkur Stuttgart vom 26.3.1939.

Rothe, Kurt: Das Finanzwesen der Reichsstadt Ulm im 18. Jahrhundert. Ulm 1991.

Scheller, Karl Ernst Friedrich von: Leben und Reisen des Baron von Scheller, ehemaligen Russisch-Kaiserlichen Lieutenants bei dem Großfürstlichen Leibkürassier-Regiment, von ihm selbst in Briefen verfaßt. 1. u. 2. Theil. Frankfurt, Leipzig 1789.

Schiller, Friedrich: Werke. Nationalausgabe, Bd. 24. Hg. von Karl Jürgen Skrodzki. Weimar 1989.

Schiller, Friedrich: Über Bürgers Gedichte. In: Ders.: Erzählungen. Theoretische Schriften. Hg. von Wolfgang Riedel. München, Wien 2004, S. 970–991.

Schivelbusch, Wolfgang: Das Paradies, der Geschmack und die Vernunft. Eine Geschichte der Genußmittel. Frankfurt/M. 1990.

Schlager, Karlheinz: Von Bach zu Mozart. Spuren in der Musikgeschichte des 18. Jahrhunderts. In: Paul Geyer (Hg.): Das 18. Jahrhundert: Aufklärung. Regensburg 1995, S. 215–226.

Schleuning, Peter: Das 18. Jahrhundert. Der Bürger erhebt sich. Reinbek 1984.

Schmidt, Erich: Klopstock. In: Ders.: Charakteristiken. Berlin 1886. S. 119 bis 159.

Schmitt, Elmar: Die Ulmer Bücherzensur. In: Börsenblatt für den Deutschen Buchhandel, Frankfurter Ausgabe, Nr. 24 vom 23. März 1984, S. B138–B150.

Schmitt, Hanno (Hg.): Briefe von und an Joachim Heinrich Campe. Bd. 1, Wiesbaden 1996.

Schneider, Joh. Nikolaus: Zwischen Lyrik und Lettern. Schubarts Lieder in einer Grenzsituation der Lyrikgeschichte. In: Hartmut Schick (Hg.): Christian Friedrich Daniel Schubart (1739–1791): Sämtliche Lieder. München 2000, S. XXXIII–XLIV.

Schoeller, Wilfried F.: Schubart. Leben und Meinungen eines schwäbischen Rebellen. Berlin 1979.

Schön, Erich: Publikum und Roman im 18. Jahrhundert. In: Hans Wolf Jäger (Hg.): »Öffentlichkeit« im 18. Jahrhundert. Göttingen 1997, S. 295–326.

Schröder, Jürgen: Facit iracundia versum. In: Walter Hinck (Hg.): Gedichte im Gedicht. Texte und Interpretationen. Frankfurt/M. 1979, S. 62–73.

Schubart, Ludwig: Schubarts Karakter. Erlangen 1798.

Schubart, Ludwig: Mein Großvater. In: Der Freimüthige, 6. Jg. 1809, S. 977–979, S. 982–988, S. 990 f., S. 995–999.

Schwäbisches Magazin von gelehrten Sachen auf das Jahr 1777. Zweites Stück.

Siegert, Reinhart: Zur Alphabetisierung in den deutschen Regionen am Ende des 18. Jahrhunderts. Methodische Überlegungen und inhaltliche Bausteine aus Quellenmaterial der Volksaufklärung. In: Hans Erich Bödeker/Ernst Hinrichs (Hg.): Alphabetisierung und Literalisierung in Deutschland in der Frühen Neuzeit. Tübingen 1999, S. 285–307.

Stäudlin, Gotthold Friedrich: Schubart. In: Chronik, 14.10.1791. S. 671–677.

Steinitz, Wolfgang: Deutsche Volkslieder demokratischen Charakters aus sechs Jahrhunderten, Bd. I., Berlin/DDR 1954.

St. John, J. Hektor (d. i. Michel Guillaume Jean de Crèvecœur): Briefe eines amerikanischen Landmanns an den Ritter W. S. in den Jahren 1770 bis 1781. 3 Bde.; Bd. 1, Leipzig 1788.

Strauß, David Friedrich: Christian Friedrich Daniel Schubart's Leben in seinen Briefen. 2 Bde., Berlin 1849.

Streicher, Andreas: Schillers Flucht. 2. Aufl., Berlin o. J.

Sulzer, Dieter/Volke, Werner. In Zusammenarbeit mit Heidi Westhoff: Wieland Schubart. Marbach 1980.

Träger, Claus: Nachwort zu: Christian Friedrich Daniel Schubart: Leben und Gesinnungen. Reproduktion der Ausgabe Stuttgart 1791 und 1793. Leipzig 1980.

Ueding, Gert: Sklavensprache im Dienst der Freiheit. Chr. F. D. Schubarts »Deutsche Chronik« und eine Auswahl seiner Werke. In: Frankfurter Allgemeine Zeitung, 10.7.1976.

Vierhaus, Rudolf: »Patriotismus« – Begriff und Realität einer moralisch-politischen Haltung. In: Ders.: Deutschland im 18. Jahrhundert. Politische Verfassung, soziales Gefüge, geistige Bewegungen. Göttingen 1987, S. 96–109.

Volke, Werner (Hg.): »… Warlich ein herrlicher Mann …« Gotthold Friedrich Stäudlin. Lebensdokumente und Briefe. Stuttgart 1999.

Volke, Werner/Kussmaul, Ingrid/Schillbach, Brigitte: »O Freyheit! Silberton dem Ohre …!« Französische Revolution und deutsche Literatur 1789–1799. Marbach 1789.

Wagner, Karlheinz: Herzog Karl Eugen von Württemberg. Modernisierer zwischen Absolutismus und Aufklärung. Stuttgart, München 2001.

Wagnitz, H. B.: Ueber die moralische Verbesserung der Zuchthaus-Gefangenen. Halle 1787.

Walz, John A.: Three Swabian Journalists and the American Revolution. III: Chr. Fr. D. Schubart. In: Americana Germanica. Bd. 5, 1903, S. 209–224, S. 257–274, S. 347–356, S. 406–419, S. 593–600.

Weiße, Christian Felix (Hg.): Gottlieb Wilhelm Rabeners sämmtliche Schriften. 3 Bde., Leipzig 1777.

Wertheim, Ursula/Böhm, Hans: Einführung. In: Dies. (Hg.): Schubarts Werke in einem Band. Weimar 1959.

Wertheim, Ursula: Der amerikanische Unabhängigkeitskampf im Spiegel der zeitgenössischen deutschen Literatur. In: Edith Braemer/Ursula Wertheim: Studien zur deutschen Klassik. Berlin/DDR 1960, S. 71–114.

Weyermann, Albrecht: Neue historisch-biographisch-artistische Nachrichten von Gelehrten und Künstlern, auch alten und neuen adelichen und bürgerlichen Familien aus der vormaligen Reichsstadt Ulm. Ulm 1829, S. 366–373.

Wirtembergisches Gesangbuch, zum Gebrauch für Kirchen und Schulen von dem Herzoglichen Synodus nach dem Bedürfniß der gegenwärtigen Zeit eingerichtet. Stuttgart (1792).

Wittkopp, Gregor: Hermann Kurz 1813–1873 – Eine Chronik zu Leben und Werk. In: Werner Ströbele (Red.): »Ich bin zwischen die Zeiten gefallen«. Hermann Kurz, Schriftsteller des Realismus, Redakteur der Revolution, Übersetzer und Literaturhistoriker. Reutlingen 1988, S. 83–189.

BILDNACHWEIS

S. 5 Staatsgalerie Stuttgart. S. 12 Musée de Troyes. S. 13
Friedrich Oelenhainz. Ein Bildnismaler des 18. Jahrhunderts.
Sein Leben und seine Werke. Dargestellt von Professor
L. Oelenhainz. Leipzig 1907. S. 26 Heimatmuseum Geislingen. S. 34 Universitätsbibliothek Tübingen. S. 40 Deutsches
Literaturarchiv Marbach. S. 54, 55 Stadtmuseum Aalen. S. 62
Städtisches Museum Ludwigsburg. S. 68 Bayerische Staats-
bibliothek München. S. 89 Torkel Stålmarck: Bellman i ver-
kligheten. Familjeliv, sällskapsliv, konstnärsliv. Stockholm
2000. S. 95 Archiv Landesmuseum Württemberg. S. 101 Württembergische Landesbibliothek. S. 105, 122 Universitätsbibliothek Tübingen. S. 126 Braith-Mali-Museum Biberach. S. 163,
167 Universitätsbibliothek Tübingen. S. 176 Stadtmuseum
Göteborg. S. 179, 212 Universitätsbibliothek Tübingen. S. 214
Staats- und Stadtbibliothek Augsburg. S. 216 Bayerische
Staatsbibliothek München. S. 217 Stadtarchiv Aalen. S. 219
Universitätsbibliothek Tübingen. S. 223 Bayerische Staatsbibliothek München. S. 231, 235 Universitätsbibliothek Tübingen. S. 236 Städtisches Museum Ludwigsburg. S. 241 Ernst
Holzer: Schubart als Musiker. Stuttgart 1905. S. 244, 245 Lan-
desmedienzentrum Baden-Württemberg. S. 247 Universitätsbibliothek Tübingen. S. 254 Deutsches Literaturarchiv Marbach. S. 257 Stadtarchiv Aalen. S. 259 Universitätsbibliothek
Tübingen. S. 261 Haus der Geschichte Baden-Württemberg.
S. 270 Gustav Sauter: Philipp Matthäus Hahn, der Uhrma-
cher und Mechanikpfarrer. Ebingen 1939. S. 278 Stadtarchiv
Aalen. S. 282, 283 Württembergische Landesbibliothek Stuttgart. S. 286 Foto: Karl Halbauer. S. 296 Foto: Harald Schu-
kraft. S. 314 Ernst Holzer: Schubart als Musiker. Stuttgart

1905. S. 320, 323 Deutsches Literaturarchiv Marbach. S. 332 Stadtarchiv Aalen. S. 342 Deutsches Literaturarchiv Marbach. S. 364 Staatliche Kunstsammlungen Dresden. S. 373 Württembergische Landesbibliothek Stuttgart. S. 378 Deutsches Literaturarchiv Marbach. S. 380 Stadtarchiv Aalen.

DANK

Für Informationen, Ratschläge und andere Hilfen danke ich: Jochen Berns, Barbara Boock, Gertrud Bolay, Bernd Breitenbruch, Jürgen Brummack, Uwe Degreif, Wolf Eiermann, Kirsten Fast, Eszter Fontana, Matthias Grotz, Hartmut Gruber, Hanns-Werner Heister, Lioba Keller-Drescher, Wieland Hecht, Kerstin Lengger, Gudrun Litz, Paula Lutrum-Lenger, Gerhard Luther, York-Gothart Mix, Agnes Obenhuber, Zuzanna Papierz, Henning Petershagen, Johannes Rettelbach, Hartmut Schick, Roland Schurig, Klaus-Rüdiger Utschick, Rainer Y.

Besonders verpflichtet bin ich Rainer Kawa für die detaillierte Kommentierung des gesamten Manuskripts – und meiner Frau, Katrin Pallowski, die mich auch bei diesem Buch beständig beraten hat.

Bernd Jürgen Warneken

Redaktioneller Hinweis

Orthographie und Interpunktion von Originaltexten wurden an die heutige Rechtschreibung angepaßt (außer bei den Geislinger Schuldiktaten und bei Faksimile-Transkripten). Bei gedruckt erschienenen Werken Schubarts wurde, wenn sie auffindbar war, die Erstveröffentlichung verwendet.

ÜBER DEN AUTOR

Bernd Jürgen Warneken, geboren 1945 in Jena, lehrt an der Universität Tübingen Empirische Kulturwissenschaft. Nach einem Studium der Germanistik, Philosophie, Geschichte und Allgemeinen Rhetorik promovierte er 1975 mit einer literaturtheoretischen Arbeit; seine Habilitation 1983 verband Literatur- mit volkskundlicher Kulturwissenschaft. Er vertritt eine quellen- und feldforschende Binnenethnologie, die sich vor allem mit den unteren Bildungs- und Sozialgruppen beschäftigt. Bernd Jürgen Warneken ist Mitbegründer des »Forschungsinstituts für Arbeit, Technik und Kultur« in Tübingen und Mitherausgeber der Buchreihe »Forum Europäische Ethnologie«.

SCHUBART.
DER UNBÜRGERLICHE BÜRGER

von Bernd Jürgen Warneken ist als zweihundertvierundneunzigster Band der ANDEREN BIBLIOTHEK im Eichborn Verlag, Frankfurt am Main, erschienen. Das Lektorat lag in den Händen von Rainer Wieland.

DIESES BUCH

wurde in der New Caledonia von Greiner & Reichel gesetzt und beim Memminger MedienCentrum auf 100 g/m² holz- und säurefreies mattgeglättetes Bücherpapier der Papierfabrik Salzer gedruckt. Den Einband besorgte die Buchbinderei Lachenmaier in Reutlingen. Typografie und Ausstattung: Susanne Reeh und Cosima Schneider.

1. — 6. Tausend Juni 2009
Dieses Buch trägt die Nummer:  3983

ISBN 978-3-8218-4598-2
© Eichborn AG, Frankfurt am Main 2009